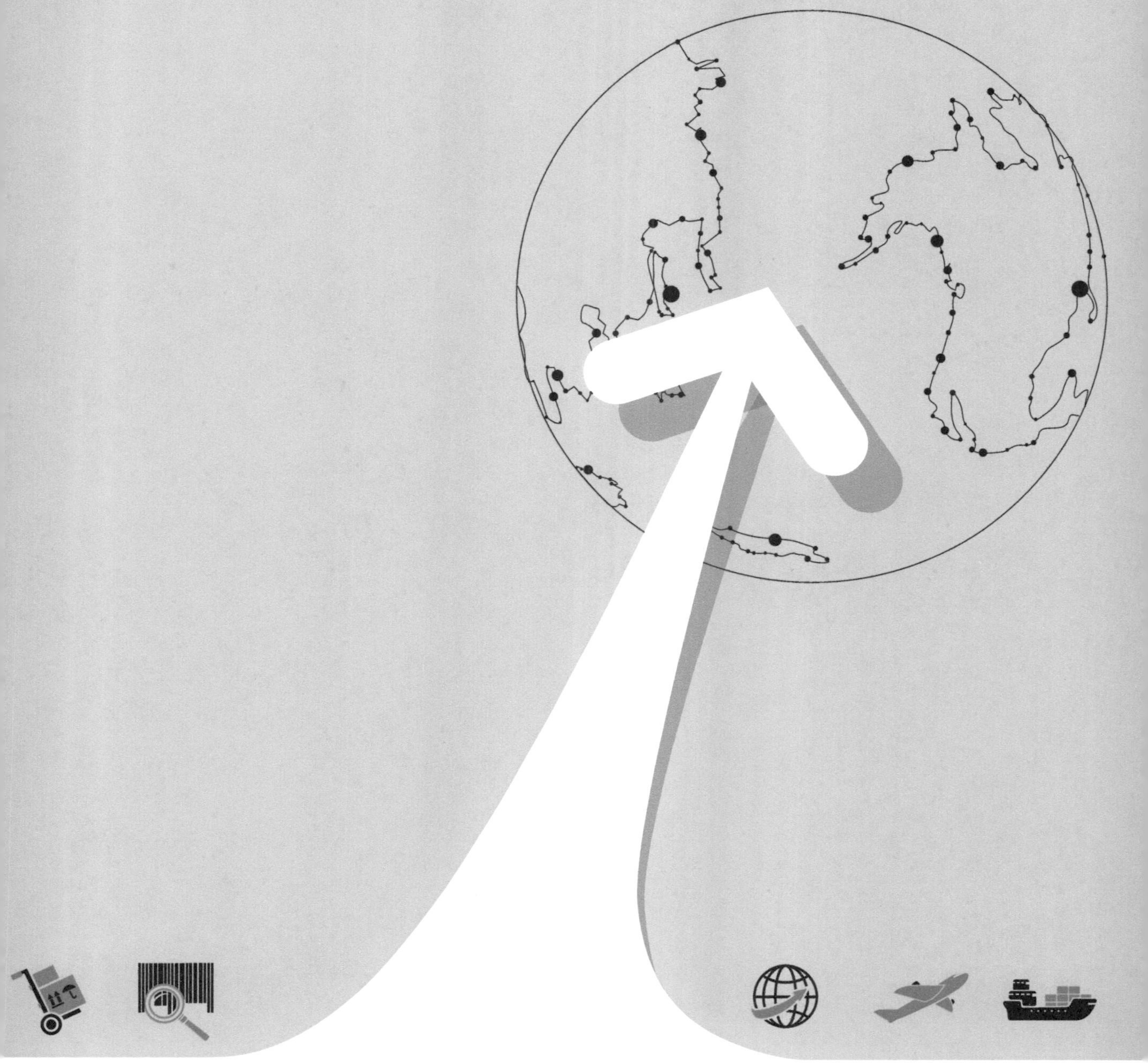

International Transportation & Logistics

국제운송물류론

이제홍

도서출판 청람

:: 머리말

물류활동의 세계화는 물류활동이 다양해짐을 의미하며, 세계 고객과 적합한 로지스틱스서비스의 제공을 다양하게 펼침을 의미한다. 국제물류 구성에서 비중이 제일 큰 부분이 국제수송인 것과 마찬가지로 물류운영에서 제일 중요한 부분은 상품의 이동거리라고 할 수 있다. 이는 세계적 무역량의 증가에 따른 상품의 이동거리가 뚜렷이 증가하기 때문이다. 특히, 평균 이동거리가 길면 길수록 수송의 총비용은 더욱 커지며 수송거리는 국제물류시스템 구축의 가장 중요한 결정요인이 된다.

국제물류는 수요자인 기업으로서는 물류비절감과 서비스향상을 통한 판매증진으로 기업의 발전을 기할 수 있으며, 공급자인 기업으로서는 양질의 서비스를 제공하게 되어 기업의 기반을 마련할 수 있다. 또한 국제물류기능의 원활한 역할은 보세창고를 포함한 물류센터(LC)로 전체 물류기능인 수출입통관, 복합운송, 보관, 유통가공, 포장, 하역, 정보기능과 생산기능(주로 조립기능)을 가진 활동을 한다.

국제물류에 있어서 운송의 기능은 생산지와 소비지 간, 또는 송화주와 수화주 간에 존재하는 거리를 연결하기 위한 것이다. 또한 운송은 ① 정해진 시간 내에 고객에게 정확한 상품전달, ② 적절한 유통재고량의 유지와 물류계획의 올바른 수행, ③ 생산계획을 원활하게 추진하기 위한 판매와 생산의 조정역할 수행, ④ 수주에서 출하까지의 작업의 표준화와 효율화 등의 기능을 수행한다.

국제운송은 무역의 부수수단으로서 운송이 사용되지만, 운송의 크기에 따라 무역량이 결정된다. 즉 무역의 성립과 발전은 운송의 발달을 전제로 하고 있다. 결국 무역이 발전하기 위해서는 운송수단의 발전이 필연적이다. 특히, 무역에서 가장 많이 이용되는 운송은 해상운송이다. 이는 화물운송선에 의하여 바다를 통하여 화물을 운송하는 방식으로 주로 대량화물이나 운송이 급박하지 않은 화물 또는 저렴한 운임으로 운송하고자 하는 경우에 주로 이용된다.

글로벌 교역의 증대에 따라 전 세계적인 물류활동이 신속하게 이루어지고 있으며, 한국의 경우 2017년 현재 약 1조 달러에 이르는 교역량으로 인해 지속적 물류운송활동이 증대되고 있다. 이에 본 교재는 국제물류운송론의 기초 강의교재로 활용하기 위해 많은 자료를 활용하여 알기 쉽게 저술하였다. 물류운송을 기초부터 공부하고자 하는 대학생을 위해 제1장에서는 물류의 기초를 전개하였으며, 제2장은 무역운송의 기초를 중심으로 무역운송의 이해도를 높이기 위해 개론적 내용을 담고 있다. 제3장은 수출물품의 대부분이 해상의존성을 가지고 있기 때문에 이의 중요성을 강조하는 해상운송 중심의 내용을 싣고 있다. 제4장은 정기선과 부정기선운송, 제5장은 컨테이너운송, 제6장은 철도운송과 도로운송 등 육상운송 중심으로 전개하고 있다. 제7장은 항공운송, 제8장은 복합운송, 제9장은 소화물운송의 급격한 증가에 따른 국제택배 관련 내용을 담고 있다. 마지막 장인 제10장에서는 무역실무의 규칙과 운송 관련 내용을 담고 있다.

본 교재를 작성하는 데 많은 노력을 기울였으나 부족한 점은 앞으로 보완해 가면서 충실한 교재를 만들고자 한다. 본 교재를 작성하는 데 많은 도움을 주신 박사 동료, 후배 그리고 동료 교수님에게 감사드리며, 아울러 도서출판 청람의 이수영님 사장님께도 감사의 말씀을 드린다.

2017년 11월

조선대학교 이제홍

:: 차례

Chapter 01 | 물류활동의 기초

Chapter 02 | 무역운송의 기초

Chapter 04 | 정기선과 부정기선운송

Chapter 05 | 컨테이너운송

Chapter 08 | 복합운송

Chapter 09 | 국제택배

Chapter 10 | 무역실무와 운송

Chapter 01

물류활동의 기초

제1절 물류개요

1. 물류환경의 변화

경제의 글로벌화에 따라 세계 교역 물동량이 지속적인 증가세를 보이고 있다. 무역장벽의 철폐와 자본자유화의 진전에 따라 기업활동의 글로벌화가 확대됨에 따라 세계 물동량 및 물류의 국제화 수요가 급증하고 있다.

WTO 등과 같은 다자간 국제무역협정이 국가 간 교역장벽을 낮추고 새로운 교역질서를 형성하면서, 양자 간 혹은 다자간 FTA가 급속도로 확산되고 있다. 이에 따라 NAFTA, EU, 동아시아 등의 3대 경제권역에서 중국, NAFTA, EU를 중심으로 러시아, 인도, 일본, 한국, ASEAN, 동유럽 등이 다층적으로 연계된 복잡한 교역구조의 양상을 보이고 있다.

한편 인터넷, 모바일, RFID 등 물류 관련 IT기술의 급격한 발전으로 이를 활용한 E-Logisitcis, M-Logistics, U-Logistics 등 선진화된 물류정보화가 급속히 추진되고 있다. 또한 이러한 물류정보화를 통해 과거 운송, 보관, 하역 등 개별적 차원에서 수행되던 물류기능들이 공급사슬관리(SCM) 전체의 최적화를 위해 유기적으로 연결, 통합되는 등 물류서비스의 고도화가 이루어지고 있다.

물류기능의 변화에 따라 공급사슬 전체를 관리하는 제3자 물류(3PL)업체들이 대거 국제물류시장에 진입하였다. 글로벌 경쟁심화에 따라 기업들은 경쟁력을 높이기 위해 핵심역량을 집중할 필요성이 높아졌으며, 이에 따라 제조 · 유통기업의 경우 물류부문을 전문물류업체에 부분적으로 혹은 전적으로 위탁하는 제3자 물류에 대한 수요가 증가하고 있다.

그림 1-1 물류환경 변화

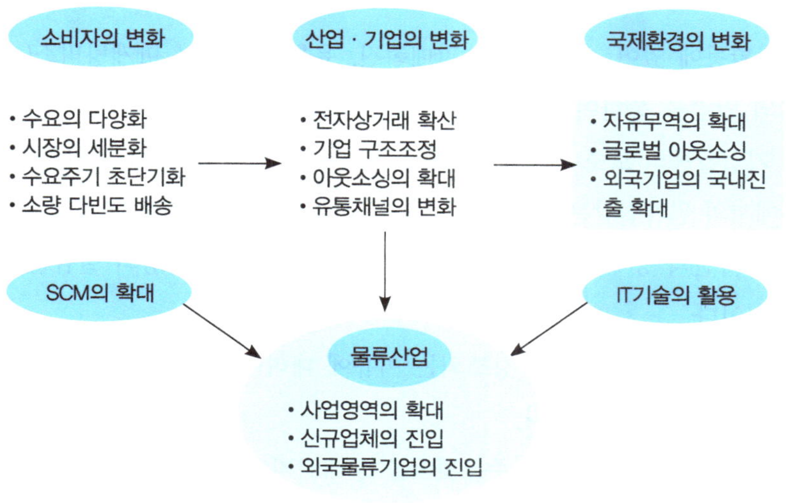

2. 물류의 목적

물류는 물적 유통의 개념으로서 국민경제적 관점에서 물류목적은 "원가절감과 이를 통한 물가상승 억제"에 있다. 이러한 목적은 물류합리화와 물류생산성 제고를 통하여 이루어진다.

기업적 관점에서 물류목적은 "최소비용으로 고객서비스를 극대화"하는 데 있다. 기업의 입장에서 볼 때 최소비용으로 고객서비스를 최대로 해야 하는 것은 소비자의 일상생활을 향상시키는 데 기여해야 하기 때문이다.

물적 유통의 관점에서 물류목적은 운송, 하역, 수 · 배송, 보관, 포장 및 정보활동 등의 물적 활동을 통하여 "사람의 노동력을 배제시키는 생력화"에 초점을 두고 있다.

결론적으로 물류는 물품이동에 관한 서비스 향상과 물류비용절감을 추구하되 인간을 노동으로부터 해방시키고 인간의 생활수준을 향상시킨다는 인간중심에 목적을 두고 있다고 할 수 있다.

3. 물류의 중요성

기업활동에 있어 제품, 가격, 판매촉진, 유통경로 등은 마케팅믹스(marketing mix)의 발전을 통하여 상당한 진전을 가져왔으나 제품의 물적 흐름에 관해서는 단지 기업활동의 보조나 지원수단으로 인식하여 왔다. 그러나 기업활동에서 제조부문에서의 원가절감은 기계화 및 원가관리의 합리화 그리고 자본의 고정화에 따른 고정자산의 증대로 인하여 제조원가는 어떤 한계점 이상의 절감은 어려운 것이 현실이다.

이같이 물류의 중요성이 강조되는 이유에 대하여 스튜어트(W. M. Stewart)는 다음과 같이 지적하고 있다.

① 재고비용절감을 위한 주문횟수를 증대시키기 위해서는 증가된 주문횟수를 처리할 새로운 시스템의 도입이 필요하다.

② 소비자의 제품에 대한 다양한 요구는 재고 저장단위 수의 증대를 필요로 하며, 이는 다목적 창고재고 유지, 재고불균형 등의 문제를 발생시킨다.

③ 소비자의 상품에 대한 저가 압력은 능률적이며 간접적인 분배경로의 등장을 강요하게 되었다.

④ 가격결정에 있어서 신축성을 부여하기 위해서는 전국적인 평균비용에 의존하기보다는 개별시장으로의 운송에 소요되는 실제 분배비용의 산출이 필요하게 되었다.

⑤ 물류서비스를 개선하고 물류비절감을 통하여 기업은 고객에 대한 서비스 수준을 높일 수 있으며 이는 높은 수요를 창출할 수 있다.

현대기업들이 물류에 대해 높은 관심을 갖고 이에 대한 합리화를 적극적으로 실행하고 있는 원인은 다음과 같다.

① 생산부문의 합리화, 즉 생산비의 절감에는 한계가 있다.

② 물류비는 매년 증가하는 경향이 있다.

③ 고객의 요구는 다양화, 전문화, 고도화되어 고객서비스 향상이 특히 중요시되고 있다.

④ 기업 간 경쟁에서 승리하기 위해 물류 면에서 우위를 확보하여야 한다.

⑤ 기술혁신에 의하여 운송, 보관, 하역, 포장기술이 발전되었고 정보 면에서는 그 발전 속도가 현저하게 높다는 점이다.

제2절 물류영역과 기능[01]

1. 물류의 영역

물류는 물적 유통의 개념으로서 일반적으로 로지스틱스(logistics)와 동의어로 사용되고 있지만, 로지스틱스가 물류보다 광의의 상위 개념이라고 말할 수 있다. 물류활동에 따라 영역별로 다음과 같이 분류할 수 있다.

표 1-1 영역별 물류활동

영역별 구분	주요 업무	
조달물류	• 포장의 표준화 · 규격화 • 협력업체와의 공동화 • 수송루트 적정화 • 팰릿이나 용기 등의 표준화, 규격화	• 임시 보관장소 폐지 • 공차율 감소 • 차량회전율 증대 • JIT 납품
생산물류	• 작업교체 및 생산사이클 단축 • 공정재고의 제로화 • 제작 및 외주의 적정화	• 중간품, 반제품 등의 그룹화 • 흐름화 및 평준화
판매물류	• 수배송시스템화를 위한 수배송센터의 설치 • 팰릿풀시스템의 이용 • 유통가공에서의 콜드체인화 • 공동물류센터 구축	
반품물류	• 물류거점별 품질보증체계 확립 • 매출예측정밀도 향상으로 반품 감소 • 반품에 대한 페널티제도 실시	

01 www.logistics21.com

물류란 일반적으로 상거래가 성립된 후 그 물품 인도의 이행기간 중에 생산자로부터 소비자에게 물품을 인도함으로써 시간적 · 공간적 효용을 창출하는 경제활동이다. 물류활동의 범위를 살펴보면 [그림 1-2]와 같다.

그림 1-2 물류의 활동범위

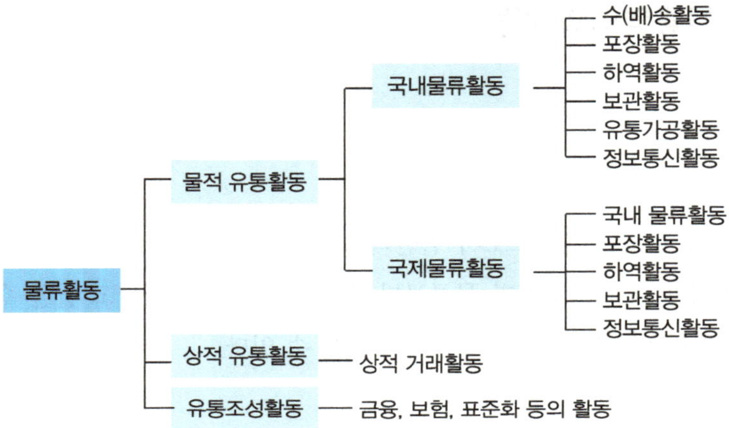

다음에는 물류 자체의 활동을 종합시스템화하여 그 지원시스템의 구성을 살펴보면 [그림 1-3]과 같다.

그림 1-3 물류의 구성과 지원시스템

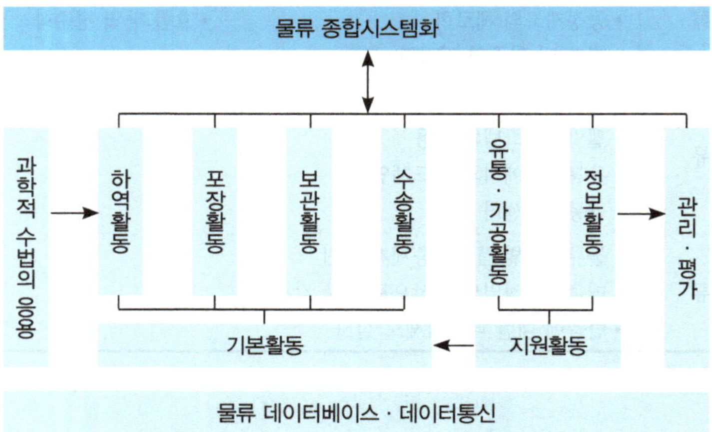

그림 1-4 물류의 내용별 영역

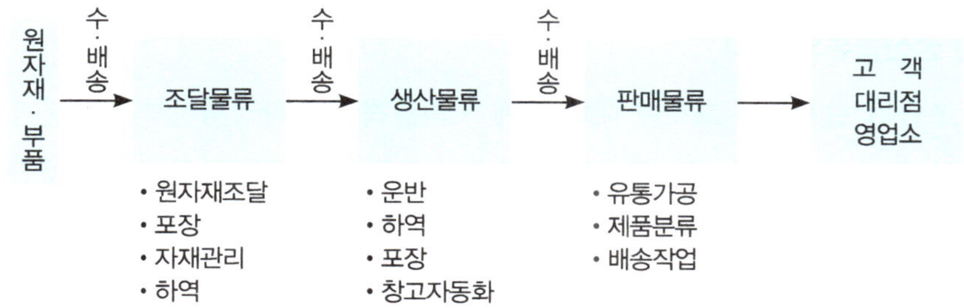

1) 조달물류

(1) 조달물류의 정의

기업이 필요로 하는 각종 원자재를 구두나 전화 등의 수단을 통하여 도착하기까지의 전과정을 관리하는 것으로, 물류의 시발점으로 물자가 조달처로부터 운송되어 매입자의 물자 보관창고에 입고, 관리되어 생산공정(또는 공장)에 투입되기 직전까지의 물류활동을 의미한다.

(2) 조달물류의 역할

조달물류는 전체 물류의 출발점으로서 모든 물류과정에 영향을 미치므로 신중하게 관리해야 한다. 즉 바로 다음에 이어지는 생산부서에 대응하기 위해 협력회사의 조건을 충분히 검토하여 결품방지나 적기납품에 대응하는 것이다.

① 생산부서의 니즈 : 재고압축, 다빈도 납입, 단납기, 조달비용 삭감, 다품종화 대응 등

② 협력회사 측 제약 : 다빈도 납품에 따른 보관비 및 수송비 증대, 생산로트 증대 등

2) 생산물류

(1) 생산물류의 정의

조달된 원자재를 고객에 대한 판매가 최종적으로 확정되기까지의 전과정을 관리하는 것을 말한다. 즉, 물자가 생산공정에 투입될 때부터 완제품의 생산에 이르기까지의 물류활동을 의미한다.

(2) 생산물류의 역할

조달된 원자재를 일시에 한꺼번에 처리할 수 없기 때문에 제품생산과정에서 발생하는 원자재, 반제품, 재공품, 제품 등의 다양한 형태를 관리하는 것이다.

(3) 생산물류의 주요 업무

물자는 정지되어 있는 순간부터 보관비 등의 손실이 발생하므로 정확한 공정분석을 통하여 공정을 단축하고 재고를 삭감하도록 노력한다.

3) 판매물류

(1) 판매물류의 정의

판매물류란 공장에서 생산한 제품을 소비자에게 전달하기까지 일체의 과정을 관리하는 것이다. 즉, 판매물류는 완제품의 판매로 출고되어 고객에게 인도될 때까지의 물류활동을 의미한다.

(2) 판매물류의 역할

생산된 제품을 고객의 요구에 따라 제품창고에서 출고하는 과정과 배송센터에서 유통가공, 분류, 배송 등의 유통과정에서 발생하는 물류활동을 관리한다.

(3) 판매물류의 주요 업무

제품은 판매되어야 다시 돈으로 환산되어 기업에 돌아오게 되므로 잠시도 창고에서 머무르게 할 수는 없다. 따라서 기업에서 만든 제품을 효과적으로 소비자에게 전달하는 모든 과정의 내용들이 관리대상이 된다.

4) 반품물류

(1) 반품물류의 의의

소비자에게 판매된 제품이나 상품 자체의 문제점(상품 자체의 파손이나 이상)의 발생으로 상품의 교환이나 반품을 위한 물류활동을 의미한다.

판매 또는 제공된 물품의 반환과 관련된 물류로 반환된 물품을 회수, 운반, 분류, 정리, 보관, 처리하는 업무가 반품물류에 해당된다.

(2) 반품 발생원인

판매자 실수에 의한 것, 구매자 실수에 의한 것, 관행상 팔고 남은 물품의 반환 등이 원인이다.

(3) 반품물류의 중요성

물품이 반환되는 것은 물품의 공급처로부터 소비자를 거쳐 다시 공급처로 돌아오는 과정에서 발생하는 물류경비가 과다하게 소요될 뿐만 아니라, 품질의 저하에 따른 부대비용의 발생으로 가격상승을 부채질하고 있는데도 불구하고 실제 판매가격은 더 떨어지고 이익을 잠식하는 경우가 많기 때문이다.

(4) 반품 대책수립

반품은 처음부터 발생하지 않는 것이 바람직하지만 환경조건의 변화에 따라 다양한 형태의 반품이 발생하게 되므로 회사의 전사적인 입장에서 고객의 요구를 파악한 후, 제품설계부터 관련 부문이 서로 협조하여 반품의 소지를 없애는 것이 바람직하다.

5) 폐기물류

(1) 폐기물류의 개념

파손 또는 진부화 등으로 제품이나 상품 또는 포장용기 등이 기능을 수행할 수 없는 상황이나 기능을 수행한 후 소멸되어야 할 상황일 때 제품 및 포장용기 등을 폐기하는 물류활동을 말한다.

제품 및 포장재, 수송용기 등 각종 물품에 의해 발생된 폐기물을 관리하기 위한 물류를 말한다. 이들은 조달, 생산, 판매 등의 과정을 거치면서 매일 대량으로 폐기되고 있다.

(2) 폐기물의 처리

폐기물은 일반폐기물과 특정폐기물로 구분되는데, 물류와 관련된 사항으로는 가정이나 기업 등에서 발생된 폐기물을 폐기물 처리업자 등이 수집, 운반, 보관, 매립, 소각하거나 재활용 등의 방법으로 처리하고 있다.

2. 물류의 기능[02]

물류의 기능을 활동을 중심으로 분류하면 기본활동과 지원활동으로 구분할 수 있다. 기본활동은 운송기능, 포장기능, 보관기능, 하역기능, 유통가공기능이 해당하고 지원활동은 정보기능, 물류관리기능이 해당한다.

1) 운송기능

수송은 물품을 공간적으로 이동시키는 것으로, 수송에 의해서 생산지와 수요지

02 www.logistics21.com, 김웅진 · 추창엽, 국제운송물류론, 도서출판 두남, 2003, pp.18-21.

와의 공간적 거리가 극복되어 상품의 장소적(공간적) 효용이 생겨난다.

2) 포장기능

물품의 수송, 배송, 보관, 하역 등에 있어서 가치 및 상태를 유지하기 위해 적절한 재료, 용기 등을 이용해서 물품을 포장하여 보호하고자 하는 활동이다. 포장활동에서 중요한 모듈화는 일관시스템 실시에 중요한 요소이다. 포장은 단위포장(개별포장), 내부포장(속포장), 외부포장(겉포장)으로 구분할 수 있다.

3) 보관기능

물자를 창고 등의 보관시설에 보관하는 활동으로 생산과 소비 사이의 시간적 차이를 조정하여 시간적 효용을 창출한다. 예로서 여름에 생산된 난방기기는 겨울까지 보관하지 않으면 수요에 적합하지 않게 된다.

4) 하역기능

수송과 보관의 양단에 걸친 물품의 취급으로 물자를 상하좌우로 이동시키는 활동으로 싣고 내림, 시설 내에서의 이동, 피킹, 분류 등의 작업이다. 하역작업의 대표적인 방식이 컨테이너화와 팰릿화에 의한 하역이다. 이러한 팰릿화물과 컨테이너화물은 기계를 사용하여 하역하는 데 지게차, 크레인, 컨베이어 등이 이용된다.

5) 정보기능

물류활동과 관련된 물류정보를 수집, 가공, 제공하여 운송 · 보관 · 하역 · 포장 · 유통가공 등의 기능을 컴퓨터 등의 전자적 수단으로 연결하여 줌으로써 종합적인 물류관리의 효율화를 기할 수 있도록 하는 기능이다.

물류의 각 기능은 서로 연계를 유지함에 따라 효율을 발휘하는데 이것을 가능하게 하는 것이 정보이다.

6) 유통가공기능

물자의 유통과정에서 물류효율을 향상시키기 위하여 가공하는 활동으로 단순한 가공, 재포장 또는 조립 등 제품이나 상품의 부가가치를 높이기 위한 물류활동이다. 예를 들어, 생선식품의 냉동이나 가구류 제품의 보관, 하역 · 운송기능을 효율적으로 실행하기 위해 영업소나 지점에서 부품의 조립 등을 하는 것이 유통가공기능이다.

7) 물류관리기능

물류활동 전반을 계획, 조정, 통제하는 활동이다.

그림 1-5 물류의 영역

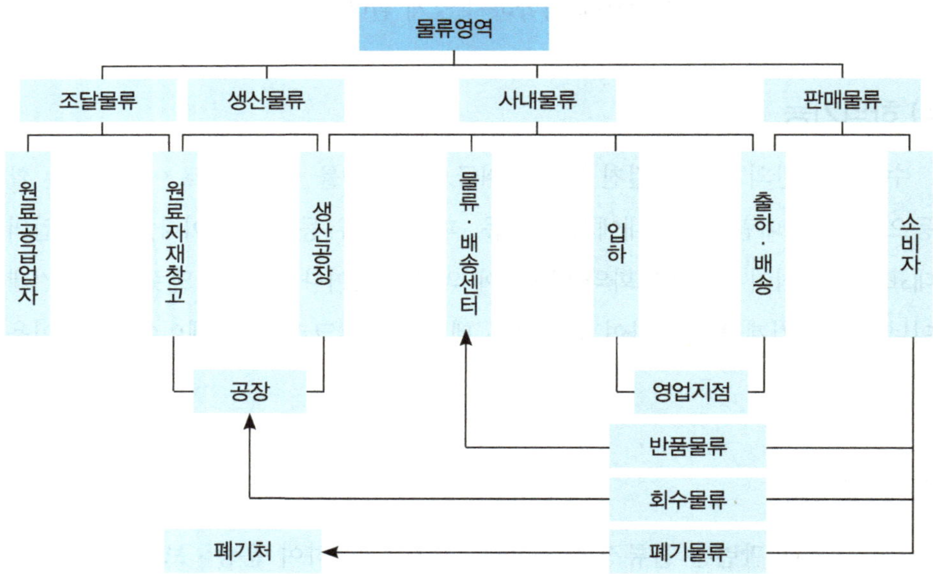

제 3 절 물류시스템

1. 보관물류

1) 보관의 의의

창고관리시스템(warehouse management system : WMS)은 물류센터에서 화물을 관리하기 위한 모든 정보시스템의 총칭을 말한다. 보관이란 물품의 생산과 소비의 거리를 조정하여 시간적 효용을 창조하는 기능으로 이 보관기능을 갖는 기본시설이 창고(warehouse)로서 물류의 중심적인 기능을 발휘하게 된다. 물류를 물품의 유통이란 관점에서 본다면 보관은 물품 유통의 쿠션(cushion)으로서의 역할로 볼 수 있다. 현재 재고삭감이나 JIT(Just-In Time, 즉납체제) 등의 요구로 보관은 하역과 함께 물류의 기본요인이 되고 있다.

따라서 보관은 고객서비스의 최전선이며, 단순히 저장이 아닌 코스트와 서비스

그림 1-6 창고관리시스템의 구성

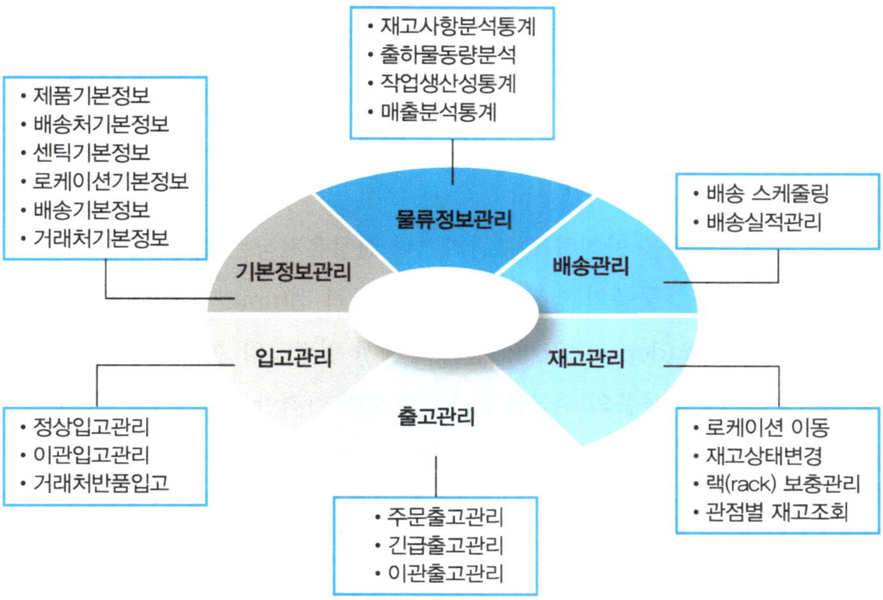

의 트레이드오프(trade-off)를 전제로 수(배)송 간의 윤활유 역할을 수행할 뿐 아니라 생산과 판매와의 조정 및 완충 역할도 수행하며 집산 · 분류 · 검사장소 등의 역할도 수행하고 있다. 창고는 Storage 또는 Warehouse라는 용어를 사용하는데, 전자는 원재료의 저장에 주로 사용되며, 후자는 제품의 보관장소로서 많이 사용되고 있다. 또한 보관과 저장도 유사어로 사용되는 경우가 많지만, 보관은 제품에 그리고 저장은 원재료에 사용되는 경우가 많다.

2) 보관물류의 목적

창고관리시스템(WMS)의 목적은 정확한 재고수량관리 및 재고금액의 자동적 계산, 재고의 실시간 확인관리(visibility management), 보관면적의 효율성 극대화, 피킹작업의 효율적 수행, 선입선출의 정확한 실시, 피킹작업의 정확도 향상, 포장작업의 정확도 및 효율성 향상, 다른 물류시스템과의 효율적인 연계 및 ERP와의 연계 등에 있다.

3) 창고의 기능

창고의 이용절차는 입하→오더 피킹(order picking)→검품→포장→출하 등의 순으로 진행된다. 이 중에서 수동에 의해 시간이 가장 많이 소요되는 작업이 오더 피킹이다. 따라서 창고의 자동화 및 생력화작업도 오더 피킹에 중점을 두고 실시하는 것이 필요하다. 이와 같은 작업을 위해 창고는 다음과 같은 기능을 갖고 있다.

① 저장기능 : 물품을 안전하게 보관하거나 현상유지하는 기능
② 수급조정기능 : 물품의 생산과 소비의 시간적 갭(time-gap)을 조정하여 스톡포인트, 데포(depot), 집배송센터 등에서 일정량의 흐름이 체류하는 기능
③ 가격조정기능 : 물품의 수급을 조정함으로써 가격안정을 도모하는 기능
④ 연결기능 : 물류의 각 요인을 연결시키는 터미널로서의 기능
⑤ 매매기관적 기능 : 물품의 매매를 통해 금융을 원활화시키는 기능
⑥ 신용기관적 기능

⑦ 판매 전진기지적 기능

4) 창고의 종류

(1) 소유 형태에 따른 분류

① 자가 창고 : 제조업자나 유통업자가 자기 책임하에 물품을 보관하는 창고

② 영업용 창고 : 외부의 전문창고업자로부터 임차하여 물품을 보관하는 창고

③ 공공창고 : 정부기관 및 공공단체의 비축물자 및 공용물자를 보관하는 창고

④ 농업창고 : 농산물 비축창고 및 사료용 사일로(silo)

⑤ 보세창고 : 보세지역 내 수출입 화물을 보관하는 창고 및 장치장

(2) 영업용에 따른 분류

① 일반창고 : 지반에 정착한 저장탱크로서 내화구조를 갖추고 있을 것, 야적보관의 경우는 야적이 가능한 토지 또는 공작물일 것, 수면보관의 경우에는 조수 등에 의한 보관물의 유실을 방지할 수 있는 설비여야 함

② 위험물창고 : 보관하는 위험물의 종류에 따라 소방법, 총포, 도검, 화약류 등 단속법, 고압가스안전관리법, 유해화학물질관리법 등의 규정에 의한 위치, 구조 및 시설기준에 적합해야 함

③ 냉동 · 냉장창고 : 냉동 · 냉장실의 보관온도가 상시 섭씨 10도 이하로 유지되어야 함

(3) 입지에 따른 분류

① 항만창고 : 부두창고, 항두창고, 임항창고, 보세창고 등

② 터미널창고 : 주로 트럭터미널과 버스터미널 등 일시 보관시설

③ 집단화창고 : 유통업무단지 등의 유통거점에 집중적으로 입지를 정하고 있는 창고로서 여기에는 공동창고, 집배송단지 내 창고, 복합화물터미널 내 집단창고

④ 도시창고 : 도시형 또는 소비지형 창고로서 백화점 및 슈퍼마켓의 유통형 창고가 이에 속하며, 때로는 항만창고가 도시창고의 기능을 겸하는 수도 있다. 여기서는 신속한 입출고, 스피디한 집배송, 유통가공 요구, 정보처리기능을 겸한 복합기능을 가진 도시형 배송센터의 특성을 가져야 한다.

⑤ 역전창고 : 화차로 출하하기 위해 대기하는 화물의 보관시설

⑥ 해외창고 : 해외물류거점으로서 유통, 보관 및 가공기능을 겸한 해외창고

(4) 이용 형태별 분류

① 저장창고

② 유통창고

③ 전용창고

④ 전속창고

⑤ 보세창고

(5) 창고 내 형태별 분류

① 일반 평면창고

② 랙창고(rack warehouse)

③ 자동화창고 : 자동화창고란 협의로는 주로 고층 랙창고로서 전자제어에 의해 스택커 크레인을 조작함으로써 팰릿의 입출고를 자동적으로 수행하는 가장 현대화된 창고를 말하며, 최근에는 자동창고의 추세가 고층 랙을 이용한 무인입체 자동창고로 발전되어 가고 있다. 광의로는 스택커 크레인의 제어를 수동으로 하거나 반자동 또는 자동으로 행하는 입체자동창고 및 입체기계화창고를 총칭한다.

2. 하역물류

1) 하역물류의 개념

물품의 운반, 수 · 배송 및 보관과 관련하여 일어나는 일련의 작업을 의미한다. 운반을 위해 운반장비에 물품을 올리고 내리는 활동, 수 · 배송을 위해 운송수단에 물품을 올리고 내리는 작업, 창고(물류센터)에 보관을 위해 물품을 보관랙에 올리고 내리는 일련의 활동 및 수출입물품의 항만 · 공항하역 등을 의미한다.

하역의 개념을 협의와 광의의 개념으로 구분하면 협의의 하역은 사내하역(material handling)만을 의미하나, 광의의 개념으로서 수출기업을 예를 든다면 수출품의 선적을 위한 항만하역(port loading & discharging)까지도 포함한다. 사내하역은 창고시설 내에서 집중적으로 행해지며 수화, 이동, 분류, 적화의 4가지 기능을 수행한다.

2) 하역의 형태

하역은 시설에 따라 수송수단, 화물 형태, 하역기계의 형태에 따라 다음과 같이 분류한다.

표 1-2 하역 형태의 종류와 분류

구분		내용
시설(장소)에 따른 분류	자가용 시설하역	공장, 자가용 창고, 배송센터 등 화물의 출하, 하수시설, 장소의 하역
	사업용 물류시설 하역	트럭터미널, 항만, 공항, 창고의 하역, 터미널하역, 역하역, 항만하역
수송수단에서의 분류		트럭하역, 화차하역, 선박하역
화물 형태에 따른 분류	개별하역	상자, 대 등 포장 형태별 명칭의 하역 또는 역화물 귀중품 등 대형화물의 명칭을 사용하는 하역
	유닛 로드하역	팰릿, 컨테이너 등 유닛 로드화하기 위해 사용된 기재의 명칭 또는 집합포장 등의 상태를 가리키는 하역
	비포장 화물하역	분립체, 액체 등 물품을 수송수단, 화물탑재설비 또는 저장설비에 직접 적재, 입출고하는 하역
하역기계에 따른 분류		운반기하역, 기중기하역, 포크리트하역, 기타

3) 하역의 원칙

(1) 경제성

불필요한 작업횟수를 줄여 하역작업상의 손실을 최소화하는 것이다. 또한 이동거리도 줄여 비용을 최소화하는 것이다. 경제성을 확보하기 위해서는 효율적인 하역시스템을 설계, 도입해야 한다. 하역시스템의 기계화를 통해 운송 및 보관에 대한 이동거리를 최소화해야 한다.

(2) 활성화

활성화는 물품의 운반과 움직임을 쉽게 하여 운반을 편하게 하는 것으로 관련된 작업을 조합시켜 전체를 능률적으로 운용하는 원칙이다.

(3) 단위화

화물의 취합을 일정한 단위로 연결하는 것이다. 단위화를 통해 화물의 손상과 마모, 분실 등을 억제할 수 있으며 하역 효율성을 높일 수 있다.

(4) 기계화

화물 이동의 거리를 최소화시켜 줄 수 있는 원칙이다. 또한 대량으로 처리함으로써 1회 처리비용을 낮출 수 있다. 기계화는 현대 하역의 핵심적 기능이다.

(5) 일괄작업

예를 들어, 선박에서 컨테이너화물 하역 시 가장 효율적인 방법은 창고기능을 거치지 않고, 즉시 수요자에게 전달되도록 접점을 연결하는 방식이다. 일괄작업의 원칙이 적용되면 효과적인 하역시스템을 구축할 수 있다.

3. 포장물류

1) 포장의 개념

포장은 통상 생산라인의 종착점으로 물류의 시발점이 되고 있다. 결국 포장은 생산의 마무리이고 물류의 시발점이라 할 수 있으며, 이는 곧 마케팅의 최전선임을 의미한다.

포장이란 상품의 운송, 보관, 거래, 사용 등에 있어 적절한 재료, 용기 등을 이용하여 그 가치 및 상태를 유지하기 위한 기술 및 보호상태를 말하며, 또한 포장이란 재화가 유통되는 과정에서 내용물을 외부적 요인이나 작용에 의해 변질, 손상, 파손되지 않도록 보호하고, 취급이나 사용이 편리하도록 해주는 동시에 상품가치를 높이기 위해 내용물 외부에 적절한 재료, 용기 등으로 덮어 싸는 기술 또는 상태를 가리킨다.

2) 포장의 분류

단위포장(개장)이란 물품개개의 포장을 말하며, 물품의 상품가치를 높이거나 보호하기 위해 적절한 재료용기 등을 물품에 시행하는 기술 및 시행된 상태를 말한다.

내부포장(내장)이란 포장화물의 내부포장을 말하며 물품에 대한 수분, 습기, 광열 및 충격 등을 고려하여 적절한 재료, 용기 등 물품에 시행되는 기술 및 시행된 상태를 말한다.

외부포장(외장)이란 포장화물의 외부포장을 말하며, 물품의 상자, 포대, 병, 나무통 및 금속 등의 용기에 넣거나 용기를 사용하지 않고 그대로 묶어서 기호 또는 표시한 상태를 말한다.

3) 포장의 종류와 기능

(1) 포장의 종류

포장은 그 용도와 특성에 따라 여러 관점에서 분류할 수 있으나 일반적으로 상업포장(commercial packaging)과 공업포장(industrial packaging)으로 대별할 수 있다.

가. 상업포장(일명 단위포장, 상품포장, 소비자포장, 소매포장)

마케팅 분야에 속하며 물류 분야의 공업포장과는 그 기능 면에서 차이가 있다. 상업포장은 내용보호와 판매촉진이라는 두 가지 기능을 달성해야 한다. 즉 경쟁이 치열한 마케팅시대에서는 판매촉진기능이 중요시되므로 상업포장은 '상품의 얼굴'로서 포장이 요구된다.

나. 공업포장(일명 수송포장 : transport packaging)

순수한 물류 분야에 속하며, 내용상품의 보호는 물론 취급의 편리성에 대한 기능이 요구된다. 특히 공업포장에서는 상품의 수송, 보관, 출하 등에서 물리적 요인(진동, 충격 등), 화학적 요인(온도, 습도, 부패 등)에 의해서 물품이 변질되는 것을 방지해야 하는 문제가 상업포장보다 크게 발생되고 있다.

(2) 포장의 기능

포장은 물적 유통과정에 있어서 상품이나 화물의 기능, 품질, 가치를 보호하며, 상품이나 화물의 취급을 편리하게 하여 생산, 소비, 유통의 합리화와 생산성 향상에 대한 중요한 기능을 가지고 있다.

가. 공업포장과 내수포장

공업포장(일명 수송포장, 외부포장)은 수송, 보관, 하역활동을 통하여 발생되는 화물의 열화, 훼손, 오손 등의 방지효과가 크게 요청되며 수송, 보관, 하역의 기계화된 방식으로 간편화, 포장규격화에 의한 기업의 물류비절감, 유닛 로드시스템에 의한 운반관리, 저장관리의 합리화 등을 촉진시켜 주는 기능이 있다.

상업포장은 품질보호, 계량화, 시간적 장애의 극복, 공간적 거리의 극복, 상품가치의 제고에 의한 판매촉진, 정가판매제의 확립 등을 도모하는 기능이 있다.

나. 수출포장과 내수포장

수출포장은 내수포장에 비하여 복잡한 유통경로를 거쳐 상대국 소비자에게 도착되므로 보다 견고하게 설계되어야 한다.

수출포장의 기능이 내수포장과 특히 다른 점은 첫째, 수출포장은 철저한 보호가 필요하다. 수출화물은 긴 해상수송, 많은 횟수의 하역작업과 도중의 재난, 장애 등의 위험도가 내수화물에 비해 높기 때문이다. 둘째, 수출포장은 고객이 외국인이기 때문에 그 나라의 사정, 기후, 풍토, 언어, 종교, 제도 등을 충분히 고려하여 상대방의 요망을 충족시켜 주어야 한다.

4) 유닛 로드시스템

(1) 의의

유닛 로드시스템(unit load system)이란 화물을 일정한 로드단위화하여 그 취급을 인력에 의해서가 아니라 하역기계나 기구를 사용해서 한꺼번에 화물을 이동하는 것을 말한다. 따라서 유닛 로드시스템을 통하면 중량, 포장, 용량 형태를 통일하고 하역의 기계화, 수송의 효율화, 포장의 간편화 등에 의해 비용절감에 직접 공헌할 수 있다. 유닛 로드를 취급하는 기계에는 지게차나 크레인 등이 있고 기구로는 전동 또는 수동의 팰릿 트럭이 있다. 로드단위화하는 수단으로서 사용되는 기재로는 팰릿 및 컨테이너가 대표적이다.

(2) 유닛로드 형태

유닛 로드의 형태별(포장단위별)로 분류하면 집합포장화물, 팰릿화물, 컨테이너화물 등으로 나누어 볼 수 있다.

첫째, 집합포장화물이란 복수의 물품, 단위포장 또는 포장화물을 1개의 대형화물로 유닛화하여 기계에 의한 취급이 적합하도록 팰릿이나 컨테이너 등을 쓰지 않고 대형골판지 상자 등을 사용한 경우를 말한다.

둘째, 팰릿화물이란 팰릿 또는 스키드 등을 사용하여 물품이나 포장화물을 하나의 단위로 모은 화물을 지칭하며, 적재배열방식으로서 블록 적재, 벽돌 적재, 핀휠 적재, 스플리트 적재가 있다.

셋째, 컨테이너화물이란 컨테이너는 여러 종류의 수송기관에 적합한 형태와 치수를 가지며 반복사용에 견딜 수 있는 강도를 갖는 수송용기이다.

5) 팰릿화(palletization)

팰릿이란 하역운반기기를 사용하여 물품 또는 포장화물의 취급을 편리하게 할 수 있도록 적재 면을 갖고 있는 하역기재이다. 팰릿을 사용하는 방법은 1940년경 미국에서 처음으로 개발되어 그 후 세계 각국으로 보급되었는데 처음에는 공장 내에서 운반합리화의 수단으로 발전되었다가 포크리프트가 개발되면서부터 이 기기를 이용하여 발송에서 도착까지 팰릿 로드상태로 일관하여 수송하는 일관 팰릿화가 도입되었다. 팰릿의 종류에는 평면팰릿, 기둥팰릿, 상자형 팰릿, 롤상자형 팰릿, 슬립시트 등이 있다.

표 1-3 팰릿의 종류별 분류

팰릿의 종류	사용재료	비 고
평면팰릿 (flat pallet : 스키드 포함)	목재(합판을 포함) 금속제(철제, 알루미늄제) 플라스틱제 기타(지제, 복합제)	단면형 단면사용형 방향삽입식 4방향삽입식 날개형
기둥팰릿(post pallet)	기둥부분은 강제	고정식 떼어내는 식 접는식
상자형 팰릿(box pallet)		
롤상자형 팰릿(roll box pallet)		
슬립시트(slip sheet)	지계, 플라스틱제	시트팰릿이라고도 함
슬레이브팰릿(slave pallet)	합판제 등	이글(항공용 팰릿) 등
특수팰릿	목제, 강제 등	드럼통 전용 팰릿 등

4. 물류정보시스템

1) 물류정보시스템

물류정보시스템(logistics information system : LIS)은 제품의 생산에서 소비에 이르기까지의 물류활동을 구성하고 있는 운송, 보관, 하역, 포장 등의 전체 물류기능을 유기적으로 결합하여 전체적인 물류관리를 효율적으로 수행할 수 있도록 해주는 정보시스템을 의미한다.

물류정보시스템은 물류활동과정에서 발생하는 정보를 처리, 가공, 전달하여 물류활동을 효과적으로 통제하기 위해 구축된 시스템이라고 할 수 있다. 따라서 물류정보시스템은 수송, 배송, 창고관리, 수발주 등 물류의 모든 기능영역을 지원하며 기업경영의 제반활동과 긴밀한 관계를 갖는다. 물류정보시스템은 다른 정보시스템과 구별되는 다음과 같은 특징을 갖는다.

표 1-4 물류정보시스템의 특징

구분	내용
격자지 간 물류정보시스템	발주자와 수주자 간, 발화주와 수화주 간의 정보이동
다수 기업 간 물류정보시스템	본 · 지점, 공장, 판매점 및 대리점 간의 정보이동을 위한 VAN서비스의 증가
대량 정보처리와 계정 변동	수주, 피킹, 분류, 수배송 및 발주 등 대량 정보와 계절적 변동정보의 수용
지능형 물류정보시스템	물류정보시스템과 연동하는 물류기기와 메커트로닉스화(입체 자동창고, 자동분류장치, 무인 반송차, 운반용 로봇 등), 즉 물류기기의 인텔리전스화
사전처리형 물류정보시스템	수주정보, 재고정보 및 여신정보의 파악 등 모든 정보의 사전처리
서비스수준형 물류정보시스템	본래 물류 코스트와 물류서비스는 트레이드오프(trade-off)관계로 서로 적절한 합의점을 찾아 운영함

2) 물류정보시스템의 기능

소비자 요구의 다양화와 상품 주기 단축으로 신속하고 정확한 고객서비스의 필요성이 증대되고 있으며 물류시스템의 경제성, 신속성, 정확성이 요구되고 있다. 물류정보시스템은 효율적인 물류활동을 지원하기 위한 정보를 합리적, 유기적으로 결합, 제공함으로써 물류비용절감 및 고객서비스 향상을 도모하고 경쟁기업에 대한 상대적 우위를 확보하는 것을 궁극적인 목표로 한다.

물류시스템에 있어 정보는 물류활동을 촉발하는 역할을 하며 물류시스템 유지의 필수요소이다. 물류정보시스템은 물류활동의 기획, 조정 및 통제에 필요하며 고객서비스와 고객과의 커뮤니케이션에도 반드시 필요하다.

(1) 고객서비스 · 커뮤니케이션기능

고객주문처리의 효율성과 고객과의 커뮤니케이션이 유지되는 정도를 결정짓는다. 고객의 주문은 항상 정기적이거나 계획된 바에 따라 이루어지는 것은 아니며 부정기적 또는 긴급하게 발생할 수 있다. 따라서 기업은 항상 대고객 커뮤니케

그림 1-7 물류정보시스템의 기능

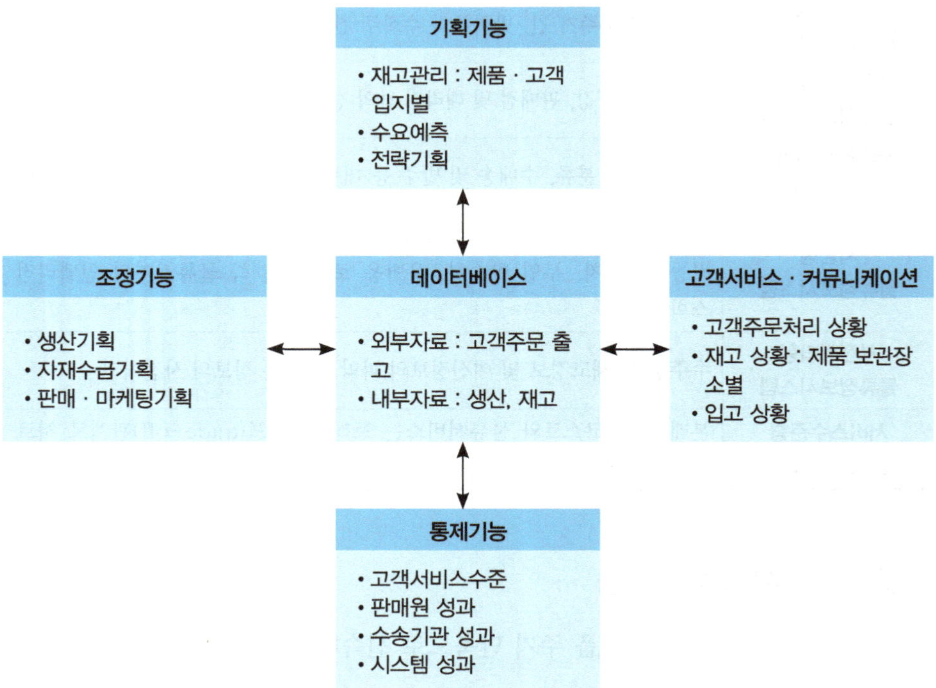

이션 채널이 적절하게 유지되고 있는지 점검함으로써 고객이 쉽게 주문을 낼 수 있도록 해야 한다.

(2) 기획 · 통제기능

물류정보시스템에 보관된 제품의 주문 상황과 조달에 필요한 리드타임정보 및 예측정보는 기업이 재고 수량을 기획하고 재입고를 결정하는 데 중요한 정보로 활용될 수 있다. 사전에 설비 및 시설활동 목표 및 서비스수준 목표와 실제 달성된 서비스수준을 비교함으로써 물류활동의 통제자료로 사용할 수 있다.

(3) 조정기능

물류정보시스템을 통해 정보 공유를 가능하게 해줌으로써 생산계획과 물자 조달계획을 조정할 수 있다. 이를 위해서는 정보시스템이 통합적으로 운영되어야 한다. 통합적 정보시스템이란 정보시스템 내의 특정 하위시스템의 자료가 다른 하위시스템에도 사용할 수 있게 설계된 것을 의미한다. 이를 위해서는 분산된 모든 자료를 통합하여 운영할 수 있는 데이터베이스 구축이 필수적이며 하위시스템은 각종 자원(컴퓨터 설계, 데이터베이스, 정보 네트워크, 분석툴 등)을 공동으로 이용할 수 있어야 한다.

3) 물류정보시스템의 특징

물류정보시스템을 다른 정보시스템과 비교할 때 차이점은 다음과 같다.

① 격지자 간 시스템 : 송화주와 수화주가 격지에서 상호정보를 이동

② 다수기업 간 시스템 : 각종 이질적인 물류 관련 업체의 정보이동으로서 이기종 네트워크와의 접속과 VAN서비스의 요구

③ 대량 정보처리와 계절변동 : 수주, 피킹, 분류 및 수(배)송 등 개별화물의 연관정보처리로 정보의 대량화와 정보의 계절적 변동화

④ 현장밀착형 시스템 : 일선 현장담당자의 현장환경에 적합한 기기 조작

⑤ 지능형 시스템 : 물류정보와 연결되는 물류기기의 지능화 진전

⑥ 사전처리형 시스템 : 전단계에서 필요정보를 사전처리
⑦ 서비스수준형 시스템 : 최소 비용으로 서비스 극대화 조치

제 4 절 국제물류

1. 국제물류의 개념 및 환경

1) 국제물류 개념

국제무역은 계약과 다국 간의 상거래 행위를 중심으로 하는 국제상류(international commercial distribution)와 이러한 상류활동을 지원하는 국제물류(international logistics)로 구성된다. 국제상류는 서로 다른 문화와 관습을 갖는 거래주체들 간의 계약, 운송, 보험, 결제, 클레임과 상사중재와 같은 상거래를 지원하는 다양한 화물의 시간적 이동을 다루게 된다.

국제물류는 생산과 소비가 2개국 이상에 걸쳐 이루어지는 경우 생산과 시간적, 공간적 차이를 극복하기 위한 유형, 무형의 재화에 대한 물류적인 국제경제활동을 말한다. 이러한 국제물류는 국내물류보다 확대된 영역으로 다국 간의 원료, 조달, 생산가공, 제조판매활동 등이 생산지와 소비자가 동일국 내가 아닌 국경을 초월하여 이루어지고 재화의 이동과 관련하여 수출입수속 및 통관절차, 운송방법의 다양화로 인하여 물류관리가 국내물류보다 복잡하며, 물류활동영역이 넓고 물동량도 대량으로 이루어지므로 환경적 제약을 많이 받는다.

2) 국제물류환경

국제물류환경은 화물유통담당자가 통제할 수 있는 요인과 통제할 수 없는 요인들로 나누어진다.

통제 불가능한 요인들은 외국시장의 정치적 · 법적 제도, 경제적 조건, 각 시장에서의 경쟁 정도, 이용할 수 있는 배분기술의 수준, 외국시장의 지리적 구조, 그

리고 각종 시장에서의 사회적 · 문화적 가치 및 행동의 기준들이며, 통제가능요인은 운송, 보관, 하역, 포장 등 기업의 화물유통활동영역이다.

기업은 국제물류환경에서 효율적인 화물유통을 위하여 정치, 경제여건 등 통제불가요인에 대해서는 적절한 대응책을 강구해야 하며, 수송, 재고품, 포장, 보관, 하역 등 통제가능요인에 대해서는 기업의 자체적인 전략을 수립해야 한다.

기업이 사업영역을 확장할수록 물류비용이 증가하는 것은 당연하나 국제적 시장 확대는 두드러진 비용증가를 가져오는데 이는 국제물류비용이 국내물류비용보다 일반적으로 높기 때문이다. 그 이유는 수송의 장거리, 서류작성비용의 과다, 일반적으로 높은 재고수준의 유지, 보다 긴 주문회전기간 등에 연유하며, 이러한 차이는 국가별로도 관찰되는데 기업의 글로벌화가 진전되는 가운데 국제기업의 비중이 큰 나라의 물류비용은 비중이 작은 나라보다 높다. 우리나라의 기업들도 국제시장에 활발히 진출하고 있는 추세에 있어 국제물류비용의 비중은 앞으로 더욱 증가될 것으로 예상된다. 따라서 앞으로 우리나라 기업들에게 국제물류비용의 관리는 더욱 중요해지고 있다.

2. 국제물류의 중요성과 기능

국제물류의 역할은 첫째, 국제물류는 국제 간의 원부자재의 조달물류에서부터 물품의 생산과 소비를 연결하는 역할을 수행하고 생산력을 증대시켜 국제시장의 발전과 활성화를 가져오며 국제경제의 활성화에 이바지하고 있다. 둘째, 국제물류는 운송시간의 단축 및 적기인도나 조기인도 등을 통하여 해외고객에 대한 서비스활동을 향상시킴으로써 신뢰감을 높이고 수출증대기능을 촉진한다. 셋째, 국제물류는 생산과 수출뿐만 아니라 총비용이라는 경제적 측면에서 제3의 이윤원의 역할을 하게 된다. 넷째, 국제물류는 수요자의 기업으로서는 물류비절감과 서비스 향상을 통한 판매증진으로 기업의 발전을 기할 수 있으며, 공급자인 기업으로서는 양질의 서비스를 제공하게 되어 기업의 기반을 마련할 수 있다. 다섯째 국제물류는 국민경제적인 입장에서 수출입물품의 최적관리와 물류비절감의 활동으로 국가경제발전과 물가안정을 가져오게 하고, 국내외 고객만족을 위한 상품의 최적 재고량을 확보 및 최소화하여 운영자금의 회전을 원활하게 하고 금융비용을 축소시킨다.[03]

국제물류기능의 원활한 역할은 보세창고를 포함한 물류센터(LC)를 통하여 전체물류기능인 수출입통관, 복합운송, 보관, 유통가공, 포장, 하역, 정보기능과 생산기능(주로 조립기능)을 가진 활동을 하며, 특히 물류프로세스기능에 의해 생산과 물류의 통합을 실현하고 있다. 보세창고는 수출물품의 보관, 수입물품의 보관 및 통관업무 등이 이루어지는 노드(node)부분의 업무를 이행하고 있다. 물류센터의 물류기능을 보면 다음 [그림 1-8]과 같다.

그림 1-8 물류센터의 물류기능

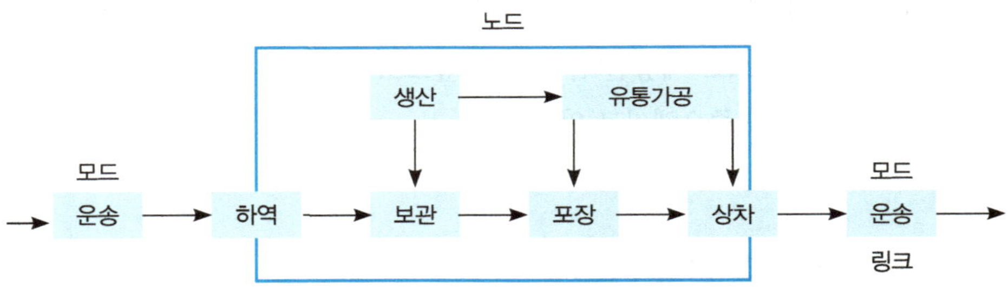

자료 : 苦瀨 博仁, 박상철 · 금기정 · 이우승 공역, 부가가치 창조를 위한 로지스틱스, 세무경리협회, 도서출판 구미서관, 2005, p.141.

여기서 국제물류기능의 주체인 국제물류거점은 부가가치 물류활동, 가공 · 조립 등의 생산활동, 국제무역 · 금융 · 비즈니스업무, 서비스 및 인적흐름이 집중하는 지점으로, 활동의 범위가 광범위하다 할 수 있다.

3. 국제물류거점의 확보 : 물류산업 집적지

국제물류거점을 확보하는 물류산업 집적지를 정의하면 "원료나 제품을 조달하

03 곽현, 국제물류운송론, 도서출판 두남, 2008, p.145.

여 소비자(생산자)에게 이동시키고, 그 과정에서 발생하는 운송, 보관, 하역, 시장예측과 고객서비스 등 다양한 활동이 일어나는 지역으로서 수직 · 수평으로 연관된 산업과 기관, 인력 등이 네트워크를 형성하고 있는 지역"이라 할 수 있다.

물류산업 집적지는 항만이나 운송에 관련 산업이 집적되어 있기도 하지만, 사람과 사람, 단체와 단체가 만남, 거래 등을 하면서 관계를 형성하는 사회네트워크(social network)도 있다. 국제물류거점지역 선정에 있어 낮은 진입비용, 노사화합 및 물류 관련 정보공유체계 구축, 물류항만, 공항 및 복합운송 시설기반, 비즈니스 지향적 정부 및 정부관료, 숙련인력 및 노동의 질, 선진물류업체 존재 및 물류비수준, 시장규모 및 지역의 성장잠재력, 유연한 관련 법제도 및 행정제도 개선, 저렴한 생활비 및 외국인에 적합한 생활여건, 교통의 연계성 및 시장접근성 등의 요소를 갖추어야 한다. 국제물류거점의 체계변화는 수출물류단계, 현지물류단계, 거점물류단계로 변화되어 가고 있으며, 국제물류관리체계의 변화를 보면 [표 1-5]와 같다.

표 1-5 국제물류거점 관리체계의 변화

구분	특징	생산거점	물류체계
1단계 (수출물류체계)	수출을 중심으로 이루어지는 일련의 물류활동을 관리하는 단계	자국	수출입체계
2단계 (현지물류체계)	국가별 현지자회사를 중심으로 물류, 생산활동을 수행하는 단계	현지국	현지국 물류시스템 이용 (자체 또는 현지물류체계)
3단계 (거점물류체계)	국제물류거점, 생산거점을 중심으로 지역경제권 전체를 담당하는 물류체계	지역거점	국제물류거점 중심물류체계 (물류 전문업자 이용)

4. 국제물류의 특성

1) 물류환경과 활동의 다양성

물류활동의 세계화는 그 활동의 환경과 내용이 매우 다양해짐을 의미하는데 환경적 다양성은 사회적 · 문화적 요인, 정치적 · 법적 요인, 경제적 요인, 지리적

요인, 기술발전요인, 상품경쟁적 요인 등이 있으며 활동내용의 다양성은 이러한 외부적 환경의 다양성에 부응하여 여러 고객과 각 지역에 적합한 로지스틱스서비스의 제공을 다양하게 펼침을 의미한다. 이와 같은 것들로는 물류서비스의 질과 비용 간의 선택, 서비스를 구성하는 수송, 보관, 포장, 하역 등 여러 기능 간의 선택과 조합, 그리고 재고관리, 주문처리 등에서 적합한 전략 구사 등을 말한다.

국제물류에서 환경적 · 영업적 다양성은 물류운영전략을 다양하게 구축하도록 요구하나 특히 중요한 것의 하나가 재고조절이다. 이는 각국의 다양한 소비자 요구에 부응하기 위해 적절한 재고를 유지해야 하되, 리드타임(lead time), 재고량을 조절하여 재고비용을 줄이는 것을 말한다.

2) 장거리수송

국제물류 구성에서 비중이 제일 큰 부분이 국제수송인 것과 마찬가지로 물류운영에서 제일 중요한 부분이 상품의 이동거리라고 할 수 있다. 국제물류에서는 특히 이 부분이 중요한데 이는 상품의 이동거리가 뚜렷이 증가하는 데서 연유한다. 평균 이동거리가 길면 길수록 수송의 총비용은 더욱 커지며 수송거리는 국제물류시스템 구축의 가장 중요한 결정요인이 된다.

3) 서류처리의 양과 복잡성의 증가

국제물류 운용에서 서류처리는 그 양과 복잡성이 크게 증가한다. 까다로운 통관절차가 요구하는 서류가 주종이지만 대금지불, 판매조건, 운송책임 등에 대한 지역적 관행이 독특한 서류절차를 요구한다. 또한 한 지역의 독특한 영업수행방식, 가치관 등은 비합리적 관행에 따르는 필요한 서류를 요구하는 경우도 많으며, 동일정보의 중복되는 제출요구도 많다. 국제유통에서 서류처리의 복잡성은 운송주선인, 통관중개인, 전문물류업자 등의 활용을 크게 증가시키는 요인이 될 수 있다.

4) 문화의 중요성

국제물류에서는 국가별로 마케팅 및 물류방식에 대해 국가별로 국민들의 선호구조와 수용성이 다르기 때문에 각 국가의 문화적 차이를 심각하게 고려하고 여러 부문에서 전략적으로 반영해야 한다.

5) 물류기능상의 차이

운송기능의 경우 국내물류는 배송시스템에 의하여 움직이나 국제물류는 항만이나 공항 터미널에서 이루어지기 때문에 선박이나 항공기가 중요한 역할을 한다.

하역과 보관기능에서 국제물류의 경우에는 복합화물 터미널의 범주 내에서 항만, 공항, 내륙거점 등에서 하역이나 보관에 대한 시간단축과 비용절감이 중요한 역할을 하게 된다.

포장기능에서 국제물류에서는 운송상의 포장단위가 중요해짐에 따라 컨테이너 및 팰릿의 활용과 이들을 복합운송과 어떻게 효율적으로 이용할 수 있느냐가 중요한 과제이다.

마지막으로 정보기능의 경우 국제물류의 경우에는 특정 터미널을 통하여 특정 운송수단을 조합하여 단시간 내에 최저비용으로 화물을 운송하여야 하기 때문에 국내화주로부터 해외고객에 이르는 과정이 일목요연하게 파악되어야 한다.

5. 국제물류기능

1) 수송기능

수송은 물자의 공간적 차이를 극복하기 위해서 장소적 이동을 통하여 물자의 장소적 효용이 창출된다. 국제수송은 국제물류에 있어서 핵심적인 요소로서 실질적으로 보관, 하역, 포장, 정보 등과 밀접한 관련을 맺고 있으며, 이러한 비수송요소는 수송과 배송을 원활히 해주는 보조적인 요소로 볼 수 있다. 국제물류의 경우에는 선박회사, 항공회사, 트럭운송회사, 운송주선업자 등을 통하여 화물선이나 항공기로 운송을 하거나 또는 최적운송을 위해 육 · 해 · 공을 연결한 복합일관운송으로 수행되기 때문에 국내물류는 마지막 단계의 보조운송으로서 역할을 하게 된다.

국제물류에서는 각국에서 서로 다른 수송수단이 갖고 있는 서비스수준, 비용, 이용의 편의 등 특이성에 유념하여 수송수단을 선택하여야 한다. 수송수단의 국가 간의 이러한 차이는 각국의 조세, 보조금, 운송수단 보유 현황 등에 따라 나타나게 된다.

수송업자는 수송뿐만 아니라 보관, 원료조달, 주문처리, 정보서비스 등을 지원해 주면서 통합물류 운영방식을 기업에게 제시해야 한다. 이는 수송업자가 단순수송서비스 제공에서 한걸음 더 나아가 전문물류서비스 제공업자로 발전함을 말하는데 기업도 이러한 유통전문업자의 활용을 점점 더 선호하고 있다. 이러한 면에서 소위 제3자라고 지칭되는 해운회사, 육상운송업자, 창고유통업자, 운송주선업자, NVOCC(non-vessel operating common carrier, 무선박운송인) 물류 영업회사 등의 활동이 활발해지고 있다. 이러한 국제물류 대행업무는 점차 전문적이고 정형화되고 있다.

2) 하역기능

하역은 원래 수송과 보관 및 포장 사이에서 그 전후에 행하여지는 취급작업으로 수송과 보관의 종속적 기능으로 간주되지만 국제물류에 있어서는 그 중요성이 높으며 하역의 합리화가 종합적인 물류합리화를 좌우하고 있는 경우도 적지 않다. 국제물류에 있어서 하역은 구체적으로 항만하역이나 항공화물 터미널하역 등이 주가 되고 있다.

국제물류의 경우에는 공산품일 때 이를 컨테이너에 적입하는 작업과정에서부터 철도역 또는 트럭 터미널 등의 내륙거점이나 공항 및 항만에서의 하역작업까지 각종 하역차량 및 하역기기를 이용하고 있다.

3) 포장기능

국제물류에 있어서 포장기능은 원거리운송과 해외시장에서 판촉을 위해 상품 품질이나 가치를 손상하지 않고 보호하여야 한다는 관점에서 유통과정 중 내용물을 보호하고, 용기가 가벼우며 비용을 절감하는 입장에서 포장활동이 이루어져야 한다.

따라서 수출포장은 제품특성에 따라 포장 재료를 적절히 선택하고 생산성, 편리성, 경제성을 염두에 두고 판매상의 효율을 제고하는 동시에 판촉을 위하여 아름답게 포장되어야 한다.

최근의 포장활동은 국내의 경우 팰릿(pallet)을 이용하며 국제화물은 항공기를 제외하고는 공산품의 경우 대부분 컨테이너를 이용하기 때문에 포장의 내장과 외장이 간편하고 비용도 절감되는 추세이다.

4) 보관기능

국제물류에서 창고는 수출지에서 수입지까지 화물운송에 필요한 수출자의 창고 및 공장, 창고나 내륙거점 또는 트럭 터미널, 철도역 그리고 항구나 공항 터미널 등지의 보관기능이 우선된다. 즉 화물을 집화하여 이를 조립, 포장, 분류하여 배송하는 유통창고로서의 국내물류기능보다는 보세구역이나 보세장치장, 보세구역 이외의 지역에서 화물을 일시 보관하여 운송하는 기능이 국제물류의 주된 기능이 된다.

국제물류에서는 창고자동화시스템을 통한 컨테이너 적입뿐 아니라 항만 또는 공항의 보세창고 운영시스템의 자동화 및 개선책이 하역작업과 병행하여 중요한 역할을 담당하게 된다.

5) 정보기능

국제물류의 경우 운송활동의 합리화 및 복합운송의 최적화, 하역작업의 기계화 및 자동화, 보관 그리고 배송작업의 신속화 및 효율화, 포장작업의 표준화 및 최적화를 통하여 총비용을 절감하고 고객서비스를 향상시켜야 한다.

국제물류는 각 서비스의 연결을 위해 EDI(electronic data interchange, 전자문서교환)의 활용이 매우 중요하다. 이는 통합물류뿐만 아니라 한걸음 더 나아가 요구되는 심리스(seamless) 물류의 실현을 위해 필수적이며, 단순히 고객을 위한 화물추적서비스를 기본으로 하여 화물 흐름의 계속적인 관리와 고객 입장에서의 재고관리까지 이어져야 한다.

6. 국제물류관리

1) 국제물류관리의 중요성

세계의 다국적기업은 수출상품의 출하빈도 증가, 출하단위 축소, 리드타임(lead time) 단축 등의 과제에 직면하여 고도의 정보시스템에 의한 무재고화와 JIT체제의 구축, 다품종 소량화에 대한 화물의 혼재수송 등의 실시를 모색하고 있는 상황이다. 이의 효율성을 살리기 위해 기업들은 국제경영활동에서 최소비용으로 사업활동을 극대화시킬 수 있는 전략의 핵심으로 물류관리를 활용하고 있다. 이러한 방안으로 판매 및 생산의 해외거점화와 이의 적정배치, 물류센터의 집약화 등을 추진함과 동시에 고객서비스수준 향상과 물류비용절감이라는 상반되는 2개의 목표를 지향하는 기업전략을 추구하고 있다. 물적 유통관리는 국제마케팅에서 더욱 중시되고 있다. 그 이유는 다음과 같다.

① 운송방법이 복잡하며, 따라서 운송방법을 달리할 경우 손상, 도난 및 지연의 위험이 크다.

② 상품이동의 거리 및 기간, 운송비와 운송상품에 투자된 비용을 증가시킨다.

③ 여러 가지 기후조건에 대한 노출은 상이한 포장 및 보관협정을 불가피하게 한다.

④ 보다 많은 문서가 국경을 넘어 이동할 경우에 필요하다.

2) 국제물류관리의 주요 요소

(1) 국제상품운송

대부분의 국가에서는 상품의 국내이동을 철도나 자동차에 크게 의존한다. 그 이유는 이들이 비교적 신속하고 저렴하기 때문이다. 물적 유통결정은 운송비와 재고 및 보관비 간의 상호조정을 포함하므로 이러한 육상운송은 총비용을 극소화시키는 경우가 많다. 국제운송에서는 육상운송방법이 이용될 수 없는 경우가 많다. 철도와 고속도로는 대부분의 유럽 및 북미 전체에 걸쳐 잘 발달되어 있고, 따라서 각 지역에서는 신속하고 효율적인 육상운송이 가능하다. 그러나 중남미, 아프리카 및 아시아에서는 국가 간의 고속도로 및 철도의 연결이 잘 개발되어 있지 않아 지리적인 원거리로 인해 해상운송이 저렴하고 신속하다.

대부분의 국제운송은 육상 및 해상운송이 결합되고 있으며, 일관협동운송(intermodal transport)이 이러한 경우에 최적운송비를 산출하기 위하여 개발되고 있다. 이 운송방식은 사전 협정된 기준 위에서 관세를 분담하는 운송회사들과 함께 여러 가지 운송 형태에 관한 직행운임(through rates)을 산출하는 것이며, 상품이 최소의 노력으로 다시 취급될 수 있도록 컨테이너로 운송되는 경우에 효과적이다.

(2) 국제보관활동

보관의 주요 역할은 고객과 공급업자가 품절에 직면되지 않도록 판매시점에 예비재고품을 제공하는 것이다. 국내시장에서는 소비시점에 예비재고품을 크게 준비할 필요성은 적으며, 국내기업은 대부분 제조시점에만 예비재고품을 보유한다. 그러나 국가 간의 거리가 멀고 운송이 느리고 신뢰성이 적은 경우에는 중요시장에서 대규모 예비재고품을 보유할 필요가 있다.

보관시설이 부적절한 시장이 많으며, 공공창고를 이용할 수 없거나 보관상태가 불충분한 경우도 있다. 특별한 기후조건에 따라 상품열화를 방지하기 위한 특별한 보관시설이 필요한 경우도 있으며, 그러한 경우에는 부가적인 비용이 생기게 된다.

(3) 국제재고품관리

재고품관리(inventory control)는 고객서비스를 크게 축소시키지 않고도 재고품에 대한 투자를 가능한 낮게 유지하고자 하는 것이다. 완제품 재고의 투자는 그 비용이 크지만, 이러한 투자를 축소시킬 경우에는 제품이 고객수요를 신속히 충족시키지 못하는 상황이 발생할 수 있다. 이러한 재고품관리는 국제마케팅에서 특히 중시되고 있다. 왜냐하면 지리적으로 원거리와 느린 운송속도로 인하여 국내시장보다 재고수출이 높기 때문이다.

(4) 국제자재처리와 국제포장활동

최근 자재관리의 커다란 발전에 따라 총물류비를 절감시키고 있다. 포장은 상품의 취급을 기계화할 수 있게 하여 그에 따라 비용 및 손상을 감소시키고 있다. 공장에서 선적상품을 대량으로 팰릿(pallet)으로 운송함으로써 인간에 의하여 취급되지 않고 최종목적지까지 상품을 운송할 수 있다. 팰릿화(palletization)는 하역에 있어서 인력의 필요성을 감소시키고 있지만, 더 큰 발전은 특수컨테이너선의 건조이다. 이러한 특별한 자재처리방법은 처리량을 감소시킴으로써 상품 손상을 감소시키고, 컨테이너화함으로써 도난의 위험을 감소시키고 있다.

(5) 국제물류비의 최적화

물류비는 여러 가지 투입을 동시적으로 고려해야만 최적화될 수 있다. 운송과 같은 개별적인 투입을 극소화하는 것이 오히려 총비용을 증가시키고 고객에 대한 빈약한 서비스가 되는 경우가 있다. 예를 들면, 저운송비를 이용하기 위하여 상품을 해상운송할 경우, 현지에서는 그러한 상품의 재고를 유지하기 위한 보관 및 재고비용이 더 많이 요구되는 경우에는 상품을 현지로 항공운송하는 것이 최적비용 결정이 될 수 있다.

3) 국제물류의 합리화

국제물류는 국내물류보다 확대된 영역으로 원료조달, 생산가공, 제조판매활동 등이 생산지와 소비자가 동일국가가 아닌 국경을 넘어 이루어지는 것이다. 물품의 이동과 관련하여 수출입수속, 통관절차, 운송방식의 다양화로 인하여 물류관리가 국내물류보다 훨씬 복잡하다.

국제물류의 합리화를 위해서는 수송, 보관, 포장, 하역, 정보 등 다양한 물류기능들을 적절히 통합하여 각 기능들의 상호작용이 효율적으로 이루어질 수 있는 최적물류시스템의 구축이 필요하다.

물류시스템화(합리화)를 위해서는 우선 개별활동에 있어서 각각의 합리화를 도모해야 한다. 그러나 물류의 합리화는 개별활동부문만의 합리화에 노력하는 것만으로는 불충분하다. 1개 부문의 합리화가 다른 부문의 합리화에 연계되지 않으며, 수송, 포장, 보관, 하역, 정보, 유통가공 등의 각 부문이 각각 합리화되어 상호 연계되어야 물류합리화를 이룰 수 있다.

Chapter 02

무역운송의 기초

제1절 | 무역운송의 기능과 역할

제2절 | 무역운송의 개요

제 1 절 무역운송의 기능과 역할

1. 무역운송의 기능

운송의 기능은 생산지와 소비지 간, 또는 송화주와 수화주 간에 존재하는 거리를 연결하기 위한 것이다. 따라서 운송은 ① 정해진 시간 내에 고객에게 정확한 상품 전달, ② 적절한 유통재고량의 유지와 물류계획의 올바른 수행, ③ 생산계획을 원활하게 추진하기 위한 판매와 생산의 조정 역할 수행, ④ 수주에서 출하까지의 작업의 표준화와 효율화 등의 기능을 수행한다. 무역운송이 갖는 기능은 다음과 같다.

1) 물품교환의 촉진

무역은 상품의 국제적 이동을 의미한다. 무역이 발생하는 이유는 어떤 지역이든지 자원, 노동력, 기술수준 등에 의해 생산의 차이가 발생하기 때문에 잉여지역에서 부족지역으로 재화와 용역이 이동하기 때문이다. 국제운송은 다양한 운송도구를 바탕으로 상품의 이동을 촉진시켜 준다.

2) 대량생산 및 대량소비

저렴한 운송비는 대량생산을 가능하게 하고, 규모의 경제로 인해 가격인하효과를 가져온다. 국제운송을 통해 대량생산은 더욱 가속화될 것이며, 원거리 운송에 의해 대량소비가 가능하기 때문에 국제운송으로 인해 무역은 활발하게 진행될 것이다. 이때 주의해야 할 것은 운송비 부담이다. 대량생산이 가능하기 위해서는 운송비 부담이 낮아야 할 것이다.

3) 도시화의 촉진

국제운송을 통해 무역규모가 커지면 비용을 절감하기 위해 산업 간 집중화가 발생하게 된다. 대규모 산업도시의 발달은 상호 간에 교역을 형성시키며 교역과 관계가 깊은 창고업, 가공업, 포장업, 도매업, 소매업, 금융업, 보험업 등의 산업을 동시에 발전시킨다. 따라서 1차적으로 경제 · 교통이 발전하며, 2차적으로 정치 · 문화 · 교육산업의 발전을 가져오게 된다. 결국 국제운송은 저렴한 운송수단을 바탕으로 지역적 분업과 대량생산 및 지역 간 교역촉진을 가능하게 한다.

2. 무역운송의 역할

무역은 국가 간 상거래를 의미한다. 운송은 물자의 공간적 이동을 의미한다. 무역에 있어서 운송은 거래물품의 이동을 의미한다. 이러한 이동은 물적 유통의 개념으로 이해할 수 있다.

물적 유통은 생산자로부터 소비자에게 제품 · 재화를 효과적으로 옮겨주는 기능 또는 활동을 의미한다. 일반적으로 포장 · 하역 · 수송 · 보관 및 정보와 같은 여러 활동을 말한다. 제품 · 재화를 수송하는 데는 '포장 → 보관 → 집화, 적재 → 수송 → 중도적환(中途積換) → 하역, 배달 → 보관 → 개장(開裝)'의 여러 과정을 거친다. 어떠한 수송수단을 이용하든 이러한 과정을 거치지 않고는 제품 · 재화의 이동은 불가능하다.

제 2 절 무역운송의 개요

1. 무역운송의 정의

운송은 육로 · 해로 · 공로를 이용한 화물의 수송을 의미하며, 무역운송은 국제 간 물품의 운송을 의미한다. 화물운송은 육로화물운송, 해상화물운송, 항공화물운송의 3대 분야로 나뉜다.

운송업자는 육로 · 해로 · 공로를 이용하여 유료 또는 무료로 승객이나 화물을 한 지역에서 다른 지역으로 운반하는 자를 지칭한다.

운송업자는 일반 운송업자와 개인 운송업자로 구분하는데, 일반 운송업자는 일정한 구역 내에서 사람이나 화물을 기꺼이 책임지고 운송한다. 또한 화물의 경우 운반 도중 발생한 물품의 손실, 손상, 시간적 지연에 대해 일반 운송업자는 책임을 져야 한다.

개개의 운송행위는 사적 계약에 의해 이루어지는데, 개인 운송업자의 경우 화물 운송 중의 손실 · 손상 · 지연에 대한 책임은 업자의 태만으로 한정한다. 손실이나 손상 또는 지연이 임무태만으로 인해 생긴 것이 아님을 증명할 책임은 운송업자에게 있다. 하지만 이 임무태만의 책임도 운송계약 시에 정하는 약속에 의해 제한될 수 있다.[01]

2. 무역운송인의 종류

1) 운송인의 성격에 의한 분류

(1) Merchant Carrier

무역업과 운송업을 겸하고 있는 자를 말한다. 무역업을 하고 있는 사람이 자기가 취급하는 상품을 자기 선박으로 운송할 때 Merchant Carrier라고 한다.

(2) Contract Carrier

특정의 기업 또는 기업그룹의 한정된 종류의 화물만의 운송을 인수하는 자를 말한다. Contract Carrier에는 Private Carrier와 Industrial Carrier가 있다.

Private Carrier는 자기의 화물을 자기 자신의 선박으로 운송하는 자를 말하고, Industrial Carrier는 자신의 화물 또는 자기와 관계가 있는 기업의 화물(원자재, 원유, 석탄 등)만을 전담하여 운송하는 운송인을 말한다.

01 최창열, 국제물류론, 보명BOOKS, 2008.

(3) Common Carrier

불특정 화주에 대하여 운송서비스를 제공하는 운송인을 말한다. Common Carrier는 운송인으로서 공공임무에 따라 누구의 화물이라도 운송을 인수하여야 되는 자를 말한다. 무역업자가 접하는 운송인은 대부분이 Common Carrier이다.

2) 운송수단에 따른 분류

(1) 해상운송인(ocean common carrier)

우리 나라 해운업법 및 그 시행령에 규정된 해운업의 정의를 보면 해운업이란 해상화물운송사업, 해상화물운송 주선업(프레이트 포워더), 해운중개업, 해운대리점업, 선박대여업, 선박관리업 등 6개 업종을 가리킨다. 이들 업종 중에서 해상화물운송사업만을 해운업으로 분류하고 나머지 5개는 해운부대업으로 분류한다.

해상운송 주선업을 영위하는 업체를 우리나라에서는 포워더 또는 국제복합운송업체라고 부르며, 해운대리점업을 영위하는 업체를 해운대리점업체, 선박대리점업체 또는 대리점 선사라고 부른다.

(2) 항공운송인

우리나라의 경우 항공운송인은 항공법의 항공운송사업 등에 관한 규정이 명시되어 있다. 항공운송사업은 정기항공운송사업, 부정기항공운송사업, 항공운송주선업으로 분류된다.

(3) 복합운송인

무역업자는 육상, 해상, 항공 중 두 가지 종류 이상의 서로 다른 운송수단으로 복합운송하려는 경우 복합운송인과 운송계약을 체결한다.

국제복합운송인은 이종 또는 동종 운송수단을 조합하여 2국 이상을 수송하는 운송인을 말하는 것으로 TCM조약안에서는 CTO(combine transport operator), UN조약 및 UNCTAD/ICC규칙에서는 MTO(multimodal transport operator)라고 규정하고 있으며, 미국에서는 ITO(intermodal transport operator, 협동일관운송인)라고 부른다.

이러한 복합운송인에 대해 TCM조약안에서는 복합운송증권을 발행하는 자라고 규정하고 있으며, 국제복합운송조약에서는 "자기 또는 자신의 대리인을 통하여 복합운송계약을 체결하고 송화인이나 복합운송에 관여하는 운송인의 대리인으로서가 아닌 주체로서 행위하고, 그 계약의 이행에 관한 채무를 부담하는 자를 말한다"라고 정의하고 있다.

1992년부터 시행되고 있는 UNCTAD/ICC 복합운송증권규칙에 의하면 복합운송인은 복합운송계약을 체결하고 또한 운송인으로서 그 계약이행의 채무를 부담하는 자를 의미한다고 규정하고 있다.

가. 실제운송인(actual carrier)형 복합운송인

UNCTAD/ICC 복합운송인규칙에서 운송인은 복합운송인과 동일인이거나 아니거나와 상관없이 실제로 운송의 전부 또는 일부를 이행하거나 또는 이행을 인수하는 자라고 정의한 것과 같이 실제운송인형 복합운송이란 자신이 직접 일부 운송수단(선박, 트럭, 항공기 등)을 보유하면서 복합운송인의 역할을 수행하는 운송인을 말한다.

실제운송인의 대표적인 것으로는 선박회사, 철도회사, 트럭회사 및 항공회사 등을 들 수 있는데 복합운송구간 중 해상구간이 차지하는 비중에 비추어 볼 때 선박회사가 가장 대표적인 실제운송인형 복합운송이라 할 수 있다.

컨테이너선의 등장으로 선박회사의 운송책임은 종래의 Tackle to Tackle(선측에서 선측까지)에서 Terminal to Terminal로 확대되고, 다시 더 확대되어 해상운송에만 머무르지 않고 국제 간의 Door to Door 운송을 일괄하여 인수하는 국제복합운송업자로 바뀌고 있다.

나. 계약운송인(contracting carrier)형 복합운송인

실제운송인은 Carrier형 운송인인 데 비해 계약운송인은 선박, 트럭, 항공기 등의 운송수단을 직접 보유하지 않으면서도 실제 운송인처럼 운송주체자로서의 기능과 책임을 다하는 운송인을 말한다. 즉 계약운송인은 실제운송인에게는 화주의 입장에서, 화주에게는 운송인의 입장에서 책임과 의무 등을 수행한다.

이러한 유형의 복합운송인으로는 해상운송주선인(ocean freight forwarder), 항공운송주선인(air freight forwarder), 통관업자 등이 있는데 가장 대표적인 것이 해상운송주선인이다. 이에 따라 보통 계약운송인형 복합운송인을 프레이트 포워더형 복합운송인이라고 한다.

다. 무선박운송인(NVOCC)형 복합운송인

프레이트 포워더형 복합운송인을 법적으로 실체화시킨 것이 NVOCC(non-vessel operating common carrier)인데, NVOCC가 처음 법제화된 것은 1963년 미국 FMC General Order 4(510, 21(b))이다. 이 General Order는 1981년에 개정되어 NVOCC는 미국 해운법에서 말하는 'Common Carrier by Water'에 상당하는 것으로 규정하였고, 1984년 신해운법에서는 NVOCC가 Common Carrier라는 점을 명확히 하고 있다.

1984년 미국 해운법에 의하면 NVOCC란 해상운송에 있어서 자기 스스로 선박을 직접 운항하지 않으면서 해상운송인(ocean common carrier)에 대해서는 화주의 입장이 되는 것이라고 정의하고 있다. 여기에서 Common Carrier란 보수를 받고 미국과 타국 간에서 해상화물운송업무를 수행할 것을 일반에게 공시하는 자를 뜻한다. 이러한 Common Carrier에는 NVOCC 외에 VOCC(vessel operating common carrier)가 있는데, NVOCC는 VOCC에 대하여 화주의 입장이 되며 화주에게는 Common Carrier의 입장이 된다.

그림 2-1 무선박운송인과 실화주 · 선사와의 관계

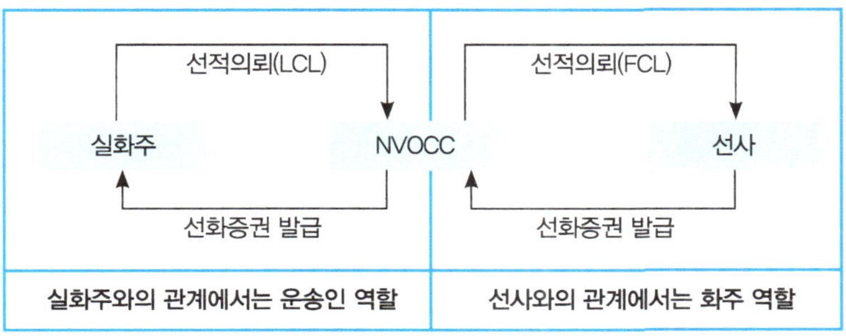

(4) 운송주선인

운송주선인이란 무역에서 주로 사용하는 개념이다. 일반적으로는 프레이트 포워더(freight forwarder), 운송취급인 혹은 운송주선인이라고도 불린다. 과거에는 해상운송은 주로 선사가 담당했지만, 기술 · 교통수단이 발달하면서 두 가지 이상의 운송수단을 이용한 수송방법인 복합운송이 가능하게 되었다.

복합운송의 배경을 바탕으로 생겨난 것이 운송주선인이다. 운송주선인은 화물을 인수하여 수화인에게 인도할 때까지 일체의 업무를 주선하는 사람으로 화물수송취급인이나 송화인으로부터 화물을 인수하여 수화인에게 인도할 때까지의 집화 · 입출고 · 선적 · 운송 · 보험 · 보관 · 배달 등 일체의 업무를 주선하는 역할을 한다. 그밖에도 예외적인 경우이지만 스스로 운송을 책임지는 운송 주체자가 되기도 하는 특징을 가지고 있다.

3. 무역운송의 형태

1) 해상운송

해상운송이란 원양항로를 따라 운항하는 선박에 의해 재화의 장소적 이전을 통해 효용을 창출하는 해상운송업무를 말한다. 해상운송의 특징은 대량수송 및 원거리수송이고 수송비가 저렴하며, 수송루트의 제한이 없고 국제성이 있다.

해상운송은 화물운송선에 의하여 바다를 통하여 화물을 운송하는 방식으로 주로 대량화물이나 운송이 급박하지 않은 화물 또는 저렴한 운임으로 운송하고자 하는 경우에 주로 이용된다. 한편 해상화물운송선은 여러 가지의 선형이 있으나, 전자제품이나 공장기계 등과 같은 일반화물(general cargo)을 운송하는 화물선 및 자동차나 원유 등을 운송하는 전용선 그리고 기타의 특수화물을 운송하는 특수선박으로 나누어진다.

2) 육상운송

육상운송은 자동차운송과 철도운송이 있으며, 자동차운송은 공로망의 확충, 화물자동차의 발전과 대량보급에 의해 한 나라의 종합수송체계의 핵심적인 역할을 담당하고 있고 국제복합운송의 발전에 따라 철도운송과 더불어 문전에서 문전까지 가장 중요한 연계운송수단이 되고 있다.

3) 항공운송

항공운송산업은 육상운송이나 해상운송과는 달리 경쟁상 자연독점상태도 아니며 순수경쟁상태에 있는 것도 아닌 특수한 운수용역산업이다.

항공운송은 항공기에 의하여 공로를 통하여 화물을 운송하는 방식으로 주로 긴급물품이나 소량화물, 고부가가치제품인 전자제품, 신선도를 유지할 필요가 있는 활어, 어패류, 꽃 등의 운송에 이용되고 있다. 항공기에 의한 화물운송의 가장 중요한 특징은 운송시간단축이며, 이외에도 해상운송이나 육상운송에 비하여 진동이 적어 포장을 간단하게 할 수 있어 포장비용이 싸다는 특징이 있다.

4) 복합운송

국제복합운송이란 복합운송인(multimodal transport operator ; combined transport operator)이 화물을 자기의 보관 아래 인수한 한 국가의 지점에서 다른 국가에 위치한 인도가 예정된 지점까지 복합운송계약에 의거해 적어도 두 종류 이상의 이종 운송수단에 의한 화물운송을 말하며, 복합운송의 형태로는 부분운송, 동일운송, 하청운송, 연대운송이 있다.

복합운송은 독립된 복합운송인이 단일의 운송계약에 복합운송서류를 발행해서 운송의 전과정에 대해 화주에 대하여 책임을 지고, 동시에 복합운송인은 각 운송구간에 대해 하청운송인 내지 실제운송인에 각각의 운송수단에 의한 운송의 수행을 위탁하여 이루어지는 운송방식이다.

그런데 두 종류 이상의 이종 운송수단으로 목적지까지 화물을 운송하는 것 모두가 복합운송이 아니며, 복합운송이라 부를 수 있는 경우는 통운임(through rate), 통과선화증권(through B/L), 단일운송책임(single carrier's liability)의 세 가지 조건이 갖추어졌을 때만 가능하다.

복합운송은 첫째, 복합운송계약, 국제 간의 운송 및 운송수단의 이종복수, 둘째, 복합운송인에 의한 전운송구간 일관책임(single liability)의 인수, 셋째, 일관운임(single-factor rates on through routes)의 제시, 넷째, 복합운송서류의 발행이라는 기본요건을 포함하여야 한다. 따라서 한 가지 운송수단에 의한 운송계약의 이행이나 복수의 운송수단, 일관운송책임이 결여된 운송은 복합운송이 될 수 없는 것이 당연하다. 이 복합운송은 규격화된 컨테이너를 사용함으로써 해상운송에 있어서 문전에서 문전(door to door)까지의 운송을 가능하게 하는 컨테이너운송의 등장으로 급속하게 발전하고 있는 새로운 형식의 운송방식이다.

Chapter 03

해상운송

제 1 절 해상운송의 기초

1. 해상운송의 개념

해상에서 선박으로 물자나 여객을 실어 나르는 행위를 해상운송이라고 하며, 약칭해서 해운이라고 한다. 해상운송은 그 기업의 수단이 선박이나 해상에서 실행되므로 기업보호 및 해상위험이란 견지에서 육상운송과 다른 특이성을 가진다. 해상운송계약은 물자나 여객의 장소적 이동의 완성을 목적으로 하고, 이 목적의 완성에 대하여 운임이 지급되므로 일종의 도급계약(都給契約)의 성질을 가진다.

해상운송은 해상물자운송과 해상여객운송으로 구분된다. 해상물자운송이란 해상운송인이 송화인(送貨人)이나 용선자(傭船者)에 대하여 선박으로 물건의 해상운송을 인수하고 상대방은 이에 대하여 운임지급을 약정하는 것을 말한다. 용선계약 · 개품운송계약 · 재운송계약 · 통운송계약 등이 있다.

2. 해상운송의 사전지식

1) 매매조건과 선적의무

통상 화물을 운송할 선박을 수배하는 자는 해당 선박회사에 운임을 지급하는 화주이다. 상품의 매매조건이 매도인(seller) 입장에서 볼 때 CIF(또는 CFR)조건일 때는 매도인이, 매수인(buyer)의 입장에서 볼 때 FOB조건일 때는 매수인이 운송선박을 수배하여야 한다. 물론 매도인과 매수인의 거래관계, 상황에 따라 상대의 요청에 위해 선박수배를 주선해 주는 경우도 있다.

2) 선적선박

선박을 수배하는 경우는 상품의 수량 · 종류에 따라 운송선박이 다르다. 즉 일반 완제품, 기계류 등과 같이 포장된 개품(個品))은 일반 잡화선(general cargo carrier) 또는 컨테이너 전용선(full container ship)에 선적되며, 쌀, 옥수수, 밀 등의 곡물이나 광석, 석탄 등의 이른바 살화물(撒貨物, bulk cargo)은 곡물, 광석류 운반 전용선에 선적한다.

3) 서비스항로

한국을 중심으로 현재 형성되어 있는 항로(또는 노선)는 한 · 일항로, 동남아항로, 북미항로, 호주항로, 중동항로, 구주항로 등이 있으며, 이들 항로에는 일정한 주기를 유지하며 계속적으로 취항하는 정기선(liner)과 화물에 따라 그때그때 원하는 곳까지 화물을 운송하는 부정기선(tramper)이 있다.

4) 운임부과기준

운임은 통상 해당물의 중량과 용적을 비교하여 많이 산출되는 톤수를 운임의 기준으로 삼는다(이를 revenue ton이라고 함). 주요 정기항로에 취항하고 있는 선박회사, 특히 운임동맹가맹 선사들은 운임률(tariff)을 갖고 있어, 운임의 적용기준과 화물별 운임률은 관련 선박회사에 문의하면 정확히 알 수 있다. 운임은 통상 기본요금과 제할증료(CAF, BAF) 및 취급수수료(THC), 제공과금으로 구성되므로 화주가 지불하는 총운임은 제부과요금을 합산하여 산출해야 한다.

5) 선박회사와의 접촉

정기선이 취항하지 않는 지역으로 화물을 보내고자 할 때에는 일반 잡화의 경우보다 충분한 사전기간을 두고 선박회사와 접촉을 시작해야 한다. 정기선의 경우는 지역에 따라 다르나 선적일자(L/C상의 shipment date)기준 약 2주 전에만 접촉하여도 무방하지만, 부정기선 편으로 선적운송해야 할 경우는 가급적 1~2개월 전부터 선박을 물색하기 시작하여야 한다. 물론 어느 경우나 화주 입장에서는 충분한 시간을 갖고 임하면 그만큼 유리한 입장에서 선박을 물색할 수 있으므로 상황이 허락하는 한 선박회사의 접촉은 조기에 시작하여야 한다.

6) 운송계약의 형태

일반 잡화를 운송하는 정기선의 경우는 별도로 운송계약서를 작성하는 것이 아니고 선박회사에서 정형화된 양식인 선화증권(bill of lading : B/L)을 발급함으로써 운송계약에 갈음하고 있다.

선화증권에는 화물의 행선지, 선적지, 명세(용적, 중량. 마크 등), 운임지불관계(선불 또는 도착지 후불), 선적일자, 발급일자 등이 기재되며, 뒷면에는 운송과 관련한 당사자 간의 권리의무관계를 기술한 약관이 인쇄되어 있다. 약관의 내용은 이해당사자 간 책임과 의무를 명기하여 분쟁이 발생할 경우 기준이 되므로 화주는 동 내용을 정확히 숙지할 필요가 있다.

부정기선 화물, 즉 곡물 · 광석 · 석탄 등의 화물을 운송할 때에는 용선계약서(charter party)가 작성되며, 이에 의거 선화증권이 별도로 발급된다. 용선계약서는 정기선의 경우와 달리 일방적으로 인쇄된 양식을 사용하는 것이 아니고 당사자 간에 충분한 합의를 거쳐 계약서가 작성된다.

3. 해상운송의 특징 및 역할

1) 해상운송의 특징

(1) 대량수송

해상운송의 가장 두드러진 특징은 대량수송이다. 한번에 대량의 화물을 운반할 수 있는 수송수단으로는 선박을 따를 수가 없다. 비교적 대량수송을 한다는 철도의 경우 20톤 화차 20량을 연결하더라도 600톤밖에 되지 않는다. 이에 비해 50만톤의 원유를 일시에 1척의 선박으로 운반할 수 있는 대량수송의 장점이 해운의 가장 큰 특징이다.

(2) 수송비의 저렴

해운의 수송비는 타운송수단과는 비교가 안 될 정도로 저렴하다. 선박은 바다라는 천연의 통로를 비교적 저속으로 운행하기 때문에 철도 및 도로와 같이 막대한 투자를 요하지 않는 데다, 고속으로 하늘을 항행하는 항공기처럼 극도로 정교한 것을 요하지도 않아, 상대적으로 운송원가가 낮아서 저렴한 수송용역을 창출해 내고 있다.

(3) 원거리수송

원거리수송이 반드시 해운의 요건은 아니지만 흔히 해운이 5대양 6대주로 상징되듯이 대부분의 해상운송이 대륙을 잇는 장거리운송에 이용되고 있다. 한편 항공운송도 주로 장거리운송에 투입되고 있다는 점에서 해상운송과 공통성을 갖는다.

(4) 자유로운 수송로

해운은 바다라는 천연의 통로를 자유로이 사용할 수 있고 철도 · 자동차와 같이 일정한 통로의 제한을 받지 않는다.

(5) 국제성

국내에서의 연안해운도 없지 않지만 대부분의 해운은 국제 간에 이루어진다. 해운의 국제성이란 외국의 항만에 선박이 자유롭게 출입할 뿐만 아니라 해운시장이 국제적으로 형성되어 치열한 경쟁을 벌이고 있음을 의미한다. 철도나 자동차가 주로 국내만을 활동무대로 하고 있음에 비추어 해운과 공운이 갖는 공통적 특징이라 하겠다.

(6) 저속성

대부분의 상선은 저속으로 운행되고 있다. 항공기는 말할 것도 없고 자동차, 기차에 비해서도 가장 느린 운송수단이다. 이처럼 속력이 느린 만큼 운임이 싸고 더불어 경제성을 유지할 수가 있는 것이다. 항공기가 고속성을 내세워 고운임을 요구하는 데 비해 선박은 저속을 기초로 하여 저운임, 대량수송으로 고유의 영역을 구축한다.

2) 해상운송의 역할

(1) 무역 촉진

자국선박을 보유함으로써 외국선박의 일방적인 운임인상 등이 방지되고 운임조정을 통해 수출입의 증진이 기대된다. 흔히 해운을 무역의 종속변수(dependent variable)로만 알고 있다.

(2) 국제수지의 기여

만약 모든 수출입화물이 외국선박에 의해 운송된다면 막대한 운임을 외화로 지급하지 않으면 안 된다. 그러나 자국선박을 이용할 경우 외화지불이 필요 없음은 물론이고 오히려 외국화물을 수송함으로써 많은 외화수입을 기대할 수 있다.

(3) 관련 부대산업의 육성

우선 조선업을 비롯하여 해상보험업, 창고업, 육운업, 하역업 그리고 선용품용달업, 급유업, 통선업 등과 같은 해운부대산업, 무역업 및 운송조선업 등 무수히 많은 산업과 연계되어 파급효과를 수반한다. 더불어 선원과 같은 해상노무자뿐만 아니라 부두인력 및 모든 관련 산업으로 파급되는 고용효과 또한 지대하다.

(4) 국토방위의 수단 및 국위선양

현대전은 총력전이라는 측면에서 유사 시 병력 및 물자수송에 동원되어 국방에 기여할 수 있고, 항상 자국기를 휘날리며 5대양 6대주를 누빌 수 있어 대외적으로 국력을 과시할 수 있는 수단이 되기도 한다.

4. 무역화물의 운송 형태

국제 간 거래에 있어서 무역화물운송은 일반적으로 항공기나 선박을 주로 이용한 해상운송과 항공운송으로 이루어지지만, 최근에는 복합운송방식으로 활발히 이용하고 있다.

1) 해상화물운송

해상운송은 화물운송선에 의하여 바다를 통하여 화물을 운송하는 방식으로 주로 대량화물이나 운송이 급박하지 않은 화물 또는 저렴한 운임으로 운송하고자 하는 경우에 주로 이용된다. 한편 해상화물운송선은 여러 가지의 선형이 있으나, 전자제품이나 공장기계 등과 같은 일반화물(general cargo)을 운송하는 화물선 및 자동차나 원유 등을 운송하는 전용선 그리고 기타의 특수화물을 운송하는 특수선박으로 나누어진다.

일반화물의 대부분은 컨테이너화(containerization)되고 컨테이너로 운송되며, 운송경로와 운임이 미리 정해져 있는 정기선(liner)과 운송수요에 따라 운행되는 부정기선(tramper)이 있다.

2) 항공화물운송

항공운송은 항공기에 의하여 공로를 통하여 화물을 운송하는 방식으로 주로 긴급물품이나 소량화물, 고부가가치제품인 전자제품, 신선도를 유지할 필요가 있는 활어, 어패류, 꽃 등의 운송에 이용되고 있다. 항공운송에도 해상화물운송처럼 정기항공화물운송 및 부정기항공화물운송의 방식이 있는데 통상 정기항공운송이 이용되고 있다. 정기항공운송은 운송경로(route)가 미리 정해져 이어 이용하기 쉽다.

항공기에 의한 화물운송의 가장 중요한 특징은 운송시간단축이며, 이외에도 해상운송이나 육상운송에 비하여 진동이 적어 포장을 간단하게 할 수 있어 포장비용이 싸다는 특징이 있다. 한편 항공화물의 인수는 항공화물운송대리점(cargo agent), 혼재업자(항공운송주선업, consolidator)가 주로 하며, 항공화물운송대리점은 항공회사의 운임률과 운송약관을 사용하고, 혼재업자는 자체의 운임률과 운송약관을 사용한다.

3) 복합운송

복합운송은 독립된 복합운송인이 단일의 운송계약에 복합운송서류를 발행해서 운송의 전과정에 대해 화주에 대하여 책임을 지고, 동시에 복합운송인은 각 운송구간에 대해 하청운송인 내지 실제운송인에 각각의 운송수단에 의한 운송의 수행을 위탁하여 이루어지는 운송방식이다.

따라서 유효한 복합운송이 되려면 첫째, 복합운송계약, 국제 간의 운송 및 운송수단의 이종복수, 둘째, 복합운송인에 의한 전운송구간 일관책임(single liability)의 인수, 셋째, 일관운임(single-factor rates on through routes)의 제시, 넷째, 복합운송서류의 발행이라는 기본요건을 포함하여야 한다. 따라서 한 가지 운송수단에 의한 운송계약의 이행이나 복수의 운송수단, 일관운송책임이 결여된 운송은 복합운송이 될 수 없는 것이 당연하다. 이 복합운송은 규격화된 컨테이너를 사용함으로써 해상운송에 있어서 문전에서 문전(door to door)까지의 운송을 가능하게 하는 컨테이너운송의 등장으로 급속하게 발전하고 있는 새로운 형식의 운송방식이다.

5. 해상운송의 형태

1) 정기선운송

선박회사가 동일항로에 정기선(liner), 즉 정기적으로 선박을 운항할 경우를 정기선박운송이라 한다. 이의 특징으로는 ① 사전에 작성 · 공포된 운항일정(sailing schedule)에 의해서 특정한 항로만을 왕복운항하며, ② 불특정다수 화주의 소량화물, 여객, 우편물 등의 수송을 주요 대상으로 하고, ③ 고정된 항로(route), 운임(tariff) 등에 의하여 평등한 서비스를 제공하는 것이다.

2) 부정기선운송

정기선의 경우 화물이 선박을 찾아오는 데 반해서, 부정기선(tramper)의 경우 선박이 화물을 찾아간다고 할 수 있다. 이의 특징은 ① 고정된 운항일정과 항로가 없으므로 항로의 자유선택이 가능하며, ② 대량의 화물(bulk cargo) 등의 수송을 주요 대상으로 하고, ③ 그 당시의 수요와 공급에 의한 안전경쟁으로 운임을 결정하게 된다는 것이다.

제2절 운송계약 체결

1. 개품운송계약

무역업자가 컨테이너화물을 포함한 일반 잡화를 해외로 수송할 경우 1회의 화물량이 많지 않으므로 선박회사 등이 공표한 배선표(sailing schedule)에 따라 일정항로를 운항하는 정기선(liner)을 이용하게 된다.

개품의 운송계약은 구두로 이루어지나 화주는 선적요청서(shipping request) 또는 운송의뢰서 2부를 제출하여 그 중 1부는 선박회사의 서명을 받아 두는 것이 좋다. 그리고 개품운송계약은 별도의 운송계약서를 작성하는 것이 아니고 선박회사가 일방적으로 결정한 정형적 약관을 화주가 포괄적으로 승인하는 부합계약의 형태를 취한다.

계약의 내용은 선화증권(bill of lading)에 기재되므로 선화증권은 개품운송계약서의 성격을 가지고 있다고 할 수 있다.

2. 용선계약

선박을 만재시키는 데 충분한 양의 화물을 가지고 있을 때 화주는 부정기선

(tramper)의 선복을 구하게 된다. 이 경우 화주(용선자)는 스스로 적당한 선박을 찾아내어서 운송인(선주 또는 operator)과 직접교섭을 하는 경우도 있으나 통상은 용선 중개인(chartering broker)의 손을 통하여 교섭을 하는 것이 많다. 즉 중개인(broker)이 선복의 이용자를 찾는 선주(또는 operator)와 화물운송을 위해 선복을 필요로 하는 화주 사이에서 이것을 매개하는 것이 일반적 형태라고 할 수 있다.

1) 용선계약의 절차

첫째, 선복을 필요로 하는 화주가 우선 중개인에 대해 화물의 종류, 수량, 적양지, 적기, 기타 희망하는 조건을 제시한다.

둘째, 선복을 의뢰하게 되는 중개인은 이것을 받아서 즉각 그것에 상당하는 선주(또는 operator)에게 조회(inquiry)한다.

셋째, 조회를 받은 선주는 제시된 모든 조건을 검토한 후 운항채산을 계산해서 유리하다고 생각되면 확정오퍼(firm offer)를 제시한다.

넷째, 확정오퍼는 용선계약의 확정적 의사표시에 해당하는 것이므로 운송인으로부터 제시된 여러 조건에 대해 화주가 무조건 승낙의 의사표시를 하면 용선계약이 성립된다.

다섯째, 계약이 성립되면 즉각 그 주요 조건을 기재한 선복확인서(fixture note)가 작성되며, 이어서 정식 용선계약서(charter party)가 작성된다.

여섯째, 용선계약서는 선주(또는 operator)와 화주가 각각 서명하여 원본(original)은 통상 선주가, 부본은 화주가 보관한다.

표 3-1 운송계약별 특징

구분	개품운송계약	용선운송계약
형태	선사는 다수 화주로부터 위탁받는 개개 화물의 운송을 인수한다.	선사는 특정의 상대방과 특약하여 선복을 빌려주어 운송을 인수한다.
선박	정기선(liner)	부정기선(tramper)
화주	불특정다수	특정화주
화물	잡화와 같은 비교적 적은 화물	대량살화물(원유 · 철광석 · 석탄 · 곡물 등)
계약	선화증권(bill of lading : B/L)	용선계약서(charter party : C/P)
운임률	공시운임률(tariff rate)(신고운임률)	수급관계에 의한 시세(open rate)
운임조건	Berth Term(liner term)	FI, FO, FIO

2) 용선계약의 종류

(1) 정기(기간)용선계약(time charter)

내항성(耐航性)을 갖고 선박에 필요한 모든 용구와 선원까지 승선시킨 선박을 일정기간 동안 용선하여 그 기간을 기준하여 보수를 지불하는 계약이다. 따라서 선주는 선박의 감가상각비, 보험료, 금리(金利) 등의 간접비와 선원비, 수리비, 선용품비(船用品費) 등의 직접비를 부담해야 하며, 용선주는 용선료 외에 연료비, 항구세 등 운항비를 부담한다.

그림 3-1 용선계약의 종류

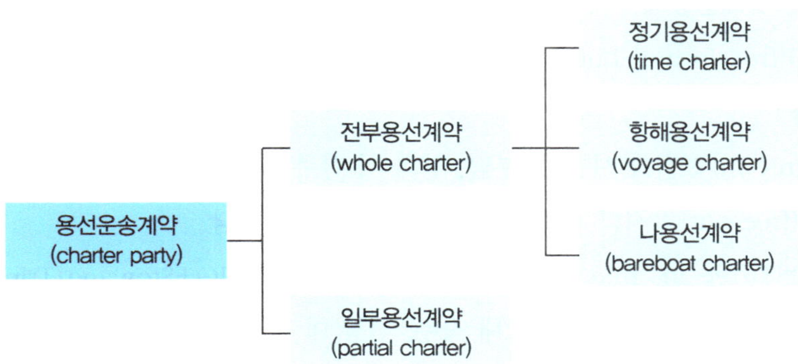

(2) 항해용선계약(voyage charter, trip charter)

선적항에서 양륙항까지 1항해를 기준으로 체결되는 용선계약이다. 항해용선계약은 다시 화물의 수량과 관계없이 한 항해에 얼마라고 포괄운임을 내는 선복용선계약(lumpsum charter)과 1일 단위로 용선료가 책정되는 일대용선계약(daily charter)으로 구분한다.

선복용선계약은 항해용선계약의 변형으로 정기선운항사 간에 한 선박의 선복 전부를 한 선적으로 간주하여 운임액을 결정하는 용선계약이고, 일대용선계약은 항해용선계약의 변형으로 하루단위로 용선하는 용선계약이다.

(3) 나용선계약(bareboat charter)

일반적으로 용선계약을 체결하면 선주가 선박과 함께 선원도 제공하도록 되어 있다. 항해용선계약인 경우에는 선주가 수선비 및 보험료 등도 부담하도록 되어 있으나, 용선주가 일종의 대차방식에 의하여 선원의 수배는 물론 운행에 관한 일체의 모든 감독 및 관리권한까지 행사하도록 하는 것이 나용선계약이다.

가. 하역비 부담조건

선내 하역인부에 대한 하역비를 선주와 화주 중에 누가 부담할 것이냐에 따라 다음과 같이 분류된다.

① Berth Terms(liner terms) : 적화 및 양화 시 모두 선주 부담(특히 정기선에 의한 개품운송계약에 많이 이용)

② FIO(free in and out) : 선적 및 양화 시 모두 화주 부담(용선계약에 많이 이용)

③ FI(free in) : 적화 시 화주 부담, 양화 시 선주 부담

④ FO(free out) : 적화 시 선주 부담, 양화 시 화주부담

⑤ FIOST(free in, free out, stowed, trimmed) : FIO+Stowage/Trimming Charge로 선적, 양륙, 본선 내 적부, 선창 내 화물정리비 모두 화주 부담

그림 3-2 선내하역비

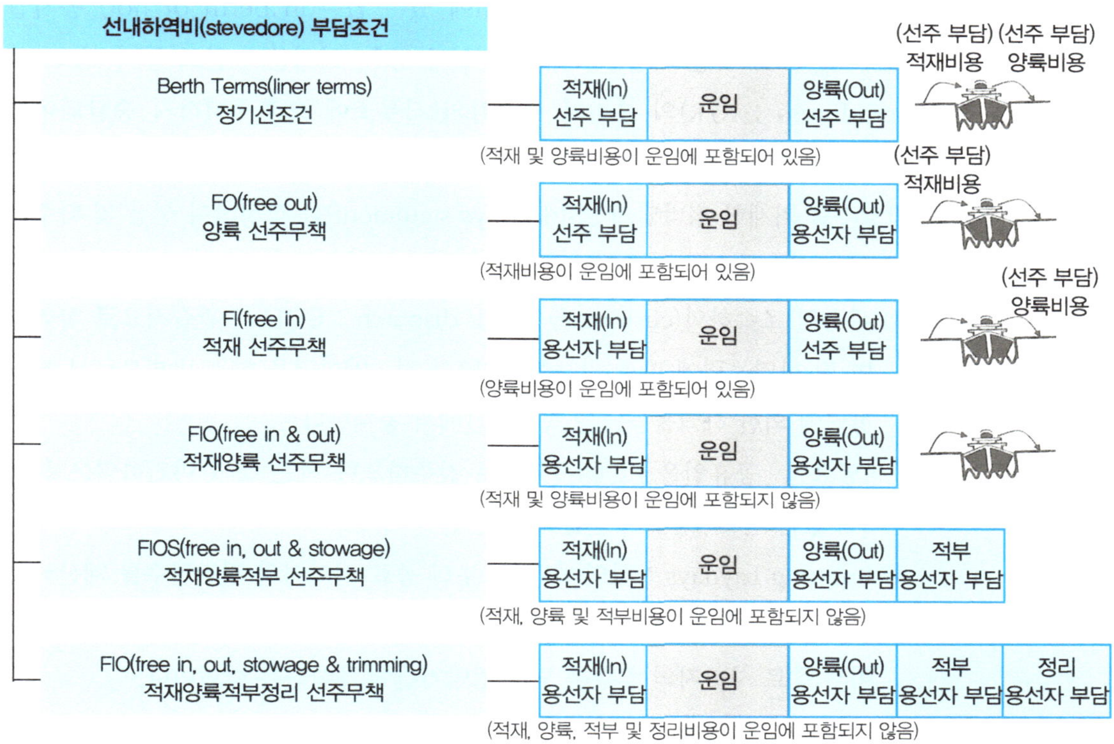

자료 : 이제홍, 수출입기초입문, 도서출판 청람, 2017, p.128.

나. 정박기간의 표시

정박기간(laydays, laytime)은 화주가 용선한 선박에 계약물품을 적재 또는 양륙하기 위하여 그 선박을 선적항 또는 양륙항에 정박할 수 있는 기간을 의미한다. 일반적으로 정박할 수 있는 기간이 정해져 있기 때문에 정박기간을 초과하는 경우 체선료를 지급하게 된다. 또한 약정기일 이전 하역을 완료했을 경우에는 선주가 화주에게 조출료(dispatch money ; 체선료의 1/2)를 지급한다.

용선자가 선주로부터 선박 자체만을 빌리는 대신 선원, 장비, 소모품과 선박보험료, 항만비, 항해비, 수리비 등의 일체를 부담하는 형태의 계약으로 선박임대차계약이라고도 한다. 근래에 우리나라에서는 외국선박을 나용선해서 우리나라의 선원과 장비를 갖추어 다른 나라에 재용선(sub-charter)을 많이 하고 있다.

정박기간을 산출하는 방식은 다음과 같이 세 가지가 있다. 어떠한 방법을 사용하든 정박기간의 시작은 본선이 Berth에 있든 없든(in berth or not) 통지일(reporting day) 다음 영업일의 오전 7시(이 경우, 하역준비 완료 통지서(notice of readiness : N/R)의 통지가 용선자의 사무소에 오후 4시까지 송달되어야 한다)이며, 정박기간의 종기는 적재하역이 완료되는 시점이다(하역이 완료되면 정박일수를 기재한 정박일계산서(laydays statement)를 작성하여 선장 및 화주가 서명하는 시점).

① 관습적 조속하역(customary quick dispatch : CQD) : 관습적으로 하역방법 및 하역능력에 따라 가능한 한 빨리 적 · 양화역을 하는 방법으로서 불가항력에 의한 하역불능일은 정박기간에서 공제한다.

* 일요일 · 공휴일을 비(非)하역일로 간주하느냐 하는 것과 야간하역은 특약이 없는 한 그 항구의 관습에 따른다.

② Running Laydays : 하역개시일로부터 종료 시까지의 경과일수를 계산하는 방법으로서 우천, 파업 및 불가항력 등 어떠한 원인에도 관계없이 하역개시 이후 종료 시까지의 일수를 모두 정박기간에 계산하는 방법이다.

* 일요일 · 공휴일에 대해서도 이것을 제외한다는 특약이 없는 한 정박기간에 포함하고 '1일 몇 톤' 등과 같이 1일 책임하역수량을 표시한다.

③ 호천하역일(weather working days : WWD) : 하역가능한 좋은 일기상태의 날만 정박기간에 산입(가장 많이 사용하고 있는 조건)하는 방법으로서 기후가 하역가능한 상태인가 하는 것은 선장과 화주와의 협의에 의하여 정한다.

3. 해상운송의 선적절차

그림 3-3 해상운송의 절차

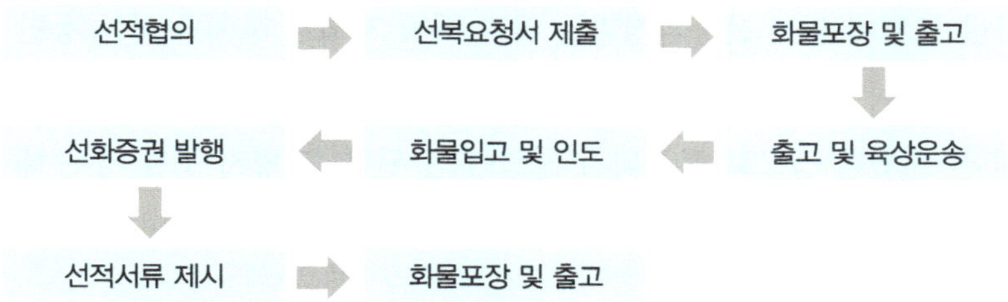

1) 선적협의

화주는 해운 관련 자료를 통해 자신이 원하는 시기 및 장소에서 수출화물을 운송해 줄 수 있는 선박회사를 찾아 그 회사와 직접 선적, 운송에 관한 사항을 협의하여, 구체적으로 선적에 관한 일정, 운임조건 등을 포함하여 운송예약을 한다.

2) 선적요청서(S/R)

선적에 관한 기본합의가 끝나면 화주는 송화인(shipper : 수출상), 수화인(consignee : 수입상), 선적항(port of loading), 양화항(port of discharge), 화물의 명세(particular 또는 description of cargo) 등 B/L상에 표기되어야 할 주요 운송정보를 기재하여 해당 화물의 Invoice 및 Packing List와 함께 선박회사에 정식으로 선적요청서(shipping request : S/R)를 제출한다.

이는 운송에 관한 일종의 청약행위이며 S/R상에 기재된 제반 정보의 정확성에 대해서는 화주 자신이 이를 보증하여야 하며 만일 사실과 다른 부실기재나 허위가 있을 시에는 화주 자신이 그로 인한 손해를 보상하여야 한다. 컨테이너화물은 화물의 인수지(place of receipt)와 인도지(place of delivery)가 추가로 기재되어야 한다.

3) 포장 및 출고 준비

화물의 포장상태는 운송에 적합할 정도로 견고하여야 한다. 즉 포장재의 강도가 운송 도중에 내품을 충분히 보호할 수 있을 정도로 강해야 한다. 해상운송은 일반 철도나 트럭에 의한 운송과정과는 달리 선박 자체가 항해를 하는 동안 태풍과 파도 등의 외력에 의해 계속적으로 동요를 하기 마련인바 예상되는 외력을 충분히 감내할 수 있을 정도로 포장되지 않으면 안 된다. 그렇지 못할 경우 해당 화물은 포장불량으로 내품이 손상될 수 있으며 이 경우 선박회사는 면책될 수 있다.

4) 컨테이너화물

화물을 컨테이너에 적입(stuffing)하여 컨테이너 전용선에 선적운송할 경우에는(L/C상에 컨테이너운송이 명시되어 있을 경우 또는 그렇지 않더라도 해당 항로를 취항하는 선박이 컨테이너선밖에 없을 때) 화주 자신이 선박회사에 요청하여 일단 컨테이너에화물을 집어넣어야 한다.

컨테이너는 크기가 8′×8′×20′(TEU), 8′×8′×40′(FEU)의 두 종류로 대별할 수 있으며 내부 용적도 다르다. 선박회사에서는 일반 컨테이너를 기준으로 운임을 산정하는데, 소량의 화물을 수출하고자 하는 화주로서는 비싼 운임을 부담하면서까지 굳이 컨테이너 한 개를 독자적으로 사용할 필요는 없다.

선적협의 시 자신의 화물량을 알려 주면, 선박회사에서 컨테이너 한 개를 독자적으로 사용해도 좋을지 또는 다른 화주의 동일 목적지로 가는 소량화물과 혼적(consolidation)하는 것이 경제적인지를 안내받을 수 있다. 전자의 경우에는 선박회사에서 화주가 지정하는 창고까지 빈 컨테이너를 운반, 대기시켜 주는데, 이를 받아서 화물을 완전히 적입시킨 후 선박회사에서 보내준 봉인(seal)을 채운다.

물론 봉인하기 이전에 세관검사를 필하여야 한다. 후자의 경우는 선박회사가 직영하는 혼적창고(container freight station : CFS)까지 화물을 운송해 주면 선박회사 책임하에 그곳에서 타화물과 함께 컨테이너에 적입된다.

(1) LCL화물인 경우

LCL화물에 대해서 적입할 컨테이너의 종류 및 대수는 선박회사의 책임으로 선정한다. 화주에게 제공(spotting)한 기간 중에 운송인의 컨테이너나 기기(equipment)에 손상이 발생할 경우 화주는 운송인에 대해 배상하여야 하며 동 기간 중 컨테이너나 기기의 취급과 관련하여 제3자에게 피해를 입혔을 시 화주는 책임을 부담한다.

Shipper's Packed 컨테이너의 경우 B/L은 그 표면에 기재된 개수의 컨테이너를 인수하였다는 추정적 증거일 뿐 컨테이너 내에 적입된 내품의 상태나 명세에 대해 운송인은 알지 못하며 그에 관한 일체의 책임도 부담하지 않는다. 또한 컨테이너 내의 적입작업(stowage)도 전적으로 화주의 책임이며 동 컨테이너가 갑판적 운송에도 적합함을 화주가 보증하여야 한다.

컨테이너가 화주에게 제공될 당시 화주는 그 상태를 검사하여야 하며 상태에 대해 이의가 없었을 시 컨테이너는 양호한 상태로 인도된 것으로 간주한다. 또한 컨테이너가 봉인(seal)의 이상 없이 인도되었을 경우 그 내품의 손상, 즉 이른바 Concealed Damage에 대해서는 운송인면책이며 운송인은 필요할 경우 화주에게 통보하지 않고도 컨테이너를 개봉하여 내품을 검사할 수 있다.

(2) FCL화물인 경우

Booking 내용에 의거 선박회사에서는 화물을 적입할 수 있는 빈 컨테이너(empty container)를 화주가 지정한 창고로 보내 준다(이를 실무에서는 spotting 또는 positioning이라고 한다). 이 컨테이너는 운송화물에 대한 창고 내지는 대형 포장재에 해당하므로 이를 인수 시 이상이 없는지를 잘 조사한 후 기기인수도서(EIR)[01]를 작성하고, 양당사자가 서명한다.

컨테이너 안에 화물을 적입하는 작업은 재래선의 경우 본선의 선창(cargo hold) 내에 화물을 적재하는 작업에 해당한다. 화물의 적입작업은 적부(storage)

01 EIR은 컨테이너라는 운송장비가 화주의 관리하에 있는 동안 손상되었을 시 화주는 이를 배상하여야 하며 책임소재를 판단하는 기초자료이다. 또한 인수 시 기기의 상태를 검사하여 내부에 적입된 화물의 안전을 도모하고 손해를 사전에 예방하기 위해서 작성된다.

에 관한 전문지식과 경험을 요하는 전문 분야인바 그 작업에 신중을 기하여 운송 도중 예상되는 충격이나 외력으로 인해 내부가 붕괴된다거나 화물의 동요 등으로 인해 손상이 발생하지 않도록 유의하여야 한다(컨테이너 내 적부불량으로 인한 손해는 운송인면책임). 이 경우 화주는 컨테이너 내에 화물이 적재되어 있는 상태를 그림으로 표시한 Container Load Plan(CLP라 함)을 작성하여 선박회사 및 목적지의 수화인에게 송부한다. 적립이 끝나면 선박회사에서 Spotting 시 함께 보내준 선박회사의 봉인(seal)으로 봉인한 후 선박회사에게 통보하여 선적항까지 운송해 가도록 한다. 적입된 컨테이너(loaded container)를 선박회사 측의 육상운송회사에게 인계할 시에도 이상 유무를 상호 확인하고 기기인수도서를 작성한다.

5) 출고 및 육상운송

화물의 출고준비가 끝나면(컨테이너에 화주 자신이 직접 적입하였을 때는 세관검사를 필하고 봉인이 된 상태) 선박회사가 지정한 부두나 창고까지 운송을 한다.

컨테이너화물의 경우는 화주 자신이 육상운송을 하는 경우보다 이른바 Door to Door서비스 차원에서 화주의 창고와 부두 구간의 내륙운송도 선박회사가 인수하는 경우가 많다. 이 경우의 운송은 항구에 있는 보세구역(bonded area)까지 연결되므로 일반 육상운송업자가 취급할 수 있는 것이 아니고 보세화물 운송면허를 취득한 자라야만 가능하다.

6) 화물인도 및 입고

컨테이너화물인 경우 선박회사 측에 화물을 인도하는 장소는 컨테이너선이 접안할 부두에 위치해 있는 컨테이너 전용 야드(yard)이다. 화주가 수배한 트럭과 화물이 야드 안으로 들어가는 시점, 즉 정문을 통과하는 순간이 화물에 대한 관리 책임이 화주로부터 선박회사로 이전되는 순간이다.

선박회사는 정문 통과시점에서 컨테이너의 외관을 검사하고 봉인(seal)이 이상 없으면 정상품을 인수했음을 기재한 부두수취증(dock receipt : D/R)을 발행하여 화주에게 교부한다. 이 서류는 화주가 선박회사 측에 화물을 인도하였음을 증명하는 것으로 선적과 관련하여 가장 중요한 서류 중의 하나이다.

만일 정문 통과 시 컨테이너 외관에 손상이 있거나 봉인이 뜯겨지거나 바뀌었음이 발견되면 해당 화물은 일단 수취를 보류하고 별도의 검사 및 세관수속을 거친 후 인수 또는 반려한다. 컨테이너에 적입되지 않은 일반화물은 선박회사에서 지정한 창고에 입고될 시점에 유사한 과정을 거치게 되어 있다.

7) 선박회사의 인수증

선박회사는 선적지에서 화물을 화주로부터 인수한 시점부터 이를 목적항에서 화주에게 인도하는 순간까지 화물을 안전하게 관리하여야 할 책임이 있다. 따라서 화물에 대한 인수도서는 선박회사의 책임을 논하는 데 있어서 가장 중요한 서류라고 할 수 있다.

재래선화물의 경우는 본선수취증(mate's receipt : M/R)이, 그리고 컨테이너의 경우는 부두수취증(dock receipt : D/R)이 발행된다. 그러나 실무에서는 이러한 서류들이 발행되고는 있으나 화주들에게는 실제 그다지 이용되고 있지 않다. 이론상으로는 이러한 수취증을 선박회사에 제시하여 그와 상환으로 B/L을 발급받도록 되어 있으나 선박회사에서는 이러한 서류들에 의존하지 않고 자체 시스템을 통하여 수취 및 그 상태를 확인할 수 있을 뿐만 아니라 화주들도 후일 클레임(claim)을 제기할 때에도 Clean B/L과 목적항에서 인수 시 화물에 이상이 있었음을 입증하는 서류만 있으면 족하므로 실무에서는 단지 선박회사의 내부서류 정도로 사용되고 있다.

8) 선화증권의 발행

화물이 선박회사 측에 인도되고 나면 선박회사는 화물이 이상 없이 인수되었다는 사실과 화주가 요청한 대로 운송하여 지정된 자에게 인수 시와 유사한 상태로 인도할 것을 약속하는 내용의 선화증권을 화주에게 발급한다.

인도를 받을 상대는 선화증권 소지인이며 관련 법규 및 B/L약관에 의거 선화증권 소지인 이외의 사람은 화물의 인도를 청구할 수 없다. 화물을 목적지에서 화주에게 인도할 때 손상이 있다거나 운송품의 일부 또는 전부를 인도할 수 없을 경우에는 선화증권에 표시되어 있는 화물의 인도청구권이 실제 파괴된 것으로 운송인에 대해서 손해배상을 요구할 수 있는 것이다.

선화증권은 통상 3통(original, duplicate, triplicate)이 발행되는데 그 효력은 동일하다. 선화증권은 법적으로 화물 그 자체를 나타내는 이른바 유가증권이며 물품대금을 수취하는 데 있어서 반드시 있어야 할 중요한 선적서류 중의 하나이다.

제 3 절 해상운송의 구성요소

1. 선박

1) 선박의 정의

선박이란 넓은 의미에서 "수상에서 사람 또는 물건을 싣고, 이것들을 운반하는 데 쓰이는 구조물"을 말한다. 다시 말해 선박은 수상에 뜬다는 부양성, 여객 또는 화물을 실을 수 있는 적재성, 그리고 적재된 것을 원하는 위치로 운반할 수 있는 이동성의 3요소를 동시에 갖춘 구조물이라 할 수 있다.

영어로는 'Ship', 'Boat', 'Vessel'이란 단어가 쓰이고 있으나 이를 엄밀히 구분한다면 'Ship'은 대형선을, 'Boat'는 소형선을 각각 의미하며 'Vessel'은 대소형을 모두 포함한 뜻을 갖는다. 따라서 해운의 관점에서 보는 선박은 상행위, 기타 영리를 목적으로 화물 및 여객의 운송에 사용되는 부양성, 적재성, 이동성을 갖춘 구조물로 정의할 수 있다.[02]

02 http://blog.naver.com/yisukun/110006831007 인용.

2) 선박의 종류

선박은 사용목적에 따라 상선, 함정, 어선, 특수작업선으로 크게 구분할 수 있다. 또한 상선은 여객 또는 화물을 운반하여 운임수입을 얻는 것을 목적으로 하는 선박을 말하며, 이것을 다시 화물선, 화객선, 여객선으로 구분할 수 있다. 선박의 종류는 선박이 수행하는 목적 등에 따라서 다양하며 앞으로도 더욱 그 종류가 증가할 것이다.

표 3-2 선박의 종류

구분			세분류
상선	탱커	원유운반선(crude oil tanker), 정유운반선(product carrier), 화학제품운반선(chemical tanker), 가스운반선(gas carrier)	원유휘발유, 경유, 중유 등, Sulphur, Naphtha 등, LPG, LNG
	겸용선	Combined Carrier	Ore/Bulk/Oil, Ore/Oil, Oil/Bulk, Oil/Coal 등
	건화물선	Bulk Carrier, General Cargo Carrier, Full Container Ship, Pure Car Carrier, Multi Purpose Cargo Carrier, Reefer	Ore, Coal, Grain, Cement, Log, Lumber 등, Container 이외의 포장화물 Container, 각종 차량 등, General Cargo/Bulk/Container, 냉장 및 냉동화물
어선	어로선(catcher boat), 공선(factory ship), 모선(mother ship), 운반어선(fish carrier), Trawler, Stern Trawler, 참치선망어선, 유자망어선, 포경선, 어업지도선, 어업조사선		
특수작업선	수로측량선, 해양관측선, 해저전선부설선, 공작선, 기중기선, Tug Boat, Supply Vessel, 소방선, 해양오염방제선, 병원선		
함정	전투함, 순양전함, 순양함, 경순양함, 구축함, 잠수함, 원자력잠수함, 항공모함, 소해정, L.S.T., L.S.M.		

(1) 화물선

화물선은 화물의 운송을 목적으로 하는 선박으로 거주설비를 간소화하고 선창을 크게 하여 하역설비에 중점을 두어 일시에 대량의 화물을 안전하고 신속하게 운반할 수 있도록 설계되어 있다. 또한 화물선은 운송화물의 종류에 따라 크게는

Wet Cargo를 운송하는 탱커류와 Dry Cargo를 운송하는 건화물선 그리고 두 가지 화물을 동시에 운송할 수 있는 겸용선으로 분류할 수 있다. 또 건화물선은 원료화물이나 완제품 등 여러 종류의 화물을 함께 운반하는 것과 한 종류의 특수화물을 운송하는 전용선이 있으며 일반화물선은 시장이나 집화의 관계로 선박의 크기가 비교적 적은 편이나 전용선의 경우에는 점차 대형화되고 있다.

그림 3-4 화물선의 부위와 명칭

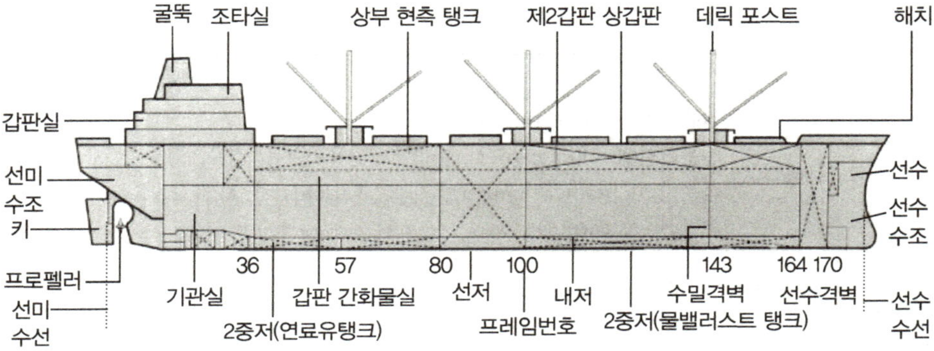

가. 건산적화물선(dry bulk carrier)

석탄과 같은 화물을 벌크상태로 운송하는 방법은 옛날부터 있어 왔지만, 오늘날과 같이 살화물을 그대로 자동화된 하역기기로 신속하고 간편하게 적양하며, 살화물의 운송효율을 높이기 위해 단일갑판(single deck)의 산적화물선이 처음으로 건조된 것은 1957년이었다. 철광석, 석탄, 곡물, 시멘트, 인광석, 보크사이트, 석회석, 원당 등 주로 대형 살화물의 운송에 적합한 선형으로 탱커와 함께 부정기선의 주종을 이루고 있다.

그림 3-5 산적화물선

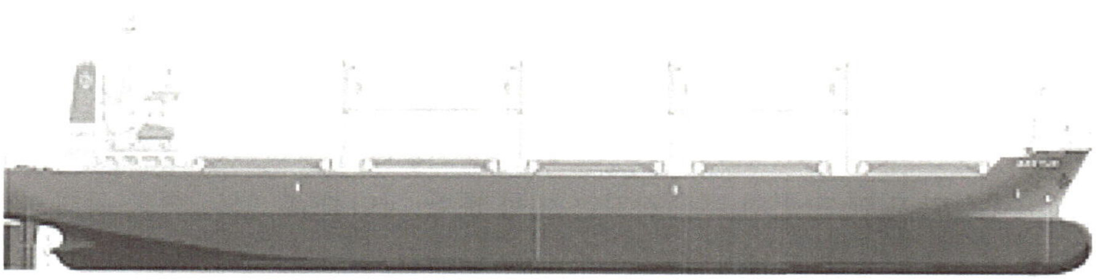

나. 광석전용선(ore carrier)

철광석, 보크사이트, 석회석 등을 운반하는 선박으로 광석전용선은 보통 편도 화물을 운송하기 때문에 공선귀항 시를 대비하여 적당한 양의 물을 적재하기에 충분한 선저수조(ballast tank)를 갖고 있다. 또한 하역은 선적지와 양륙지가 한정되어 있어서 육상에 광석 적양에 적합한 하역장치를 설치 이용하기 때문에, 통상 광석전용선에는 일반화물선에서 볼 수 있는 적양기(derrick or crane) 등의 하역설비가 없는 것이 특징이다.

다. 겸용선(combination carrier)

탱커나 산물선이 공통적으로 안고 있는 문제점은 대부분의 경우 편도수송이며 왕복화물을 구할 수 없다는 점이다. 이러한 문제점을 해결하기 위해 유류와 건화물을 선택적으로 수송할 수 있는 겸용선이 1960년대 중반부터 개발되었다. 즉 철광석과 원유를 수송할 수 있도록 건조된 O/O선(ore/oil carrier), 광석, 살화물, 원유를 수송할 수 있는 O/B/O선(ore/bulk/oil carrier), 자동차와 살화물(car/bulk carrier)을 수송할 수 있는 C/B선, 그리고 최근에는 Container/Bulker라 하여 왕항(往航, outbound)은 컨테이너, 복항(復航, inbound)은 살화물을 운송할 수 있는 정교한(sophisticated) 겸용선도 등장하고 있다.

라. 로로(roll on/roll off)선

1928년 미국의 Seatrain사가 미국 동부 및 걸프와 쿠바 간에 차량수송을 개시하면서 소개되었다. 그러나 이후 오랫동안 원양항로에는 공간손실이 많아 비경제적이라는 이유로 관심을 끌지 못하다가, 1969년에 Scan Austral사가 처음 원양항로에 투입하였다.

자동차와 같이 화물 자체가 자체 이동능력이 있는 화물, 본래의 화물인 컨테이너를 실은 트럭과 같이 운송기기가 함께하는 화물, 본래의 화물이 바퀴가 달린 트레일러에 실려 있어 항구의 운송기기가 이를 배에 실어줄 수 있는 화물 등과 같은 화물을 운송하는 선박을 RoRo(roll-on/roll-off)선이라고 한다.

컨테이너선(container ship)에 비해 용적의 낭비가 심하고 화물적재량은 감소되지만, 싣고 내리는 시간이 단축되고, 하역비의 절약과 옮겨 싣지 않는 데서 오는 파손, 쌓은 물건의 붕괴 및 화물 도난이 방지되는 등의 이점이 있다. 화물의 종류와 수송거리에 따라서는 유리한 방식이며 특정화물의 특정항로에 많이 적용되고 있다.

RoRo와 상대되는 용어는 Lo/Lo(Lift-on/Lift-off)가 있고 이는 컨테이너선과 같이 화물을 크레인과 같은 장비로 들어서 싣고 내리는 것을 의미한다. 이러한 두 가지의 개념을 복합적으로 적용한 선박은 Ro/Lo라고 부르며 RoRo/Container Ship과 같은 선박이 이에 속한다고 볼 수 있다.

바퀴가 있는 화물을 효율적으로 싣고 내리려면 수평방향 하역이 가능해야 하고 이를 위해 선미 측 혹은 선측 중간에 경사로(ramp)를 설치하며(선수 측에 ramp를 설치하는 경우도 있음), 화물창 내에도 이동 및 공간활용을 위해 여러 개의 Ramp 및 Car Deck가 설비된다.

그림 3-6 로로선의 형태

RoRo선 중에서 자동차만을 전용으로 운송하도록 설계되고 장비를 갖춘 배를 차량운반선(car carrier)이라고 하며, 다시 승용차 전용선(pure car carrier : PCC)과 승용차/트럭 전용선(pure car and truck carrier : PCTC)으로 구분된다.

마. 냉동선(refrigerated carrier)

육류나 어류 등의 냉동화물을 운송하기 위해 전선창을 냉장화하여 냉동물 운반에 전용되는 특수선이다. 주로 어류, 과일, 야채 등을 운반한다. 냉동선은 각 선창을 적당한 크기의 구획으로 나누어, 각 구획마다 방열구조를 갖추고 강력한 냉각장치를 설비하여, 냉동물 운송 중 각 화물별로 저장에 필요한 온도를 장기간 유지할 수 있도록 설계되어 있는 선박이다.

바. 중량물운반선(heavy cargo carrier)

일반화물선에서는 변압기, 객차, 기관차, 선박엔진, 발전기, 기계설비, 쟈켓, 갠트리 크레인 등 초중량물(통상 분리불능의 50톤 이상의 화물) 또는 거대화물을 자력으로 적양할 수 없기 때문에, 이러한 특수화물의 운송을 위한 선체구조 및 설비를 갖춘 선박이다.

사. 바지운반선(barge carrying ship)

본선의 크레인 또는 엘리베이터로 400~1,000톤 정도의 바지를 적양할 수 있는 특수선이다. 최초의 바지운반선은 1969년에 건조되었고 1974년까지 총 28척이 건조되었다. 항구에서의 정박기간을 최소화하고 선박의 가동률을 높이기 위해 고안된 것이다. 예인선(tug boat)이 수출화물을 적재한 바지를 예인하여 외항(outer harbour)에서 대기하고 있다가, 본선이 도착하면 그 바지를 본선에 인도하고 수입화물이 적재된 바지를 인수한다.

그림 3-7 바지선

바지는 본선이 입항 불가능한 항내의 깊숙한 좁은 안벽에 접안하여 적입 · 인출이 가능하기 때문에, 내수로를 이용 최종목적지까지 계속 예인하거나, 내항으로 예인하여 한적한 곳에서 화물을 인출하여 수화인에게 인도한다.

아. 고속컨테이너선(fast ships)

운송에 있어 속도(speed)는 첫 번째로 꼽는 매력요소이다. 선박의 고속화는 강력한 소형엔진의 개발 또는 선박 자체의 소형화를 통해 가능하다. 따라서 미래의 선박은 대형화의 지속과 함께 소형화에 의한 고속화의 추진도 병행될 것으로 예상된다. 고속선은 고성능의 엔진을 부착해야 하므로 건조비 및 운영비가 높은데다 적재능력이 적어 대부분 여객선으로 사용되고 화물선은 드물다.

그림 3-8 컨테이너선

(2) 탱커

세계 해상화물은 원유, 석유제품, 철광석, 석탄, 곡물, 기타 건화물로 크게 분류될 수 있으며, 기타 건화물을 제외한 5대 주요 품목이 세계 전체 교역량의 약 60%를 점유하고 있다. 이 중에서 원유를 운송하는 Crude Oil Tanker, 정유한 석유제품을 운송하는 Product Carrier, 특정 화학제품을 운송하는 Chemical Tanker, LPG와 LNG선과 같이 가스류를 액화시켜 운송하는 Gas Carrier를 광의의 탱커로 분류할 수 있다.

그림 3-9 LPG 선박

가. 원유운반선(crude oil tanker)

원유는 대량저장이 가능하고 통상 해상(off-shore)의 적양구(head)까지 파이프로 연결되어 흘수 등의 제약을 받지 않고 해상하역이 가능하므로, 선박을 대형화하여 대량수송의 이점을 최대한 활용하고 있다. 이러한 이점 때문에 탱커는 점차 거대화하여 맘모스 탱커가 출현하였으며, 이들을 VLCC(very large crude carrier) 및 ULCC(ultra large crude carrier)라고 부른다.

탱커는 선체의 중앙 또는 후미에 설치된 강력한 펌프의 힘으로 각 탱크에 연결된 파이프를 통해 선적 및 양륙한다. 탱커는 적양속도가 빨라 수만 톤급 선박이라도 24시간 이내에 적양가능하기 때문에 정박시간이 짧고, 공선으로 선적지로 향한 후 만재하여 양륙지로 귀항하는 이른바 피스톤항해를 반복하는 것이 특징이다.

나. 정제유운반선(product tanker)

휘발유, 석유, 경유, 기타 정제유를 운송하는 선박으로서 본 선형은 최대 15만 dwt 크기로 원유운반선보다 작다. 그리고 본 선형은 여러 종류의 정제유를 운송할 수 있게 하기 위해 여러 개의 탱크로 분할되어 있어 배관(piping)시스템이 복잡하며, 일부 선박은 화공품도 운반할 수 있다. 원유운반선을 일명 Dirty Tanker라 하고 본 선형을 Clean Tanker라 한다.

다. 화공품운반선(chemical tanker)

부식성, 인화성, 유독성 등을 지닌 액상화공품을 적재하는 전용선이다. 근년에 이르러 화공품의 탱커수송이 크게 늘고 있다. 특히 해상오염방지조약(treaty on maritime pollution : MARPOL)은 바다의 생명체 및 인간의 건강에 유해한 물질을 유독성 화물(noxious liquids)로 규정하고, 유독성 액체화물을 A, B, C, D로 분류하여 규제하고 있다. A는 독성이 강하고 D는 약하다. A, B, C는 Chemical Tanker를 이용해야 하고, C, D는 Product Tanker를 이용해야 하며, D는 일반선박의 Deep Tank를 이용할 수 있다.

라. 가스운반선(gas tanker)

각종 가스를 액화하여 운반하는 특수전용선이다. 액화가스를 운송할 수 있는 선박은 유지해야 할 압력 및 온도에 따라 세 가지로 분류된다.

① 유압상온형은 온도와 관계없이 압력만으로 액화할 수 있는 가스로 가압설비를 요한다.

② 유압냉각형은 압력 및 냉각을 요하는 가스로 고압냉각 탱크를 갖춰야 충전이 가능하다.

③ 무압냉각형은 대기압하에서 냉각을 요하는 가스로 냉각설비를 요한다.

그림 3-10 LNG운반선의 구조

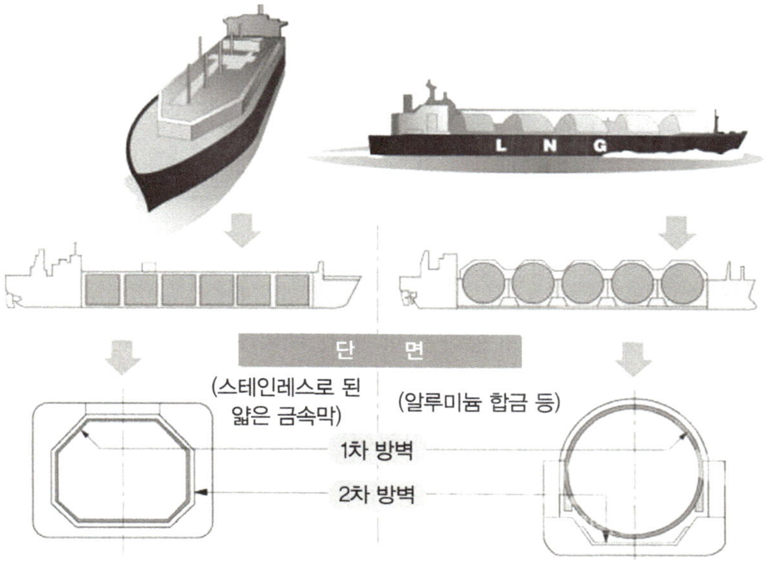

모스 형식(우측)과 멤브레인 형식(좌측) 비교

(3) 화객선

한편, 객선은 주로 여객만을 운송하는 상선으로 여객 이외에 부수적으로 우편물과 신속한 운송을 요하는 소량의 고급화물을 적재할 수 있는 설비도 갖추고 있다. 객선은 주로 정기선이며, 여객의 안전과 신속한 운송에 중점을 두고 있으므로 여객설비 이외에 이중저, 수밀 격벽 등의 배치 등 선체의 안전과 인명구조를 위하여 비여객선에 비하여 높은 기준의 선체구조와 설비를 요구하고 있다.

또한 화객선은 여객과 화물을 함께 운송하는 선박으로 cargo hold의 대부분은 화물을 적재하고 수선(水線) 이상의 갑판간이나 상갑판상에 증설한 선루(船樓)에는 선실 또는 접객설비를 하여 여객을 운송한다. 순객선은 여객설비에 비용이 크게 소요되며 고속이어야 하는 반면, 여객이 항상 만원이 될 수는 없으므로 화물선만큼 확실한 운임수입을 기대하기 어렵기 때문에 화객선이 등장하게 되었다.

그림 3-11 여객선

(4) 카페리선

여객과 자동차를 함께 싣고 운항하는 배이다. 배와 육지를 잇는 램프를 설비하고, 차량갑판이 있으며, 운전자가 직접 자동차를 배에 싣고 내리게 되어 있다. 자동차 교통의 발달과 함께 보급되기 시작하여, 미국과 유럽에서는 해협, 만구, 하천 등의 도선에 일찍부터 도입되었다. 장거리 트럭수송과 연계하여, 선박이 지니는 대량수송성과 저렴성에 자동차가 지니는 신속성과 기동성을 조화시킨 수송형태로 발전하고 있다.

그림 3-12 페리선

3) 선박의 치수

가. 깊이(depth : D)

선체 중앙에 있어서 상갑판 현측 상면에서 기선까지의 수직거리를 선박의 깊이라 한다.

나. 흘수(draft)

선박이 화물을 선적할 때 선박 정중앙부의 수면이 닿는 위치에서 배의 가장 밑바닥 부분까지의 수직거리로 수심이 낮은 운하 및 하천의 배선과 원앙선의 적화량을 설정하는 기준이 된다.

다. 만재흘수선(load line)

선박에 화물을 선적할 때 더 이상 실을 수 없는 최대한도의 흘수를 만재흘수라고 하고, 그때의 흘수선을 만재흘수선이라고 한다.

선박은 항해의 안전유지상 항해시기와 해역에 따라 적재중량을 조정할 필요가 있으며 이를 위해 '만재흘수선국제조약'에 의한 만재흘수선을 정해 선측에 표시하도록 되어 있는데, 이것을 만재흘수선 표시라고 한다. 만재흘수선을 세계적으로 적용하기 위해 전세계의 항로를 ① 계절동기대, ② 열대, ③ 계절열대, ④ 하기대의 4가지 지역으로 구분하고, 각 지역에 대해 하기계절과 동기계절 또는 열대로 정하고 있다. 모든 배에는 선체 중앙부의 양현에 지정된 만재흘수선을 나타내기 위해 만재흘수선표(load line disc)를 그려 넣어야 한다.

라. 건현(freeboard)

배가 안전하게 항해하기 위해서는 지나칠 정도로 많이 수중에 잠겨서는 항해를 감당할 수 없다. 따라서 선박은 상당한 양의 예비부력을 가져야 한다. 선박의 예비부력은 선체가 물에 잠기지 않는 부분의 높이로 표시되며, 이것을 건현이라 한다. 즉 건현은 선체중앙부 건현갑판의 현측 상면으로부터 만재흘수선까지의 연직거리를 말한다.

마. 트림(trim)

선박의 종방향의 경사로서 선수흘수와 선미흘수의 차이를 말한다. 선미흘수가 선수흘수보다 클 때를 선미트림이 졌다고 말하고, 선수흘수가 선미흘수보다 클

때를 선수트림이 졌다고 말한다.

바. 전장(length over all : LOA)

선체에 고정적으로 부속되고 있는 모든 돌출물을 포함한 선수 맨 앞으로부터 선미 맨 뒤까지의 수평거리를 말한다. 배를 조종할 때, 특히 항구에서 배를 안벽에 정박시킬 때 이 길이가 고려된다.

사. 수선간장(length between perpendiculars : LBP 또는 Lpp)

계획 만재흘수선상에 있어서 선수수선으로부터 선미수선까지의 수평거리를 말한다. 일반적으로 선수수선은 선수재 전면이 만재흘수선과 만나는 위치를 말하며 선미수선은 선미에 있는 타주(타를 지지하는 기둥) 후면의 위치를 말한다.

아. 수선장(length on load waterline : LWL)

계획 만재흘수선상의 선수전단에서 선미후단까지의 수평거리를 말한다.

자. 등록장(registered length)

상갑판의 선수재 전면으로부터 선미재 후면까지의 수평거리를 말하며, 선박국적증서 및 선박원부에 기재된다.

차. 전폭(extreme breadth : Bext)

선체의 폭이 가장 넓은 위치에서, 좌현 외판의 바깥 면에서 우현 외판의 바깥 면까지의 수평거리를 말한다.

카. 형폭(molded breadth : Bmld)

선체의 폭이 가장 넓은 위치에서, 좌현 늑골 바깥 면에서 우현 늑골의 바깥 면까지의 수평거리를 말한다. 즉 위에서 설명한 전폭에 비해 외판의 두께만큼 작아진 폭이다.

4) 편의치적

(1) 편의치적제도의 정의

편의치적 제도(flag of convenience)란 소유선박을 자국이 아닌 외국에 등록하는 제도이다. 원래 정치적 · 군사적 동기에서 유래하여 오늘날에는 주로 경제적 동기에서 이루어지고 있다. 편의치적을 하면 다음과 같은 장점이 있다.

① 간섭을 받지 않는다. 재무상태, 거래내역을 보고하지 않아도 되고 기항지도 제약을 받지 않는다.

② 고임의 자국 선원을 승선시키지 않아도 된다. 선진해운국의 선주들이 치적하는 중요한 이유 중의 하나이다.

③ 편의치적국은 등록 시의 등록세와 매년 징수하는 소액의 톤세 외에 선주의 소득에 대해 일체의 조세를 징수하지 않는다.

④ 금융기관이 선박에 대한 임치권(유치권) 행사를 용이하게 할 수 있어, 선박의 건조 또는 구입자금을 구제금융시장에서 쉽게 조달할 수 있다.

⑤ 편의치적국들은 선박의 운항 및 안전기준 등에 대해 규제하지 않기 때문에, 이러한 부문의 비용절감을 노려 치적하는 사례도 많다.

(2) 편의치적제도의 특징

국가별로 여러 가지 유형의 편의치적제도가 존재하지만 이들 제도의 공통된 특징은 다음 6가지로 대별된다.

① 치적국은 자국인이 아닌 사람에 의한 선박의 소유 및 관리를 허용한다.

② 선박의 치적이 누구에게나 개방돼 있으며 해외 영사관을 통한 치적이 가능하다.

③ 해당선박에 대한 소득세가 면제되거나 저렴하다.

④ 선박등록에 따른 수수료 등 부과금 수입이 치적국 경제 및 국제수지 개선에 크게 기여한다.

⑤ 외국인 선원의 승선이 허용된다.

⑥ 치적국은 선사에 대하여 통제력을 행사할 수 있는 능력이나 행정기구가 결

여되어 있다.

(3) 제2치적제도

최근 편의치적을 대신해 등장한 제도가 제2치적(second registry), 역외치적(flagging out) 또는 국제개방치적(international open registry)이다. 1980년대에 해운경쟁이 격화되면서 선진국의 선대가 대량으로 편의치적을 하자, 자국선대의 해외이적을 방지하기 위해 자국의 자치령 또는 속령에 치적할 경우 선원고용의 융통성과 세제혜택을 허용하기 시작한 것이다.

제2치적제도는 ① 기존의 등록지와 다른 곳에 등록을 하고 명목상의 본사를 둔다. ② 자국기를 게양하면서 외국선원의 고용을 허용하고 각종 세금을 경감해 준다. ③ 선박안전 등에 관한 사항은 자국적선과 동일하게 적용하며 등록선박에 대한 관리체제가 잘 정비되어 있다.

우리나라도 현행 국적선 등록제도로는 제2치적 및 정부의 보조를 받는 선진해운국과의 경쟁에 효과적으로 대처할 수 없다는 판단하에 제2치적제도를 도입하였다. 한국의 경우 특정지역을 치적지로 지정하지 않고, 해양수산부에 국제선박으로 등록하면 편의치적선과 같은 혜택을 누릴 수 있게 하였다.

더불어 프랑스, 스페인, 덴마크, 벨기에, 포르투갈 등 현재 많은 나라가 개방치적을 허용하고 있어 머지않아 선박의 국적은 의미가 없게 될 것이다. 따라서 국제해사기구(IMO)는 앞으로 선박의 국적보다는 선박에 고유번호를 부여하여 관리할 계획을 추진중이다. 이른바 국제치적제도(international register system)로 선박의 모든 검사 및 관리, 선급, 유지보수, 운항, 선원충원, 항해, 오염통제 등에 대한 국제적 기준을 설정하여 관리하려는 것이다.

2. 화물

1) 화물의 정의

기차나 선박 · 자동차 등의 수송수단으로 운송할 때의 짐을 말한다. 영어로는

goods, freight가 이에 해당된다. 화주와 수화인 · 목적지 · 품질 · 취급 시 주의사항 등을 위하여 다양한 표시를 해야 한다. 이를 식별마크라고 하며 주마크와 부마크 등이 있다. 주마크는 화주를 표시하며 때로는 수화인도 표시된다. 부마크는 수화인이나 제조회사, 분류나 정리를 위한 표시이다. 목적지마크는 양륙지를 표시하는 것으로 주마크 아래에 새긴다.

이밖에도 수출국 또는 제조지를 표시하는 원산지마크, 품질을 표시하는 품질마크, 취급에 용이하도록 중량과 용적을 표시하는 수량마크 등의 식별마크가 부착된다.

2) 화물의 종류

국제운송에서 취급되는 화물은 매우 다양하나 형태와 성질, 포장상태, 관련 법규 및 운송방법에 따라 분류할 수 있다.

(1) 화물의 형태에 따른 분류

액체인가 고체인가에 따라 건화물과 탱커화물로 분류된다. 건화물은 고체화물로 일반화물선 · 벌크선 · 컨테이너선 등으로 운송되나 탱커화물은 액체화물로 탱커로 운송된다. 일반적으로 두 화물은 취급하는 부두가 다르며, 국제연합의 국제해상물동량 통계에 화물분류법으로 사용된다.

(2) 포장상태에 따른 분류

산적(벌크)화물과 잡화화물로 나뉜다. 산적화물은 일반적으로 컨테이너에 적입이 되지 않는 석탄 · 곡물 · 알루미늄 등과 같은 화물로 건화물을 가리킨다. 시멘트나 곡물 등은 산적화물이면서도 양륙지 사정에 따라서는 포대 등에 담겨 운송될 수도 있다. 잡화화물은 컨테이너에 적입할 수 있는 화물이다.

(3) 성질에 의한 분류

① 위험화물은 폭발물 · 인화성 · 독성 · 방사선 · 병균 오염의 우려가 있어 인명

이나 선박 · 화물 등에 손해를 줄 위험성이 있는 화물을 말한다. 이에 대한 운송은 국제해사기구(IMO)에서 정한 위험물 규칙에 따라 각 품목마다 용기 · 포장 · 적재방법이 규정되어 있으며, 규정을 어길 때에는 운송이 금지된다.

② 장척화물은 파이프와 레일 · 강판 등 길이가 길어 취급상 주의를 요하는 화물을, 거대화물은 항공기 · 차량 등과 같이 용적이 큰 화물을 말한다. 대개 갑판에 적재되므로 갑판적 화물이라고도 한다.

③ 액체화물은 드럼이나 병에 들어가는 주류 · 유류 · 화학제품화물을 뜻한다. 대개 산적화물로 운반되는 화물이다.

④ 고기나 생선 · 과일 등 신선도를 유지할 필요가 있는 것을 냉동하면 냉동화물, 냉장하면 냉장화물이다.

⑤ 청결화물은 수분이나 악취 · 가루 유출 등으로 다른 화물을 오염시킬 우려가 없는 화물을 말한다. 이에 비하여 짐승 가죽처럼 악취가 나는 화물, 시멘트 같이 분진을 발생시키는 화물을 조악화물이라 한다.

(4) 법규에 의한 분류

관세법에 따라 외국화물과 내국화물로 분류하고, 통계법 및 항만조사규칙에 따라 수출화물 · 수입화물, 이출화물 · 이입화물로 분류하며, 건설교통부에서 집계하기 위하여 국내무역화물과 외국무역화물로 분류한다.

가. 관세법상 분류

관세법에 정의된 분류로는 수출허가를 받은 화물 또는 외국에서 국내에 온 화물로서 수입허가가 나기 이전의 화물을 외국화물이라 하며, 국내에 있는 화물로 외국화물이 아닌 것을 내국화물이라고 한다.

나. 조사 및 통계용

수출화물 · 수입화물, 이출화물 · 이입화물은 통계법 및 항만조사규칙에 따라 항만의 실태를 밝히고 항만개발과 이용 및 관리에 자료를 제공하기 위해 사용되는 분류이다. 수출 · 수입화물은 외국무역의 화물을, 이출 · 이입화물은 국내에 운송되는 화물을 말한다. 각 항구에서 화물을 통계낼 때 사용되는 분류법이다.

다. 지역별

국내무역화물과 외국무역화물은 건설교통부에서 집계하여 발표할 때 사용하는 구분이다. 국내무역화물은 이출 · 이입화물을 말하며, 외국무역화물은 수출 · 수입화물을 말한다.

(5) 운송에 의한 분류

가. 취급방법에 따른 분류

항만에서 취급하는 방법에 따라 양륙화물 · 통과화물 · 접속화물 · 선박계송화물 · 양륙지선택화물 · 지방화물로 나뉜다.

양륙화물은 그 항만에서 양륙되는 화물을, 통과화물은 양륙되지 않고 통과하는 화물을 말한다. 접속화물은 해로와 육로를 접속하여 운송되는 화물을, 선박계송화물은 항만에서 다른 선박에 환적되는 화물을 말한다. 양륙지선택화물은 선적 시 양륙지가 2개 항구 이상 지정되어 지정된 항만의 어느 항만에서도 양륙될 수 있는 화물을 말하며, 지방화물은 도중의 중간항 사이에서 운송되는 화물을 말한다.

나. 운송계약에 따른 분류

선측도화물 · FIO화물 · COA화물로 나뉜다. 선측도화물은 선적 및 양륙지에서 하역비용을 선박회사가 부담하는 화물을, FIO화물은 하역비용을 화주가 부담하는 화물을 말한다. FIO화물은 철광석 · 석탄 · 곡물류 등의 산적적재운송 등에 적용한다.

다. 컨테이너에 실린 상태에 따른 분류

CL(container load)화물 또는 FCL(full container load)화물 · LCL(less than full container load)화물 · 혼재화물 · 단위화화물로 나뉜다. CL화물 또는 FCL화물은 컨테이너 하나를 만재시킨 화물이다. 이에 비하여 LCL화물은 컨테이너 하나를 완전히 채우지 못한 화물로 차급미만소화물이라고도 한다. 다른 화물과 함께 컨테이너 하나를 채울 경우 혼재화물이 된다. 단위화화물은 컨테이너에 작은 단위로 적입한 소화물을 말한다.

3) 화물의 수송

법률상 육로 · 해로 · 공로를 이용한 화물의 수송으로, 관련 법규로 운송업자와 고객 간의 권리 · 책임 · 의무 및 면책을 규제한다. 운송업자와 관계된 일반법과는 별도로 명시되어 있는 화물운송에 관한 법률은 육로화물운송, 해상화물운송, 항공화물운송의 3대 분야로 나뉜다.

운송업자는 육로 · 해로 · 공로를 이용하여 유료 또는 무료로 승객이나 화물을 한 지역에서 다른 지역으로 운반하는 자를 지칭하며, 영국 · 미국의 코먼 로는 이들을 일반 운송업자와 개인 운송업자의 2가지 부류로 구분한다.

일반 운송업자는 일정한 구역 내에서 사람이나 화물을 기꺼이 책임지고 운송한다. 그들은 빈자리가 있는 한 신청받은 모든 일을 인수할 의무를 갖고 있다. 또한 화물의 경우 운반 도중 발생한 물품의 손실, 손상, 시간적 지연에 대해 일반 운송업자는 책임을 져야 한다. 단 전쟁으로 적군에게 물품을 강탈당한 경우나 천재지변(예를 들면, 지진 · 화산폭발 · 홍수 등)의 경우는 예외로 한다.

수송을 맡은 화물에 대한 일반 운송업자의 광범위에 걸친 엄격한 책임은 제정법으로 제한되어 왔다. 운송업자의 책임은 특별계약에 의해 더욱 제한될 수 있다. 어떤 경우에는 운송업자와 화물위탁자 간의 사적 계약이 법규정의 적용을 배제하는 효과를 갖는다. 그런 경우 일반 운송업자는 법의 취지상 개인 운송업자로 간주된다.

개인 운송업자는 일반 운송업자와는 달리 신청받는 모든 일을 인수할 의무가 없다. 개개의 운송행위는 사적 계약에 의해 이루어지는데, 가구이전계약이 그 예에 속한다. 개인 운송업자의 경우 화물운송 중의 손실 · 손상 · 지연에 대한 책임은 업자의 태만으로 한정한다. 손실이나 손상 또는 지연이 임무태만으로 인해 생긴 것이 아님을 증명할 책임은 운송업자에게 있다.

하지만 이 임무태만의 책임도 운송계약 시에 정하는 약속에 의해 제한될 수 있다. 도로와 철도에 의한 국제수송은 베른협정(1890~1961), 제네바협정(1965) 등의 국제협정을 따르며, 국제해상화물운송은 헤이그규칙(1924)의 적용을 받고 국제항공운송은 바르샤바협정(1929)과 이 협정의 개정안인 헤이그의정서(1955) 및 과달라하라협정(1961)의 규제를 받는다.

3. 항만

1) 항만의 의의

항만(harbour)이란 육상과 해상활동이 연결되는 지리적인 결절지로, 자연지형 또는 인공 축조물로 풍랑을 막아놓은 바닷가에서 선박이 안전하게 정박하고 여객과 화물을 싣고 내릴 수 있는 시설이 갖추어진 해수면의 일부를 의미한다.

항만을 구성하는 요소로는 수역 · 방파제 · 부두 등의 항만시설, 배후지역과 연결하는 교통시설, 창고 · 야적장 등의 보관시설, 수산물 가공공장 등의 공장시설, 세관 · 검역소 등의 수륙연락시설 등이 있다.[03]

2) 항만의 분류

운송의 결절지인 항만은 지역 간 물자의 이동이 활발해지면서 그 기능과 형태가 발달했다. 현대의 항만은 유람선과 소형 어선 등을 수용하는 소규모의 항으로부터 항내 면적이 수천㏊에 달하는 상업항까지 매우 다양하다.

항만은 입지 · 성인 · 기능 · 구조 등을 지표로 하여 분류된다. 입지 위치로 볼

03 http://100.empas.com/dicsearch/pentry.html/?i=205760

때 항만은 하구항 · 연안항 · 하항 · 호수항 · 운하항 등으로 분류된다.

(1) 하구항

내륙과 해양을 연결하는 결절지인 하천 하구에 위치함으로써 역사적으로 가장 먼저 발달한 입지 유형이다. 그러나 하천으로부터 토사가 운반 · 퇴적되고, 파랑과 조류에 의해 하구가 폐쇄되는 경우가 발생하여 항만기능이 마비되기도 한다.

(2) 연안항

일반 해안지역에 있는 항만으로 수심이 깊을 경우 대형 선박의 출입이 유리하다.

(3) 하항

큰 하천의 강 중류에 입지한 항으로서 대형 선박이 출현하기 전에 형성되었다. 그러나 신속한 이동을 필요로 하는 여객과 화물의 증가 추세 속에서 선박이 대형화되고 육상운송에 비해 속력이 떨어짐에 따라 상대적으로 우위성을 잃게 되었다. 그밖에 주기적인 준설의 필요성, 항로, 표지 설치, 유지비의 과다 등으로 인해 하항의 항만기능은 더욱 저하되고 있다.

(4) 호수항

내륙호 연안에 있어 호안 간의 수송기능을 담당하는 항만으로, 오대호 연안의 시카고 · 밀워키 등이 대표적이다. 운하항은 운하 통과 중인 선박의 일시적인 계류 등을 위해 입구에 축조된 항구이다.

(5) 형성요인에 따른 분류

천연항과 인공항으로 분류된다.

(6) 기능상 분류

기능상으로는 상항 · 공업항 · 어항 · 군항 · 항공항 · 피난항 등으로 분류되고, 이중 상항은 다시 중계항 · 접속항 · 선적항 · 수출항 · 수입항 등으로 구분된다. 그러나 실제 항구에서는 이 기능들이 혼재하는 경우가 대부분이다.

(7) 항구의 구조상 분류

개구항과 폐구항으로 분류된다. 개구항은 항외와 항내 사이에 수문이 없는 반면, 폐구항은 조석간만의 차가 큰 해안에서 선박이 정박할 수 있는 수심을 유지하기 위해 내해와 외해 사이에 수문 또는 갑문을 설치하는 경우이다.

(8) 무역관계에서의 분류

무역관계에서 볼 때는 개항과 불개항으로 분류된다. 개항은 외국인의 무역이 허용된 항으로서 이 중 자유항은 수입 · 수출되는 제품 및 원자재에 대해 관세법의 적용을 받지 않는 항만이다.

3) 항만시설

(1) 부두(wharf)

화물의 하역과 여객의 승선 및 하선을 위한 여러 가지 구조물을 총칭한다. 부두는 선박이 접안해서 화물을 적화하고 여객이 승강하는 장소로, 돌핀 · 부표 등과 함께 항만의 결절기능을 원활히 하기 위한 시설물이다. 형태는 석재 또는 콘크리트로 물 밑에서부터 수직으로 쌓아올려 물 가장자리는 선박의 적 · 양화를 위한 부두를 형성하고, 장치장 등의 창고건물이나 계선공작물이 설치되는 형태이다. 박거식 부두는 간만의 차가 클 경우 항의 입구에 수문 또는 갑문을 만들어서 항내 수위를 일정하게 유지하는 시설이다. 조차가 4~5m 이상일 경우 설치된다. 수문식 박거에서는 선박의 출입은 만조 시에 내외의 수위가 동일하게 되었을 때인 짧은 시간에만 행해진다. 갑문식의 경우 문이 이중으로 설치됨에 따라 상시 선박의 출입이 가능하나 수문식에 비해 공사비가 훨씬 비싸다. 또한 갑문장치 때문에 길고 넓은 부지가 필요하다.

항구의 환경 · 구조 · 설비의 여하에 따라 안벽(quay), 피어(pier), 도크(dock), 워프(wharf) 등의 별칭이 있다.

(2) 안벽(quay)

안벽(quay, quay wall)이라 함은 해안선 하안 등에 평형하게, 또는 바닷속에 돌출되어 축조된 석조 또는 콘크리트(concrete)제로서 선박 접안을 위하여 해저로부터 수직으로 만들어진 벽을 말하며, 이 벽에 부착하는 선박의 손상을 방지하기 위하여 방현재를 붙이며, 벽 끝에 계유선을 표시하기 위하여 철재의 계선주(bitt) 등이 부착되어 있다. 광의로 말하면 부두(wharf)와 같은 것이다. 다시 말하면 부두 자체만이 아니라 부두설비, 부두광장, 임항철도, 창고, 장치장 등 각종 하역 설비가 상설된 부두지역을 통틀어서 안벽이라고 한다.

안벽의 부속물로는 다음과 같은 구조물이 있다.

① 펜더(fender) : 선박과 안벽과의 충돌 시 그 충격을 줄여 주기 위해 안벽의 외측에 부착시켜 두는 목재 또는 고무재이다.

② 계선주(bitt, mooring post, bollard) : 선박의 계선삭을 계류하기 위하여 안벽에 견고하게 설치된 석제 또는 강철제의 짧은 기둥이다.

③ 캡스탄(capstan) : 선거(船渠)갑문 또는 안벽에 설치되어 선박의 입항과 출항 시 선박의 계선삭을 기계로 감아 올림으로써 선박의 방향을 조절하는 장치이다.

(3) 잔교(pier)

선박을 접안 계류하여 화물의 하역과 여객의 승선 · 하선을 용이하게 만든 목재, 철재 혹은 철근 콘크리트로 이루어진 교량형 구조물이다.

(4) 부잔교(floating landing stage)

해저지질과 수심이 부적당한 장소에 잔교를 대신하여 구축한 변형적 잔교이며, 그 주요 부분은 부선(pontoon)으로 형성되어 있다.

(5) 창고(warehouse)

화물을 보관하는 장소를 총칭한다.

(6) 사일로 창고(silo warehouse)

곡물과 같은 살화물을 장치할 목적으로 만들어진 특수창고이다.

(7) 방파제(breakwater)

선박을 풍파로부터 방어하기 위해 항만 내에 시설한 구축물로서 여러 가지 모양과 구조가 있다.

(8) 중간창고(transit shed)

안벽, 잔교, 양륙장 등에서 운송작업과 보관작업 사이에 중간작업을 하는 장소로서 1층 또는 여러 층으로 건조되어 있다. 여기에서는 화물의 적화 · 양화와 입고 · 출고과정인 화물의 분리, 정리, 포장 등의 작업도 이루어진다.

(9) 임항철도(dock railway siding)

선박과 철도를 원활하게 연결시키기 위하여 철도간선으로부터 항만 내로 갈라져 이어진 철도를 말한다. 또한 항내에 흩어져 있는 임항철도를 서로 연결하는 환상철도선은 벨트라인(belt line)이라고 일컫는다.

(10) 해분(basin)

조수의 간만이 심한 항만에서 항구의 한쪽에 갑문(lock gate)을 설치하여 바닷물 저장과 수심의 평균을 유지하게 함으로써 선박의 정박과 작업을 용이하게 하는 수역을 말하며, 선거(dock)로 통칭되기도 한다.

선거는 원래 선박의 건조 또는 수리를 목적으로 입거하는 시설에서 유래된 것인데, 지금은 해분, 조선소, 부두라는 용어와도 혼용되고 있다.

(11) 항만하역시설(loading and discharging facilities)

하역시설은 선박의 가동능력에 커다란 영향을 미치는 동시에 항만의 경제적 가치를 결정하는 중요한 요소로 부선(lighter, barge),[04] 해상기중기(floating crane), 고정식 혹은 이동식 육상기중기(crane), 벨트 컨베이어(belt conveyer)를 비롯하여 그밖에 여러 가지 운반기기를 총칭한다.

(12) 컨테이너 처리장소

컨테이너 처리장소에는 컨테이너 프레이트 스테이션(container freight station : CFS), 컨테이너 야드(container yard : CY) 등이 있다.

4) 화물하역시설

화물의 적재 · 적화방법은 화물의 종류, 항의 시설 및 관행에 따라 결정된다. 하역기계로는 선박의 마스트 또는 특별히 조립된 포스트의 밑부분에 최대 45°까지 기울일 수 있는 장치를 하여 로프를 이용해서 하역하는 기계인 마스트 크레인이 있다.

부두 크레인으로는 고정식과 이동식이 있다. 고정식은 대개 물량장에 설치되고, 용량은 1.5~150t이다. 이동식 크레인은 2~5t의 용량을 운반할 수 있으며, 궤도상을 주행하는 것과 도로상을 주행하는 것이 있다. 석탄 · 석유 · 광석 · 곡물 등 대량화물의 적화는 다양한 방법으로 이루어진다.

석탄과 광석의 경우 기관차를 이용하여 탄차를 안벽에 만든 고가도에 끌어올려

04 barge(艀船)는 항내 · 내해 · 호천에서 승객 또는 화물 운반에 사용되는 소형선이나 부두와 본선 간에 화물을 운반하는 작은 배로서, 곧 oil barge(油艀船), water barge(水艀船), pushing barge, towing barge 등을 말한다.

탄차 바닥을 열어 슈트로 선내에 적재하는 고가도식, 엘리베이터식, 카 댐퍼식 등이 있다. 곡물은 펌프를 이용하는 경우와 체인 컨베이어를 이용하는 경우가 있다.

펌프를 이용하는 경우 곡물을 공기와 함께 빨아 들여서 사이클론 컬렉터로 공기를 분리시켜 버킷 엘리베이터, 벨트 컨베이어 등을 병용하여 사일로(silo)에 보내는 방법이다.

체인 컨베이어는 凹형 강판을 연결하여 곡물을 퍼올려 수송하는 장치이다. 석유의 하역은 해중의 수심이 깊은 곳에 만든 계류시설에 선박을 계류하고 육지의 저유(貯油) 탱크까지 수송관을 통해서 펌프로 압송하는 방법을 쓰고 있다. 일부 항구에는 수송된 석유를 저장하기 위해 대규모 저장 탱크가 건설되기도 한다. 이 저장 탱크는 인화물이므로 다른 항만지구에서 멀리 떨어진 곳에 축조된다.

컨테이너의 이동에는 장력이 큰 포크리프트와 스트래들 캐리어가 사용된다. 컨테이너 적재방법에는 로 리프트 온 앤드 오프(ro lift on/off)방식, 롤 온 앤드 오프(roll on/off)방식, 라크(lark)방식이 있다. 이 중 롤 온 앤드 오프방식은 원래 자동차나 철도화차를 수송하는 페리선에서 사용하던 수평하역방식으로, 컨테이너선의 선미부나 선측에 설치되어 있는 개구부를 통해 트랙터나 포크리프트 등에 의해 적화(積貨)가 이루어지는 방법이다.

5) 선박수리시설

선박의 고장 · 파손 · 수리 · 도장을 하기 위해 항내나 항 부근에 선박을 수상에 노출시키는 설비가 있으며, 이것에는 선가(ship way) · 건선거(dry dock) · 부독 등이 있다.

선가는 바다로 통한 경사 면에 레일을 부설하고 선박을 선대 위에 올려서 수상으로 인양하는 구조이다. 구조가 간단하고 건조비도 싸며, 채광을 충분히 할 수 있는 이점은 있으나 선박이 불균형해지기 쉬워 선체에 무리한 힘이 가해질 수 있다.

건선거는 선박이 출입할 수 있도록 육지를 도랑형으로 판 것이며, 입구에 갑문과 급배수장치를 하여 그 속에 선박이 들어가면 문을 닫고 물을 빼 선박을 수리하는 시설이다. 건선거실은 배의 최대깊이에 1~2m 이상, 너비 양측에 최소 1~3m 이상의 여유를 두어야 한다. 배는 그 밑에 1~2m의 반목을 놓고 그 위에 얹히도록 한다. 손상된 배는 최대 흘수보다 깊이 가라앉아 독에 들어오는 경우가 있으므로 최대 흘수보다 2m 이상 깊게 한다. 독의 밑은 수평으로 하며, 부력, 토압, 물의 무게, 배의 무게 등을 고려하여 설계한다. 측벽은 중력 옹벽식으로 하며, 지주를 세워 선체를 지지한다.

부독은 가운데가 비어 있는 부유체로 밑바닥과 측벽으로 구성된다. 이것을 물에 넣어 침하하면 배를 그 위에 얹어 펌프로 물을 퍼올리면 배가 독과 함께 떠오르고, 이때 지주로서 선체를 지지하면 수선이 가능하다.

수선이 끝나면 독에 다시 물을 넣고, 지주를 분리하면 배는 독으로부터 떨어져 떠오른다. 부독은 강철판이나 철근 콘크리트를 사용해 만들고, U형 독, 자기상거식 독, L형 · 빗형 독 등이 있다. U형 독은 가장 일반적인 독으로 체인으로 일정한 장소에 고정되어 사용된다. 자기상거식 독은 부독이 많은 블록으로 나누어져 있어 선박의 크기에 따라 블록을 결합하여 사용하는 독이다. 또한 독의 일부가 파손되면 남은 부분으로 독을 다시 만들 수 있는 장점이 있으나, 독의 종방향으로 인장력이 약해 선박에 무리한 힘을 줄 수 있다.

6) 항로표지시설

항만에는 선박항해의 안정성과 효율성을 높이기 위해 목표물과 신호장치 등이 설치되어 있다. 이러한 항로표지로 항만의 위치, 암초 · 모래톱 등의 위치를 알리기도 하며, 항행 중 선박에 대한 진로 및 위치 정보를 제공하는 역할을 한다. 항로표지의 유형으로는 광파 · 음파 · 전파표지 등이 있다.

광파표지는 눈으로 식별되는 것으로 주간에만 보이는 입표 · 부표 등의 주간표지와, 야간에만 보이는 등대 · 등표 · 등부표 · 등주 · 등선 등의 야간표지가 있다.

음파표지는 안개 · 스모그 · 눈 · 비 등으로 시계가 좋지 않을 때 청각에 의해 식별할 수 있게 한 것으로, 다이어폰 · 기적 · 사이렌 · 종 · 공부표 등이 이에 속한다.

전파표지는 기상조건에 관계없이 주야로 사용되며, 정밀도도 높아 원양선박에 유용한 항로표지이다. 이에는 원양항로를 항해하는 선박에게 원양표지(라디오 비콘, 로란, 콘솔)와 연안을 항해하는 선박에 대한 항구 및 안전수로를 알리는 연안표지(대형등대, 데카) · 항만수로표지(야표, 주료, 안개신호) 등이 있다.

7) 한국의 항만

(1) 한국 항만의 개요

한국은 3면이 해양에 접하고 있으며 인접국가와의 교역, 해양조건 등에 있어서 항만발달에 편리한 입지조건을 갖추고 있다. 해안선 길이는 남한 1만 2,789㎞(육지부 5,560㎞, 도서부 7,229㎞), 북한 4,068㎞(육지부 2,973㎞, 도서부 1,095㎞) 등 총 1만 6,857㎞로서, 해안선 전역에는 2,001개의 항구가 분포한다(1990년 12월 현재).

서해안은 동해안에 비해 굴곡이 심하고 내륙 후배지에 넓은 평야가 형성되어 있다. 반면에 수심이 얕아 100m 미만의 천해이며, 지질은 연약한 점토질이 깊은 곳까지 퇴적되어 있고, 조석의 차가 커 인천의 약 8.6m를 중심으로 남쪽으로 갈수록 감소되어 군산에서는 약 6.2m이다.

다도해를 이루고 있는 남해안은 리아스식 해안을 형성하여 항만의 입지조건에 유리하다. 수심도 비교적 깊고 간만의 차이가 약 1.28m로 작아 부산항과 같은 양항이 건설되었다.

(2) 한국의 주요 항만

현재 남한의 항만은 기능상 상항 · 공업항 · 어항 등으로 구분된다. 주요 상항으로는 부산항 · 인천항이 대표적 무역항이며, 그밖에 일반 상항으로는 군산 · 목포 · 완도 · 제주 · 울산 · 묵호 · 삼척항 등이 있다. 공업항은 북평 · 울산 · 포항 · 목포 · 창원 · 여천 · 광양 · 평택항 등으로, 이들 항만은 철강 · 조선 · 기계 · 전

표 3-3 한국의 주요 항만시설

<table>
<tr><th>기초법</th><th>구분</th><th>항구명</th></tr>
<tr><td rowspan="2">항만법</td><td>무역항(건설 · 운영 : 해운항만청장)</td><td>인천 · 장항 · 군산 · 목포 · 완도 · 여수 · 삼천포 · 충무 · 진해 · 마산 · 장승포 · 옥포 · 부산 · 울산 · 포항 · 묵호 · 동해 · 삼척 · 속초 · 제주 · 서귀포 · 고정 · 고현 · 광양 · 평택 · 대산 · 옥계</td></tr>
<tr><td>연안항(건설 : 해운항만청장, 운영 : 시도지사)</td><td>연평도 · 대천 · 비인 · 대흑산도 · 거문도 · 나로도 · 한립 · 성산포 · 화순 · 부산남항 · 감포 · 구룡포 · 월포 · 강구 · 도동 · 후포 · 죽변 · 임원 · 주문진 · 거진 · 녹동신항</td></tr>
<tr><td rowspan="2">개항질서법</td><td>개항(건설 · 운영 : 해운항만청장)</td><td>인천 · 장항 · 군산 · 목포 · 여수 · 마산 · 옥포 · 부산 · 묵호 · 평택 · 광양 · 동해 · 진해 · 삼척 · 대산 · 완도 · 제주 · 포항 · 충무 · 장승포 · 삼천포 · 울산</td></tr>
<tr><td>지정항</td><td>속초 · 서귀포 · 옥계 · 고정 · 고현</td></tr>
</table>

자료 : 해운항만청 내부자료

자 · 화학 · 비철금속 등의 중화학 임해공업단지에서 사용되는 원자재와 생산품의 해상운송을 지원하기 위해 건설되었다.

항만법상으로 지정하여 운영하고 있는 항만의 수는 48개 항으로 항만의 관리체계상으로는 무역항 · 연안항으로 분류된다. 그 가운데 해운항만청장이 관리 · 운영하는 무역항이 27개이고, 시도지사가 운영하는 연안항이 부산남항 등 21개이다. 그밖의 지방항은 지정항 이외의 항만으로 지방관서에서 관리한다. 개항질서법상 외국선박이 자유롭게 입출항할 수 있는 항구로는 22개 항과 5개의 지정항이 있다.

제 4 절 선화증권

1. 선화증권 개요

1) 선화증권의 의의

선화증권(bill of lading : B/L)은 선주가 선박에 화주로부터 의뢰받은 운송화물을 적재하고 또는 선적을 위하여 그 화물을 수취한 것을 증명하고, 이것을 도착항에서 일정조건하에 수화인이나 그 지시인에게 인도할 것을 약정한 유가증권이다.

B/L은 B/L상에 기재된 화물의 권리를 화체(化體)한 것으로서 선화증권의 이전은 바로 화물에 대한 권리의 이전을 의미하므로 화물을 처분할 시에는 반드시 관련 B/L을 갖고 있어야만 한다. 오늘날 국제무역에 있어서 대차결제 수단의 국제적 관례는 통상 화환어음(documentary bill)이며, B/L은 동 환어음을 취결하는데 상업송장 및 해상보험증과 함께 그 기본이 되는 서류이다.

2) 선화증권의 기능과 역할

첫째, 선화증권은 선장 또는 선주의 대리인으로서 정당한 권한을 부여받은 자가 서명한 화물수취증(receipt of goods)이다.

둘째, 송화인과 운송인(선주) 사이에서 협정된 운송계약을 나타내는 증거서류이다.

셋째, 선화증권에 기재된 물건을 화체하는 권리증권(document of title)이다. 권리증권의 소지인은 증권에 기재된 물건을 임의로 처분할 수 있다.

3) 선화증권의 법적 성질

선화증권은 법률상 요인증권, 요식증권, 문언증권, 채권증권, 물권증권, 처분증권, 유통증권, 지시증권 등의 성질을 가지고 있다.

(1) 요인증권

선화증권은 화주와 운송인 또는 그 대리인 간의 운송계약에 의하여, 화물을 선적 또는 선적을 위하여 수취하였다는 요인이 있어야 발행되는 것이므로 법률적으로 요인증권이다.

(2) 요식증권

선화증권은 유통을 전제로 작성, 발행되는 증권이므로 계약의 주요 내용을 알 수 있을 정도로 일정사항이 증권 자체에 기재되어야 한다. 따라서 상법에 규정된 법정기재사항의 기재를 필요로 하는 요식증권으로 미기재 시에는 증권으로서의 효력을 갖지 못한다.

(3) 문언증권

선화증권의 선의의 소지인(bona fide holder)에 대해 증권상의 기재문언에 따라 운송인은 책임을 진다. 곧 해상운송에 관한 운송인 또는 화주의 권리, 의무는 선화증권에 기재된 문언에 따르게 되므로 문언증권이다.

(4) 채권증권

선화증권은 화물의 소유권을 대표하는 유가증권인 동시에 상환의 조건으로 화물의 인도를 청구할 수 있는 채권적 효력을 갖는 채권증권이다.

(5) 물권증권

선적된 화물에 대한 권리가 있기 때문에 선화증권의 인도는 화물의 인도와 동일한 효력이 있다. 이러한 의미에서 물권적 효력을 갖는 물권증권이다.

(6) 처분증권

선화증권은 운송 중의 화물에 대한 소유권을 나타내는 증권으로서 운송화물의 처분에 반드시 필요한 증권이므로 처분증권의 성질을 갖는다.

(7) 유통증권

화물의 소유권을 대표하는 유가증권으로서 배서 또는 양도에 의하여 소유권이 이전되는 유통증권이다.

(8) 지시증권

기명식, 지시식 또는 선택무기명식 등 어느 방식으로도 발행할 수 있으며, 기명식의 경우라도 배서금지의 뜻을 기재하지 않는 한 배서(endorsement)에 의하여 양도가 가능하므로 법률상 지시증권의 성질이 있다.

2. 선화증권의 종류

1) 선적선화증권과 수취선화증권(shipped or on board B/L vs received for B/L)

선화증권은 원래 본선에 화물이 선적된 후에 발행되는데, 증권 면에 Shipped 혹은 Shipped on Board와 같이 실질적으로 화물의 선적완료를 표시한 것이 선적선화증권이며, 지정선박이 아직 부두에 정박하지 않았거나 입항조차 하지 않았을 경우에는 우선 화물은 선박회사의 부두창고에 입고되어 Received for shipment 형식으로 발행되는 것이 수취선화증권이다.

2) 무사고선화증권과 사고부선화증권(clean B/L vs foul or dirty B/L)

본선에 계약화물을 선적할 때 그 화물의 상태가 양호하고 수량이 맞아 비고(remarks)란에 아무 것도 기재되지 않고, 증권 면에 'shipped on board in apparent good order and condition'이라고 표시된 선화증권을 무사고 또는 완전선적증권이라고 한다.

한편 비고란에 '5 bags torn' 등과 같이 선박회사가 인수할 당시 포장상태가 불완전하거나 수량이 부족하면 이 사실을 증권에 기재하게 되며, 이런 사실이 기재된 선화증권을 사고부선화증권이라 한다.

3) 기명식 선화증권과 지시식 선화증권(straight B/L vs order B/L)

기명식 선화증권은 화물의 수취인으로서 수입자명이 기재된 선화증권으로, 무역화물에는 거의 이용되지 않고 이삿짐 또는 개인의 물품이 발송하는 경우에 많이 이용되며, 유통이 되지 않으므로 송화인의 배서는 필요 없다.

지시식 선화증권은 수화인명이 기재되지 않고 단순히 'Order', 'Order of A', 'Order of bank'라고 되어 있어 수출업자가 이런 지시식 선화증권 이면에 백지배서만 하면 이 증권의 소지자가 그 화물에 대한 소유권을 갖게 된다.

4) 해양선화증권과 내국선화증권(ocean B/L vs local B/L)

해양선화증권은 부산과 뉴욕과 같이 국외해상운송의 경우에 발행되는 선화증권이며, 내국선화증권은 부산과 인천과 같이 국내해상운송에서 발행되는 선화증권이다.

5) 유통선화증권과 유통불능선화증권(negotiable B/L vs non-negotiable B/L)

선박회사는 선화증권을 발급할 때 주로 3통이 한 세트가 되는 선화증권 원본을 발행하는데, 이들 원본이라야 그러한 선화증권이 대표하는 화물과 상환이 되며, 또 은행에서는 신용장에서 요구하는 정당한 선화증권으로 인정하여 대금결제가 이루어진다.

한편 선박회사가 발급하는 원본 이외의 모든 선화증권에는 발급될 때 이미 'Non-Negotiable'이라는 도장이 찍혀 발급되기 때문에 이들 사본으로는 은행에서 Nego가 되지 않는다.

6) Port B/L과 Custody B/L

Port B/L은 선적될 화물이 부두의 운송인의 보관하에 있으며 지정된 선박이 입항은 되어 있으나, 다만 화물이 본선에 적재되지 않은 경우 발행되는 수취선화증권의 일종이다. 한편 Port B/L과 같이 화물이 운송인에게 인도는 되었으나 지정된 선박이 아직 지정항구, 즉 화물이 준비되어 있는 항구에 도착되지 않았을 때 발행되는 수취선화증권의 일종이 Custody B/L이다.

7) 복합운송선화증권(combined transport B/L)

복합운송선화증권이란 수출국의 화물인수장소로부터 수입국의 인도장소까지 해상 · 육상 · 항공 중 적어도 두 가지 이상의 운송기관을 이용하여 운송되는 경우에 발행하는 운송증권으로서 복합운송인(combined transport operator)이 발행한다.

8) 제3자 명의 선화증권(third party B/L)

B/L상에 표시되는 선적인(shipper)은 일반적으로 신용장의 수익지가 되는 것이 보통이나 수출입거래의 매매당사자가 아닌 제3자(third party)가 선적인(shipper)이 되는 경우가 있는데 이를 제3자 선화증권이라 한다. 주로 중계부 은행은 이 서류를 수리하도록 정하고 있다.

9) FIATA B/L

국제운송주선인연맹(International Federation of Forwarding Agent's Association : FIATA)은 운송주선인들의 이익을 옹호할 목적으로 1926년 설립된 기관이다. 이 기관에 가입된 회원들은 FIATA에서 제정하고 ICC에서 승인된 FIATA B/L(FBL)을 발행할 수 있으며 이것은 주로 복합운송에 이용된다.

10) 통과선화증권(through B/L)

운송화물을 목적지까지 운송하는 데 선주가 다른 선박회사의 선박을 이용하거나 해운과 육상운송을 교대로 이용하여 운송된 경우 최초운송업자가 전구간의 운송에 대하여 발행하여 모든 책임을 지는 운송증권을 통과선화증권이라고 한다. 미국에서는 육상과 해상운송을 겸한 선화증권을 Overland B/L이라고 하여 많이 이용되고 있다.

11) 환적선화증권(transhipment B/L)

통과선화증권에서는 최초의 운송인만이 서명하여 그가 수화인 또는 동 증권 소지자에 대하여 운송상의 모든 책임을 지나, 이 환적선화증권은 화물을 목적지까지 운송 도중 중도항에서 다른 선박에 환적하여 최종목적지까지 운송할 때 발행되는 선화증권이며, 각 구간의 운송인이 연서(連書)하고 수화인 및 선화증권 소지자에 대하여 공동책임을 진다. 즉 환적할 때마다 각 선박회사가 최초의 선화증권에 연대서명을 하여 공동책임을 지게 된다.

12) 적색선화증권(red B/L)

이 선화증권은 보통 선화증권과 보험증권을 결합시킨 것으로서 이 증권에 기재된 화물이 항해 중에 사고가 발생하면 이 사고에 대해서 선박회사가 보상해 주는 선화증권이다. 선박회사는 또 보험회사와 모든 Red B/L 발행분에 대해서 일괄하여 부보하게 되므로 손해부담은 보험회사가 지며, 보험료만큼 선박회사는 운임에 추가시키므로 결국 보험료도 송화인이 부담하는 셈이 된다.

13) 용선계약선화증권(charter party B/L)

화주가 대량화물을 수송하기 위하여 일 항해 또는 일정기간 동안 부정기선을 사용하는 경우, 화주와 선박회사 사이에 체결된 용선계약에 의하여 발행되는 선화증권을 말한다. 신용장통일규칙 제26조에 이런 선화증권은 별도의 명시가 없는 한, 은행은 수리를 거절할 수 있도록 규정하고 있다.

14) 부서부선화증권(counter-sign B/L)

해운화물이 도착 시 지불운임이나 그 외 다른 채무가 부수되어 있는 경우 물품을 인수하는 자는 채무에 대한 대금을 선박회사에 지불하고 화물을 수취하게 되는데, 이때 선박회사는 결제를 끝낸 것을 증명하기 위하여 선화증권에 이서한다. 이러한 부서가 되어 있는 선화증권을 부서부선화증권이라 한다.

15) 집단선화증권(groupage B/L)

운송해 보낼 화물이 한 컨테이너분이 안 되거나(less than container load cargo) 한 로트가 안 될 정도로 적은 분량이면 화물운송회사가 같은 목적지로 가는 화물을 같이 모아서 하나의 그룹으로 선적해 보낼 때 선박회사가 발급하는 선화증권을 집단선화증권이라 한다.

16) 약식선화증권(short form B/L)

절차의 간소화를 위해서 선화증권 면에 기재된 장문의 약관을 생략한 것을 약식선화증권이라 한다. Short Form B/L에는 분쟁이 발생하면 원래의 선화증권, 즉 Long Form B/L의 약관에 따른다는 문언이 기재되어 있다.

17) 기한경과 선화증권(stale B/L)

이 용어는 선화증권의 어떤 형태를 말하는 것이 아니고 선화증권의 제시시기가 필요 이상으로 지연되었을 때 그러한 지연된 선화증권을 말하는 것이다. 신용장통일규칙 제47조에 모든 선적서류는 발행 후 신용장에서 명시한 기간 내에 제시하면 은행은 특별히 신용장에 'Stale B/L Acceptable'이란 조항이 없이는 수리를 거절하게 된다.

18) 컨테이너 선화증권(container B/L)

컨테이너 적재설비를 갖추고 있는 선박에 선적한 경우에 발행되는 선화증권을 Container B/L이라 한다. 컨테이너에 의한 운송의 경우 화주는 생산공장 또는 창고에서 컨테이너 야드(container yard)까지 자기 책임으로 운송하여 선박회사에 인도한다. 따라서 선박회사는 인수받은 화물이 화주가 포장하고 봉인한 것이기 때문에 그 내용을 알 수 없다는 뜻으로 'shipper's load and count' 또는 'said by shipper to contain'이라는 문언을 Container B/L상에 기재하고 있다.

19) 전자식 선화증권(electronic bill of lading)

(1) 전자식 선화증권의 사용배경

전자식 선화증권이 이용되기 시작한 배경은 기존 종이 선화증권의 문제점과 이를 보완하기 위하여 유럽 일부지역에서 시용되는 비유통성 해상운송장의 한계성을 극복하기 위한 것이다.

즉 기존의 선화증권은 상환증권이므로 이 서류를 소지하지 않고서는 선박회사에 화물을 청구할 수 없으므로 L/G라는 편법을 낳았고, 비유통성 해상운송장은 매우 제한적인 거래에서만 사용될 뿐 아니라 선화증권과 비교하여 수화인의 지위가 불확실하고 운송 중의 물품전매가 이루어지는 거래에 있어서는 사용될 수 없었다.

따라서 해상운송장이 사용될 수 없는 경우에 권리증권으로서 기능을 하면서 서류를 신속하게 수화인에게 인도할 수 있는 방법의 배경에서 최근에 개발된 것이 전자식 선화증권이다.

(2) 전자식 선화증권의 의의

전자식 선화증권은 기존의 종이 선화증권을 발행하지 않고, 선화증권의 내용을 구성하는 정보를 전자적 방법에 의해 운송인의 컴퓨터에 보관하고, 운송인이 부여한 '개인 키'(private key : 비밀번호)를 사용함으로써 물품에 대한 지배권 및 처분권의 권리를 그 권리자의 지시에 따라 수화인에게 그 정보를 전송하는 형식의 선화증권을 말한다.

이 전자식 선화증권도 선적 혹은 수취식 선화증권으로 발행될 수 있을 뿐만 아니라 지시식, 기명식으로도 발행될 수 있지만, 기존의 방식과는 아주 상이한 방법으로 사용되고 있기 때문에 하나의 새로운 선화증권으로 보는 것이 바람직하다.

(3) 전자식 선화증권의 법적 성질

기존의 선화증권과 마찬가지로 전자식 선화증권은 물품의 수취증, 운송계약의 추정적 증거, 권리증권으로서의 기능을 수행하지만 가장 큰 차이점은 권리증권으로서의 기능상 유통방법에서 차이가 난다.

3. 선화증권의 기재사항

1) 법정기재사항

(1) 운송품의 명세(description of commodity)

송화인 물품의 종류, 중량, 용적 및 수량을 서면으로 선박회사에 통지하기 때문에 선박회사는 이것을 반드시 선화증권에 기재하여 발급한다. 중량단위로 표시할 때는 톤의 종류를, 포장단위로 표시할 때에는 포장의 형태(case, bale, carton)를 사용한다.

(2) 화물의 기호(marks and number)

개품운송의 경우 한 선박에 여러 화주의 화물을 함께 적재하여 수송하기 때문에 이들 화물을 구별하기 위해서 각 화주의 화물에 기호와 번호를 붙여야 하고 이러한 표시가 B/L에 기재되어야 한다.

(3) 선박명, 국적 및 톤수(name of the ship, nationality and tonnage)

선적이 완료된 후 발행되는 선적선화증권(on board B/L)에는 반드시 선박명, 국적 및 톤수가 기재되어야 한다.

(4) 선장명(named of the master of vessel)

선화증권의 발행인이 직접 선장이 되어 B/L을 발행하는 경우에는 B/L 면에 선장명을 기재할 필요가 없지만, 선박의 1등 항해사가 발급한 본선 수취증(mate's receipt : M/R)에 의해 선박회사 대리점에서 발행하는 경우에는 B/L 면에 선장명을 기재한다.

(5) 송화인명(named of the shipper)

송화인은 운송품의 제조업자, 운송대리업자, 수출자 중 어느 한 사림이 되는데, B/L 면에는 반드시 송화인명을 기재해야 한다.

(6) 수화인명(name of consignee)

목적항에 도착한 운송화물에 대해서 선박회사 측에 요구할 수 있는 채권자는 B/L 면에 기재된 수화인이다. Straight B/L의 경우에는 수화인란에 기재된 수화인이 청구할 수 있다.

(7) 선적항(port of shipment)

선적항의 기재는 운송품의 도착기일을 예정하는 기초가 되고 혹은 약정된 선적항, 선적기일을 입증하는 방법으로서 거래당사자에게 편의를 제공해 준다.

(8) 양륙항(port of discharge)

양륙항의 B/L 면의 기재는 해상운송계약의 필수적 조건이다. 통용화물(through cargo)에는 접속항명을, 양륙항 선택화물(optional cargo)의 경우에는 두 개 이상의 항구명을 기재한다.

(9) 운송비(freight)

운임을 기재하는 데는 운임률(freight rate)과 운임액(freight amount)을 병기하는데, 선박회사가 운임을 공표하는 것을 기피하기 때문에 운임란에 단순히 운임선불(freight prepaid) 또는 운임후불(freight collect)만을 기재하는 것이 통례이다.

(10) 작성지 및 작성년월일(place and date of B/L issue)

B/L의 작성지는 B/L에 서명한 장소이며, 반드시 선적항과는 일치하지 않는다. 그러나 B/L의 작성지는 대부분 선적지가 되므로 선적지가 선화증권에 기재되면 작성지의 기재가 없어도 법적 효력에 영향을 주지 않는다. B/L의 발행일자가 기재되어 있지 않은 B/L은 은행에서 수리하지 않는다.

(11) B/L의 발행통수

B/L은 실제로 도난, 연착 또는 분실 등에 대비하기 위하여 동시에 2통 이상을 한 조(one set)로 하여 발행한다. 상법 제817조에는 이 중 한 통의 소지자가 양륙항에서 화물인도를 요구하여도 선장은 이를 거부하지 못한다고 규정되어 있다. 그러나 B/L에는 이 중 한 통과 상환하여 화물이 인도되면, 나머지 B/L은 무효가 된다는 문언이 기재되어 있다.

2) 임의 기재사항

(1) 본선항해번호(voyage no : voy. no.)

예컨대 동항(東抗) 제4차(4-E), 서항(西抗) 제5차 (5-W) 등이 기재된다.

(2) 착화통지처(notify party)

Straight B/L의 경우에는 별 문제가 없으나, 보통 B/L은 대부분은 Order B/L이므로 수화인명이 B/L명에 기재되지 않아 도착지에 있는 선박회사 대리점은 수화인에게 화물도착을 통지하는 데 불편이 있다. 이 불편을 덜기 위해 Order B/L에는 일반적으로 Notify Party가 부기된다. 그러나 선박회사는 수화인에게 착화통지를 해줄 의무는 없으며, 정기선에 의한 개품운송의 경우에는 수화인 스스로 본선 도착일자를 알도록 노력해야 한다.

(3) 운임지급지 및 환율

운임선불, 후불과 함께 필요한 경우 그 지급지를 기입한다. 운임지급에 있어서 외화일 경우에는 운임선불(freight prepaid)일 때는 B/L 작성일, 운임후불(freight collect)일 때는 본선 입항일의 환율에 따른다.

(4) 선화증권번호(B/L number)

선적화물 및 그 서류의 취급상 B/L 번호를 해당란에 기재한다.

(5) 보통약관(general clauses)과 면책조항(exception)

화물의 선적에서 양륙지의 화물인도까지의 사이에 있어서 선박회사의 권리·의무 등에 관한 여러 조항이 B/L의 표면 및 이면에 열거적으로 인쇄되어 있다. 임의로 기재되는 보통약관은 대부분의 운송인의 책임을 경감·면제하는 면책약관이고, 특별약관(special clauses)은 전부가 면책약관이다.

(6) 스탬프약관(stamp clause)

면책약관을 강조하기 위하여(예컨대, 청과물에 대해서 'N/R for decay(부패관계 없음)' 혹은 이손품에 대해서 'N/R for breakage(파손관계 없음)' 등 특수화물에서 일어나기 쉬운 손해에 대한 면책조항을 B/L 표면에 고무인으로 날인하는 경우가 있다.

면책조항 중의 준거법에 관한 조항을 정정하여 목적지의 법률을 적용받을 필요가 있는 경우, 그 취지를 스탬프약관으로 보충할 수 있다. 스탬프약관은 인쇄된 조항보다 우선하여 적용한다.

(7) 비고란(remarks)

선적할 때 화물이 부족하거나 손상된 것이 있으면 본선수취증(M/R)의 비고란에 이러한 고장사실이 기재되며 이것을 고장본선수취증(foul M/R)이라 한다.

표 3-4 선화증권의 기재사항

법정 기재사항	임의 기재사항
① 선박 : 선박, 국적, 톤수 실제로는 Vessel란에 서명과 임의기재사항인 항해번호만 적는다. ② 선장의 이름 : 통상 기입하지 않는다. ③ 운송품의 종류 · 중량 · 용적 · 포장의 기호 및 개수 : 도착지 통관에 중요한 내용으로 B/L 내용과 화물의 내용이 사실과 다름으로써 발생하는 일체의 책임은 송화인이 지고 운임도 2배로 과징한다. ④ 송화인 성명/상호 : 화물 발송자 ⑤ 선적항 ⑥ 양화항 : 양화항이 기재되어 있지 않은 것은 무효이다. ⑦ 운임 : 선불이면 'Freight Prepaid'라고 기입, 후불이면 그 액수 또는 'Freight Collect As Arranged'라 기입하기도 한다. ⑧ 작성지와 작성일자 : 작성지는 B/L을 서명, 발행한 장소, 발행일자는 본선 출항일자로 통일한다. ⑨ 선화증권의 발행 부수 : 1부로 족하지만 정본 3부를 1세트로 발행, 정본 3부는 각기 동등한 효력을 가지며 그 중 1부로 화물을 인도하면 나머지는 자동무효이다.	① 본선항해번호 선사가 자체 업무편의상 참조용으로 붙이는 일련번호 ② 통지처 : 수화인이 기입되지 않는 지시식 B/L에는 반드시 통지처를 기입한다. ③ 운임지불지 및 환율 : 필요한 경우 지불처 기입, 환율은 본선입항일의 환율에 따르는 것이 통례이다. ④ B/L NO. : 취급상 업무편의를 위해 발행인이 임의로 정한다. ⑤ 면책조항 : B/L의 표면 또는 이면에 기입되어 있다. 선사마다 B/L의 면책조항의 종류가 다양하다. 주로 헤이그규칙과 헤이그-비스비규칙이 주류를 이룬다.

4. 선화증권의 유통방식

1) 선화증권이 인도에 의하여 유통되는 경우

선화증권은 지참인식으로 발행되거나 또는 특정인의 지시식으로 발행되어도 그 자가 백지배서 또는 지참인식의 배서를 한 경우에는 인도만으로 유통한다. 선화증권은 지참인식이 발행되지 않으므로 실제로 지참인식으로 발행된 경우는 거의 없다. 분실할 경우 위험하기 때문이다.

2) 선화증권이 배서에 의하여 유통되는 경우

선화증권은 특정인의 지시식으로 발행되는 경우, 그 자의 배서에 의하며 유통될 수 있다. 배서에는 ① 백지배서, ② 지참인에의 배서, ③ 특정인에의 배서의 세 가지 종류가 있다. ① 및 ②의 경우에는 증권의 인도만으로 유통하지만, ③의 경우에는 배서를 받은 특정인이 다시 배서함으로써 유통된다.

유통불능선화증권은 증권상 물건의 인도를 받아야 하는 자가 증권의 배서 또는 인도를 하여도 유통시킬 수 없다. 다만 우리나라 상법에서는 기명식 선화증권도 배서양도를 금지하고 있지 않는 한 배서에 의하여 양도될 수 있다.

3) 선화증권의 배서형식

선화증권을 타인에게 양도하기 위하여 배서하는 형식에는 기명식, 지시식, 백지식(무기명식), 선택 무기명식(기명 지참인식)의 네 가지가 있는데 보통 세 가지가 많이 이용되고 있다.

(1) 기명식 배서(full endorsement, special endorsement)

이 방식은 다음 예와 같이 피배서인(endorsee)의 성명을 명기하고 배서인(endorser)이 서명하는 방식이다.

deliver to XX & Co.,

Korea Trading Co.,

(signed)

Manager

(2) 지시식 배서

이 방식은 피배서인으로서 'order of XX'라고 기재하고 배서인이 서명하는 방식이다.

deliver to the order of XX Co.,
Korea Trading Co.,
(signed)
Manager

(3) 백지식(무기명식) 배서(blank endorsement)

이 방식은 피배서인에 대하여서는 누구라고 기재하지 않고 배서인이 서명만 하는 방식이다.

Korea Trading Co.,
(signed)
Manager

(4) 선택 무기명식 배서

이 방식은 특정의 '피배서인 또는 본권 지참인(… or bearer)'이라고 기입하고 배서인이 서명하는 형식이다.

5. 선화증권의 면책사항(exception of B/L)

선박이 화물을 수송하는 동안 선박회사의 권리와 의무에 관한 여러 조항이 선화증권의 표면과 이면에 열거되어 있으나, 선박회사의 책임은 면책조항에 의해서 대부분 면제 또는 제한되어 있어 선박회사의 책임범위는 극히 좁다.

1) 위험의 제외에 관한 주요 조항

(1) 천재 및 해난의 제외

선박회사 및 그 사용인이 보통 예견 또는 방지할 수 없는 해난(perils of the sea), 예컨대 폭풍, 좌초, 유빙 등에 기인한 손해 및 순수한 자연력에 의한 천재(act of God), 예컨대 결빙, 낙뢰 등에 기인한 손해에 대해서는 선박회사는 무과실을 입증하지 않고 면책된다.

(2) 전쟁위험의 제외

전쟁행위, 예컨대 어뢰, 폭탄 등의 폭발, 나포, 봉쇄 등에 기인하는 손해는 선박회사가 책임을 지지 않는다.

(3) 제3자의 행위에 기인하는 위험의 제외

검역, 억류 등의 법규에 기인하는 손해 또는 파업, 폭동, 절도 등에 기인하는 손해는 선박회사가 책임을 지지 않는다.

2) 책임의 제외에 관한 여러 조항

(1) 과실조항(negligence clause)

대부분 B/L에는 "항해 또는 선박의 관리에 있어서 수로 안내인(도선사), 선장, 항해사, 선원, 하역노동자(stevedore) 기타 선박 또는 그 선박회사의 사용인의 태만 또는 과실에 기인한 손해는 선박회사가 책임을 지지 않는다"는 취지의 조항이 기재되어 있다.

(2) 잠재하자조항

각국의 법규는 예외 없이 선박의 내항능력(seaworthiness) 담보의 의무를 운송인에게 부과하고 있다. 통일조약도 출항 시의 내항능력 확보에 관해 운송인에게 상당한 주의를 요구하고 있다.

(3) 이로조항(deviation clause)

이로 및 재산 혹은 선박구조, 피난, 연료, 식량 등 필수물자의 적재를 위해서 항로 외를 항해하거나 예정항이 아닌 다른 항에 기항할 수 있다는 취지를 특약한다.

(4) 부지조항(不知條項, unknow clause)

선적할 때 포장수 및 개수 등 화물현상을 엄격하게 선적지시서(S/O)와 대조하지만, 화물이 상자 속 또는 포대 속에 들어 있는 경우에는 하역실무상 S/O와 화물의 대조는 불가능하다.

따라서 B/L 면에는 '화물의 외관상 양호한 상태'로 선적하고, '외관상 이것과 유사한 상태'로 화물을 인도한다고 기재하고 선적화물의 내용, 중량, 용적, 내용물의 수량, 품질, 종류 및 가격에 대해서는 선박회사는 책임을 지지 않는다는 취지를 특약한다.

(5) 파손 · 누손조항

변질하기 쉬운 물품, 혹은 파손 · 누손하기 쉬운 물품 등을 운송하는 경우에 그것을 불가항력(force majeure) 또는 화물 고유의 성질 혹은 하자에 의해서 발행하였는지를 입증하기가 대단히 어렵기 때문에 이 입증책임을 면제받기 위해서 통상 갑판적 화물, 어패류, 동물, 육류, 과실류, 부패하기 쉬운 모든 물품, 유리, 도자기 또는 주물, 이손품 또는 나화물(裸貨物)의 파손, 누손, 습윤, 부패, 사망 등에 관하여 선박회사는 면책된다는 취지의 조항을 둔다.

(6) 고가품에 관한 조항

고가품은 보관 및 취급에 특별한 조치가 필요하므로 고가품을 선적할 때 송화인이 그 화물의 종류, 품질 및 가격을 명시하지 아니할 때에는 어떠한 사고에 의해서 발생한 손해라도 일정한 금액 이상으로 선박회사는 배상할 책임이 없다는 취지를 약정한다.

(7) 손해배상에 관한 조항

화물의 멸실, 손상 등의 이유에 의한 클레임 통지의 시기 및 방법에 대해서 표준 B/L은 본선에서 양륙 후 3일 이내, 또는 양화장소에서 이동하기 전에 서면으로 하도지(荷渡地)의 선박회사 측에 통고할 것을 요구하고 있고, 만약 이 절차를 게을리 하였을 때에는 선박회사는 배상청구에 응하지 않는 것으로 되어 있다. 그러나 통일조약은 클레임 제기의 시기를 화물을 인도할 때, 또는 인도 전을 원칙으로 하고 만약, 멸실, 파손의 외견상 알 수 없는 경우에는 화물의 인도 후 3일 이내로 규정하고 있다.

손해배상의 시효에 대해서 표준 B/L은 클레임의 서면통지 시기부터, 통일조약은 하도일로부터 다같이 1년 이내에 선박회사의 책임이 끝난다는 취기의 단기시효를 규정하고 있다.

배상금액의 산정은 보통 CIF Invoice가격을 기준으로 하는데, 표준 B/L에는 선적지가격 및 실제로 지급된 여러 비용의 합계액을 배상금액의 산정기준으로 한다는 취지가 규정되어 있다. 그러나 이 조항은 손해배상 책임제한에 관한 조항에 있어서의 한도 내에서 적용되므로 실제의 변상금액은 전기금액과 배상책임 한도액 중 적은 것으로 지급한다.

6. 선화증권 양식 및 작성내용

그림 3-13 선화증권(bill of lading)

<table>
<tr><td colspan="2">① Shippper/Exporter
EUN SUNG CORPORATION
1410-3, SHINRIM-DONG
KWANAK-KU, SEOUL, KOREA</td><td></td><td>⑪ B/L No.
PCSLBOL103960122</td></tr>
<tr><td colspan="2">② Consignee
TO ORDER OF ABC BANK</td><td colspan="2" rowspan="3">PEGASUS CONTAINER SERVICE
DAE WOO SHIPPING CO., LTD
Received by the Carier from the Shipper in apparent good order and condition unless otherwise indicated herein the Goods, or the container(s) or package(s) said to contain the cargo herein mentioned, to be carried sunject to all terms and conditions provided for on the face and back of this Bill of Lading by the vessel named herein or any substitute at the Carrier's option and/or other means of transport. from the place of receipt or the port of loading to the port of discharge or the place of delivery shown herein and there to ne delivered unto order of assigns. If required by the Carrier, this Bill of Lading duly endorsed must be surrendered in exchange for the Goods or delivery order.
In accepting this Bill of Lading the Merchant (as defined by Article 1 on the back hereof) agrees to be bound by all the stipulations, exceptions, terms and conditions on the face and back hereof, whether written, typed, stamped or printed, as fully as if signed by the Merchant, any local custom or privilege to the contrary notwithstanding, and agrees that all agreements or freight engagements for and in connection with the carriage of the Goods are superseded by this Bill fo Lading.</td></tr>
<tr><td colspan="2">③ Notify Party
SHIGEMATSU CO., LTD
P.O. BOX 213, OSAKA, JAPAN</td></tr>
<tr><td>Pre-carriage by</td><td>⑥ Place of Receipt
BUSAN CFS</td></tr>
</table>

<table>
<tr><td>④ Ocean Vessel
MINT QUICK</td><td>⑦ Voyage No
602E</td><td>⑫ Flag
KOREA</td><td>⑨ Place of Delivery
OSAKA CFS</td></tr>
<tr><td>⑤ Port of Lading
BUSAN, KOREA</td><td>⑧ Port of Discharge
OSAKA JAPAN</td><td colspan="2">⑩ Final Destination</td></tr>
</table>

<table>
<tr><td>⑬ Container No.</td><td>⑭ Seal No. Marks & Nos.</td><td>⑮ No. &Kinds of Containers or Pkgs</td><td>⑯ Description of Goods</td><td>⑰ Gross Weight</td><td>Measurement</td></tr>
</table>

FRONT & BACK	40 CTNS	788.00 KGS 14.085CBM
S.T (IN DIA)	SAID TO CONTAIN ;	
OSAKA		
ITEM NO :	5,760 PCS (480DOZ) OF HAT	
Q'TY : 12 IN BOX		
C/T NO : 107 – 146		
MAKE IN KOREA		
BOTH SIDE	L/C NO. : 03–21–02690	
USE NO HOOKS		
SIDE UP	FREIGHT COLLECT	
HANDLE WITH CARE		
DO NOT STEP ON		
	SAY ; FORTY (40) CARTONS ONLY.	
Total Number of containers or packages (in words)		

⑱ Freight & Charge	⑲ Revenue Tons		⑳ Rate	㉑ Per	㉒ Prepaid	Collect
O/FREIGHT	14.085	CBM	24.75			USD 348.60
C. A. F.	29.60	(%)	348.60			USD 103.18
C. F. S.	14.085	CBM	4,500		WON 63,382	
C. F. S.	14.085	CBM	3,800.00			JYE 53,523.00
C. H. C.	14.085	CBM	3,500		WON 49,297	
C. H. C.	14.085	CBM	600.00			JYE 8,451.00
					USD TOTAL :	451.78

㉓ Freight Prepaid at	㉔ Freight Payable at ㉕ DESTINATION	㉖ Place of Issue SEOUL, KOREA
Total prepaid	No. of Original B/L THREE (3)	Date of Issue JAN. 22, 2005
㉗ Laden on Board the Vessel Date JAN. 22, 2005 By	㉘ DAE WOO SHIPPING CO., LTD. AS AGENT FOR A CARRIER, ZZZ LINER LTD.,	

① Shipper : 송화인의 성명 또는 상호를 기재하며, 혼동이 예상될 때는 주소를 명기하여 명확히 하는 것이 좋다.

② Consignee : 신용장에 명기된 문구를 기재한다.

③ Notify Party : 대개 신용장에 Notify Accountee라 기재되며, 신용장 개설의뢰인, 즉 수입업자 또는 수입업자가 지정하는 대리인이 통지선(화물도착 시 연락처)으로 기재된다.

④ Ocean Vessel : 화물을 수송하는 해상운송 선박명이 기재된다.

⑤ Port of Loading : 화물을 선적하는 항구명 및 국명이 표시된다. 예) 'Busan, Korea'

⑥ Place of Receipt : 송화인으로부터 운송인이 화물을 수취하는 장소로 'Busan CY', 'Busan CFS' 등으로 표기한다.

⑦ Voyage No. : 운송선박이 운송회사나 선박회사가 임의로 정한 일련번호가 기재되는데 1항차는 출발항에서 목적항을 거쳐 출발항에 회항하는 것으로 한다. 수출 · 수입을 구별하기 위하여 East, West, South, North 등을 표기한다.

⑧ Port of Discharge : 화물의 양륙항 및 국명이 기재된다.

⑨ Port of Delivery : 운송인이 책임지고 운송하여 수화인에게 인도하여 주는 장소를 명기한다.

⑩ Final Destination : 화물의 최종목적지를 표시하나 선화증권에 운임이 계상되어 있지 않는 경우는 단지 참조사항에 불과하다. 그리고 복합운송이 아닌 경우에는 기재되지 않는 경우가 많다.

⑪ B/L No. : 선사가 임의로 규정한 표시번호를 기재한다. 통상 선적항과 양륙항의 알파벳 두문자를 이용하여 번호를 일련번호로 쓴다. 예) 'BO−5001' : Busan−Osaka, 'HMBU−9001' : Bamburg−Busan 등으로 표시된다.

⑫ Flag : 선박의 등록국적을 나타낸다. 해상사고 시는 국제적인 관례인 기국주의에 의한다.

⑬ Container No. : 화물이 적재되는 Container No.를 표기한다.

⑭ Seal No. : 컨테이너에 적재된 화물에 봉인을 한 Seal No.를 표기한다.

⑮ No of CONT or other PKGS : 컨테이너 숫자나 기타 포장개수를 기재한다.

⑯ Description of Packages and Goods : Packing List 및 Invoice에 기재된 상품의 내용을 열거 기재하며 B/L No.도 통상 표시된다.

⑰ Gross Weight, Measurement : 등록검량회사에서 검측된 중량 및 용적이 명기된다. Packing List, Invoice와 일치되지 않는 경우 Remark를 부기하여야 한다. 화물에 이상이 있으면 송화인에게 파손 화물보상장(letter of indemnity : L/I)을 요구하여 첨부시킨다. 수출입의 경우 Packing List와 B/L이 상이한 경우 통관되지 아니하므로 세심히 작성하여야 한다.

⑱ Freight and Charges : 상품의 운송에 따른 제반비용의 명세로 Freight, CAF, BAF, CFS Charge, Wharfage 등이 통상 표시되며, Through B/L인 경우는 Inland Charge가 표시된다.

⑲ Revenue Tons : 중량과 용적 중에서 운임이 높게 계산되는 편을 택하여 표시한다. 즉 총중량과 총용적에 각각의 운임단가를 곱하여 총중량의 운임이 총용적보다 클 경우는 'K/T'를, 총용적이 클 경우는 'CBM'을 표시한다.

⑳ Rate : Revenue ton당의 운임단가 및 CFS Charge, Wharfage, BAF, CAF의 Percent 등이 표시된다. Wharfage의 경우 국내에서는 1통 이하는 무조건 올림으로 산정하고 있어, 만일 7.001CBM이라면, 8CBM으로 계산된다.

㉑ Per : 용적단위 또는 중량단위로 표시하고, Full Container의 경우는 Van 단위로 표시한다.

㉒ Prepaid Collect : CIF조건의 수출일 경우는 Prepaid란에 운임을 계산하고 표시한다. FOB조건의 수출일 경우는 Collect란에 계산표시한다. 또한 운임의 지불조건은 Description of Goods란에 'Freight Prepaid', 'Freight Collect'라고 통상 표시되므로 혼동은 되지 않으나 간혹 기재되지 않는 경우도 있으므로 구별하여 각각의 난에 기재하는 것이 좋다. 또한 복합운송의 경우는 각 구간마다의 운임을 표시하여 계산하는 것이 복합운송을 명백히 표시하는 방법이다. 그러므로 구간표시를 하고 구간운임 계산을 나타내는 것이 좋다.

㉓ Freight Prepaid At : CIF 수출조건인 경우 운임이 지불되는 장소를 나타낸

다. 즉 화물이 부산에서 선적 운송되고, 서울에서 운임이 지불되는 경우는 'Seoul, Korea'라고 기재한다. Freight Prepaid의 경우 운임이 지불되지 않으면 B/L 발행자는 특별한 상거래가 없는 한 B/L을 발행교부하지 않는다.

㉔ Freight Payable At : FOB 수출조건으로 운임이 수화인 부담인 경우에 수화인의 운임지불장소가 기재된다. 운임이 지불되지 않으면 운송인 또는 대리점은 화물인도 지시서(delivery order : D/O)를 발행 교부하지 않는다.

㉕ No. of Original B/L : Original B/L의 발행통수를 기재한다. Original B/L은 통상 3통을 한 세트로 발행하는데 그 숫자에는 제한이 없다. Original B/L에는 'Original', 'Duplicate', 'Triplicate' 등의 문구가 있고 은행과의 거래를 위하여 'Negotiable'이라는 문구도 표시된다. Original B/L의 경우에는 발행통수에 관계없이 그 한 장이라도 회수되면 나머지는 유가증권으로서의 효력을 상실한다. B/L Copy의 경우는 'Copy Non-Negotiable'이라 기재되며, B/L Copy는 유가증권으로서의 효력이 없고 단지 참조적인 서류에 불과하다.

㉖ Place of Issue : B/L의 발행장소가 기재된다.

㉗ On Board Date and Issue : B/L의 On Board Date가 기재되며 선적일과 발행일자는 보통 일치된다. Date of Issue가 On Board Date보다 늦을 수는 있으나 빠른 경우는 B/L의 선발행이 되므로 은행에서 매입을 거절당할 수 있다. On Board의 하단에는 B/L 발행자의 Signature가 표시된다.

㉘ Carrier Name : B/L 발행권자의 Signature가 표시된다. B/L 발행권자는 은행에 Signature를 등록하고 있으며, 일단 발행권자가 Signature한 후 B/L을 수정할 경우에는 재발급을 하든가 또는 'Correction' 도장을 날인한 후 Signature해야 한다. 그러나 중량 및 용적 등 상품의 가격에 영향을 미치지 않는 부분에는 Correction 도장만 날인해도 유효하다.

7. 선화증권의 국제통일법

선화증권은 통일화운동이 전개되기까지는 각국의 해상법에서 선화증권법이 제정되어 이용되었으나 선주 · 화주 간의 분쟁이 점차 확대됨으로 인해 통일화운동이 활발히 전개되었다.

1893년 미의회(美議會)에서 면책약관에 한계를 두는 'Harter Act'를 제정하였으나 이에 따른 심한 혼란으로 국제법협회(International Law Association)와 국제해법회(International Maritime Committee) 등이 주동이 되어 국제통일법의 제정을 촉구하였다. 선화증권에 관련된 국제조약은 다음과 같다.

1) 하터법

하터법(Harter Act)은 상업상의 과실과 항해상의 과실을 명확히 구별한 최초의 입법으로 운송물의 선적, 적부, 보관, 인도에 관한 과실에 대해서는 선주의 책임을 면제하는 특약을 무효로 하고 감항능력 유지를 위하여 상당한 주의(due diligence)를 다할 의무를 경감 · 면제하는 특약을 무효로 하였다.

하터법의 주안점은 선주는 선박의 감항성 등에 있어 상당한 주의를 기울이는 동시에 선원의 항해 중 과실에 대해서는 면책되나, 상업상의 과실에 대하여는 면책되지 않는다는 내용이다. 이 원칙은 미국에 입출항하는 모든 국내외의 선박에 적용된다는 것이다.

이처럼 미국에서 면책약관을 제한하는 국내법이 성립하자 화주국들이 미국의 예에 따라 면책약관 제한입법을 차례로 성립시켰다.

하터법의 정신은 미국의 판례법에 의하여 선 · 화주에게 부과된 과중한 책임을 조정함으로써 자국의 해운 · 무역을 발전시키고자 하였던 것인데 이 원칙은 후에 헤이그규칙에 원용되어 국제해상물품운송법의 기본을 이루게 되었다.

2) 헤이그규칙

선화증권(bill of lading : B/L)은 회사에 따라 독자적인 서식을 이용하여 발행하며, 지색(紙色), 크기, 용어, 배열 등에서 약간씩 차이가 있다. 한편 B/L에 관한 각국의 법규를 통일하는 것이 상거래의 안정상 필요하므로 하터법 제정 이후 동법을 기초로 하여 1921년 9월 헤이그에서 국제법협회(International Law Association)가 선주, 화주, 은행, 보험회사의 대표들이 참석한 회의에서 헤이그규칙(Hague Rules)을 채택하였다.

헤이그규칙은 규칙의 형식과 용어에 결함이 있었고, 채택의 여부가 당사자의 자유에 맡겨진 임의규칙이기 때문에 세계적인 통일을 기하는 데에 많은 난점을 안고 있었다. 이에 영국 주도하에 헤이그규칙에 약간의 수정을 한 것을 조약초안으로 하여 자구와 해석에 대한 심의를 거쳐 1924년 8월에 브뤼셀 외교회의에서 승인한 것이 '선화증권에 관한 약간의 규칙통일을 위한 국제조약(International Convention for the Unification of Certain Rules Relating to Bill of Lading)'이다. 선화증권 통일조약은 헤이그규칙을 모체로 한 것이라는 사정 때문에 헤이그규칙이라고 불리고 있다.

동조약은 많은 국가들이 서명하고 비준을 끝내 국내법으로 실시하고 있으며, 이 조약은 공평 · 공정한 입장에서 해운거래상의 실무에 합치하는 내용으로 구성되어 있기 때문에 지금까지 이용되고 있다. 우리나라의 상법도 이에 따르고 있다.

전문(全文) 16조로 된 헤이그규칙은 선화증권상의 운송인의 면책약관의 제한을 중심으로 해상운송계약법의 주요한 점을 거의 모두 규정하고 있는데, 그 기조는 운송약관의 이행 내지 운송물의 손해에 관하여 운송인의 의무와 책임의 최소한(minimum responsibilities)과 함께 면책의 최대한(maximum exemptions)을 규정하고 있다.

헤이그규칙은 운송인의 기본적 의무로서 선박의 감항능력(seaworthiness)에 관한 주의의무와 운송물의 취급 · 보관 등에 관한 주의의무를 규정하고, 운송물의 손해에 관한 운송인의 책임에 관하여는 면책약관을 금지하고, 운송인의 책임을 운송물 1포 또는 1단위에 대해(per package or unit) 100스털링 파운드로 제한하며, 아울러 항해상의 과실과 화재 및 그밖의 불가항력 사유에 대하여 운송인의 면책을 인정하고 있다.

3) 헤이그-비스비규칙

선화증권 통일조약이 성립한 이래 이를 채용하여 국내법을 제정한 각국의 법의 내용이 조약규정에 대한 해석상의 상위로 인하여 약간씩 차이를 보였고, 헤이그규칙이 선진국가에 의해 만들어져 지역적인 치우침에도 불구하고 세계 각 국가에서 적용될 뿐만 아니라 지상약관(至上約款, paramount clause)으로 체약국이 아닌 나라에서도 적용되었다. 또한 사회경제적 배경의 변동 및 컨테이너와 복합운송의 등장으로 인한 수송기술의 혁신 곧 컨테이너리제이션의 급격한 발달로 국제상거래의 양상이나 운송당사자 사이의 관계를 변화시킴에 따라 조약의 개정이 불가피하게 되었다.

이에 따라 1959년 이후 국제해법회(國際海法會, Committee Maritime International : CMI)의 노력에 따라 1968년에 선화증권조약 개정의정서(protocol to Amend the International Convention for the Unification of Certain Rules of Law Relating to Bill of Lading), 곧 헤이그-비스비규칙(Hague-Visby Rules)이 탄생되었다.

그 개정내용을 보면 ① 조약의 적용범위의 확장, ② 선화증권 기재의 증거력 강화, ③ 운송인의 책임제한에 대한 한도액의 인상과 그 책임제한방식의 변경, ④ 운송인의 책임과 구상권의 소멸에 관한 규정의 신설과 청구권의 경합의 문제에 관한 규정, 곧 운송인에 대한 비계약적 청구와 운송인의 대리인과 사용인에 대한 청구의 경우에도 조약원칙의 적용을 보장하기 위한 규정의 신설 등이다.

한편 개정의정서는 포 · 단위기준의 적용과 관련하여 컨테이너, 팰릿 또는 이와 유사한 용기에 든 운송물에 관하여서는 이른바 컨테이너약관(container clause)을 신설하고 있다. 곧 선화증권에 그 용기 속의 운송물의 포 · 단위가 기재되어 있으면 그것이 기준으로 되고, 그 기재가 없는 경우에는 이러한 책임제한의 특전이 인정되지 않는다는 것을 명백히 하고 있다.

4) 함부르크규칙

헤이그-비스비규칙이 발효되기 전에 개발도상국들이 헤이그규칙의 모순성, 곧 선주권익 위주에 대한 반발과 선진해운국 위주에 대한 반발로 새로운 차원에서 선화증권조약의 근원적인 재검토가 이루어지고 있었다.

UN무역개발회의(UNCTAD)의 권고를 받은 UN국제무역법위원회(UN Commission on International Trade Law : UNCITRAL)의 하부작업부(국제해운입법작업부회)를 통해 헤이그규칙의 개정문제를 검토하게 되었다. 동작업부의 노력에 따라 선진해운국과 개발도상국 간에 격렬한 논쟁을 거쳐 본 조약안은 1976년에 UN총회에 상정되었고, 1978년 3월까지 함부르크(Hamburg)에서 개정조약안 채택을 위한 전권회의(Plenipotentiary Conference)에서 채택되어 1993년 11월 발효되었다.

함부르크규칙(Hamburg Rules)에서는 헤이그규칙이 순수한 해상운송구간만 커버하는 것보다 넓게 해상운송구간을 중심으로 다른 운송수단에 의한 운송까지 포함함으로써 컨테이너운송과 관련하여 집화와 인도를 위해 해상운송뿐만 아니라 인접한 육상운송까지 포함한다고 볼 수 있다.

함부르크규칙이 헤이그규칙보다 확대 개정된 점은 ① 조약의 적용범위 확대, ② 운송인의 책임범위 확대, ③ 항해과실면책의 폐지, ④ 화재면책의 폐지, ⑤ 면책카달로그의 폐지, ⑥ 지연손해에 관한 운송인의 책임 명문화, ⑦ 운송인면책각서(letter of indemnity)의 효력 및 적용범위를 명문화시키고 선화증권상의 기재효력의 보완, ⑧ 재판관할 및 중재조항 신설, ⑨ 다른 국제조약과의 관계정립 등이 보완되었다.

그리고 운송인의 책임한도액은 멸실 · 훼손의 경우 포장당 또는 선적단위당 835SDR나 kg당 2.5SDR 가운데 많은 금액으로 하고, 지연손해의 경우 지연화물운임의 2.5배(단, 운송계약상의 운임총액을 상한으로)로 규정하고 있다.

Chapter 04

정기선과 부정기선운송

제1절 | 정기선운송

제2절 | 부정기선운송

제 1 절 정기선운송

1. 정기선운송의 개념 및 특징

1) 정기선운송의 의의

정기선(liner, liner boat, regular liner)은 정기항로를 취항하고 있는 선박을 말하며, 정해진 기항항(寄港港) 사이를 정해진 운항일정(schedule)에 따라 항해한다. 정기선은 컨테이너 화물전용의 컨테이너선과 그렇지 않은 재래선으로 분류하는데, 오늘날 주요한 정기항로에는 컨테이너선이 투입되며, 정기선을 운항하는 해운업자를 정기선해운업자(liner company)라 한다. 정기선운송(liner shipping)은 무역화물을 운송할 때에 정기선을 이용하는 것으로, 주로 완제품이나 반제품 등의 일반포장화물(general cargo)을 운송한다.

2) 정기선운송의 특징

(1) 반복되는 항해(repeated sailing)

정기선은 일정한 간격(regular interval)을 유지하며 사전에 지정되어 공표된 여러 항구를 순차적으로 기항하고 주기적으로 항해하며 운송서비스를 제공한다.

(2) 공공서비스의 제공(common carrier)

밀수품, 전시금수품목 등이 아닌 적법화물(legal cargoes)을 대상으로 해서 어느 특정화주를 위한다거나 제한된 화물만을 운송하기 위함이 아니며, 불특정 다수화물을 대상으로 하는 대중운송서비스(public carrier service)를 제공한다.

(3) 고가(higher value)서비스

정기선은 부정기선에 비해 고가선일 뿐 아니라 운송화물이 완제품 내지는 반제품이 주종인 관계상 부정기선화물에 비해 비싼 편이다. 운임 역시 부정기선 운임에 비해 수준이 높다.

(4) 표준화된 계약(standard contract)

정기선운항에서는 화물의 크기, 종류에 무관하게 정형화된 계약 곧 통일된 운송계약(uniform contract or B/L)이 사용된다.

(5) 운임태리프(freight tariff)

정기선항로에서는 서비스 자체가 공공성을 띠고 있기 때문에 운임률표를 작성하여 이를 공시하도록 하고 있으며 관계당국이 필요하다고 판단될 시에는 이를 조정할 수 있다. 한편 동일 항로 취항 선박회사들이 동맹을 결성하여 협정태리프를 채용하고 있기도 하다.

(6) 대형조직(large organization)

본사 및 해외점소의 전체 조직망이 부정기선에 비해 훨씬 크며 광범위하다.

2. 정기선운송의 대상

1) 일반화물(general cargo : G/C)

보통 잡화라 부르며, 특별한 하역취급이나 적부를 필요로 하지 않는 화물이다. 일반적으로 정기선운송에 적합하고 적량으로 포장되어 하역작업이 비교적 쉽고 다른 화물과 함께 적재할 수 있는 화물이 일반화물에 포함된다.

(1) 정량화물(fine or clean cargo)

포장이 잘 되고 그 내용물도 청결, 건조한 화물이다. 다른 화물과 혼재 또는 접촉하여도 다른 화물을 손상시킬 우려가 없는 화물로서 직물, 면제품, 도자기, 종이류, 통조림류 등이 포함된다.

(2) 조잡화물(rough cargo)

오염, 융해 또는 분말이나 악취를 발산하여 다른 화물을 오손시킬 우려가 있는 화물로서 더러운 화물(dirty cargo), 먼지 나는 화물(dusty cargo), 냄새나는 화물(smelled cargo) 등이 이에 속한다. 생피혁, 어분, 시멘트, 염장어획물, 흑연 등이 이에 속한다.

(3) 산적화물(break bulk cargo)

일반잡화에서 단위화 없이 재래방식에 의해 하역이 이루어지는 화물이다.

(4) 단위화물(unit cargo, container cargo)

포장용기 또는 container 용기에 포장되어 있는 화물이다.

(5) 액체화물(liquid cargo)

액체 또는 반액체의 내용물을 드럼통, 나무통, 병 항아리 등의 용기에 넣은 화물로서 유류, 주류, 약액류 등이다.

2) 특수화물(special cargo)

화물의 성질, 중량, 가격이 특수한 화물로서 당연히 그 적부에도 특수한 조치를 필요로 하는 화물이다. 여기에는 위험화물, 부패성 화물, 냉장 · 냉동화물, 고가화물, 동물, 중량화물, Bulky Cargo 및 장척화물 등이 있다.

(1) 위험화물(dangerous cargo)

발화성, 폭발성, 부식성, 방사성을 가지고 인명, 선체, 적합화물에 위험을 미칠 우려가 있는 화물로서 다시 다음과 같이 분류된다.

① 발화성 화물(inflammable cargo) : 가연성가스를 발생시켜 인화 연소하는 휘발유, 알코올과 같은 것과 자연발화의 우려가 있는 성냥 등이다.

② 폭발성 화물(explosive cargo) : 강하고 약한 정도의 차이는 있어도 폭발성

을 가지는 화물로서 화약류, 탄약 등이다.

③ 압축 · 액화가스(compressed or liquid gas) : 아세틸린가스, 탄산가스, 일산화탄소 등을 압축 또는 액화하여 통에 담은 것으로서 누출가스의 발화, 폭발의 위험을 내포하고 있고 또는 독성을 가지는 것도 있다.

⑤ 유독성 화물(poisonous cargo) : 접촉하면 사람의 피부가 상하고 호흡하면 내장이 상할 우려가 있는 것으로서 초산, 유산, 암모니아가스 등이다.

⑤ 부식성 화물(corrosive cargo) : 그 화물 자체가 부식성을 가지는 것과 부식성가스를 발하는 초산, 유산 등의 산류 등이다.

⑥ 방사성 화물(radio-active substances) : 우라늄광 등이다.

(2) 부패성 화물(perishable cargo)

부패나 변질하기 쉬운 화물로 과일, 야채, 생어, 육류 등의 식료품이다.

(3) 냉장, 냉동화물(refrigerating or chilled cargo)

부패방지, 신선도 유지를 위해 냉온 또는 냉동으로 수송해야 되는 화물로서 청과, 생육, 버터, 치즈, 어류 등이다.

(4) 고가화물(valuable cargo)

고가의 화물로 귀금속, 금은괴, 미술품, 화폐, 유가증권, 보석류 등이 이에 속한다.

(5) 동식물(live stock, plant)

양, 소, 염소, 개, 조류, 어류, 묘목 등 사망이나 고사의 우려가 있기 때문에 운송 중에 특별한 관리나 보관을 필요로 하는 화물이다.

(6) 중량화물(heavy cargo or heavy lift)

기관차, 발전기, 보일러 등 1개의 양이 특별히 큰 화물이다. 중량화물의 수송에는 특수장비가 요구되고 할증료가 부과된다.

(7) Bulky Cargo 및 장척화물(lengthy cargo)

1개의 용적이 특별히 크고 해운동맹의 표정운임률에도 포함시킬 수 없고 취급하기 어려운 화물로, 대형기계, 교량과 같은 구조물, 건축용재 등이 속한다. 하역에 특별한 준비가 필요하므로 할증운임(bulky cargo surcharge)이 부과된다. 이는 곡물, 광석, 유류 등처럼 포장하지 않고 그대로 선창에 싣는 화물인 Bulk Cargo와는 달리 원칙으로 선내에서의 적부가 필요 없으므로 벨트컨베이어, 파이프 등으로 단시일에 적재되고 양화할 수 있다.

3. 재래정기선 선적절차

1) 재래정기선 선적절차

정기선 가운데 주로 재래선에 의한 살화물이나 컨테이너화물이 아닌 건화물의 선적절차를 서류의 흐름에 따라 살펴보면 다음과 같다.

① 송화인의 선사 및 선사의 점소 또는 대리점에 대한 선복 신청(shipping request)과 waiver 제출(필요 시), 운송계약의 체결

② 선사는 적화예약목록을 작성, 선적자(송화인)와 본선에 통지

③ 선사의 등록검량회사에 대해 용적중량증명서 발행 의뢰

④ 송화인은 세관에 대한 수출신고서(export declaration)의 제출, 수출면장(export permit) 취득

⑤ 송화인의 해상보험계약 체결과 해상보험증권(marine insurance policy) 취득

⑥ 선사의 선적자에 대한 선적지시서(shipping order) 교부

⑦ 총적화화물을 창고에서 인수할 때 창고수취서[01] 교부

01 Warehouse Receipt(창고수취서)란 창고회사가 기탁계약에 따라 기탁화물을 수취했을 때, 기탁자(화주)에게 교부하는 수취서를 말한다. 무역상품에서는 수탁창고 등에서 선적 대기나 통관 대기 때

⑧ 화물의 선적완료 후 선적자에게 본선수취증(M/R)[02] 교부

⑨ 선사에서 M/R과 교환하여 B/L의 발행 교부

⑩ 본선 측에서 적화(loading) 종료 후 hatch list,[03] 적부도,[04] 선복보고서, 적부 감정보고서[05]를 작성하고 선사 및 대리점에 송부

⑪ 선사 및 대리점에서 작성한 적화목록을 본선과 해외대리점에 송부

⑫ 선사 및 대리점에서 작성한 운임표의 작성과 이를 양륙지에 송부

⑬ 선사 및 대리점은 M/R(본선수취증)에 기준한 선적화물 사고목록(condition report of exception list)을 작성하고 양륙지에 송부

문에 수출화물을 일시적으로 보관할 경우 수탁창고에서 발행한다. 이는 보관화물의 예치증서와는 다르다.

02 Mate's Receipt(M/R, 본선수취증)란 화물이 본선에 반입되면 일등항해사(chief mate)가 선장을 대리하여 선박회사에서 발급한 선적지시서(shipping order : S/O)와 대조하면서 화물을 수취한 다음 선창 내에 적재시킨다. 이때 화물을 수취한 증거로서 검수원(tally man)의 검수조사서(tally sheet)에 의하여 본선이 발행하는 수취서를 본선수취증이라고 한다. 화주는 이것을 선박회사에 제시하고 선화증권을 발급받는다.
본선수취증의 적요란(remark)에 적재화물의 외관상태에 대한 고장문언이 기재되어 있는 것을 고장부 본선수취증(foul mate's receipt ; dirty mate's receipt), 기재되어 있지 않은 것을 무고장부 본선수취증(clean mate's receipt)이라고 한다. 고장부 본선수취증을 선박회사에 제시하면 이것에 의해서 고장부 선화증권(foul or dirty B/L)이 발급되는데, 이러한 불완전한 선화증권을 담보로 하여 화환어음을 발행하는 경우에는 은행에서 각종의 불리한 조건을 제시한다. 그러므로 화주는 화물 인도 시에 이 사실을 알게 되었다면 선박회사에 교섭하여 파손화물 보상장(letter of indemnity : L/I)을 제공하고 그 화물에서 후일 문제가 발생하여도 선박회사에 책임을 전가시키지 않는다는 취지를 서약하여 무고장부 선화증권을 발급받아야 한다.

03 Hatch List란 각 선창마다 그곳에 적재한 화물의 종류 · 수량을 기재한 일람표를 말한다. 선적지시서, 검수일람표(tally list)를 기초로 하여 작성되며, 이것은 양륙 하역의 계획이나 Stowage Plan, Tally Sheet의 창구번호의 확인 등에 사용된다.

04 Stowage(cargo) Plan(적부(치)도)이란 본선에 적재하기 위하여 본선에서 작성되는 적부설계도를 말한다. 적부가 진행되어 감에 따라 각 선창의 책임 담당자인 해치 오피서(hatch officer)가 각각 자기가 담당하는 선창의 적부일람표를 작성하고, 적재가 모두 끝나면 일등항해사가 그것을 모아서 완성시킨다. 정기선에서의 일반화물은 이것에 의하여 각 송화인의 각개의 화물이 선내의 어느 곳에 적재되어 있는가를 확인하여 목적지와 함께 색으로 도시한다. 이것에 의하여 각지의 양륙지 대리점은 양화의 준비를 할 수가 있고, 또 손해가 발생하였을 때 어떤 화물에 고장이 생겼는가를 판명하기가 쉽다.

05 Stowage Survey Report(적부감정보고서)란 특별한 화물을 적재하였을 경우, 감정인(surveyor)으로부터 그것이 완전하게 적재되었음을 입증시킨 보고서를 말한다. 더니지(dunnage)의 사용방법, 적재상태 등에 대하여 감정인의 감정을 구하고, 적재가 정상적으로 행하여졌음을 증명시킨다. 완전을 기하기 위해서는 화물을 적재할 때에 감정인을 입회시켜 그의 감독 지시를 받는 것이 좋다.

그림 4-1 재래선화물과 서류의 흐름

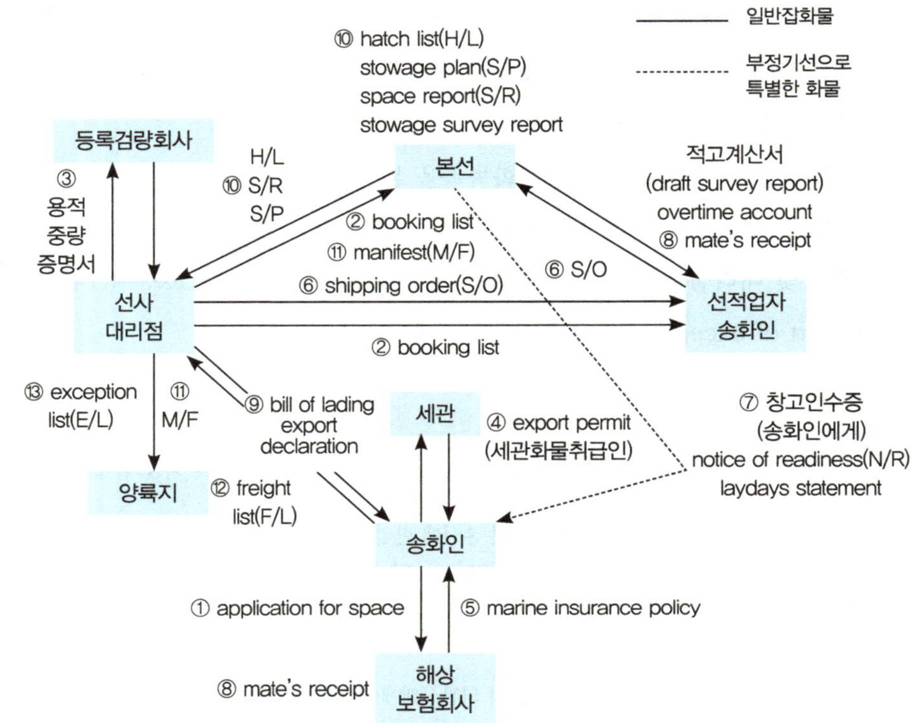

그림 4-2 적화 및 양화 시 화물과 서류의 흐름

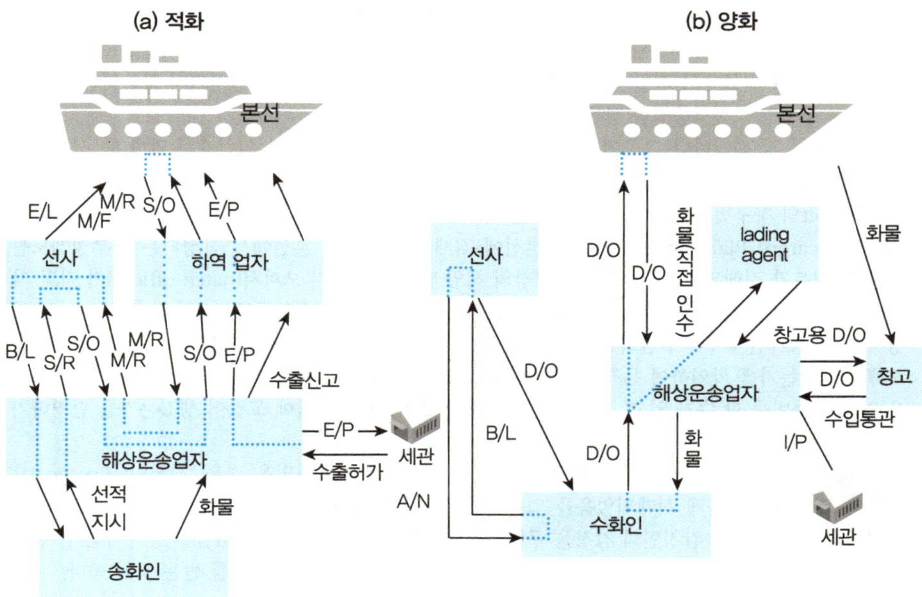

2) 컨테이너 전용선 선적절차

컨테이너화물의 선적절차를 서류의 흐름에 따라 살펴보면 다음과 같다.

① 화주(shipper)로부터 선사의 점소 및 대리점에 대해 선적 예약(booking)이 수행된다.

② Booking을 받은 점소 및 대리점은 화주로부터 통고된 자료를 통해 Booking Note를 작성하고, 온라인을 통해 선사의 컴퓨터에 입력시킨다.

③ 입력된 자료(date)는 컴퓨터에 의해 집계된 Booking List(화물인수 예약명세서)[06]를 관계 점소에 송부한다.

④ Booking List를 기초로 선사의 지시에 따라 CY operator는 필요한 공컨테이너(empty van)를 대출한다. 공컨테이너를 대출할 때 CY operator와 화주 간에는 기기수도증[07]이 교환된다.

⑤ FCL(full container load)화물의 화주는 빌린 공컨테이너에 화물을 적입(vanning, stuffing)하고 CY에 반입한다. 이때 화주는 컨테이너의 적입을 표시하는 컨테이너 내 적치표(container load plan)[08]를 각 컨테이너마다 작성한 다음, 필요한 서류를 세관에서 교부받은 수출면장(export permission

06 Booking List, Booking Report(화물인수 예약명세서)란 선사가 운송하기 위하여 인수한 화물을 Booking Note에 따라 적지, 수화지, 양지, 화도(貨渡)지별로 일람표를 작성한 서류이며, 이를 적지나 화수지의 지점, CY · CFS 등의 관계처에 송부한다. 이것은 CY operator에게는 화수(貨受) 지시서의 역할을 겸하고 있으며, CFS operator에 대해서는 컨테이너 적입작업의 지시서로도 사용된다.

07 Equipment Receipt(E/R, 기기수도증)란 기기류의 수도를 증명하는 서류로서 대여자와 차용자 쌍방이 서명하여 교환한다. 보통 컨테이너 또는 샤시 등 기기류가 컨테이너 야드에서 반출될 때 또는 반대로 컨테이너 야드에 반입될 때에 CY 오퍼레이터에 의해 작성되어 CY 오퍼레이터 · 송화인(수화인) 양자 간에 서명하여 양자 간의 기기류수도를 증명하는 서류로서 사용된다. 또 기기수도증은 인도용(CY로부터 반출될 경우), 반환용(CY로 반입될 경우)의 두 가지 종류로 나뉘어진다. 그리고 트레일러를 동시에 반출입할 때는 TIR(trailer interchange receipt)로 교부하기도 하며, 보통 TIR에는 컨테이너와 샤시의 교환이 동시에 이루어지기도 한다.

08 Container Load Plan(CLP, 컨테이너 내 적치표)이란 컨테이너에 채워넣은 화물의 명세 및 정보, 인도의 형태를 기재한 서식으로서 컨테이너마다 당해 화물을 채워 넣은 자, 곧 FCL화물은 화주 또는 그의 대리인, LCL화물은 CFS operator에 의하여 작성된다. 또 CY에 화물적입컨테이너를 반입할 때에는 CLP를 operator에게 제출하지 않으면 안 된다. CLP는 컨테이너 1개마다의 내적치화물의 명세를 표시한 유일한 서류로서 선적지에서는 세관제출용의 화물반입계, CFS/CY 간의 화물의 수도, CY에 있어서의 컨테이너 배치계획 및 본선적치계획 등에 쓰이며, 양화지에서는 컨테이너 보세운송절차 및 컨테이너 devanning 작업 등에 광범위하게 이용되는 중요한 서식이다.

: E/P)[09]을 첨부하여 CY[10]의 operator에게 제출한다. 또한 LCL(less than container load)[11] 화주는 Dock Receipt(D/R)[12]와 E/P를 첨부하여 화물을 CFS에 반입하며, CFS operator는 LCL화물을 집합, 컨테이너에 적입한 다음, CLP을 작성하고 CY operator에게 인도한다.

⑥ CY operator와 CFS operator[13]는 컨테이너 화물을 수취하는 시점에서 D/R에 서명하고 이를 화주에게 반환한다.

⑦ 본선이 입항하면 CY operator는 컨테이너를 갠트리 크레인(gantry crane)을 사용하여 본선에 적재한다.

⑧ D/R을 수취한 화주는 이를 선사에 제출하고 B/L을 발급받게 되며, 운임 선불의 경우에는 B/L 발행 전에 운임을 지불한다.

⑨ 선적이 완료되면 CY operator는 stowage plan(적부도)과 특수화물목록을

---

09 E/P는 수출신고서(Export Declaration : E/D)에 세관에서 허가인을 찍은 수출면장이다.

10 Container Yard Operation은 컨테이너선에 적양되는 컨테이너를 반드시 일단 컨테이너 야드 또는 Marshalling Yard를 경유하여 반입하며, 또는 공컨테이너의 선사와 화주 간의 수도를 수행하는 작업을 총칭하며 이러한 행위를 하는 사람을 CY operator라고 한다. CY operator는 컨테이너 적양을 위한 제계획의 입안, 컨테이너 적양작업, 컨테이너 수도작업, CY 내의 컨테이너 배치, 기기의 보관 · 관리 · 대출 등의 업무를 수행한다.

11 Less Than Container Load Cargo(LCL cargo)란 컨테이너 1개를 만재하기에 부족한 소화물을 말하며, FCL화물에 반대되는 용어이다. CFS 또는 Inland Depot에 집화 적재된 타화물과 같이 컨테이너에 혼재되어 목적지에 이르면 마찬가지로 CFS 또는 depot에서 컨테이너로부터 화물을 꺼내어 인도한다. 이 경우 CFS surcharge 등의 명목으로 과징금을 받는 해운동맹이 많다. 미국 철도화물 운송에서는 1개의 화차에 적재(a carload)하기에 부족한 수량의 화물에 대한 용어로 널리 활용되고 있다.

12 Dock Receipt(D/R, 부두수취증)란 컨테이너선 운항선사가 화물의 수령증으로서 발행하는 서류인바, 재래선의 mate's receipt에 해당한다. 재래선에 있어서는 선측으로부터 선측까지라는 선박회사의 운송책임 구간이 컨테이너선에서는 터미널로부터 터미널까지로 연장된 결과, 터미널(CY/CFS)에서 선박회사가 화물을 인수할 때 그 운송책임의 시기를 표시하는 서류로서 발행하게 되어 있다. 인수한 화물에 과부족 · 손상 등이 있으면 D/R의 exception란에 그 내용을 기재한다. 선화증권은 D/R에 의거하여 작성 · 발행된다. 또 D/R을 발행할 때 화물은 수출통관이 끝나야 하며, 미통관화물에 대하여는 발행되지 아니하는 것이 원칙이다. 또 D/R은 본선수취서(ship's receipt)와 창고수취서(warehouse receipt)에 대응하는 것으로 dock업자가 선적화물을 인수했을 때 발행하는 화물수취서를 말하기도 한다.

13 Container Freight Station Operation은 한 사람의 화주로부터 1개의 컨테이너를 채울 수 없는 소화물인 LCL화물을 인수하거나 인도하며, 컨테이너에 화물을 적입하거나 컨테이너의 화물을 적출하는 작업과 창고 내에 화물을 보관하는 작업을 말한다. 이러한 작업을 하는 자를 CFS operator라고 한다.

작성하고 선사나 관계처에 배포한다.

3) 재래식 화물의 수입실무

(1) 수입화물의 하수준비

가. 수입화물의 도착

해외의 수출업자가 계약품을 선적하면 즉시 전신으로 그 사실을 수입자에게 통지하고 동시에 선적통지서(shipping advice)를 우송하여 준다. 이 통지서를 받으면 수입자는 수입화물의 품종, 품목, 수량, 적재선명, 적출일 등을 정확히 알 수 있고, 그 선박 소속의 선박회사나 그 대리점에 조회하여 본선의 입항일을 확인하여야 한다.

본선이 수입지에 입항하였을 때에는 본선이 소속된 선박회사는 수화인 수입상에게 본선 도착의 사실을 통고하고 화물인수를 요청한다. 이것은 그 선화증권에 화물도착통지처(notify party)가 기재되어 있는 경우에 한하므로 통지의 유무를 막론하고 수입상이 자진해서 문의할 필요가 있다. 왜냐하면 선화증권은 대가 지시식으로 발행되어 당연히 수화인명이 기재되어 있지 않기 때문이다.

나. 선화증권의 처리

무역상의 선적화물에는 예외 없이 선화증권이 발행된다. 그러므로 본선으로부터 화물의 인도를 받을 때에는 그 운송서류와 상환하지 않으면 안 되는데, 대개의 경우 이 선화증권은 화환어음의 담보로서 수출지 은행에서 수입지 은행으로 송부되므로 수입상은 이것을 은행에서 수취한 후 절차를 취하여야 한다.

다. 화물인도지시서의 입수

수화인은 배서필의 선화증권을 선박회사에서 제출하고, 이에 대한 화물인도지시서를 발급받고 이 지시서와 상환으로 화물을 인수한다.

화물인도지지서 발행의 청구를 받은 선박회사는 선화증권을 받은 다음 사전에 본선의 선장으로부터 제출된 적화목록(manifest, cargo manifest)과 화물의 품명, 개수, 중량, 화인 및 화물번호 등을 조회하고, 운임의 완납을 확인한 다음 증권과 상환으로 화물인도지시서(delivery order : D/O)를 교부한다.

화물인도지시서란 일반적으로 D/O라 불리고 있으며, 선주 또는 이를 대리하는 책임자가 본선 선장 또는 화물 소재지의 현장 책임자 앞으로 이 서류에 기재된 화물을 이 서류 지참자에게 인도하는 문서이며, 수화인이 제출한 선화증권과 선장이 제출한 적화목록 및 선화증권의 선장보관용(captain's copy)을 참조하여 작성 발행되는 것이다.

(2) 수입화물의 양륙

우리나라에서는 수입항에 입항한 본선은 부두에 계선(繫船)되거나 혹은 지정의 부표(浮漂)에 계류된 후, 늦어도 24시간 내에 그 항구의 항만청에 적화목록이나 기타의 필요서류를 첨부한 입항계(ship entry)를 제출하여, 선적화물의 양륙하역에 착수한다.

4. 정기선항로와 취항선박

1) 정기선항로

우리나라의 경우 정기선항로는 한 · 일항로에서 시작하여 동남아, 미주, 중동, 호주, 지중해, 유럽지역을 비롯하여 아프리카 또는 남미지역까지 10개 항로로 확장되고 있으나 아직 충분하지 않다. 따라서 정부도 국적정기선의 보호와 육성을 위하여 국적선 이용제도를 시행하고 있다.[14]

(1) 한 · 일항로

한 · 일 간의 수출입화물의 수송은 자국선주의에 따라 우리나라 국적선으로 수

14 http://iccollege.com/

송하고 있다. 일본 이외의 지역으로 수송을 위한 환적항으로는 Yokohama와 Kobe 등이 주로 이용되고 있다. 일본지역에로의 운임은 우리나라 화물선의 화주로 구성된 수송협의회가 결정한다. 운임의 종류에는 일반화물, Local Container 화물 및 일본에서 환적되는 컨테이너화물에 적용되는 Feeder Service에 대한 Feeder요금 등이 있다.

(2) 동남아항로

동남아항로의 기항지로는 Hong Kong, Keelung, Bangkok, Singapore, Djakarta, Manila, Port Kelang 등 10개 지역이며 환적항으로는 Hong Kong과 Singapore 등이 있다. 이 지역의 운임은 한국선주협회가 정하고 있다.

(3) 호주항로

기항지는 Melbourne, Sydney 및 Brisbane 등이며 New Zealand까지는 Local Service로 운송된다. 이 항로에는 Waiver가 면제되고 운임도 비교적 싸다.

(4) 중동항로

중동항로는 우리나라 건설업체가 중동에 진출함으로써 건설기자재의 수송을 위하여 정기선의 배선이 필요하게 되었다. 기항지로는 Dubai, Kammam, Kuwait, Barah, Bander–Khomeini, Jeddah 등이 있다.

(5) 지중해항로

우리나라의 이들 지역 정기선 취항은 처음에 유럽 운임동맹선에 의존하였으나 최근 우리나라 국적선이 이 지역에 정기선항로로 취항하기 시작하였다. 주요한 기항지로는 Port Sudan과 Bengahazi 등이 있다.

(6) 유럽항로

최근 우리나라 국적선회사가 구주운임동맹(For East Freight Conferencr :

FEFC)에 가맹하여 국적 Full-container선박이 FEFC의 선복용선방식으로 항로에 취항하고 있다.

FEFC의 동남아 기항지인 Pusan-Tokyo-Yokohama-osaka-Kaoshing-Hong Kong-Singapore-Port Kelang을 지나 인도양, 수에즈운하, 지중해 주요 항구를 기항하며 도버해협을 거쳐 Hamburg까지 35~40일 정도로 취항하고 있다.

(7) 아프리카항로

이 항로는 1979년 우리나라 국적선회사가 일본의 N.Y.K사의 선복을 스페이스 차터(space charter)하여 이 항로에 취항하였다. 기항지는 Abidjan, Freetown, Monrovia, Tema, Lome, Lagos/Apapa, Pointe Noire, Matadei 등이다.

(8) 북미주항로

북미의 알래스카, 하와이 및 포틀랜드를 제외한 전지역에 취항하는 북미주항로는 부산과 인천에 컨테이너 전용부두와 항만시설의 현대화로 컨테이너선의 취항이 늘고 있다.

컨테이너선의 고속화로 미국 서해안까지 10일 정도밖에 걸리지 않게 되었으며 대륙횡단철도로 미국의 동해안까지 내륙수송도 가능하게 되었다. 즉 복합운송에 의한 MLB서비스가 가능하게 되었다.

(9) 남미항로

중남미지역 중 멕시코와 파나마운하지역은 미국 동해안으로 향하는 선박이 커버하고 있으며, 국적선으로 정기적으로 취항하는 우리나라 선박회사는 없다. 단, Space charter방식으로 라틴아메리카항로를 취항하고 있는데 기항지는 Santo Komingo, Portau Prince, Buenaventura, Matanzas, Puerto Cabello, La Guaire 및 Guanta 등이 있다.

2) 취항선박

무역이 다양화됨에 따라 정기항로에 취항하는 선박도 다양화되고 있는데, 컨테이너화된 정기선항로에는 컨테이너선이 취항하고 있다. 컨테이너화가 중간단계에 있는 항로에는 세미컨테이너선이, 컨테이너화되지 않은 항로에는 일반화물선, 즉 재래선이 취항하고 있다.

(1) 재래화물선(conventional ship)

컨테이너선과 대비되는 일반화물선(general cargo ship), 즉 컨테이너를 운송할 수 있는 구조를 갖지 않은 선박으로 주로 일반잡화를 주대상으로 설계한 선박이다.

(2) 컨테이너선(container ship)

컨테이너화물의 운송에 적합하도록 설계된 구조를 갖춘 대형의 고속화물선을 말하며, 현재 세계 주요 정기항로에는 거의 컨테이너선에 의한 수송서비스가 제공되고 있다.

컨테이너선에는 선박 전체가 컨테이너의 적부에 적합한 구조를 갖고 있는 풀컨테이너(full container)선과 선박의 일부만이 그러한 구조로 되어 있는 세미컨테이너(semi-container)선이 있다. 컨테이너선은 선적지나 양륙지에 모두 갠트리크레인(gantry crane)을 설치한 LO/LO방식의 컨테이너선 전용 안벽에 착안하므로 일반화물선과는 달리 선박상의 하역장치가 필요 없고 하역시간도 단축된다.

(3) 세미컨테이너선(semi-container ship)

이 선박은 일반화물과 컨테이너를 동시에 실을 수 있는 선박을 말한다. 즉 재래식 선창에 셀가이드(cell guide)를 설치하거나 갑판 위에 설비를 장치하여 컨테이너를 적재할 수 있도록 하는 분리적재형 컨테이너선을 말한다. 통상 세미컨테이너선에는 컨테이너 적재를 위한 선상 크레인이 설치되어 있다.

(4) 다목적선(multi-purpose ship)

이 선박은 잡화나 철물화물 등 여러 종류의 화물을 적재할 수 있도록 설계된 선박을 말하는데, 일반화물선과 벌크선의 기능을 함께 구비한 선형이다. 다목적선은 정기선뿐만 아니라 부정기선으로도 사용하도록 설계되어 있다.

(5) RO/RO선(roll on/roll off vessel : RORO vessel)

이 선박은 하역방식에 의한 컨테이너선의 분류의 하나로서, 본선의 선미나 수미를 통하여 트랙터나 포크리프트(forklift) 등에 의해 컨테이너의 적화 및 양화가 이루어지도록 건조된 선박형태이다.

RO/RO선은 경우에 따라 선내에 경사로(ramp)를 마련하여 2층 이상의 갑판에 Ro/Ro방식 하역을 할 수 있도록 건조되어 있다. 이 선박은 화물을 적재한 트럭이나 트레일러가 벽안에서 그 화물을 부리지 않고 선측과 벽안 사이에 설치해 놓은 경사로를 건너 선측이나 선미에 설치된 현문을 통해 선내에 들어가 소정의 위치에 정지하여 짐을 부리며 트럭, 트레일러를 그대로 운송하는 방식이다.

(6) LO/LO선(lift on/lift off vessel : LO/LO vessel)

이 선박은 하역방식에 의한 컨테이너선의 분류 중의 하나로서, 컨테이너를 크레인 등을 사용하여 하역하고 화물창구(hatch opening)를 통하여 상하로 올리고 내리게 하는 방식의 선박이다. 2단 이상 선적이 가능한 화물의 경우에는 RO/RO 방식보다 하역능률이 높다.

5. 국적선 이용제도

1) 국적선 이용제도의 개념

국적선 이용제도는 해운산업육성법 제16조(국적선의 이용 등)에 의거하여 선박을 이용하여 대통령령이 정하는 주요 화물(지정화물)과 우리나라의 정기선 취항지역에 화물을 운송하고자 하는 자는 국적선을 이용하여야 하는 제도를 말한다.

다만 국제조약 또는 운송에 관한 협약에 위배되는 경우와 대통령령이 정하는 우리나라 선박을 이용할 수 없는 화물에 대해서는 외국선박을 사용할 수 있도록 하는 자국해운의 보호육성을 위한 제도이다.

해운산업육성법은 국민경제에 중요한 영향을 미치는 주요 수출입화물일 뿐 아니라 대량으로 장기적이고 안정적인 운송체제의 확립 및 외화유출방지를 위해 국적선을 이용하여야 할 주요 정책화물을 다음과 같이 정의하고 있다.

① 원유
② 제철원료
③ 곡물류
④ 비료원료
⑤ 석탄류
⑥ 석유화학공업원료
⑦ 액화가스류
⑧ 기타 운송량이 많거나 무역조건으로 보아 우리나라의 선박을 이용하게 할 필요가 있다고 인정하여 해운항만청장이 고시한 화물

2) 국적선 이용면제

지정화물 및 국적정기선 취항지역화물은 원칙적으로 국적선을 이용하여야 하나 부득이한 경우 정기선화물은 국적선 불취항증명서(waiver), 지정화물은 국적선 운송면제확인을 받아 외국선박을 이용할 수 있다. 국적선 이용을 면제받을 수 있는 경우는 다음과 같다.

| 표 4-1 | 국적선 이용의 면제 범위

구분		국적선 이용의 면제 범위
정기선 취항지역 화물	국적선 불취항 증명서의 면제	• 해운협정 등 국제조약 및 협약체결국가(미국, 독일, 덴마크, 싱가포르, 대만, 노르웨이, 파키스탄, 말레이시아) • 우리나라 선사의 적취량을 일정수준 설정한 운임동맹에 가입한 외국선사가 운송하는 화물(구주운임동맹, 호주 · 뉴질랜드운임동맹) • 우리나라 선사가 외국선사와 제휴, 상호 선복을 공동사용하는 경우 국적선사가 사용하는 선복부분에 상당하는 외국선박의 선복
	국적선 불취항 증명서의 발급	• 성질상 국적선 적재가 불가능한 화물 · 해난 기타 불가피한 사유로 국적선운송이 곤란한 경우 • 선적예정일 5일 전부터 선적예정일까지 국적선이 없는 경우 • 장기 안정적인 운송체계의 확립상 필요하다고 인정하여 항로별로 정한 외국해운업자의 운송량 범위 안에서의 운송 • 국적선운송실적이 양호하여 기간을 정하여 선박선택을 자율적으로 할 수 있도록 한 자의 화물운송
지정화물		• 국적선운송능력의 부족으로 운송할 수 없는 경우 • 특수사정으로 국적선운송이 불가능한 경우의 화물 • 계약조건, 무역관행 및 상대국법규 등으로 국적선운송이 부적당한 경우 • 해난 등 불가피한 사유로 국적선운송이 곤란한 경우

자료 : http://iccollege.com/lecture/transport

3) 국적선 불취항증명서의 발급

국적정기선 취항지역화물이 화물의 성질로 보아 국적선을 이용할 수 없는 화물이거나 기타 불가피한 사유로 인하여 국적선에 의한 운송이 곤란한 경우, 선적예정 5일 이내에 화물을 적재할 국적선이 없는 경우, FOB조건의 지정화물, 구주항로의 비동맹선 및 TSR화물에 해당되어 외국적선을 이용하고자 할 경우에는 한국선주협회에 선적예정 5일 이내에 신용장사본 또는 수출입허가(승인)서 사본 등을 첨부하여 국적선 불취항증명서를 발급받아야 한다.

4) 국적선 운송면제확인서의 발급

국적선 정기취항지역화물이 국적선 불취항증명서를 발급받아 외국선을 이용하는 경우와 같이 지정화물을 외국선박으로 운송하고자 할 경우에는 국적선 운송면제확인을 한국선주협회에 하여야 한다.

6. 정기선의 운임

1) 정기선운임의 개념과 구성

(1) 정기선운임의 개념

정기선운임 및 부정기선운임은 그 결정의 구체적 양식 및 변동의 양상이 다르다. 이것은 양자의 해운시장에서 경쟁양상의 차이에 기인한다. 즉 부정기선 경영에 있어서는 선박회사 상호 간의 화물 획득 경쟁도 화주 상호 간에 있어서 선복 획득 경쟁도 모두 자유이고 운임은 양자의 합의에 의하여 정해진다. 소위 자유경쟁가격결정이론이 적용된다고 볼 수 있다. 따라서 부정기선운임은 오로지 운송당사자 간 직접계약에 의하여 약정되는 자유운임(open freight)이 원칙이고 수요공급의 변화에 대한 감수성도 상당히 강하다.

정기선운임은 운송당사자 간에 개별적 계약에 의거하지 않는 표정운임률(tariff rate)이다. 해운동맹에 의한 시장독점은 항상 맹외선(outsider)과의 잠재적 경쟁으로 위협받고 있으므로 완전하지 못하다. 이것은 정기선운임의 일부에 자유(open)의 여지를 남긴 것만으로도 명백하다. 그러나 정기선운임은 부정기선운임에 비하여 안정적이고 수급의 변동이 운임에 미치는 영향도 적다.

(2) 정기선운임의 구성

정기선운임은 기본적으로 기본운임(basic rate)과 화물의 형상, 항만사정, 화물의 특수성, 항해 여건상의 사유 등에 따라 부과되는 할증료(surcharge) 및 기타 추가요금(additional charge) 등으로 구성되는 것이 보통이다. 그러나 모든 정기선의 운임이 기본운임과 할증료로만 구성되는 것이 아니라 경우에 따라서는 정해진 기본운임 대신 여러 가지 형태의 특수운임을 적용하기도 한다.

할증료는 항로별로 기본운임의 몇 %로 정하거나 컨테이너당 또는 톤당 일정액을 정하여 공시하는 형식을 취하고 있으며, 화물의 기본운임은 원래 그 화물의 나름대로의 특성, 운송코스트, 운임부담력, 화물의 종류, 재질 등에 따라 품목별로 차등 부과된다.

최근에는 요율체계의 단순화 추세가 가속화되어 화물의 품목에 관계없이 '1컨테이너당 얼마'라는 식으로 책정되는 품목별 무차별운임(freight all kinds)이 보편화되고 있다.

2) 지급 시기에 의한 구분

(1) 선불운임(freight prepaid)

선불 또는 도착지불조건의 운임인지의 지급시기에 따라 구분하는 것으로 화물의 송화인(수출업자)이 선적 현지에서 운임을 지불하는 경우 이를 선불운임이라 한다. 수출인 경우 CFR, CIF 또는 CPT, CIP조건일 때는 수출업자가 운임을 부담하는 조건으로 하기 때문에 자연히 운임은 선적 현지에서 지급되며, 이를 Freight Prepaid라고 한다.

(2) 후불운임(freight collect)

Freight Collect는 선불운임과는 반대로 화물을 선적하여 목적지에 도착한 때에 수화인 또는 그 대리인이 지급하는 운임제도로서 미불운임이라고도 부른다. 후불인 경우 운임을 지급받지 못할 것을 고려하여 운임보험에 들기도 한다.

3) 운송의 완성도에 따른 지급조건

운송의 완성 여부에 따른 전액운임, 그 완성도에 따라 지급되는 비율운임, 그리고 공적운임(dead freight) 등이 있다. 운송계약상 유의하여야 할 사항은 공적운임 또는 부적운임이라 일컫는 Dead Freight에 관한 것이다. 이것은 선복을 용선한 자가 선적하기로 계약한 수량의 화물을 전량 선적하지 못한 경우에는 그 선적 부족량분에 대해서도 운임을 지급하지 않으면 안 되는 것으로 공적운임은 대개 용선계약 시에 많이 발생한다.

4) 하역비 부담에 따른 구분

운임을 결정하거나 운송계약을 체결함에 있어서는 화물의 적양화비용(loading or unloading fee)을 누가 부담하느냐에 따라 Berth Term(B/T), Free In and Out(FIO), Free In(FI), Free Out(FO)조건 등으로 분류한다.

(1) Berth Term(또는 liner term)

Berth Term은 Liner Term이라고 부르며 화주가 자기의 책임과 비용으로 선측까지 화물을 운반하면, 본선은 하역 용구를 이용하여 선창에서 이를 적화하면서부터 발생하는 하역비와 이로 인해 발생하는 화물손상 등을 책임지는 조건이다.

(2) Free In(FI조건)

화물을 선측에서 선내까지 적화하는 과정의 비용 및 손상은 선주에게 책임이 없으며, 목적지에 도착하여 본선에서 부두로 양화할 때에만 본선 책임으로 하는 조건이다.

(3) Free Out(FO조건)

적화된 화물을 도착항에서 양화할 때 본선으로부터 부두에 양화하는 비용은 선주에게 책임이 없고 모든 위험과 비용을 화주가 부담하는 조건이다.

(4) Free In & Out(FIO조건)

본선으로 적화하거나 본선으로부터 양화하는 데 따른 모든 위험과 비용을 화주가 부담하는 조건이다.

5) 정기선운임의 형태

(1) 종가운임(ad valorem rate)

귀금속 등의 고가품에 적용되는 운임이다. 송장가격에 일정률을 곱하여 산출한다. 고가품의 멸실 · 손상에 대한 변상금이 고액이기 때문에 보관방법, 장치장소에 대해 특별한 주의를 요한다. 따라서 운임률도 일반상품에 비해 높다.

(2) 할증운임(할증료, additional rate)

특정한 항로구간에 있어서 취항선이 정기적으로 반복운항하는 항구에는 해운동맹운임표가 적용되어 이것이 통상 기본운임(base rate)의 역할을 하고 있다. 그러나 경우에 따라서는 다음과 같이 기본운임 외에 일종의 할증운임을 설정하는 경우도 있다.

가. 중량할증운임(heavy cargo surcharge)

화물 한 개의 중량이 일정한도 이상(예 : 4톤 이상)이 되는 것은 본선 양화능력에도 관계가 있고 또한 취급상 보통 이상의 시간 및 비용이 소요되므로 이러한 경우에 부과되는 운임이다. 할증의 가산방법에는 여러 가지가 있지만, 보통 초과 중량을 여러 단계로 나누어 누진적인 할증운임을 기본운임에 가산하는 것이 일반적이다.

나. 용적 및 장척할증료(bulky/lengthy surcharge)

화물의 부피가 너무 크거나 길이가 너무 긴 화물에 대해 부과되는 할증료를 말한다. 즉 일정한도 이상의 용적물과 장척물(bulky or lengthy cargo), 즉 화물 한 개의 용적 또는 길이가 어느 일정한도 이상(예 : 길이 35척 이상)인 것에 대해서는 중량화물에 있어서와 마찬가지로, 하역작업상 특별한 불편을 준다는 등의 이유로 일정률의 할증을 부과하는 경우의 운임이다.

화물의 한 개의 중량, 용적 및 길이 모두가 일정한도를 초과하는 경우에는 이 중에서 운임 산출액이 가장 큰 것을 적용하는 것이 보통인데, 두 개의 할증방법을 병용하는 경우도 있다.

다. 체선할증료(port congestion surcharge)

도착항의 항만사정이 혼잡할 때 받는 할증료이다.

라. 통화할증료(currency adjustment factor : CAF)

통화의 변동에 따른 환차손을 화주에게 부담시키는 할증료이다.

마. 유류할증료(bunker adjustment factor : BAF)

유류가격의 인상으로 발생하는 손실을 보전하기 위한 할증료이다.

바. 인플레 할증료(inflation adjustment factor : IAF)

통상 인플레가 있으면 운임인상이 이루어지고, 또 한편으로는 각국의 물가상승률 차이가 환율에 반영되지만, 특정지역의 인플레가 심한데도 일괄운임인상이 이례적으로 늦어져, 운항원가의 상승으로 선사의 적정이윤이 유지되지 못할 때 부과한다. 매우 드물게 적용된다.

사. 양륙항 선택화물 할증료

화물 선적 시에 양륙항이 지정되지 않고 출항 후에 화주가 가장 편리한 양륙지를 선적하여 그 항구에서 양륙하여 화물을 인도하는 경우도 있다. 이 경우 B/L의 양륙항 난에는 예컨대 'London/Hamburg option' 혹은 'Pusan/Inchon option'과 같이 두 개 이상의 항구가 명시된다.

송화인 또는 수화인은 본선의 선적지 출항 후 최초의 선택항 도착 전 일정일(보통 24시간 또는 48시간 전)까지 양륙항을 결정하여 그 항구에 있는 선박회사 대리점에 통고해야 된다. 이와 같이 화주가 선택 지정하여 양륙 · 하도하는 화물을 양륙항 선택화물(optional cargo)이라고 한다.

이러한 화물은 어느 선택 양륙항에 있어서도 양륙이 가능하도록 하므로 당연히 추가비용이 소요되고, 이러한 종류의 화물의 운임에는 일종의 할증운임으로 Optional Charge가 가산되며, 선택 항구의 수에 비례하여 할증료를 추가한다. B/L 면에서 지정된 양륙항에서 파업이 일어나 양륙이 불가능하게 된 경우에는, 화주의 요청으로 지정 양륙항이 아닌 다른 항구로 운송하여 양륙된다. 이때 추가로 지급하는 운임을 Back Freight라고 한다.

아. 통화물에 의한 추가운임

통운송계약이란 화물의 운송 도중에 있어서 한 배에서 다른 배로, 또는 해상과 육상이 접속하는 등 두 개 이상의 운송기관에 의해서 목적지까지 운송하는 계약을 말한다. 통운송계약에 의한 통화물(through cargo)의 선적에 있어서는 한 통의 통선화증권(through B/L)이 발행된다.

따라서 Through B/L은 선박과 선박과의 접속의 경우에는 두 통 이상의 B/L의 합본, 선박과 철도와의 연결의 경우에는 B/L과 철도화물상환증(railway bill of lading)과 합본으로 볼 수 있고, 후자의 경우에 사용되는 B/L을 Overland B/L이라고도 한다. Through B/L에는 환적항, 접속선명(transshipment steamer) 및 접속회사명 등이 기재된다.

통운송에는 각 운송구간의 운임에 접속비용을 포함한 통운임(through freight)을 지급해야 한다. 통운임이란 주요 운송구간의 기본운임에 접속지에서 도착지에 이르는 구간의 추가운임(arbitrary)을 가산한 것이다. 추가운임을 구성하는 내용은 일부 운송구간의 운임(local freight) 및 접속비용과의 합계이다. 접속비용은 접속을 위한 선적, 양륙비, 접속선 대기를 위한 창고료 등이 있다. 이들 비용은 접속기간에 따라 다르므로 해운동맹이 지역운임(local freight), 접속비용, 환율의 변동, 창고료 등을 감안하여 여기에 얼마간의 마진(margin)을 가산한 것을 추가운임으로서 미리 설정하고 있다.

자. 우회기항화물에 대한 부가율

예정 기항지 이외에 적화 혹은 양화를 위해서 기항을 하는 화물에 대해서는 특별한 운임 부가율이 설정되어 있다.

(3) 특수운임

가. 특별운임(special rate)

특별운임은 해운동맹이 비동맹과 화물유치 경쟁을 할 때 일정한 화물에 대해 일정조건을 갖춘 경우 정상요율을 인하하여 특별요율로 화물을 인수하는 수단으로 사용되는 운임이다.

나. 경쟁운임(open rate)

정기선 요율에 있어서 자동차, 시멘트, 비료, 광산물과 같은 선적단위가 큰 대량화물에 있어서는 해운동맹이 비동맹보다 경쟁력이 약하다. 이러한 경우 해운동맹은 이들 대량화물에 대해서는 요율을 별도로 정하지 않고, 동맹가입선사(member)가 임의로 적용하여 경쟁력을 높이고 있는데, 이들 품목을 open rate cargo라고 하며, 이때 적용되는 운임을 경쟁운임이라 한다.

다. 접속운임(OCP rate)

북미내륙의 육상운송의 종착역에 해당하는 OCP지역으로 운송하는 경우 해상운송업자가 육상 · 항공운송까지 화주를 대신하여 계약을 체결하는 경우에 화주가 지급하게 되는 총괄운임을 말한다. 즉 북미주 태평양 서안에서 내륙운송을 하게 될 경우 항공기, 철도, 트럭 등에 연결 접속되어 수송하는데, 해상운송업자는 화주로부터 해상 · 육상 전운송 구간의 운임을 받고, 육상운송도 화주를 대리하여 계약을 맺고 운임도 지급한다. 이때 해상운송업자는 Intermodal B/L을 발급한다. 육상운송의 종착 또는 정거장에 속하는 23개의 Overland Common Point(O.C.P.)가 있다. 이들 O.C.P.에 대하여는 일관수송요율표가 정해져 있는데, 이것을 북미접속운임률(O.C.P. rate)이라고 한다.

라. 최저운임(minimum rate)

최저운임은 용적 또는 중량이 운임산출 톤에 미달되는 화물에 대해 B/L이 발행되는 경우에, 화물의 종류에 관계없이 B/L 한 건당을 단위로 하여 특정하게 운임을 설정하는 방법이다.

즉 고가품에 속하지 않는 일반화물운임은 앞에서 설명한 방법으로 산출되는데, 그 용적 또는 중량이 운임산출 톤(ton)에 미달되는 화물에 대한 B/L이 발행되는 경우에는 화물의 종류에 관계없이 B/L 한 건 당을 단위로 하여 특정운임을 설정하는 방법이다.

마. 지역운임(local freight)

태평양운임동맹(TPFC)의 요율에는 태평양 연안 여러 항구까지의 양륙화물에 대한 운임과, 북미내륙지역을 도착지로 하는 화물에 대해 적용하는 미내륙항 접속운임률 등의 두 가지가 있다. 미국 로키산맥의 동부 지역은 Local Area라고 부르며 Main Port에서 내륙지역까지의 운송료를 Port Local Freight라고 한다.

바. 소포운임(parcel freight)

소포(parcel)로서 적재되는 것은 보통 한 개의 용량이 너무 작아 최저운임으로 부가할 수 없는 것이 있는데, 이 소포에 대한 운임을 Parcel Freight라고 한다. 소포에 대해서는 B/L 대신에 소포화물수취증이 발행된다.

(4) 동맹표준운임

해운동맹이 결성되면 통일적인 표정운임이 적용된다. 또한 정기선은 다수의 화주와 다종의 화물을 개품운송계약을 통해 운송이 이루어지기 때문에 Liner Term이 원칙이다. 표정운임은 Main Port to Main Port운송을 전제로 한 품목별 운임률과 중량 또는 용적이라는 운임기준치로 표시된다.

(5) 부대비용의 종류

가. Wharfage

부두사용료를 말하는 것으로 해운항만청 고시에 의하여 부과한다.

나. 터미널화물처리비(terminal handling charge : THC)

화물이 컨테이너 터미널에 입고된 순간부터 본선의 선측까지, 반대로 본선 선측에서 CY의 게이트를 통과하기까지 화물의 이동에 따르는 비용을 말한다. 종전에는 선사가 해상운임에 포함하여 부과하였으나 1990년에 구주운임동맹(FEFC)이 분리하여 징수하면서 다른 항로에 확산되었다.

다. CFS charge

컨테이너 하나의 분량이 되지 않는 소량화물(less than container load : LCL)을 운송하는 경우, 선적지 및 도착지의 CFS(container freight station)에서 화물의 혼재(적입) 또는 분류작업을 하게 되는데 이때 발생하는 비용을 말한다.

라. 컨테이너세(container tax)

1992년부터 항만 배후도로를 이용하는 컨테이너차량에 대해 징수하는 지방세로서 일종의 교통 유발금이라 할 수 있다.

마. 서류발급비(documentation fee)

선사가 선화증권(B/L)과 화물인도지시서(D/O)의 발급 시 소요되는 비용을 보전하기 위한 비용을 말한다.

바. 도착지화물인도비용(destination delivery charge : DDC)

북미수출의 경우 도착항에서의 하역 및 터미널 작업비용을 해상운임과는 별도로 징수하는 것을 말한다.

사. 지체료(detention charge)

화주가 허용된 시간(free time) 이내에 반출해 간 컨테이너를 지정된 선사의 CY로 반환하지 않을 경우 지불하는 비용을 말한다.

아. 보관료(storage charge)

CFS 또는 CY로부터 화물 또는 컨테이너를 무료기간(free time) 내에 반출해 가지 않으면 보관료를 징수한다. 또한 무료기간 종료 후 일정기간이 지나도 인수해 가지 않으면 선사는 공매처리할 권리를 가지며, 창고료 및 부대비용 일체를 화주로부터 징수한다.

표 4-2 해상운임과 비용의 종류

구분	종류	개념
지급시기	운임선불 (freight prepaid)	운임선불은 CIF 또는 CFR조건에 의한 수출의 경우 수출업자가 선적지에서 운임을 선불하는 경우가 있는데 이를 선불운임이라 한다.
	운임후불 (freight to collect)	후불운임은 FOB조건의 경우 수입업자가 화물의 도착지에서 운임을 지급하게 되는데 이를 후불운임이라 한다.
부과방식	종가운임 (ad valorem freight)	귀금속 등 고가품의 운송에 있어 화물의 가격을 기초로 이의 일정률을 운임으로 징수하는 경우를 말한다.
	최저운임 (minimum rate)	운임은 일정단위를 기초로 부과되는데 화물의 용적이나 중량이 일정기준 이하일 경우 이미 설정된 최저운임을 부과하게 된다.
	차별운임 (discrimination rate)	화물, 장소, 화주에 따라 운임을 차별적으로 부과하는 방식으로 해상운송에서 주로 이용되고 있다.
	무차별운임 (freight all kinds rate)	화물, 화주, 장소를 불문하고 운송거리를 기준으로 일률적으로 운임을 책정하는 방식이다.
특수운임	특별운임 (special rate)	해운동맹이 비동맹선사와의 경쟁, 특정화물의 유치, 대량화물에 대한 우대 등을 위해 일정조건을 갖춘 경우 요율을 인하하여 적용하는 운임이다.
	경쟁운임 (open rate)	광산물 등 특정화물의 수송에 있어 동맹선사의 경쟁력을 높이기 위해 동맹선사 스스로가 운임을 결정토록 하는 경우의 운임이다.
	O.C.P. rate	북미태평양 연안항만에서 하역되어 동부내륙지역으로 육상운송되는 화물(OCP cargo)에 대해 낮은 해상운임률을 적용하여 화물을 유치하기 위한 정책운임을 말한다. OCP : Overland Common Point Rate
부대비용	터미널화물처리비 (THC)	화물이 CY에 입고된 순간부터 본선의 선측까지, 반대로 본선의 선측에서 CY의 게이트를 통과하기까지 화물의 이동에 따르는 비용이다. THP : Terminal Handling Charge[15]

15 터미널화물처리비는 우리나라를 비롯하여 대만, 홍콩 등 극동지역, ASEAN 국가, 유럽지역에서는 THC라는 명칭으로 부과되고 있으며, 일본지역은 아시아항로에 한정하여 컨테이너처리비용(container handling charge : CHC)이 부과되고 있고, 미국에서는 목적지 인도비용(destination delivery charge : DDC)이 부과되는 등 국가마다 터미널화물처리비의 개념과 원가구성요소가 다르다.

	CFS 작업료	선사가 컨테이너 한 개의 분량이 못되는 소량화물을 운송하는 경우 선적지 및 도착지의 CFS에서 화물의 혼적 또는 분류작업을 하게 되는데 이때 발생하는 비용이다.
	도착지화물인도비용(DDC)	북미수출의 경우 도착항에서의 터미널 작업비용과 목적지까지의 내륙운송비용을 포함하여 해상운임과는 별도로 징수하는 것으로서 북미서안과 인근 내륙지역의 경우 40ft 컨테이너당 740달러, 북미동안과 인근 내륙지역은 40ft기준 1,070달러를 징수하고 있다. DDC : Destination Delivery Charge
	컨테이너세(container tax)	1992년부터 항만 배후도로를 운송하는 컨테이너차량에 대해서 부산시가 20ft 컨테이너당 2만 원씩 징수하고 있는 지방세로서 부산지역의 항만 배후도로 건설 등 운송시설의 확충을 목적으로 한 일종의 교통유발부담금이라 할 수 있다.
	서류발급비(documentation fee)	선사에서 선화증권(B/L)과 화물인도지시서(D/O)의 발급시 소요되는 행정비용을 보전하기 위해 신설한 비용으로 현재 발급 건당 6,000~7,500원씩 징수된다.
부대비용	체선(화)할증료(port congestion surcharge)	입출항 선박의 수에 비해 항구의 하역능력이 부족하여 하역작업을 위한 대기시간이 길어짐으로 인해 선사 측에 추가적인 경비가 발생할 경우에 일정기간 동안 화주에게 부과한다.
	통화할증료(CAF)	운임표시 통화의 가치하락에 따른 손실을 보전하기 위해 도입한 할증료로서 일정기간 해당 통화의 가치변동률을 감안하여 기본운임에 일정비율(%)을 부과한다. CAF : Currency Adjustment Factor
	유류할증료(BAF)	선박의 주연료인 벙커유의 가격변동에 따른 손실을 보전하기 위해 부과하는 할증료로서 기본운임에 대하여 일정비율(%) 또는 일정액을 징수하고 있다. 북미항로에서는 연료할증료(fuel adjustment factor : FAF)라고도 한다. BAF : Bunker Adjustment Factor
	체선(화)할증료(port congestion surcharge)	입출항 선박의 수에 비해 항구의 하역능력이 부족하여 하역작업을 위한 대기시간이 길어짐으로 인해 선사 측에 추가적인 경비가 발생할 경우에 일정기간 동안 화주에게 부과한다.
	통화할증료(CAF)	운임표시 통화의 가치하락에 따른 손실을 보전하기 위해 도입한 할증료로서 일정기간 해당 통화의 가치변동률을 감안하여 기본운임에 일정비율(%)을 부과한다. CAF : Currency Adjustment Factor

유류할증료(BAF)	선박의 주연료인 벙커유의 가격변동에 따른 손실을 보전하기 위해 부과하는 할증료로서 기본운임에 대하여 일정비율(%) 또는 일정액을 징수하고 있다. 북미항로에서는 연료할증료(Fuel Adjustment Factor : FAF)라고도 한다. BAF : Bunker Adjustment Factor
지체료 (detention charge)	화주가 컨테이너 또는 트레일러를 대여받았을 경우 규정된 시간(free time) 내에 반환을 못할 경우 벌과금으로 지불해야 하는 비용이며 Free Time은 동맹 또는 선사에 따라 각기 다르다.

7. 해상운임의 표시통화와 지급표시

1) 운임의 표시통화

운임률을 표시하는 통화의 종류를 운임의 표시통화(지급통화)라 한다. 오늘날의 무역사정으로 보면 운임의 표시통화는 화물 선적지의 통화로 하는 것이 편리하지만, 외국환제도에 따라서는 그렇게 할 수 없는 경우가 있다.

우리나라를 중심으로 하는 정기선(liner)항로에 있어서는 운임을 거의 미국 통화(U.S. dollar)와 영국 통화(sterling pound)로 표시되어 있다. 원래 운임률(tariff)은 해운동맹에 의해서 결정되기 때문에, 그 표시통화는 결국 가맹선박회사의 세력관계에 따라 정해지고 있다.

정기선의 경우 반드시 B/L 면에 운임표시통화를 명시하고 있고, 통상 지급운임의 계산은 선화증권(B/L) 작성일 또는 본선 입항일의 환율에 의한다.

2) 운임의 지급표시

운임을 그 지급시기에 따라 분류하면 운송계약의 체결과 동시에 지급되는 선불운임(freight prepaid, freight in advance)과 운송이 끝난 후에 지급하는 후불운임(freight collect)의 두 가지가 있다.

CIF나 CFR계약의 경우 운임은 선불(freight prepaid)이고, FOB계약의 경우 운임은 후불(freight collect)이 된다. 선불운임의 경우 운임산출의 기초가 되는 용적 또는 중량은 선적지의 적량이다. 개품운송에 있어서는 선적할 때 지정 검량인(sworn measurer)에게 검량을 시키는 경우가 많다. 송화인이 제시한 용적, 중량이 B/L에 기재되고 운임 산출의 기초가 되는데, 나중에 그 용량 혹은 운임의 잘못이 발견되었을 때에는 그 차액을 추징한다는 취지를 특약하는 경우도 많다.

화주가 고의로 화물의 내용, 가격 또는 중량에 관하여 허위신고를 한 경우에, 선박회사는 그 화물의 멸실, 손상 등에 대해 어떠한 책임도 부담하지 아니할 뿐만 아니라 배액운임을 부과한다는 조항도 있다.

정기선에 의한 개품운송에 있어서는 선불이 원칙이지만 선박회사의 승인이 있는 경우 후불도 가능하다. 외화표시 선불운임은 B/L 작성일이나 선적지 본선 입항일의 환율에 따른다. 후불운임의 경우에도 운임계산의 시기는 선불과 마찬가지로 선적 당시에 신고된 용적 또는 중량을 기초로 하여 산출된다. 외화표시 후불인 경우 양륙지 본선 입항일의 환율에 따른다.

8. 해운동맹

1) 해운동맹의 의의

해운동맹(shipping conference)은 특정 정기항로에 배선을 하고 있는 선박회사들이 상호 간의 과당경쟁을 방지할 목적으로 국제카르텔(cartel)을 형성하여 운송에 관한 여러 가지 협정, 즉 운임 및 영업조건(기항지, 취항항로, 적화량 등)의 협정을 맺고 있는 것을 말한다. 이것을 운임동맹(freight conference) 또는 항로동맹(navigation conference)이라고 부른다. 현재 전세계 대부분의 정기항로에는 해운동맹이 결성되어 있고 그 수도 200개 이상에 달하고 있다.

해운동맹은 선주 상호 간의 경쟁이 조절되고 항로의 질서가 유지되며, 장기간에 걸친 운임의 안정 및 정기적 서비스의 제공으로 선주뿐만 아니라 화주인 무역업자들이 정상적인 무역거래를 하는 데 기여하고 있다. 반면에 선주는 이 해운동맹의 조직으로 얻은 독점적 지위를 이용하여 또는 부당한 높은 운임으로 화주의 이익을 해치거나 또는 배타적 수단으로 부당하게 비동맹 선주를 압박하는 등의 폐해를 가져온 결과 무역의 발전과 해운의 진흥을 저해하는 단점도 있다.

해운동맹에 가입한 선박이나 선주를 동맹선(주)(member liner 또는 conference member liner)라고 부르며, 동맹에 가입하지 않는 선박은 비동맹선(주)(outsider 또는 non-conference liner)라고 부른다.

표 4-3 해운동맹의 장단점

장점	단점
① 발착일이 정확, 빈번, 규칙적이며 운송기간이 확정되어 있어 무역거래에 편리하다. ② 안정적 자본투자로 서비스의 개선을 촉진한다. ③ 운임의 안정을 통해 생산 및 판매계획의 수립이 용이하다. ④ 합리적 배선으로 경쟁에 의한 낭비를 방지하고 원가를 절감한다. ⑤ 운임이 운임 부담력에 근거하여 모든 화주에게 공평하게 적용된다. ⑥ 동맹의 가입을 통해 영세선사도 생존가능하다.	① 독점성으로 인해 과대이윤, 서비스의 저하, 클레임의 회피, 보복적 차별우대 등이 있을 수 있다. ② 운임률이 원가보다 동맹의 정책에 좌우되어 불합리하게 책정된다. ③ 기항수를 가급적 줄이려는 경향이 강해 화주들에게 불편을 준다. ④ 운임환불제, 계약운임제 등이 모두 선사의 일방적 통제하에 이루어진다.

2) 해운동맹의 연혁과 주요 항로

해운동맹 중 가장 역사가 오래된 것은 1675년의 영국 · 인도항로 콜카타(calcutta) 해운동맹이고, 그 후 19세기 말까지 주로 영국을 중심으로 한 주요 항로들이 형성되었다. 오늘날의 대표적인 주요 동맹항로에는 ① 구주/극동항로, ② 구주/호주항로, ③ 구주/미대서양 및 걸프(Gulf)항로, ④ 극동/미태평양항로, ⑤ 극동/미대서양 및 걸프항로, ⑥ 극동/태국항로, ⑦ 극동/호주항로, ⑧ 극동/중남미항로 등이 있다.

3) 해운동맹의 형태

(1) 폐쇄식 동맹(closed conference)

신규가입을 극단으로 제한하는 형태로서 동맹이 승인할 만한 일정자격과 실적을 갖고 있지 않는 선박회사는 가입시키지 않는 방식이다. 구주항로나 호주항로 등에 결성되어 있으며, 영국식 동맹이라고도 부르고 있다.

(2) 개방식 동맹(open conference)

그 항로에 배선하는 의지 및 능력이 있는 선주면 언제라도 자유로이 가입시키는 형태로 북미항로에서 주로 운영되고 있다고 하여 미국식 해운동맹이라고 한다.

특히 이 동맹이 결성되어 있는 북미항로에서는 미국정부의 해운법(Shipping Act)에 의거한 해운동맹규제정책에 따라 해운동맹의 활동이 제한받고 있으며, 선복과잉을 정당한 가입거부의 이유로 원칙적으로 인정하지 않고 배선의 의지와 능력이 있는 선주는 모두 해운동맹에 가입시키고 있다.

4) 해운동맹의 구속수단

해운동맹의 구속수단은 동맹내부에 있어서 회원(member) 상호 간의 구속수단과 동맹외부, 즉 화주에 대한 구속수단으로 분류된다.

(1) 동맹의 내부규제

해운동맹의 내부규제에는 다음 세 가지가 있는데, 이들 규제는 단독으로 적용되는 경우와 병용되는 경우가 있다.

가. 운임협정(rate agreement)

해운업에 있어서의 경쟁은 결국 운임에 관한 경쟁이므로 이를 규제하는 운임협정은 모든 해운동맹에 공통되는 기본적인 협정이다. 동맹회원은 운임률표에 정해진 품목별 운임률을 충실하게 준수하는 의무를 지고 이를 변경하는 경우는 다른 회원의 동의가 필요하다. 다만 항로사정에 따라서는 특정화물의 운임을 Tariff로부터 제외하고 자유운임(open rate)으로서 그 운임을 각 회원이 자유로이 결정하게 하고 있다.

나. 배선협정(sailing agreement)

이 협정은 특정의 항로에 있어서 배선선복량을 조절 · 제한하고 선복과잉에 의한 과당경쟁을 방지하려는 것으로서, 생산업자 간의 수량 카르텔에 해당된다. 그 내용은 일정한 항로에 있어서 항해수, 기항지, 운항 스케줄 등을 규제하고 각 항로 사정에 따라 이 중 하나 또는 둘 이상을 조합하여 실시하고 있다.

다. 공동계산협정(pooling agreement)

이 협정은 각 동맹선사들이 일정기간 벌어들인 운임을 사전에 정한 배분율에 따라 배분하는 방법으로, 보통 일정기간 내에 얻은 운임수입에서 소정의 비용을 공제한 금액의 전부 또는 일부를 공동계산으로 하여 이것을 각 동맹선사의 경력, 실적 등에 근거하여 일정한 비율(pooling point)에 의해 각사에 나누어 주는 형식이다. 이 협정은 내부경쟁의 제한수단으로서 가장 강력한 것이다.

(2) 동맹의 외부규제(대화주 구속수단)

가. 계약운임제(contract rate system)

계약운임제는 2중 운임제(dual rate system)라고도 부르며, 동맹의 표정운임률에 계약운임률(contract rate)과 비계약운임률(non-contract rate)을 설정하여 화주가 동맹선에만 선적할 것을 계약하면 운임률을 낮게 적용하고 그렇지 않으면 고율의 운임을 적용하는 방식이다. 만일 동맹선에만 선적하기로 계약한 화주가 계약을 위반하여 맹외선을 이용한 경우 일정한 위약금을 물도록 하거나 이후의 계약을 거부하는 등 조치를 취한다. 이 제도의 대상에서 제외된 화물을 비동맹화물(non-conference cargo) 또는 자유화물(open cargo)이라고 한다.

나. 운임할려제(fidelity rebate system)

일정기간 동안 자기 화물을 모두 동맹선에만 선적한 화주에 대해 운임이 선불이든 후불이든 관계없이 그 기간 내에 선박회사가 받은 운임의 일정비율을 기간 경과 후에 환불하는 제도이다. 이 방식은 운임연환불제와는 달리 유보기간은 없이 일정기간 경과 후에 그 환불금을 전액 한 번에 지급한다.

계약운임제처럼 화주와의 계약에 의거하여 실시되는 것이 아니고 동맹 측의 일방적인 선언에 의하여 실시되는 것이므로 비록 화주가 맹외선을 사용한 경우에도 환불금의 청구권은 상실하지만 위약금은 지급하지 않는다.

다. 운임연환불제(deferred rebate system)

일정기간(통상 6개월) 동안 동맹선에만 선적한 화주에 대해서 그 지급한 운임의 일부를 환불하는데, 환불에 있어서 그 기간에 이어 계속해서 일정기간 동맹선에만 선적할 것을 조건으로 하여 그 계속되는 일정기간이 경과된 후 환불되는 제도이다.

이 방식은 선적화물에 대한 환불금을 전액 받기 위해서는 영구히 동맹선에만 선적해야 되므로 화주 구속방법으로는 가장 교묘하고도 가혹한 것이다. 19세기 후반 해운동맹이 성장하던 시기에 동맹 강화수단으로 생긴 제도이나 현재는 일부 지역을 제외하고는 공정거래를 해친다는 이유로 금지되고 있다.

표 4-4 해운동맹의 화주 구속수단

구분	개념
계약운임제	계약 체결 → 낮은 계약운임률(약 10~15% 정도) 적용
운임연환불제	일정기간(통상 6개월) 동맹선에만 선적 → 운임 일부 환불 조건 : 계속해서 일정기간 동맹선에만 선적할 것
운임할려제	일정기간 동맹선에만 선적 → 운임의 일정비율을 4개월이 지나 환불하는 제도 특징 : 거치기간이 없음

(3) 경쟁억압선(fighting ship)

이것은 특정의 선박을 맹외선의 운항일정(schedule)에 맞춰 배선하고 맹외선의 운임보다도 훨씬 싼 운임으로 수송함으로써 적극적으로 그 집화를 방해하는 방법이다. 이것에 의하여 발생하는 손해는 동맹회원이 공동으로 부담하는 것이 통례이나, 맹외자를 압박하는 힘이 너무나 강하기 때문에 각국 해상운송법에서는 이를 금지하고 있다.

5) 해운동맹에 대한 규제

영국의 선박회사를 중심으로 발달한 해운동맹은 각 정기항로에 배선하는 선박회사들이 필요에 따라 결성된 것이고 그 운영에 대하여 정부는 직접 개입하지 않는다는 것이 영국을 비롯한 서구제국의 기본입장이다. 미국은 1916년 해운법을 제정하여 해운동맹을 정부의 감독, 규제하에 두었다.

제2차 세계대전 후 1960년대에 들어와서 개발도상국은 자국해운의 보호, 육성을 위하여 국내법으로 자국선우선정책, 즉 자화자국선주의를 채택하였다.

한편 개발도상국의 주도로 기존 해운동맹의 질서변경을 목표로 한 '정기선 동맹의 행동규범에 관한 UN협약(U.N. Convention on a Code of conduct for Liner Conferences)'이 1974년 4월에 성립되었다.

미국, 캐나다, 호주, 뉴질랜드 등이 UNCTAD Liner Code에 반대하고 가입의사를 표시하고 있지 않다. 우리나라는 1979년 4월 6일에 가입하였고, 독일과 네덜란드가 서명함으로써 발효요건인 24개국이 충족되어 1983년 10월 6일에 발효되었다. 그러나 주요 당사국인 미국, 영국 등이 서명을 거부하고 있고 당사국 간에 이해가 상충되어 전면적으로 실시되지 못하고 있다.

6) 주요 항로의 해운동맹[16]

(1) ANERA(Asia North American Eastbound Rate Agreement)

북미Eastbound운임동맹(극동 · 동남아/북미전역 간, 일본 제외)으로서 1984년 미 신해운법 발효 이후 미국 선사들의 주도하에 기존의 동맹을 발전적으로 해체,

16 한국국제복합운송업협회, 복합운송실무총서, 1995, pp.218-219.

20개 선사가 참여하여 1985년 8월 발효, 현재는 8개 선사만이 명맥을 유지하고 있다(APL, SLS, Maersk, NYK, K-Line, MOL, NLS, NOL, OOCL).

(2) TWRA(Trans-Pacific Westbound Rate Agreement)

북미Westbound운임동맹(북미전지역/극동, 동남아 간)으로 최초 21개 선사들에 의해 발족되어 1985년 2월 정식 발효, 현재 10개 선사로 구성되어 있다.

(3) FEFC(Far Eastern Freight Conference)

극동, 아시아/구주 간 복합운송동맹으로 1879년 9개 회원사로 발족되어 현재 33개 선사로 구성되어 있다.

(4) KNFC(Korea Near-Sea Freight Conference)

선사 간 과당경쟁 및 변칙거래 관행을 방지하여 공정거래 풍토를 조성하기 위하여 1991년 11월 1일부로 한국근해수송협의회가 발족하였고 현재는 17개 회원사가 1993년 7월 1일부로 Pooling System을 시행 중에 있다.

(5) TPDA(Trans Pacific Discussion Agreement)

극동에서 북미 간을 운항하는 동맹 및 비동맹의 13개 선사가 가입한 협의체로서 태평양항로의 선복과잉으로 인한 운임 및 운항 질서회복을 위하여 10% 상당분을 삭감하기로 결의하였으며, 1989년 3월 5일 실무협의체인 TSA(Trans-pacific Stabilization Agreement) 창립총회가 서울에서 개최된 이래 현재까지 명목적인 이름만 남아 있는 상태이다.

(6) TSA(Transpacific Stabilization Agreement)

ANERA 8개 선사 및 Non-ANERA 4개 선사(HJS, HMM, EMC, YMC)를 회원사로 하여 Administrative Committee, Market Survey Committee, Revenue Policy Committee 등 3개 위원회와 Revenue Policy Committee 산하의 Service

Contract Policy Sub-Committee를 두고 있다. 주요 활동내용은 극동/미주 간 Eastbound항로 관련 선복감축, 운임인상 및 Surcharge 신설 등을 통한 항로 안정화와 회원선사의 수익제고를 도모하고 있다.

(7) EATA(Europe Asia Trades Agreement)

기존 구주운임동맹(FEFC)의 극동/구주 간 동맹세력 약화로 인하여 분리된 3개 하부동맹 중의 하나로 선복감축을 통한 항로 안정화를 목적으로 총 18개 선사를 회원사로 하는 협정을 구상, ESA를 개칭하여 EATA로 1992년 9월 1일 발족하였다. 회원사의 가용 선박의 최적이용 및 합리적 자본투자 회수율을 감안한 수익개선을 위해 노력 중이다.

9. 정기선운송에 관한 주요 서류

1) Shipping Request(S/R, 선복요청서)

화주가 선사에 제출하는 운송의뢰서(application for shipment)로서, 화물의 명세가 기재된다. 선사는 이것을 기초로 선적지시서(shipping order : S/O)를 작성하고, 본선의 일등항해사는 S/O와 검수보고서(tally sheet)를 대조, 본선수취증(mate's receipt : M/R)을 작성하며, 선사는 M/R에 근거하여 선화증권을 작성, 화주에게 교부한다. S/R는 모든 선적서류의 시초가 된다.

2) Booking Note, Booking List(선적예약서, 예약일람표)

Booking Note는 화주가 제출한 S/R에 기초해 선사가 선적 관련사항을 화주별로 작성한 것이다. 화물의 명세, 필요 컨테이너 수, pick-up 요청일시, 위험물 여부 등이 기재된다. Booking List는 Booking Note를 집계한 것이다. CY/CFS Operator는 이 일람표와 대조하면서 반입화물을 수령한다.

3) Equipment Receipt(E/R, 기기수도증)

컨테이너, 샤시 등 기기류의 CY 또는 ICD 반출입 시 인계인수를 증명하는 서류로 터미널 또는 ICD Operator에 의해 작성된다.

4) Container Load Plan(CLP, 컨테이너 내적치도)

컨테이너에 적입된 화물의 명세이다. 화주(포워드), 검수인, CFS Operator 등 적입한 자가 작성한다. 유일하게 매 컨테이너마다 화물의 명세를 밝힌 중요한 서류이다. 세관에 대한 반출입신고서, CFS/CY 간 화물인수도의 증거, 본선 내 법정보존서류, 양륙지에서 보세운송신고서 및 적출작업(devanning) 자료로 사용된다.

5) Shipping Order(S/O, 선적지시서)

선적요청을 받은 선사(또는 대리점)가 송화인에게 교부하는 선적승낙서이며, 동시에 선사가 선복요청서(S/R)와 현품을 확인, 본선(일등항해사)에 발급하는 적재지시서이다. 선적 시 송화인은 화물과 함께 S/O를 선장(일등항해사)에게 제시하며, 본선은 S/O의 기재내용과 화물의 상태를 점검하여, 본선수취증(M/R)을 작성, 화주에게 교부한다. S/O는 양륙 시의 D/O(delivery order)와 대비된다.

6) Dock Receipt(D/R, 부두수취증)

CY에 상주하는 선사직원 또는 위임받은 CY Operator가 화물의 수취증으로 발행한다. 화주(대리인)가 선사의 서식에 기재하여 CY 또는 CFS에 화물과 함께 제출하면 선사는 기재내용과 반입화물(컨테이너) 간의 상위를 점검하고, 과부족, 손상 등의 이상이 있으면 그 사실을 적요란(exception)에 기재하고 교부한다. 컨테이너운송 시 선사의 책임은 터미널에서 인수받는 시점부터 개시된다. D/R의 발행은 선사의 책임시기를 나타낸다. 그러나 실무에서는 D/R이 거의 발급되지 않고 수출신고필증(통관화물)에 날인 또는 가입고증(미통관화물)으로 대신하고 있다.

7) Tally Sheet(검수화물목록)

하역 중인 화물의 개수, 화인, 포장상태, 화물사고 등을 기재한다. 화주 및 선주의 요청에 따라 검수인(tallyman)이 작성한다. Tally Sheet에는 요점이 기재되고 상세한 내용은 Daily Operation Report(작업일지), Cargo Damage Report(화물손상명세서) 등에 기록된다.

8) Mate's Receipt(M/R, 본선수취증)

본선이 M/R에 기재된 상태로 화물을 수취하였음을 인정하는 영수증이다. 선적완료 후 검수집계표(outturn report)에 근거하여 일등항해사(chief mate)가 선적화물과 선적지시서(S/O)를 대조, 송화인(shipper)에게 교부한다.

M/R은 본선과 송화인 간에 화물의 수도가 이루어진 사실을 증명하는 것이며, 본선이 화물의 점유를 나타내는 추정적 증거(prima facie evidence)이다. 그러나 M/R은 권리증권(document of title)이 아니기 때문에 M/R로는 화물에 대한 권리행사가 제약을 받는다.

M/R은 선적화물에 대하여 본선의 책임이 개시됨을 나타낸다. 따라서 일등항해사는 선적 시 화물의 상태와 S/O의 기재사항을 면밀히 대조, 이상이 없으면 M/R에 "외관상 양호한 상태로 선적되었음(Shipped in apparent good order and condition)"으로 기재하고, 만일 이상이 있으면 M/R의 비고(remark)란에 그 사실을 기재한다.

화물에 이상이 있어, 비고란에 그 내용이 기재된 M/R을 사고부 본선수취증(dirty M/R, foul M/R, claused M/R)이라 하고, 비고란에 아무것도 기재되지 않은 M/R을 무사고 본선수취증(clean M/R, unclaused M/R)이라 한다. M/R상에 기재된 비고내용은 원칙적으로 선화증권에 그대로 이기되므로, dirty M/R은 곧 사고부 선화증권(dirty B/L)이 되어 은행이 매입하지 않으므로, 수출업자는 운송인에게 보상장(letter of indemnity : L/I)을 제출하고 무사고 선화증권(clean B/

L)을 교부받아야 한다.

M/R의 기재사항은 기본적으로 화물의 명세, 중량 또는 용적, 송화인, 수화인 등 S/O와 동일하고, 거기에 화물의 적부장소(stowage place), 곧 창구번호(hatch number) 등이 기재된다. 또한 선적항의 선사는 비고란에 사고문언이 기재된 M/R을 집계하여 적화사고보고서(condition report, exception list)를 작성, 각 양륙항의 대리점에 발송, 클레임처리에 이용된다. 실무에서는 선적 후 선사직원이 정식 M/R을 교부하거나 B/L 또는 E/P상에 M/R에 갈음한다는 표시 및 날인으로 대신하고 있다. M/R은 양륙항에서 수화인이 본선에 교부하는 Boat Note(B/N)에 대비된다.

9) Stowage Plan(본선적부도)

적재 컨테이너의 본선 내의 위치를 표시한 도표이다. Bay(전후), Row(좌우), Tier(상하)별로 번호를 매겨 표시한다. 하역작업 및 본선안전을 위한 자료로 쓰인다.

10) Manifest(M/F, 적화목록)

선적 후 선사(대리점)가 작성하는 적재화물명세이다. B/L번호, 화인, 컨테이너 번호, 봉인번호 등 적재화물에 대한 모든 내용이 담긴다. 수입지의 하역회사, 세관 등은 M/F에 의해 적재화물의 전모를 파악, 각각 양륙, 과세 등을 한다. 우리나라는 운임이 기재되지 않은 것을 Manifest라 하고 기재된 것은 Freight Manifest라 한다. 양륙지의 세관 등에 제출하는 중요한 서류이므로 각국의 규정 · 관습 등을 충분히 숙지할 필요가 있다.

11) Delivery Order(D/O, 인도지시서)

양륙지에서 선사 또는 대리점이 수화인으로부터 선화증권(B/L) 또는 보증장(L/G)을 받고, 본선 또는 터미널에 화물인도를 지시하는 서류이다. D/O를 발행할 때는 B/L, Manifest 등과 대조한 다음 선사의 책임자가 서명한다. D/O는 선적지에서의 선적지시서(S/O)와 대비된다.

12) Boat Note(B/N, 수화인수취증)

화물양륙 시 화물을 인도받는 수화인, 그 대리인 또는 하역업자가 양륙화물과 적화목록을 대조, 본선에 교부하는 화물인수증이다. B/N은 본선과 수화인 간에 양륙화물의 수도를 증명하는 것이며, 그 화물에 대하여 본선의 책임이 종료됨을 나타낸다. 선적 시 M/R이 검수집계표(outturn report)에 의거 작성되듯이 B/N 역시 검수집계표에 의거 작성되며, 일등항해사와 수화인 측 검수인이 서명하고, 통상 3통이 작성되어 본선, 양륙지의 선사 또는 대리점, 수화인이 각각 1통씩 보관한다.

수화인은 양륙 시 화물의 상태와 적화목록을 면밀히 대조하고 이상이 없으면 B/N에 '외관상 양호한 상태로 수취하였음(Received in apparent good order and condition)'으로 기재한다. 이는 곧 화물이 양호한 상태로 인도된 것으로 간주되어 화물에 대한 본선 측의 책임은 종료된다.

만약 화물의 부족, 손상 등 이상(exception)이 있으면 B/N의 비고(remark)란에 그 사실을 기재한다. 이를 Boat Note Remark라 한다. B/N에 기재되는 비고가 M/R의 비고와 같으면, 일단 운송 도중 화물에 손상이 없었던 것으로 보며, 본선은 책임을 면할 수 있다. 따라서 B/N에 기재되지 않은 화물의 이상은 특별한 사유가 없는 한 양륙 후의 사고로 보고, 선사는 면책을 주장할 수 있다. B/N은 선적항에서 본선이 송화인에게 교부하는 M/R에 대비된다. Cargo Boat Note라고도 한다.

제2절 부정기선운송

1. 부정기선운송의 개념과 형태

1) 부정기선의 개념

부정기선(tramper)은 살화물(bulk cargo)을 운송하는 의미로 통상 사용되고 있고 원칙적으로 단일 화주의 단일 화물을 항해용선계약(voyage charter)으로 전부 용선하여 운송하는 선박이다. 부정기선 중에서 화물의 특수한 성질 또는 형태에 따라 특수한 시설을 갖추고 있는 선박이 특수 전용선이며 일반적으로 용선계약(charter)으로 운송된다.

특수 전용선에는 원유 · 중유 · 휘발유 등을 수송하는 유조선(oil tanker), 생선 · 과일 · 야채 등을 수송하는 냉동선(refrigerated ship), 목재 전용선(lumber carrier), 자동차수송 전용선(car carrier), 곡물을 운반하는 전용선 등이 있다. 탱커에는 중유 및 원유를 주로 수송하는 클린탱커(clean tanker), 항구 내에 계류되어 육상설치 탱커 대신에 사용되는 탱커 등이 있다.

한편 부정기선운송은 정해진 항로를 정기적 혹은 규칙적으로 운항하는 정기선(liner)과는 달리, 일정한 항로나 화주를 한정하거나 제한하지 않고 무역운송화물이 있을 때마다, 선복의 수요가 있을 때마다 또는 화주가 요구하는 시기와 항로에 따라서 화물을 운송하는 것을 말하며, 이러한 방식으로 선박을 운항하는 해운업자를 부정기선업자라 한다.

2) 부정기선운송의 유형

부정기선의 경우 화주는 운송업자와 용선계약(charter)을 체결한다. 용선계약에는 선복 전부를 빌리는 전부용선계약(whole charter)과 선복의 일부만 빌리는 일부용선계약(partial charter)이 있다. 전부용선계약은 다시 선박이 어느 특정항해를 위하여 용선되는 항해용선계약(voyage charter, trip charter, voyage charter party)과 선박이 어느 특정의 기간에 대하여 용선되는 정기용선계약(time charter, time charter party)으로 구분된다. 특수한 형태의 나용선운송계약이 있다.

2. 부정기선시장과 중개인

부정기선시장에는 정기선의 해운동맹과 같은 국제적 카르텔 조직은 없고 시장 참여가 자유스런 경쟁시장이다. 또한 부정기선의 영업에는 자기소유 선박으로 화물을 수배하는 경우 및 화물운송계약이 있거나 화주로부터 화물을 오퍼(offer) 받아서 선박을 수배하는 경우가 있다. 따라서 세계 도처에 흩어져 있는 수많은 선박과 선적지 · 양륙지를 달리하는 많은 종류의 화물 간에 조회(inquiry)가 교환되는 용선해운시장이 형성되어 있으며, 세계적 해운시장의 중심은 런던, 뉴욕 및 동경이다.

역사적으로 가장 오래되고 전세계의 해운정보가 집중되어 있는 곳은 런던으로, 런던에는 발틱해운거래소(The Baltic Exchange)라는 공개된 해운거래소가 있다. 발틱해운거래소에서는 해운중개인을 주체로 하는 약 2,500명의 회원이 있고 선박소유자의 대표로서 또는 선박이용자의 대표로서 업무를 수행하고 있다. 해운중개인의 주요 업무는 세계 각지의 적화품을 찾고 있는 선박 및 적선을 매치(match)시키는 것이지만 정기용선이나 선박의 매매에 관한 업무도 수행하고 있다.

3. 부정기선의 운임

1) 부정기선운임의 개념

부정기선의 운임은 원칙적으로 용선료의 경우처럼 선복의 수급관계에 따라 결정된다. 운임을 변동시키는 원인이 일부 지역적인 경우에는 비교적 단기간에 평준화되는데 세계적인 경우에는 변동이 격심하고 장기간 계속되는 경향이 있다.

운임은 통상 적화량을 기준으로 톤당 얼마로 표시한다. 운임계산의 기초가 되는 것은 톤 이외에도 그 종류가 많고, 각국의 관습에 따라 그 나라의 독특한 단위를 사용하고 있다.

2) 부정기선운임의 변동요인

부정기선의 운임은 원칙으로 용선료의 경우처럼 선복의 수급관계에 따라 결정된다. 따라서 부정기선의 운임은 전쟁, 전란 등에 기인한 급격하고도 대량의 물자수송의 불가결성 및 우회항로에 의한 선복부족, 시기적인 대종화물의 출하 및 그 종결, 농업국의 풍작 또는 흉작, 기후이변, 무역량의 증감 등에 의해 변동하게 된다.

3) 부정기선운임의 단위

부정기선운임은 통상 적화량을 기준으로 톤당 얼마로 표시한다. 운임계산의 기초가 되는 것은 톤 이외에도 그 종류가 많고, 각국에 따라 특이한 단위를 사용한다. 용적(measurement)의 단위로는 1Ton=40ft^{3}가 가장 많이 사용되며, 북유럽 제국에서는 1Ton=1m^3, 일본에서는 1Ton=40입방척 등이 사용된다. 또한 중량(weight)의 단위는 영국 등지에서 많이 사용되고 있는 1Ton=1Long ton=2,240lbs, 미국에서 많이 사용되고 있는 1Ton=1Short ton=2,000lbs, 그리고 프랑스 등 유럽에서 주로 사용하고 있는 1Ton=1Metric ton=2,204lbs 등이 있다.

기타 고가품의 경우는 화물의 가격에 따라 운임을 정하는 종가운임제가 있고, 포장 · 용적 및 중량이 일정한 때 포장단위를 기준으로 운임을 정한다.

4) 부정기선운임의 종류

(1) 선복운임(lumpsum freight)

운송계약에 있어서 운임은 운송품의 개수, 중량 또는 용적을 기준으로 계산되는 경우와 선복이나 항해를 단위로 하여 포괄적으로 지급되는 경우가 있다. 후자를 선복계약이라고 하고 이 경우에 지급되는 운임을 선복운임이라 한다.

(2) 비례운임(pro rata freight)

이는 선박이 항해 중 불가항력, 기타 원인에 의하여 항해의 계속이 불가능하게 되어 운송계약의 일부만을 이행하고 화물을 인도한 경우에 그때까지 행한 운송비율에 따라 선주가 취득하는 운임으로, 항로상당액운임(distance freight)라고도 한다.

(3) 부적운임(공적운임, dead freight)

부적운임 또는 공적운임은 용선할 때 일정량의 운송화물을 계약하였는데 화주가 그 계약수량을 선적하지 못하였을 때 선적하지 않은 화물량에 대해 지급하는 운임으로 일종의 위약배상금이다.

(4) 연속항해운임(consecutive voyage freight)

이 운임은 어느 특정의 항로를 반복 연속하여 항해하는 경우에 약정한 연속항해의 전부에 대하여 적용하는 운임률이다.

(5) 장기운송계약운임(long term contract freight)

이는 장기간에 걸쳐 되풀이되는 항해에 의하여 화물운송을 계약하는 경우의 운임인 연속항해운임과 유사하나 연속항해운임의 경우는 통상 특정선박으로 연속하여 항해를 되풀이하므로 항해수에 의하여 기간이 약정되나 장기운송계약운임은 몇 년간에 몇 항해, 몇 년간에 걸쳐 연간 몇만 톤과 같이 약정되는 것이 일반적이다.

표 4-5 정기 · 부정기선운송의 비교

구분	정기선운송	부정기선운송
운항 형태	규칙성/반복성	불규칙성
운송인	보통운송인(common carrier) 공중운송인(public carrier)	공중운송인(public carrier) 사설운송인(private carrier)
취급화물	이종화물	동종화물
화물가치	고가	저가
운송계약	선화증권(bill of lading)	용선계약서(charter party)
운임	공시운임률/신고운임률	선박 수요 및 공급에 의해 결정
서비스	배선스케줄에 따라 운항	선주와 용선자 간의 합의로 결정
선박	고가, 구조복잡	저가, 구조단순
조직	대형조직	소형조직
화물집화	영업부 직원(freight forwarder)	중개인(broker)
여객취급 여부	제한적으로 취급(car-ferry)	전혀 취급하지 않음

4. 용선계약의 의의

선주가 화주의 화물을 해상으로 수송하기 위해 선복(船腹)을 제공하고 화주는 그 대가를 지불키로 합의한 것을 운송계약이라 하며, 지불되는 금액을 운임이라 한다.

이때 계약의 목적이 만선(滿船)화물의 수송이거나, 그 수송을 위한 선복제공인 경우에는 이 운송계약을 용선계약(charter)이라 하며 용선계약서(charter party)를 서면으로 작성한다.

5. 용선계약의 형태

일반적으로 용선계약은 다음의 3종류로 대별된다.

① 항해용선계약(voyage charter)

② 정기용선계약(time charter)

③ 임대차용선(demise charter)

표 4-6 용선계약의 특징 비교

항해용선	정기(기간)용선	선박임대차
① 선주가 선장을 임명하고 지휘 감독한다.	① 좌와 같음	① 임차인이 선장을 임명하고 지휘 감독한다.
② 용선자는 선복을 이용하고, 선주는 운송행위를 한다.	② 좌와 같음	② 임차인이 선박을 일정한 기간 사용하며, 운송행위를 한다.
③ 운임은 화물의 수량 또는 선복에 의해 결정한다.	③ 용선료는 원칙적으로 기간에 따라 결정한다.	③ 임차료는 기간을 기초로 하여 결정한다.
④ 용선자는 재용선자에 대하여 감항담보의 책임이 없다.	④ 좌와 같음	④ 임차인은 화주 또는 용선자에 대하여 감항담보의 책임을 진다.
⑤ 선주 부담비용 항목 : 선원급료, 식료, 음관수, 윤활유, 유지비, 수선비, 보험료, 상각비, 연료비, 항비, 하역비, 제수수료, 예선료, 도선료	⑤ 선주 부담비용 항목 : 선원급료, 식료, 음관수, 윤활유, 유지비, 수선비, 보험료, 상각비	⑤ 선주 부담비용 항목 : 상각비(보험료)
⑥ 용선자 부담비용 항목 없음	⑥ 용선자 부담비용 항목 : 연료비, 항비, 하역비, 제수수료, 예선료, 도선료	⑥ 용선 임차인 부담비용 항목 : 항해용선 중 상각비 이외의 비용

정기용선과 임대차용선(나용선, bare-boat charter)은 선주가 받는 용선료(운임)는 용선자가 선박을 사용하고 역무(役務)를 제공받는 기간을 기초로 산출된다는 점에서 공통된다. 한편 정기용선과 항해용선은 선주가 선박의 점유권(possession) 및 지배권(control over the ship)을 가진다. 그런데 선박임대차에서 용선자는 용선기간 중 선박의 소유권을 제외하고는 다른 모든 선주로서의 권리 및 의무의 주체가 되기 때문에 일시적 선주라고 불린다. 이는 선장 및 선원은 사실상 용선자의 사용인이 되어 이들을 통하여 선박의 점유는 용선자에게 귀속된다. 그리고 항해용선계약은 지정화물을 특정한 일항차 또는 수항차에 걸쳐 운송하는 계약으로 선주가 받는 용선료가 화물의 수량에 따라 계산되는 점에서 정기용선계약과 구별된다.

6. 항해용선운송계약

1) 항해용선계약의 개념

어느 항에서 어느 항까지 화물의 수송을 화주인 용선자(charterer)와 선주(owner) 사이에 맺는 운송계약을 항해용선계약이라고 한다. 같은 선복의 이용을 목적으로 하는 계약이라도, 항해용선계약은 그 내용이 일정한 항해를 기초로 하고 있다는 점에서, 정기용선계약이나 나용선계약과는 다르다. 후자는 어디까지나 기간으로 계약하는 용선이다.

한편 항해용선은 1항해를 대상으로 하는 단독항해용선(single voyage charter)이 통상이지만 최근에는 2~3항차로부터 5항차 정도로 연속하여 행하여지는 항해에 대하여 일괄하여 연속항해용선계약(consecutive voyage charter)을 체결하는 경우가 많다. 연속항해의 경우에 있어서도 기본적 내용은 단독항해용선의 경우와 거의 같다.

또한 항해용선계약은 어느 1항구(수개항)로부터 다른 1항구(수개항)로 서로 협정된 운임률과 조건으로 화물을 운송하기 위하여 선주가 용선자에게 선복을 빌려주는 계약이므로 운임은 실제로 적재한 수량에 의하여 결정된다.

2) 항해용선계약의 변형

항해용선계약에서는 운송에 대한 보수가 원칙적으로 화물의 톤당 얼마로 정해지는 것이 보통이다. 항해용선계약의 변형으로서, 선복용선계약과 일대용선계약이 있다.

(1) 선복용선계약(lumpsum charter)

항해용선계약에 있어서의 운임은 보통 실제 적재수량에 의해서 계산된다. 그러나 A항에서 B항까지의 계약선복(즉, 계약톤수)에 의해서 합계 얼마로 정하고 실제의 적재수량에는 관계가 없는 방법에 의한 계약을 lumpsum charter라고 하고, 이 경우의 운임을 선복운임(lumpsum freight)이라고 한다.

(2) 일대용선계약(daily charter)

본선이 계약 지정선적항에서 화물을 적재한 날부터 기산하여 계약 지정 양륙항까지 운송하여 화물을 인도 완료할 때까지의 일시 사이에 1일(24시간)당 얼마로 용선료를 정해서 선복을 임대하는 계약을 일대용선계약이라고 한다.

3) 항해용선계약의 체결

항해용선계약은 화물수송을 위한 선복(ship's space)을 구하는 화주, 즉 용선자 및 선복의 제공자인 운항업자 혹은 선박업자 사이에서 직접 체결되기도 하지만, 통상 해운중개인(shipping broker, chartering broker)을 통해서 체결되는 경우가 매우 일반적이다.

(1) 선복을 위한 조회(inquiry for ship's space)

수출업자 자신이 선박을 수배하는 경우에는 보통 해운중개인이나 용선중개인(broker)을 통해 조건에 맞는 선박중개를 의뢰한다. 중개인은 수출업자의 운임 등 여러 조건을 선박회사에 조회하는데, 이를 조회(inquiry)라 한다.

(2) 선복을 위한 확정오퍼(firm offer for ship's space)

수출업자로부터 조회를 받은 선박회사는 화주가 요구하는 여러 가지 조건을 검토하여 조건에 합당하면 화주에게 용선계약을 체결할 것을 신청하는데 이 신청서가 firm offer이다.

(3) 선복확약서(fixture note)

선박회사가 제시한 신청서(firm offer)의 유효기간 내에 화주가 Firm Offer를 수락하면 용선계약이 성립된다. 이때 증빙서류로서 선복확약서를 작성한다.

이 선복확약서에 각 관계 당사자인 선박회사, 화주, 중개인이 각각 서명하고 각자가 한 통씩 보관한다. 이 다음에 정식 용선계약서(charter party : C/P)를 작성하여 각 관계 당사자가 서명한 후 각자가 보관한다.

(4) Firm Offer에 대한 Counter Offer

선박회사가 제시한 Firm Offer조건을 화주가 일부 수정하여 수락하고자 하는 경우에는 화주가 희망하는 조건을 적은 Counter Offer를 선박회사에 보낸다. 이것은 선박회사가 제시한 조건을 일단 거절하고 새로이 용선계약조건을 제시한다는 의미가 된다.

4) 용선계약

선박을 만재시키는 데 충분한 양의 화물을 가지고 있을 때 화주는 부정기선(tramper)의 선복을 구하게 된다. 이 경우 화주(용선자)는 스스로 적당한 선박을 찾아내어서 운송인(선주 또는 operator)과 직접 교섭을 하는 경우도 있으나 통상은 용선 중개인(chartering broker)의 손을 통하여 교섭을 하는 경우가 많다. 즉 중개인은 선복의 이용자를 찾는 선주(또는 operator)와 화물운송을 위해 선복을 필요로 하는 화주 사이에서 이를 매개하는 것이 일반적 형태라고 할 수 있다.

(1) 용선계약의 절차

① 선복을 필요로 하는 화주가 우선 중개인에 대해 화물의 종류, 수량, 적양지, 적기, 기타 희망하는 조건을 제시한다.

② 선복을 의뢰하게 되는 중개인은 이것을 받아서 즉각 그것에 상당하는 선주(또는 operator)에게 조회(inquiry)한다.

③ 조회를 받은 선주는 제시된 모든 조건을 검토한 후 운항채산을 계산해 보아서 유리하다고 생각되면 Firm Offer를 제시한다.

④ Firm Offer는 용선계약의 확정적 의사표시에 해당하는 것이므로 운송인으로부터 제시된 여러 조건에 대해 화주가 무조건 승낙의 의사표시를 하면 여기서 용선계약이 성립한다.

⑤ 계약이 성립되면 즉각 그 주요 조건을 기재한 선복확인서(fixture note)가 작성되며, 이어서 정식 용선계약서(charter party)가 작성한다.

⑥ 용선계약서는 선주(또는 operator)와 화주가 각각 서명하여 원본(original)

은 통상 선주가, 부본은 화주가 보관한다.

(2) 용선계약의 종류

그림 4-3 용선계약의 종류

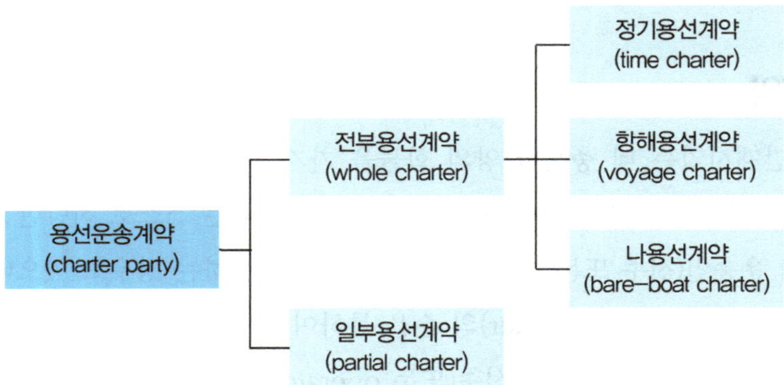

가. 정기용선계약

① 정기용선의 의의

정기용선(time charter)은 기간용선이라고도 하는데 선박의 전부 또는 일부를 일정기간 동안 용선하는 것을 의미한다. 따라서 어느 일정기간 동안에 선박소유자가 정하는 항해구역이면 용선한 선박을 어디라도 임의 배선할 수 있을 뿐 아니라 계약상 제한된 화물을 제외한 어떠한 화물이라도 적재할 수 있다. 용선료는 적재화물의 종류나 양에 관계없이 본선의 적재중량톤수(DWT)에 대해 지급한다.

이때 선주는 감항상태 적격의 선박에 일체의 도구를 갖추고 선원을 배승시켜 약정된 항구에서 용선자에게 인도하며, 선주는 선원비, 수선비, 선용품 등 직접 선비 외에도 상각비, 보험료, 금리 등을 부담하고, 정기용선자는 용선료를 지불하면 된다.

② 정기용선의 특징

정기용선의 특징은 ㉠ 선복부족의 보충, ㉡ 장기운송계약화물에 대한 선복의 확보, ㉢ 특정항로에 특정선박의 투입 등이다.

이밖에 정기용선은 선박임대차나 항해용선과도 차이가 있는데 이는 다음과 같다.

첫째, 정기용선계약과 선박임대차의 차이점은 다음과 같다.

- 용선자는 선박보험료, 검사비용, 수리비를 부담하지 않으며, 선장 이하 전선원을 용선자가 고용하거나 승선시킬 수 없기 때문에 선박의 보안책임도 지지 않는다.
- 선박소유자는 선박의 감항능력에 대해서 담보책임이 있으나 선체, 기관, 선저 등의 검사를 할 필요가 없다.
- 반선 시 용선자는 선박의 현상과 원상에 대해서 원칙적으로 과실책임이 없다.

둘째, 정기용선계약과 청부계약인 항해용선계약과의 차이점은 다음과 같다.

- 필요한 때 용선자의 비용으로 funnel mark를 자기 것으로 도장하여 이용할 수 있다.
- 본선에 선화증권, 적화목록, 검수표, 부선송장(boat note), 본선수취증을 발급하여 용선자 자신의 서식에 따라 사용할 수 있다.
- 선장에게 그 항로의 영업사정을 상세하게 주지시켜 용선자의 사용선(使用船)으로서 영업을 수행한다.
- 용선자의 목적은 선박운항을 통해 수익을 얻는 것이지 수송이 아니란 점이다.

셋째, 쌍방이 부담해야 할 비용 부담의 특징을 보면 선박소유자는 직접비와 간접비를 부담하고 용선자는 운항비 일체를 부담한다. 그러나 직접선비 중에서도 선원의 시간 외 노동이나 특수노동에 대한 할증지급은 용선자의 부담이며, 보험료도 할증을 요하는 항해구역은 용선자가 부담한다.

나. 항해용선계약

선적항에서 양륙항까지 1항해를 기준으로 체결되는 용선계약이다. 항해용선계약은 다시 화물의 수량과 관계없이 한 항해에 얼마라고 포괄운임을 내는 선복용선계약(lumpsum charter)과 1일단위로 용선료가 책정되는 일대용선계약(daily charter)으로 구분한다.

선복용선계약은 항해용선계약의 변형으로 정기선운항사 간에 한 선박의 선복 전부를 한 선적으로 간주하여 운임액을 결정하는 용선계약이고, 일대용선계약 항해용선계약의 변형으로 하루단위로 용선하는 용선계약이다.

항해용선계약에서 선주는 선박의 의장뿐만 아니라 운송행위에 대해서 전책임을 지게 되고, 항로나 화물 및 기간은 선주와 용선자의 합의에 의해서 결정된다.

항해용선계약은 하역비와 항비를 선주가 부담하는가 용선자가 부담하는가에 따라 다음과 같이 나눌 수 있다.

- Gross Term : 부정기선에서는 통상적 방법에 따라 선주가 일체의 하역 및 항비를 부담한다. 그러나 Gross Term에서도 화물은 본선도가 원칙이기 때문에 부선운임, 만선료, 휴일하역 등의 할증운임과 같은 특별항비는 용선자가 부담하게 된다.
- Net Term : 용선자는 최초의 선적항에서 출항 항비와 최종양륙항에 있어서의 입항 항비 및 중간항에 있어서 일체의 항비를 지불한다. 이러한 방식은 선주가 사정을 잘 알지 못하는 항로에 배선할 경우나 중간기항지의 경우, 화주가 부담하는 것이 유리하기 때문이다.
- FIO Charter : 용선자가 적양화의 하역비용을 부담하고 선주는 항비만을 부담한다.
- Lumpsum Charter : 용선자는 선박의 사용에 대해서 총액의 운임을 지불하고 선주는 일정한 선복을 화물의 사용에 제공하며, 또 선박이 수송할 수 있는 화물의 최대중량을 보증한다. 선주는 일정한 공적 및 중량이 사용될 수 있다는 것을 보증하고, 용선자는 그 공적을 최대한으로 이용할 수 있으며, 이때 항비는 선주가 부담한다.

다. 나용선(임대차용선)

① 의의

나용선이란 기간용선의 일종으로서 선주가 선박 자체만을 용선하고 임차인인 용선자가 승무원의 배치, 선체보험료, 항비, 항해비, 수리비 등의 일체를 부담하는 용선이다. 선주는 1개월간 중량톤당 얼마라는 용선료를 받고 용선자에게 자유로 자기선박을 사용토록 허락하는 것이다. 원칙적으로 용선료는 1개월마다 선불(payable in advance)로 한다.

용선의 성격을 보면, 선박의 상태를 결정하기 위하여 인도 및 반환 시에 본선을 검사하며, 인도 시에 발생하는 검사비용은 선주가 지불하고 반선 시에는 용선자가 부담한다.

용선자는 본선을 마치 자기소유선과 같이 운항할 완전한 관리권을 가지며, 본선의 사용 및 운항에 필요한 일체의 비용을 부담한다. 용선자는 본선을 양호한 상태로 관리경영하고 선주로부터 인수할 때와 실질적으로 같은 상태를 유지하기 위해서 정기적으로 검사하며, 필요하면 수리도 하여야 한다.

용선자는 인도 시 본선에 남아있는 모든 연료 · 저장품을, 선주는 반환 시 본선이 가지고 있는 똑같은 모든 연료 · 저장품을 각각 인도 또는 반선을 받는 때의 시가에 의하여 매수하거나 대금을 지불한다.

② 선박임차인의 지위

선박임차인의 지위를 ㉠ 내부관계, 즉 임차인과 선박소유자와 관계와 ㉡ 외부관계, 즉 임차인과 제3자와의 관계와 선박소유자와 제3자와의 관계로 나누어 설명하면 다음과 같다.

㉠ 내부관계 : 선박임차인과 선박소유자와의 관계는 당사자 간의 계약과 해사관습에 따르며, 이 양자에 의하여 결정할 수 없는 경우에는 민법의 임대차에 관한 규정에 의하여 정한다. 선박임차인은 임차한 선박을 사용하여 영업을 할 수 있으며, 이에 대하여 임차료를 지급하여야 한다.

㉡ 외부관계

- 선박임차인과 제3자와의 관계 : 선박임차인은 선박의 이용에 관한 사항에서는 제3자에 대하여 선박소유자와 동일한 권리, 의무가 있다. 선박임차인은 제3자에 대한 관계에서는 기업주체로서 행동하는 것이므로 선박소유자와 동일한 지위에서 선박의 이용으로부터 발생하는 권리, 의무가 귀속하게 된다.
- 선박소유자와 제3자와의 관계 : 선박을 타인에게 임대한 선박소유자는 기업주체가 아니므로 제3자와 아무런 직접적 관계가 없고, 선박의 이용에 관해 생긴 우선특권은 선박소유자에 대해서도 효력이 있다.

라. 재용선계약(sub-charter)

① 의의

해상운송계약에 있어 운송인수자는 반드시 선박의 소유자이어야 할 필요가 없기 때문에 선박임차인, 용선자 모두가 해상운송인이 될 수 있다. 이 용선자가 용선한 선복에 자기의 화물을 선적하는 대신에 그 선복을 제3자에 제공하여 체결하는 운송계약을 재운송계약(sub-charter)이라 한다. 재운송계약은 재운송인(용선자)이 제3자(재용선자, 운송의뢰인, 화주)에 대한 채무의 이행을 주된 용선계약(재운송인과 선주와의 계약)을 이용해서 행하는 것이므로 주된 운송계약 범위 안에서 각종의 재운송계약을 체결할 수 있다.

② 성립과 내용

용선자는 자유롭게 재운송계약을 체결할 수 있으며, 각국의 법률은 모두 재운송계약을 금하지 않고 있다.

재운송인이 재운송계약을 완전히 이행하려면 그 내용을 주된 운송계약의 내용과 일치시킬 필요가 있다. 만약 양자가 저촉될 때에는 주된 운송인은 재운송계약의 취지에 따른 이행을 거부할 수 있다. 그 결과 재운송인은 재운송계약의 불이행에 대해 책임을 져야 한다.

7. 용선계약의 주요 내용

현재 항해용선계약 양식으로 가장 널리 이용되고 있는 Gencon Form의 주요 조항을 이용해 설명해 보면 다음과 같다.

1) Ship Broker(중개인)

부정기선 해운시장은 수많은 선주와 용선인이 각국에 산재해 있고 선박의 동정과 물동량 등이 시시각각 변동하므로 정보의존성이 매우 높은 분야이기 때문에 해운업계에서는 오래전부터 중개인제도가 이용되고 있다. 선주 측 중개인(shipowner's broker), 용선인 측 중개인(charter's broker), 선박중개인(ship broker) 등이 있다.

2) Place and Date

계약체결 장소와 날짜이다.

3) Owners/Place of Business

선주명과 영업소의 소재지를 말하며, 선주는 선박소유자(shipowner)와 운항자(operator)로 분류되고 용선하여 운항하는 운항자를 용선선주(chartered owner, disponent owner)라 한다.

4) Charters/Place of Business

용선인명과 영업소의 소재지이다.

5) Vessel's Name(선박명)

선박명이 기재된다. 선박명이 명시되지 않고 계약이 체결되는 경우 선명미정(vessel to nominated)으로 기재한 다음 선명이 확정되면 화주(용선자)에게 통고

한다.

6) GRT/NRT

총톤수(gross registered tonnage)와 순톤수(net registered tonnage)를 나타내며 100ft³을 1톤으로 하여 선박의 용적을 측정한 것이다. 용적은 40ft³을 1톤으로 계산하고 있다.

7) Deadweight Cargo Carrying Capacity in Tons(DWT)

재화중량톤수로 선박이 적재할 수 있는 화물의 최대중량을 표시하고 연료, 청수(fresh water), 선용품 등과 불명중량을 제외한 실제로 적재가능한 화물의 중량을 순재화중량이라 하며 운항 시 고려해야 할 중요한 사항이다. 재화중량은 만재배수량과 경화배수량의 차이로 표시되고 이는 선박의 매매, 용선료 등의 기준이 된다.

8) Present Position(선박동정)

계약체결 당시의 본선 위치 또는 적지(積地)로 항해하는 순로를 기록하는 것이며, 운항 중인 때는 Now Trading으로 표시된다.

9) Expected Ready to Load(적화준비완료 예정일)

본선이 적지에 도착하여 화물선적 준비를 완료하는 선적개시가능 예정일을 말하는 것이며, 화주는 이 예정일에 따라 선적되도록 출하 수배를 하게 된다.

10) Loading Port or Place(선적항, 선적지)

선적지에 대해 간단히 항명만 기재하면 선적장소는 그 항의 관습에 따라 정해진다. 선적항은 항해상 또는 치안상으로 안전항(safe port)이어야 하고 본선의 흘수에 지장이 없어야 한다.

11) Discharging Port or Place(양륙항, 양륙지)

양륙항도 안전항, 안전부두이어야 한다. 앞의 10)항과 11)항은 선주와 화주의 이해관계가 첨예하고 상반되는 조항이므로 계약 시 세심한 주의를 요한다.

적양항에서는 'one safe port of Bangkok' 등 확실히 1항 또는 2항을 지시하기도 하며, 'one or two safe ports out of Osaka/Yokohama arrange in charterer's option'(오사카와 요코하마항 간 1항 또는 2항, 단 화주선택)이라고 구체적인 항명을 미정으로 두어 기재하는 경우도 있다. 또는 화주선택에 따라 양지가 2항 이상일 때 기항의 순서를 부기하는데, 별도의 지시가 없는 한 지리상의 순서(in geographical rotation)로 한다.

12) Cargo(화물)

화물의 수량과 종류는 운임률의 기준이 되며, 품목에 따라서는 선적이 불가능한 것이 있으므로 선복 이용에 직접 관계되는 것이다. 따라서 이것은 반드시 명시할 필요가 있다.

화물종류의 표시는 보통 iron ore in bulk, rice in bag, heavy grain in bulk 등으로 기재한다.

화물 수량은 본선의 재화중량톤이나 용적 톤수로 산출하여 기재하는 것이 보통이나 화물의 실제 선적 톤수와 정확하게 일치시키는 매우 어렵기 때문에 "a full and complete cargo of iron ore in bulk 10,000 long tons 10% more or less at owner's option", "maximum~tons, minimum~tons", "not exceeding~tons but less than~tons" 등으로 표시하게 된다.

이 항에 기재된 수량은 선사에 대한 화주의 절대책임으로서 만약, 계약수량을 선적치 못하였을 때는 선적 못한 부족량에 대하여도 공적운임(부적운임, dead freight)을 선사에 지불하여야 한다.

기타 두 종류 이상의 화물을 함께 선적할 때 그 화물의 분리 또는 dunnage(화물을 적재할 때 파손을 방지하기 위하여 통풍 · 경계용 막이 등으로 사용되는 목재 설치)등의 비용은 통상 화주 부담임을 이 항에 기록하게 된다.

13) Freight Rate(운임)

운송계약은 일종의 청부계약이므로 보통 양화량에 의하여 운임을 산출하나, 석탄과 같이 적화량에 따르는 화물도 있으므로 당사자 간에 선택할 수 있도록 하고 있다.

14) Freight Payment(운임지불)

운임지불 시기는 운임이 운송행위에 대한 보수라는 개념에서 보면 후불이 원칙이겠으나, 관습상 선불도 많이 이루어지고 있다. 이때는 Charter Party와 선화증권상에 선불한다는 요지를 기재할 필요가 있다.

운임지불방법은 다음과 같은 네 가지로 대별할 수 있다.

첫째, 선불인 경우(freight prepaid)

① 적화완료시불(payable on completion of loading)

② B/L발행시불(payable on signing of B/L)

둘째, 후불인 경우(freight collect)

③ 착불(payable on arrival destination)

④ 양화완료시불(payable on completion of discharging)

운송인(선주)의 면책사유로 선불한 운임을 반환받지 못할 경우에 대비하여 통상 화주는 보험에 가입하는 것으로 대응하게 된다.

운임지불장소는 양화지가 보통이지만 반드시 그렇지는 않으며, 제3의 장소에서 지불할 수도 있다. 지불수단 역시 현금만이 아니라 어음지불도 가능하며, 다만 현금인가 어음인가 하는 구분과 통화 종류를 명시할 필요가 있다.

15) Loading and Discharging Costs(선적 및 양륙비)

여기서는 전술한 Gross Term과 Net Term 그리고 FIO(free in and out)조건에 따른다.

16) Laytime(정박기간)

화주가 선적과 양화를 위해 사용할 수 있는 기간으로 계약서상에 화주에게 허용된 기간이다. 정박기간은 산정상 개시일을 명확하게 규정할 필요가 있다. 개시일은 각국의 법률 · 관습에 따라 차이가 있지만, 보통 계약에 따라 결정된다. 일반적으로 정박기간의 기산점과 밀접한 관계를 갖는 것은 바로 하역준비완료통지서(notice of readiness)이다.

일반적으로 정박기간은 적양화 N/R을 통지한 후, 일정시간이 경과한 다음부터 시작한다. 이에 대해 Gencon form에서는 N/R이 오전에 통지된다면 오후 1시부터 기간으로 기산하며, 만일 오후의 화주 영업시간에 통지된다면 다음날 오전 6시부터 기산한다. 단 berth에 대기(waiting in berth)하여 상실되는 시간은 적양기간에 산입된다고 규정하고 있다.

정박기간이 종료되는 종기는 일반적으로 하역이 완료되는 시간이다. 물론 계약상 정박기간은 여유를 두어 소정의 기간을 경과하여 종료되도록 되어 있다. 그러나 약정된 소정기간을 경과하여 하역이 완료되든지 소정기간의 만료 전에 완료되는 두 가지 경우를 생각할 수 있다. 전자의 경우에는 약정에 따라 체선료(滯船料)를 지불해야 한다. 하역조건에는 다음과 같은 조건들이 있다.

(1) 관습적 하역(customary quick despatch : CQD)

당해 항구의 관습적 특정 하역능력에 따라 될 수 있는 한 빨리 적양화하는 조건이며, 공휴일이나 야간작업에 대해서도 특약이 없는 한 관습에 따른다는 조건이다.

(2) running layday(연속 24시간)

우천, 스트라이크, 기타 불가항력 등 어떠한 원인에도 관계없이 하역개시 이후 종료시까지의 일수를 전부 정박기간에 산입하는 것으로 하루 하역량 몇 톤 또는 정박기일 며칠로 정하는 방법이며, 공휴일 제외 등이 명시되지 않으면 이것도 정박기일에 산입되는 방법의 하역조건이다.

(3) Weather Working Days(WWD, 호천하역일)

기상조건이 하역가능한 상태의 날만 정박기간에 산입하는 것으로 현재 가장 많이 택하고 있는 조건이다. 다만 어떠한 기상이 하역가능한 상태인가 하는 것은 화물의 종류에 따라 많은 차이가 있으므로 이러한 문제를 해결하는 방법으로 선장과 화주가 그때마다 협의 결정하는 것이 현명한 방법이다.

이 조건에서 공휴일은 다음과 같이 처리되고 있다.

① 공휴일은 원래 근로일이 아니므로 하역을 하더라도 보통 정박일수에 산입하지 아니한다. 이것을 "sunday and holidays excepted" 또는 첫 문자만 따서 SHEX라고 한다.

② 공휴일에 하역을 했을 때는 이를 정박일수에 산입한다는 조건도 있다. 이 때는 "sunday and holidays excepted unless used"라고 표시하여 처리한다.

③ unless used에 있어서도 만일 1시간이라도 하역을 하면 1일을 가산할 것인가 하는 문제가 발생하므로 실제 작업시간만을 산입하고자 할 때에는 "unless used, but only time actually used to count"라고 명시해 두어야 한다.

하역이 종료되면 보통 사용하는 정박일수를 기재한 정박일계산서(laydays statement)를 작성하여 선장이 서명한다. 여기서는 N/R의 발급시기, 하역개시일시, 종료일시, 일일작업상황, 일요일 · 공휴일, 천후불량 및 양화기 고장에 따른 하역휴업일시, 선적 및 양륙 수량 등을 기재한다. 또한 상기 제 항목에서 체선일수 및 조출일수는 기재하지 않고 간단히 사실기록이 될 수 있는 정박시간표(time sheet)도 작성하는데, 이것 역시 정박일계산서와 대동소이한 목적에 이용된다.

17) Shippers(송화인)

선주가 적화준비완료통지를 할 수 있도록 송화인의 성명(상호)과 주소를 상세히 명기해야 한다.

18) Demurrage Rate(체선료)

체선료란 초과정박기일에 대해 용선자 혹은 화주가 선주에게 지불하는 보수, 곧 ① 좁은 의미에서의 체선료는 계약상의 정박일수(정박일수의 결정이 없을 때는 상당한 기간)를 경과할 때 용선자 혹은 화주가 선주에게 지불하는 약정금으로 그 요율은 사전에 결정된다. ② 넓은 의미에서의 체선료는 초과정박일수에 대해 지불할 금액을 사전에 계약하지 않는 경우나 또는 체선료 지불에 있어 선박을 정박시켜 둔 일수, 곧 demurrage days or days on demurrage(허용정박일수)를 초과해서 선박을 체박시키는 경우에 그 체박에 대해 용선자 혹은 화주가 선주에게 지불하는 금액이다.

체선료의 계산은 1일 24시간을 기준으로 하여 계산하지만 WWD의 경우에는 주간하역, 곧 1일 12시간으로 계산하는 것도 있고, 또는 per like day라고 하는 계약상의 정박기간을 기초로 하여 계산하기도 한다. 따라서 체선료는 선적 및 양륙을 구별하여 별도로 계산하는 것을 원칙으로 하나, 용선자의 이익을 위해 그 기간의 선적 및 양륙기간을 상호 동시에 규정하는 경우도 적지 않다. 그리고 체선료

그림 4-4 **체선료의 기간별 산정**

① 체선료를 정한 경우

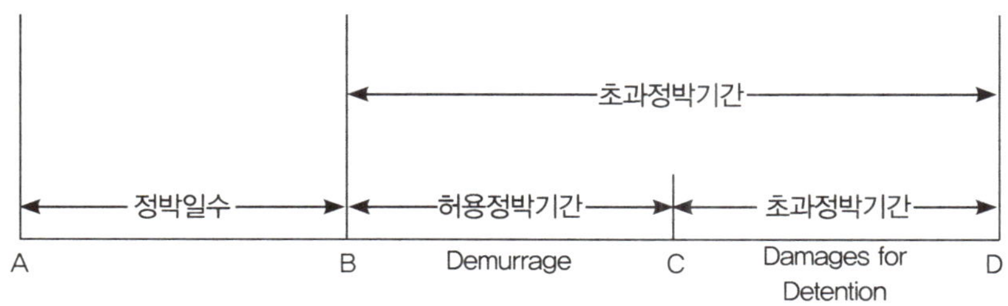

② 체선료를 정하지 않는 경우

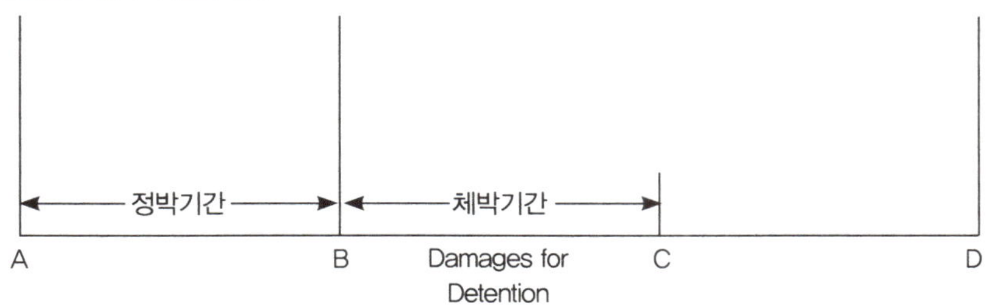

와 함께 알아 두어야 할 사항으로 조출료(早出料, despatch money)가 있다.

조출료란 용선계약상 허용된 정박기간 종료 전에 하역이 완료되었을 때 그 절약된 기간에 대해 선주가 용선자에게 지급하는 보수금으로 조출료는 체선료(demurrage)의 반 정도이지만, 계약에 따라서는 3분의 1인 경우도 있다.

조출료의 기간계산방법에는 all laytime saved(절약한 정박기간)와 all time saved(절약한 전기간)의 두 가지가 있다. 이를 예시하여 설명하면 다음과 같다.

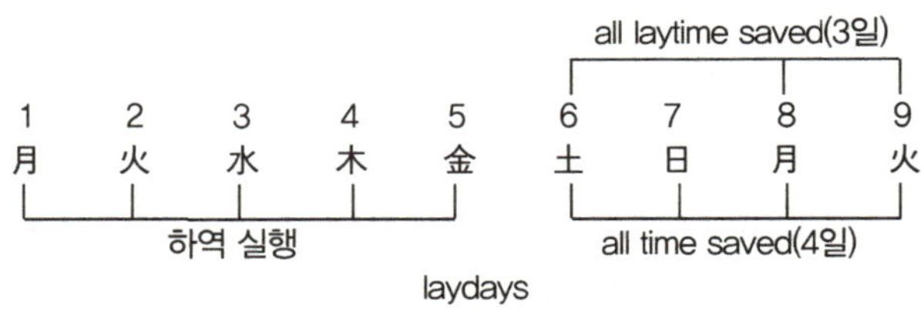

곧, laydays가 8일간으로 sunday, holiday excepted조건일 때 laydays의 개시일이 1일(일요일)이라고 하면 최종일은 9일이다. 그런데 하역의 결과 5일(금요일)까지 하역이 완료했다고 가정할 때 이때 all laytime saved조건에서는 6(土), 8(月), 9(火)의 3일간이다(7일의 일요일은 최초부터 laydays 계산에서 제외되고, 실제 하역 여부에 불구하고 이 계산에서 제외된다).

그러나 all time saved조건에서는 본선의 출항을 단축할 수 있는 기간은 6, 7, 8, 9의 4일간으로서 일요일도 포함된다.

따라서 이 예에서 all laytime saved조건의 경우 조출료는 6, 8, 9의 3일간이고, all time saved조건에서는 6, 7, 8, 9의 4일간에 대해 지급된다.

19) Concelling Date(해약기일)

본선의 선적지 회항이 예정일보다 심하게 지연될 경우에 화주는 선적준비상 손해를 입게 된다. 따라서 해약기일을 약정하여 해약기일이 넘으면 화주는 해약권을 발동할 수 있다.

해약기일이 도래하더라도 선박의 운항이 일기나 고장수리 등으로 방해를 받는 수가 많기 때문에 Gencon form에서는 입항 48시간 전에 화주에게 통고하도록 되어 있다.

본선이 해손으로 지연되는 경우는 가급적 신속히 용선자에게 통고하되 적재준비완료예정일을 10일 이상 초과할 때는 용선자는 계약의 해제선택권을 갖게 되는데, 단 해약기일을 약정한 때에 한한다.

20) Brokerage Commission and to Whom Payable(중개수수료와 지불대상)

Gencon form에서는 수입운임(freight earned)에 대하여 ×%의 중개료를 지불하도록 규정하고 있다. 중개료의 지불시기는 실제로 운임을 징수하는 시간에 지불하는 것이 원칙이다. 그러나 특약에 따라 용선계약서의 서명 시나 선적완료 시에 지불하도록 약정하는 수도 있으며, 계약 불이행시나 선박 상실 시에 대한 약정도 하게 된다. Genon form에서는 계약 불이행 시의 중개료는 약정액의 1/3만 지불하며, 당 중개인의 주선으로 맺어진 선화주 간에 계속해서 거래가 성립되면 합의에 의해 중개료를 결정한다고 하여 중개인의 이익을 크게 보호하고 있다.

이밖에 추가약관(rider clause), 첨부사항(addendum)으로는 다음과 같은 것들이 있다.

(1) B/L의 발행

C/P를 작성한 조건에 기준하여 화물선적이 완료되면 화주의 요청에 의해 화물수취증에 따라 인환증권인 B/L이 발행된다. 이때 발행되는 B/L은 정기화물선에서 발행되는 B/L(shipped B/L 및 컨테이너화물의 received B/L)과는 달리 charter party bill of lading이라고 부른다. B/L 면에서 운임이 용선운임 총액에 달하지 못할 때 그 차액은 B/L에 서명한 선장이 현금으로 지불해야 하기 때문에 각별히 유의해야 한다고 설명하고 있다.

(2) 공동해손(general average)

공동해손의 발생은 준거법에서 규정하고 있다. 여기서는 주로 '요크앤트워프

(York Antwerp)규칙'(1974년)에 따라 준거된다.

(3) 대리점(agency)

적양지에서의 입출항수속과 하역수배 등은 운항자대리점에서 수행하거나 또는 화주의 대리점인 용선자대리점(charterer's agent)에서 수행한다.

최근에 외국의 대무역상사들 간에는 적양항에 자사의 대리점을 지정하고 이에 관한 조항을 C/P에 삽입하는 경향이 있다. 이 같은 조항의 목적은 적양수배의 편의 때문이다. 여기에서 용선자들은 clearing fee(취급료)나 agency fee(대리점료) 또는 address commission을 지불하게 된다.

(4) 유치권조항(lien clause)

유치권은 운송계약에 있어서 화주가 운임, 기타의 부대비용을 지불치 아니할 때 선주는 그 적화를 유치할 수 있다는 권한이다. 영국법에서는 보통법상의 권리로서 명시의 합의를 근거로 하지 않는다. 곧 계약상에 명시규정이 없어도 존립할 수 있는 권리이다.

Gencon from에서는 선주가 운임, 부적운임, 체선료 및 체박손해금(damages for detention) 등에 대하여 화물의 유치권을 가질 수 있다고 규정하고 있다.

(5) 위약금조항(penalty, indemnity)

용선위약금은 불가항력 이외의 사유로 용선계약을 위반했을 때 위약 당사자가 그 상대방에게 지불하는 위약금을 말하며, 내용에 따라서는 배상금(indemnity)이라고도 한다. 그 액수는 견적운임의 총액을 초과하지 않는 범위로 제한되고 있는 것이 통례이며, 이에 대해서는 계약서에 명시된다.

Gencon form에서도 본 용선계약의 불이행에 대하여 배상금을 운임견적액을 초과하지 않는 한도 내에서 증명손해액으로 규정하고 있다.

(6) 면책조항(exception)

면책이란 용선계약서와 선화증권 기타 운송계약서의 약관 중 일정종류의 위험, 우발사고 또는 태만에 대한 책임으로부터 운송인을 면책케 하는 약관이다.

가. 전쟁조항(war clause)

Gencon form에서도 general war clause를 설정하고 선박의 게양기 소속국이 참전하는 경우, 만약 적화가 전시금수품일 때에는 당사자가 임의해약을 득할 수 있게 하였다. 또한 봉쇄항에서의 선적계약은 무효이며, 봉쇄항에서의 양화에 대한 B/L발행도 하지 않는다는 규정을 두고 있다. 이것은 전쟁상태에 대한 규정문언이 상업적 해석에 기준을 두고 있기 때문이다.

나. 스트라이크조항(strike clause)

스트라이크가 발생하는 경우를 대비하여 노동분쟁 또는 그 결과에 대한 책임부담의 취지를 strike clause에 삽입하고 있다. Gencon form에서는 general strike clause에서 스트라이크 및 록 아웃(lock out)의 결과 계약상 의무수행이 저해 및 지연되는 것은 당사자에게 책임이 없다. 따라서 적지에서 선적에 방해를 받게 되면 선장 및 운항자(operator)가 화주에 대하여 계약상의 정박기간 계산의 확인을 구하려고 할 때는 전보나 텔렉스(telex)로 24시간 이내에 화주의 확답을 구해야 하는 동시에 해약의 선택권을 주어야 하며, 또는 양지에서 스트라이크나 록 아웃으로 인하여 양화가 방해를 받게 되면 소정의 정박기간 경과 후에 체선료의 반액을 지불하고 대기한다고 규정하고 있다.

이때 안전한 대체항으로의 회항 지령을 할 수 있는 선택권은 화주에게 있으므로 화주는 선장이나 운항자의 통고를 받고 48시간 내에 결정하여 회항을 선장에게 지시해야 한다.

다. 결빙조항(ice clause)

Gencon form에서는 general ice clause를 설정하고 적지에서 결빙의 경우 계약은 무효이며, 양지에서 결빙은 체선료를 지불하고 재항해 시까지 대기한다든지 혹은 안전 대체항으로의 회항지령은 화주의 선택권에 둔다고 규정하고 있다.

라. 선주면책조항

해상위험의 특수성에 따라 선주에게는 면책특약을 인정하고 있다. 이 같은 면책조항은 B/L에도 상술되고 있지만, C/P에도 똑같은 면책조항을 삽입하고 있다. Gencon에서는 ower's responsibility clause를 설정하고 화물의 멸실, 손해 및 인도지연에 대한 선주책임을 ① 적부불량(charterer's stevedore의 경우는 제외), ② 감항력담보 등에서 선주가 상당한 주의(due diligence)의 결여로 인한 과실 등의 경우로 한정한다. 따라서 선장이나 타사용인(정기용선자 및 임차인)의 과실과 태만으로 선박 불감항의 경우에는 선주는 책임을 지지 않는다고 규정하고 있다.

마. 이로조항(deviation clause)

본선이 정하여진 항로에서 이탈하거나, 또는 정해진 항로를 변경하는 것은 이로(離路)라고 부른다. '해상보험법(Marine Insurance Act, 1906)' 제41장 제46조의 이로약관(deviation clause)에는 이로를 다음과 같이 규정하고 있다. ① 항로가 보험증권에 특히 지정되었을 경우 그 항로를 떠났을 때, ② 항로가 보험증권에 특히 지정되지 않았을 경우에는 통상 관습상의 항로를 떠날 때 등이다. 본조에서는 선박이 적법한 이유 없이 보험증권에 정하여진 항해로부터 이탈하였을 때에는 보험자는 그 이로 시부터 책임이 해제된다고 규정하고 있다.

Chapter 05

컨테이너운송

제1절 | 컨테이너 개관
제2절 | 컨테이너 터미널
제3절 | 컨테이너운임
제4절 | 컨테이너운송절차
제5절 | 내륙컨테이너기지

제1절 컨테이너 개관

1. 컨테이너의 정의

컨테이너(container)란 물적 유통(physical distribution)부문의 포장, 수송, 하역 및 보관 등 모든 과정에서 육 · 해 · 공을 연합하여 경제성, 수익성, 안전성을 최대한으로 충족시키고 화물운송 도중 화물의 이적 없이 일관수송(through transportation)을 실현시킨 혁신적인 수송도구이다. 즉 컨테이너는 반복적으로 사용이 가능하도록 규격화된 수송도구이며 화물의 단위운송(unit load)을 실현시켜 주는 혁신적인 수송용구이다.

컨테이너의 성격과 구조에 관해서 아직도 국제 간의 특정협약은 없지만 ISO(International Standardization Organization)에 의하면 컨테이너 구비조건은 다음과 같다.

① 일정기간에 재사용이 가능한 충분한 내구력을 가지고 있어야 한다.
② 운송 도중 수송경로(수단)가 바뀌는 경우 화물의 적양 없이 일관수송을 할 수 있도록 설계되어 있어야 한다.
③ 수송경로를 변경할 때 조작이 용이하여야 한다.
④ 화물의 적양이 편리하게 설계되어 있어야 한다.
⑤ 내부의 용적이 1㎥ 이상이어야 한다.

2. 컨테이너 터미널의 기능

운송은 출발지에서 도착지까지 물류거점(node)과 수송로(link)의 연결에 의하여 이루어진다. 이 과정에서 물류거점은 공급자와 수요자의 중간에 위치하여 물품의 수취, 인도, 환적, 보관, 운송하는 중심적 역할을 다하는 장소의 통칭으로 항만, 공항, 화물역, 트럭 터미널, 컨테이너 터미널, 내륙컨테이너기지, 복합화물터미널 등 주요 사회간접자본에 따라 배치되는 것과 유통창고, 배송센터, 물류센터, 톡 포인트 등 기업 차원에서 배치되는 것으로 구분된다.

컨테이너 터미널은 해상운송과 육상운송을 연계하는 복합운송시스템으로서 표준화된 운송시스템을 사용하는 현대식 물류시스템이다.

컨테이너 터미널은 컨테이너화물의 수취와 인도, 보관, 각종 관련 장비의 관리 운영 등을 효율화함으로써 컨테이너를 신속, 정확, 안전하게 운송하는 데 있다.

컨테이너 터미널은 화물유통의 중추인 해 · 육운송을 연결하는 접속점의 역할을 담당하는 곳으로 컨테이너를 신속하고 효율적으로 컨테이너선에 선적하거나 양륙하고, 트럭과 기차와의 컨테이너화물의 수도, 컨테이너의 장치, 집적, 컨테이너 및 그 관련 기기의 정비 및 수리 등의 업무를 수행하는 장소이다. 항만 컨테이너 터미널은 다음과 같은 기능을 갖추어야 한다.

① 부두에 위치하여 컨테이너선의 안전한 항행, 이착안, 본선 하역, 하역 준비 등이 수행되며, 각종 관련 기기를 관리 보관할 수 있는 시설과 조직을 가지고 있어야 한다.

② 하역작업상 대량의 컨테이너화물을 효율적으로 신속하게 취급할 수 있는 능력을 갖고 있어야 한다.

③ 해상운송과 육상운송이 접속되어 일관수송이 편리한 장소이어야 한다.

3. 컨테이너 터미널의 조건

컨테이너 터미널은 화물의 단위(unit)화를 통하여 그 처리방법을 표준화, 신속화하여, 하역기기의 기술혁신과 함께 재래 정기선 시대에 비하여 대량화물의 선적, 양륙시간을 획기적으로 단축시켜 정박시간을 감소하고 선박의 회전율을 높였다.

그리고 터미널 내에서 하역의 단일화에 의하여 컨테이너의 연속적인 움직임에 대한 종합적인 계획을 사전에 입안할 수 있게 되었고, 다른 운송수단의 생산성 향상에 크게 기여하였다.

컨테이너운송이 활성화되기 위해서는 컨테이너 전용선의 활용, 하역의 생력화 그리고 내륙운송수단과의 연계과정 등이 컨테이너운송에 적합하여야 한다. 특히 항만기능의 중추는 컨테이너 터미널이며 이것은 컨테이너운송을 구성하는 시스템 속에서 하나의 센터로서의 역할과 더불어 복합적이며 물류의 합리화, 집약화를 도모하는 기능을 담당하여야 한다.

이를 위해 컨테이너 터미널은 기본적으로 다음과 같은 조건을 갖추어야 한다.

① 컨테이너선의 안전한 항행, 이 · 접안, 계류가 가능하고 하역용 갠트리 크레인을 장치하고 있어야 한다.

② 컨테이너선에 적재, 양륙되는 컨테이너를 육상운송수단에 신속, 정확하게 수도하는 능력이 있고 컨테이너의 상태를 검사할 수 있는 시설과 조직을 갖추고 있어야 한다.

③ 컨테이너 터미널을 통과하는 대량의 컨테이너를 신속, 정확하게 처리할 수 있는 시설과 조직을 갖추고 있어야 한다.

④ 컨테이너 터미널을 통과하는 대량의 컨테이너를 신속, 정확하게 처리할 수 있는 능력이 갖춰진 시스템하에서 운영되어야 한다.

⑤ 내륙운송 접점의 역할을 수행하기 위해서는 배후지의 도로망이나 충분한 운송능력이 있는 철도에 직접적으로 접속되어야 한다.

⑥ 대량 컨테이너를 동시 수용하기 위해 항만 배후부지에 넓은 CY나 CFS를 확보하고 있어야 한다.

그림 5-1 컨테이너화물의 유통경로

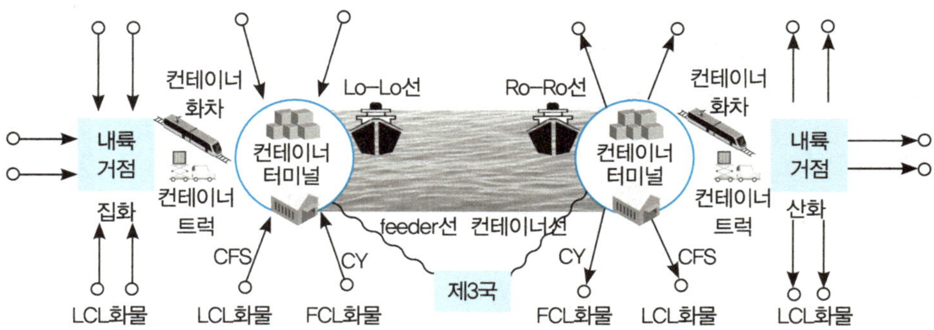

4. 컨테이너화물의 종류

컨테이너수송이 아무리 신속성, 안전성 및 경제성이 있다 하더라도 모든 화물을 전부 컨테이너화(conatainerization)할 수 없다. 따라서 컨테이너화의 적합도에 따라 최적상품, 적합상품, 한계상품, 부적합상품 화물로 구분한다.

운송의 경제적 측면에서 철강재나 자동차 등은 컨테이너에 적입할 수 있으나 이 화물들은 대량 또는 동시에 출하되어야 하므로 전용선 또는 특수선에 의한 수송이 경제적일 수 있다.

위험물의 컨테이너에 의한 운송은 물리적, 경제적 측면 외에도 그 위험물의 선적항, 양륙항의 항만규칙 및 취항국가의 위험물 관계법규에 따라 컨테이너에 적입, 선적, 운송하여야 되고 양화 후에도 이들 법규에 따라 보관 및 육상운송을 하여야 한다.

1) 최적상품(prime containerizable cargoes)

컨테이너로 가장 효율적으로 운송할 수 있는 상품은 값이 비싸고 또한 해상운임이 비싼 공산품으로 전자제품, 피복류, 시계, 의약품 등이 있다.

2) 적합상품(suitable containerizable cargoes)

최적상품보다는 값과 운임이 싼 상품, 즉 철제류, 피혁제품, 철판 등이다.

3) 한계상품(marginal containerizable cargoes)

물리적으로 적재할 수 있고 가격과 운임이 싸고 도난의 위험이 없는 상품, 즉 선철, 잉곳(ingot) 등이다.

4) 부적합상품(unsuitable containerizable cargoes)

화물을 물리적으로 컨테이너화할 수 없는 것은 극히 드물겠으나 화물의 성질,

용적, 중량 등에 따라 경제적 측면에서 컨테이너화에 부적합한 것이 있다. 화물의 크기가 컨테이너 내부의 용적이나 문의 치수보다 크거나 또는 중량이 컨테이너의 단위면적당 한계중량을 초과하는 화물은 컨테이너에 적입할 수 없다.

5. 컨테이너의 분류

컨테이너는 다양한 화물들을 가장 효율적으로 수송하기 위하여 여러 가지 종류가 개발 · 이용되고 있으며 특수한 상품수송을 위해 새로운 컨테이너가 계속 개발되고 있다. 여러 컨테이너가 있는데, 크기, 구조 및 사용목적, 재질 등에 따라 다음과 같은 것이 있다.

1) 크기에 의한 분류

(1) 종류

현재 우리나라에서 국제수송용으로 사용되고 있는 컨테이너에는 크기에 따라 ISO기준으로 10feet, 20feet,[01] 40feet[02] 등의 종류가 있다.

(2) 적재중량

컨테이너에 적재할 수 있는 화물의 총중량은 컨테이너의 종류에 따라 정해져 있다. 최대적재중량은 컨테이너의 총중량에서 컨테이너의 자체중량을 공제한 중량이 된다. 대개 20′드라이 컨테이너의 경우 41,270lb이며, 40′드라이 컨테이너의 경우 60,810lb이다. 컨테이너의 최대총중량은 안전하중으로서 이를 초과하는 컨테이너는 수송기관에서 선적을 거부당하게 된다.

01 Twenty-Foot Equivalent Unit : TEU
02 Forty-Foot Equivalent Unit : FEU

표 5-1 컨테이너 화물적재 사양

(철제 드라이 컨테이너기준, 단위 : 톤/CBM)

규격	공컨테이너 중량	최대 적재중량	실제 최대중량	최대 적재부피	평균 적재부피
20피트	2.08~2.2	20.32	17.5	33	25
40피트	3.88~4.05	30.48	20.0	67~68	55

(3) CBM 산정방법

CBM이란 Cubic Meter의 약자로서 가로, 세로, 높이가 각 1미터인 부피를 환산하는 단위이다. 컨테이너 적재능력은 중량과 부피로 가늠이 되는데 중량[03]은 Ton이나 kg으로 부피는 CBM으로 표시하고 있다. 컨테이너 최대 적재부피는 그 내장 사이즈(size)에 의해 결정이 되지만 컨테이너 내·외장 사이즈는 운송단위 규격화를 위해 국제적으로 통일되어 있다(제작사에 따라 무시할 정도의 근소한 차이는 있다).

예) 가로 80cm, 세로 120cm, 높이 50cm인 화물의 CBM은?

⇒ 0.8×1.2×0.5=0.48CBM

아래는 컨테이너 내장 사이즈의 최소치를 기준으로 적어 놓은 것으로 어느 선사의 컨테이너라도 아래의 수치를 적용하면 무리가 없을 것이다.

* 내장 사이즈 : 길이/폭/높이/CBM
  - 20ft(dry) : 5.8M/2.3M/2.3M/30.682
  - 40ft(dry) : 12M/2.3M/2.3M/63.480

03 중량 단위가운데 M/T란 Metric ton의 약자로 Kilo ton이라고도 부르며 화물의 중량(무게)을 표시하는 단위이다. 즉 1M/T=1,000kg을 의미한다. 한편 해상운임, 창고료 등 물류 관련 각종 요금 청구 시 사용되는 단위는 R/T(revenue tonnage)로서 용적과 중량 가운데 비용이 많은 쪽을 적용한다는 의미이다. 물류 관련 요금은 부피 및 중량에 따른 요금이 정해져 있는데, 어떤 화물의 부피와 중량에 따른 요금이 상이할 경우 비싼 쪽을 적용한다는 의미이다.

그런데 CBM은 물이 아닌 다음에는 실제 화물을 적재할 경우 나올 수 있는 수치는 아니다. 왜냐하면 화물 적재 시 Dead Space(빈 공간)가 생기기 때문인데 이는 화물의 외장 사이즈에 달려 있다. 일례로 어느 1개 화물의 포장 후의 외장 높이가 1.2M를 넘게 되면 컨테이너 내 2단 적재(2층으로 쌓는 것)가 안 되므로 화물을 많이 적재할 수 없다.

일반적으로 화물의 단위당 용적(CBM)이 작을수록 화물은 많이 적재할 수 있다. 즉 같은 30CBM의 화물이라도 단위당 화물의 사이즈가 책상만 한 것과 라면박스만 한 것이 있다면 라면박스만 한 화물의 Dead Space가 적게 나오기 때문에 화물을 더 많이 적재할 수 있다. 그러나 책상만 한 화물이나 더 큰 화물이라도 컨테이너의 내장 사이즈를 감안하여 포장을 제작하였다면 문제는 달라진다.

2) 구조 및 사용목적에 의한 분류

(1) Dry Container

액체화물 이외의 또 온도조절을 필요로 하지 않는 일반잡화를 수송하는 가장 보편적인 컨테이너로 전(全)컨테이너의 대부분을 차지하고 있다. 전후 방향의 한쪽 끝에 2개의 Door가 있고 각각의 Door는 약 270도 개폐가 가능하다. 대상화물이 Dry Cargo이므로 Door의 주위에는 Neoprene(합성고무의 일종) 등으로 포장되어 있어 내장화물을 비, 바람으로부터 보호할 수 있다.

그림 5-2 Dry Container의 규격 및 세부명칭

컨테이너명		Dry Container(20′, 40′, 40HC, 45′)			
		20ft	40ft	40ft HC	45ft
내부치수 (mm)	길이	5,899	12,034	12,034	13,555
	폭	2,348	2,348	2,348	2,348
	높이	2,390	2,390	2,695	2,695
개구부치수 (mm)	폭	2,336	2,336	2,336	2,336
	높이	2,278	2,278	2,583	2,583
내부용적(CBM)		33.100	67.500	67.100	85.700

중량 (kg)	자체중량	2,290	3,890	4,150	4,880
	최대 적재중량	21,710	26,590	26,330	25,600
	총중량	24,000	30,480	30,480	30,480

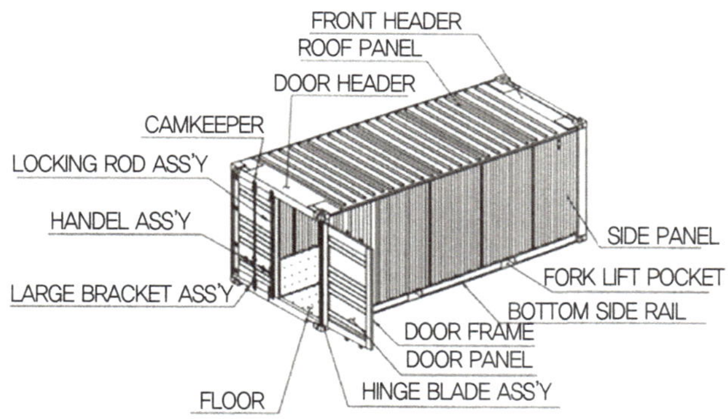

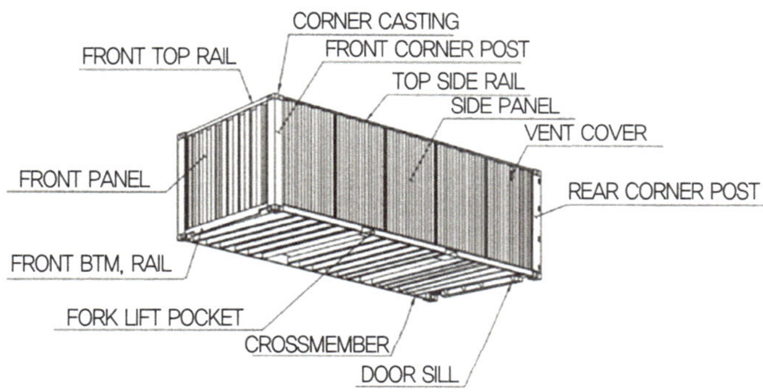

(2) Reefer Container

과일, 야채, 육류 등과 같이 보냉 및 보열이 필요한 화물을 수송하기 위한 냉동 컨테이너이다. 국제 대형 컨테이너의 경우에는 보통 냉동기를 사용하여 적화에 대한 소정의 온도를 보존하는 냉각장치의 설비방식에 따라 별치식(別置式) 냉동 컨테이너와 내장식 냉동 컨테이너의 두 종류로 분류된다.

컨테이너 선(船)에 적재하는 냉동 컨테이너는 냉동 유니트(unit)를 작동시켜 섭씨 +26~−28까지 온도를 조절할 수 있으나 수송 중에 냉각을 계속하기 위하여 전원이 필요하다. 냉각방식에는 수냉식과 공냉식이 있어 갑판적인 경우에는 공냉식에 의하여 열을 대기중에 방산(放散)하고 있으며 창내 적재인 경우에는 창 내의 풍량이 부족하므로 수냉식에 의하여 열을 냉각수에 방산하고 있는 것도 있다. 이처럼 냉동 컨테이너는 특별한 장치가 필요하며 규정된 공간 이외에는 적치할 수가 없다.

(3) Solid Bulk Container

소맥분, 축사료 등의 수송에 적합하게 만든 컨테이너로서 대개 천장에 세 개씩 맨홀이 있다.

(4) Open Top Container

기계류, 철강제품, 판유리 등 중량화물수송에 적합한 컨테이너로서 천장을 개방할 수 있도록 캔버스 덮개로 되어 있으며 적입(積入), 적출(積出) 시에는 크레인을 사용, 컨테이너 상부에서 하역을 할 수 있는 것이 특징이다. 천장이 없기 때문에 강도가 감소되지 않도록 Spreader Bow가 설치되어 있는 것이 보통이다.

20ft Open Top Container

(5) Flat Rack Container

Platform Container라고도 하는데 Dry Container의 천장과 좌우 측벽(側壁)을 제거한 모양으로서 양단벽(兩端壁)까지도 떼었다 붙였다 할 수 있어 바닥과 네 구석의 기둥만의 형태가 된다. 전후좌우 그리고 위로부터 하역할 수 있는 것이 특징이다. 기계류, 강재, 목재 등 비교적 무겁고 흔들리더라도 지장이 없는 화물의 수송에 적합하며 지게차로도 하역할 수 있어 의외로 이용도가 높다.

Flat Rack Container(40′)세부 명칭

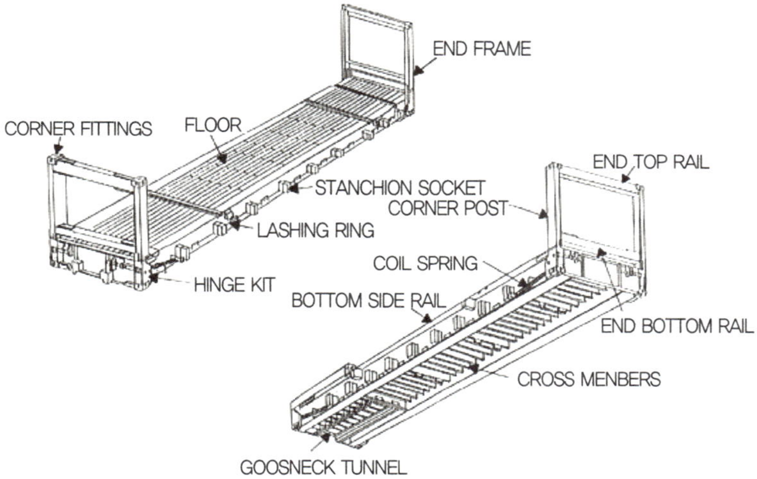

(6) Tank Container

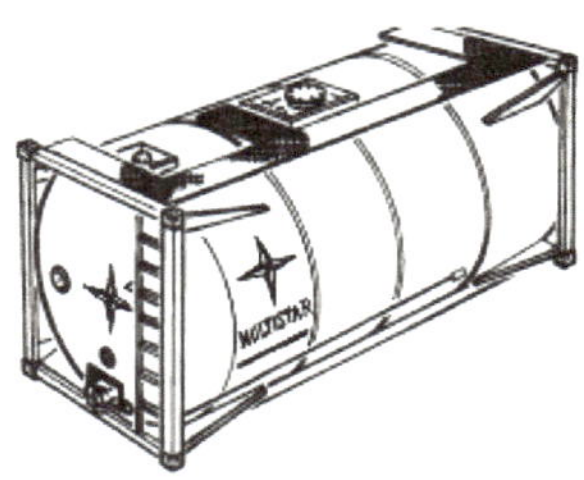

액체화물의 해상수송용 용기. 일반 건화물용 컨테이너와 같은 방식으로 하역작업을 하기 위해 일반 컨테이너와 같은 사양의 용기 내에 원주형의 용기를 설치한 컨테이너로 술, 유류, 화학품 등의 액체상태의 화물을 수송하기 위해 특별히 고안해 만든 컨테이너이다. Tank Container는 위험 및 비위험 액체화물운송에 사용되며 가열을 위한 장비가 부착된 종류도 있다.

(7) Ventilated(Pen) Container

과일, 야채 등과 산동물 등 호흡작용을 위해 벽면에 통풍이 되도록 설계되어 있는 컨테이너이다.

(8) Insulated Container

보존컨테이너로 과일 및 야채 등을 적재할 때 화물의 온도상승을 방지하기 위하여 만든 컨테이너로서 드라이아이스 등을 넣어 일정한 온도를 유지한다.

(a) 20ft insulated container

(b) 40ft insulated container

(9) Garment Container or Hanger Container

양복 등의 의복류를 옷걸이에 걸린 상태로 적입하도록 함으로써 의복류를 보호하고 하역 즉시 전시 판매할 수 있도록 하는 컨테이너이다.

(10) High Cube Container

보통 ISO규격 컨테이너는 그 높이가 8피트 6인치이지만 그보다 높이가 1피트 높은 9피트 6인치짜리인 컨테이너도 있다. 이러한 컨테이너를 High Cube Container라고 한다. 보통 20″형(型)보다는 40″형의 컨테이너에 High Cube형이 많으며 별명으로 Jumbo Container라고 부르기도 한다. High Cube Container는 높이가 높기 때문에 나라에 따라서는 국내 통행을 제한하기도 한다.

(11) Open Sided Container(개방식 컨테이너)

선적과 하역을 위해 컨테이너의 측면 접근이 가능하도록 측면을 개방한 컨테이너이다. 이 컨테이너 취급 시에는 해상운임에 할증료가 부과되는 것이 일반적이다.

(12) Ventilated Container(통기(通氣)컨테이너)

통풍을 요하는 화물을 컨테이너로 운송할 때 사용되는 컨테이너로 일반적인 컨테이너와 외견상 비슷하나 컨테이너 위쪽과 아래쪽에 구멍이 있어 환기가 될 수 있도록 고안되어 있다. 주로 커피 등 농산물을 수송할 때 사용된다.

3) 재질에 의한 분류

컨테이너에 사용되는 재질은 주로 다음의 세 가지의 종류가 있으며, 한 가지 재료로 제작된 것은 거의 없고 대부분 몇 개의 재질로 제작된다.

(1) 알루미늄 경합금제 컨테이너

가볍고 외관이 아름답고 유연성이 있고 내구성이 있으나 제조원가가 비싼 것이 단점이다.

(2) 강철제 컨테이너

제조원가가 싼 것이 장점이고, 녹이 슬고 무거운 것이 단점이다.

(3) FRP(fiber glass reinforced plastic) 컨테이너

FRP를 합판의 표면에 접착제로 붙인 컨테이너이다.

표 5-2 컨테이너의 종류

<table>
<tr><th colspan="2">분류기준</th><th>용도</th><th>비고</th></tr>
<tr><td rowspan="2">크기</td><td>20ft</td><td rowspan="2">국제수송용으로 사용</td><td>주로 LCL화물 취급</td></tr>
<tr><td>40ft</td><td>주로 FCL화물 취급</td></tr>
<tr><td rowspan="7">구조 및 목적</td><td>Dry Container</td><td>온도조절이 필요 없는 일반잡화수송</td><td></td></tr>
<tr><td>Reefer Container</td><td>과일, 야채, 육류 등과 같이 보냉 및 보열이 필요한 화물을 수송</td><td>−28℃~26℃ 유지</td></tr>
<tr><td>Solid Bulk Container</td><td>소맥분 등의 수송에 적합하게 만든 컨테이너</td><td>천장에 세 개씩 맨홀</td></tr>
<tr><td>Open Top Container</td><td>dry container의 지붕과 옆면의 윗부분이 열려 있어 윗부분에서의 하역이 가능</td><td>중량화물, 장척물(長尺物) 적입</td></tr>
<tr><td>Flat Rack Container</td><td>dry container의 지붕 및 벽을 제거한 네 개의 기둥으로 유지</td><td>중량화물[04]</td></tr>
<tr><td>Tank Container</td><td>액체상의 화물을 수송하기 위한 컨테이너</td><td>유류, 주류 등</td></tr>
<tr><td>Ventilated(Pen) Container</td><td>살아있는 동물을 운반하기 위한 컨테이너</td><td>산동물</td></tr>
<tr><td rowspan="3">재질</td><td>알루미늄 경합금 컨테이너</td><td>가볍고 외관이 아름답고 유연성과 내구성이 있다.</td><td>제조원가가 비싸다.</td></tr>
<tr><td>강철제 컨테이너</td><td>제조원가가 싸다.</td><td>녹이 슬고 무겁다.</td></tr>
<tr><td>Fiber Glass Reinforced Plastic FRP 컨테이너</td><td>FRP를 합판의 표면에 접착제로 붙인 컨테이너</td><td>합판으로 제작</td></tr>
</table>

6. 컨테이너선의 분류

1) 선형에 의한 분류

(1) 혼재형(conventional ship)

재래선에 일반잡화와 함께 혼재하는 선박이며 컨테이너 전용선이 아니다.

---

04 기계류, 목재

(2) 분재형(semi-container ship)

재래선 선창의 중앙 또는 갑판에 컨테이너 전용장치를 설치한 선박이다.

(3) 전용형(full-container ship)

갑판 및 선창이 컨테이너만을 적재하도록 설계된 선박이다. 일반적으로 컨테이너선이라 하면 이 전용형의 컨테이너선을 말하는 것이다.

2) 하역방식에 의한 분류

(1) Lift on/Lift off(Lo/Lo)

본선 또는 육상에 설치되어 있는 갠트리 크레인으로 컨테이너를 수직으로 적양하역을 하는 방식을 말한다.

(2) Roll on/Roll off(RO/RO)

선미 및 현측에 램프(ramp)가 설치되어 있어, 컨테이너는 이 램프를 통해서 트랙터나 또는 포크리프트 등에 의해서 하역된다.

(3) Float on/Float off(LASH)

부선(barge)에 컨테이너 또는 일반화물을 적재하고 barge에 설치되어 있는 크레인(crane) 또는 엘리베이터에 의해서 하역된다. 대표적인 예가 LASH선이다.

7. 컨테이너 화물운송의 장 · 단점

1) 컨테이너 화물운송의 장점

컨테이너 화물운송은 화주, 선박운송업자, 도로운송업자, 철도운송업자, 항공운송업자 등 여러 부문의 이용자에게 상당한 이점을 제공하고 있으나, 주로 화주의 입장에서 본 이점은 다음과 같다.

첫째, 컨테이너는 그 자체가 상품의 외포장의 역할을 하므로 포장비가 절감된다.

둘째, 컨테이너에 의한 화물운송은 운송인들에게 화물취급 편리, 신속한 운송 등 여러 가지 이득을 줌으로써 화주들은 할인된 운임을 적용받을 수 있다.

셋째, 컨테이너의 최대이점의 하나는 하역단계의 간소화에 따른 노동력의 절약과 화물의 기계적 처리로 인한 하역비의 대폭적인 절감이다.

넷째, CY 및 CFS 자체가 통관화물에 대한 보세창고의 역할을 하므로 화물의 통관을 위한 별도의 보세창고료가 면제되고, 실제로 CY나 CFS는 화물의 보세창고기능을 갖고 있어 그만큼 창고료가 절감된다.

다섯째, 컨테이너의 통관화물은 생산공장 또는 송화인의 창고에서 컨테이너에 적입, 봉인되는 즉시 신용장조건에 따른 B/L이 발급되어 곧 매입할 수 있으므로 자본의 원활한 회전을 기할 수 있다.

여섯째, 컨테이너화물은 해상운송과 부대 육상운송과의 연결이 원만하고 환적할 때의 지연시간 없이 해륙일관수송이 가능하므로, 화물의 생산지로부터 소비지까지의 수송기간을 단축시킬 수 있으며 하역시간도 단축시킬 수 있다.

일곱째, 컨테이너는 용기 자체가 견고하고 밀폐되어 있어 하역작업상의 안전은 물론 화물운송 중의 풍랑 · 풍우나 온도 · 습도 등 기후상의 변동에 대하여 안전을 기할 수 있다.

2) 컨테이너 화물운송의 단점

컨테이너 운송은 다음과 같은 단점도 있다.

첫째, 거대자본을 요한다. 척당 수천만 달러에 달하는 고가의 선대보유, 최소한 2조의 컨테이너 보유, 터미널 및 각종 장비의 확보, 컴퓨터망의 확립 등을 위해 막대한 자본을 요한다.

둘째, 특수컨테이너의 개발로 점차 그 비율은 줄고 있지만, 근본적으로 모든 화물을 컨테이너화할 수 없다.

셋째, 컨테이너선의 용량이 커서 소량화물의 경우 혼재를 하여야 하는 불편이 있다.

넷째, 컨테이너화에는 거액의 자본도 요하지만, 선사직원 및 항만노무자의 교육 · 훈련, 관련제도 개선, 기존설비의 교체 등에 장기간의 노력과 투자를 요한다.

다섯째, 공컨테이너의 회수문제이다. 왕항복항 간 물동량의 불균형으로 컨테이너선의 경우 재래선과는 달리 반드시 공컨테이너 회수문제가 발생한다.

여섯째, 항상 유휴 컨테이너가 없도록 설비의 효율적 활용에 관심을 기울여야 한다.

일곱째, 일부 국가에서 컨테이너의 내륙운송에 제한을 가하는 경우가 있다.

여덟째, 주로 갑판적재를 하는데 갑판적재화물은 할증보험료를 내야 한다는 것 등이다

8. 컨테이너운송의 국제협약

1) CCC협약

'컨테이너 통관협약(Customs Convention on Container)'은 1956년 유럽경제위원회의 채택으로 생겨난 것으로 컨테이너 자체가 관세선, 즉 국경을 통과할 때 관세 및 통관방법 등을 협약해야 할 필요성 때문에 생겨난 것이다.

이 협약의 주요 내용은 ① 일시적으로 수입된 컨테이너를 적재수출조건으로 면세하고, ② 국제보세운송에 있어서 체약국 정부의 세관의 봉인을 존중하는 것 등을 규정하고 있다. 우리나라는 1973년에 조건부서명을 한 후 1981년 10월 정식으로 가입하였다.

2) TIR협약

TIP협약은 'Trailer Interchange Receipt Convention(국제도로운송증권의 담보하에 행하는 화물의 국제운송에 관한 통관협약)'의 약어이다.

CCC협약이 컨테이너 자체의 수출입에 관한 관세법상의 특례를 설정한 협약인데 반하여, 이 TIR통관협약(customs convention on the international transport of goods under cover to TIR carnets)은 컨테이너 속에 내장된 화물이 특정국가를 통하여 도로운송차량으로 목적지까지 수송함에 따른 관세법상의 특례를 규정하고 있다.

TIR협약의 주요 내용은 체약국은 도로운송차량에 의하여 컨테이너에 적입되고 봉인되어 운송되는 화물에 대해서는 일정한 조건하에 경유지 세관에서의 수입세나 수출세의 납부 또는 공탁의 면제나 경유지에서 원칙적으로 세관검사를 면제하자는 것이다. 이 협약도 유럽경제위원회에 의하여 1959년에 채택되어 1981년에 국제적으로 발효되었으며, 우리나라도 1981년 9월에 정식 가입하였다.

3) 신CCC협약과 신TIR협약

CCC협약과 TIR협약은 1950년대에 만들어진 협약이므로, 1960년대 후반부터 국제운송체제가 비약적으로 발전하여 개정이 불가피하게 되었다. 따라서 기존의 양협약에다 유럽경제위원회가 새롭게 결의한 내용을 포함하여 각각 1975년과 1978년에 발효되었다. 우리나라는 1981년 10월에 국회의 비준동의를 받았다.

4) ITI협약

국제통과화물에 관한 통관협약으로 관세협력위원회가 1971년 육 · 해 · 공을 포함하는 국제운송에 관련된 통관조약인 'Custom Convention on the International Transit of Goods'를 채택하였다.

TIR협약이 컨테이너 도로운송에만 적용되는 데 비하여 이 협약은 육 · 해 · 공의 모든 수송수단까지를 포함하고 있다.

5) CSC협약

컨테이너안전협약으로 UN이 IMO(국제해사기구)와 협동으로 1972년에 채택한 '안전한 컨테이너를 위한 국제협약(International Convention for Safe

Containers)'이다. 이 협약의 목적은 컨테이너의 취급, 적취 및 수송에 있어서 컨테이너의 구조상의 안전요건을 국제적으로 공통화하는 것을 목적으로 하고 있다.

제 2 절 컨테이너 터미널

1. 컨테이너 터미널의 개념

컨테이너 터미널(container terminal)은 컨테이너선에의 화물의 적재와 하역을 원활하고 신속하게 하도록 하는 유통작업의 장소 및 설비의 전체를 말한다. 즉, 컨테이너운송에 있어서 해상 및 육상운송의 접점인 부두에 위치하고 본선하역, 화물보관, 육상운송기관에의 컨테이너 및 컨테이너화물의 인수, 인도를 행하는 장소를 말하며, CY 및 CFS가 컨테이너 터미널에 속한다. 컨테이너 터미널에는 다음과 같은 시설이 구비되어 있어야 한다.

2. 컨테이너 터미널의 분류

1) 항만 터미널

부두에 위치한 터미널로서 해상운송과 육상운송이 접속되어 일관수송에 편리한 장소이어야 하며, 컨테이너선의 안전한 항행, 이착안, 본선하역, 하역준비 등이 수행되는 곳이다. 또한 하역작업상 대량의 컨테이너화물을 효율적으로 신속하게 취급할 수 있어야 한다.

2) 내륙 터미널

내륙 터미널은 ICD(inland container depot, 내륙 컨테이너기지)라 불리고 있는데 이는 항만, 공항이 아닌 내륙시설로 고정설비를 갖추고, 이송된 컨테이너의 일시적 저장과 취급에 대한 서비스를 제공하며 세관의 통제하에서 수출입 내지 연계수송을 위한 일시적 장치, 보관, 수송 등을 담당하는 제반 기업이 상주하는 지역을 말한다.

그런데 ICD는 Inland Clearance Depot의 약어로도 쓰이는데 상기 ICD (inland container depot)와의 차이점은 운송서류(B/L, 선화증권)를 발급한다는 점이며 현재 의왕 ICD가 이 기능을 수행하고 있다. 의왕 ICD의 주요 기능을 보면 수출입화물통관, 화물집화, 보관, 분류, 간이 보세운송, 관세환급, 철도수송기지, 선사 B/L발급 등이다.

3) 공공 터미널(public terminal)

공공 터미널은 본선의 화물을 선적 또는 양륙하는 작업기간에만 안벽, 크레인 및 일정한 마샬링 야드를 항만관리자로부터 임대하여 사용할 수 있는 터미널이다.

공공 터미널은 비교적 정박시간이 짧은 다수 선사의 컨테이너선을 취급하는 항구에서 많이 이용되고 있다. 이 터미널의 요금부과방식은 모든 항만시설 및 기기를 항만관리자의 직접적인 관리하에 두어 항만요율에 따라 부과하고 있다.

공공 터미널을 이용하는 경우 통상적으로 양륙한 컨테이너는 수일 이내에 일괄하여 내륙에 있는 자신의 CY에 반입하며, 선적할 컨테이너도 본선이 입항하기 수일 전에 자신의 CY로부터 마샬링 야드에 반입하여 선적을 대기하게 된다.

4) 전용임대 터미널(exclusive terminal)

전용임대 터미널은 선박회사, 항만하역회사(terminal operator)가 국가 또는 항만관리자로부터 안벽과 인접하는 CY를 일정기간 동안 차용하여(보통 10년에서 30년간) 여기에 개인의 컨테이너 터미널을 설치하는 형태로 현재 세계적인 터미널은 거의 이 방식을 도입하고 있다. 전용임대 터미널의 경우 선박회사는 자유로이 안벽 사용의 우선권을 얻어 컨테이너선의 운항 효율성을 향상시키고 동시에 터미널운영시스템, 화물정보시스템, 화물 수도의 점검방법 등 자기의 전체시스템에 가장 적합한 시스템을 선정하여 터미널을 운영할 수 있다.

3. 컨테이너 터미널시설

1) 선석(container berth)

컨테이너선이 안전하게 부상하고 와서 닿을 수 있는 계안선을 말한다. 컨테이너선이 만적 시에도 충분히 안전하게 부상할 수 있는 수심의 유지가 필요하며 적정한 암벽의 길이도 확보되어 있어야 한다.

2) 에이프런(apron)(wharf surface, quay surface)

부두 여러 부분 중에서 선박, 즉 바다와 가장 가까이 접해 있고 안벽(quay line)에 따라 포장된 부분이다. 이 에이프런에는 컨테이너전용 갠트리 크레인이 안벽 전체에 걸쳐서 활용할 수 있도록 컨테이너용 레일이 설치되는 경우가 많다.

3) 마샬링 야드(marshaling yard)

컨테이너선에 직접 적재와 하역을 하는 컨테이너를 정렬해 두는 넓은 장소로 조화장이라 하며, 에이프런과 인접하여 배치되어 있다. 즉, 컨테이너의 입항 전에 선적해야 하는 컨테이너를 하역순서에 따라 정렬시키고 동시에 컨테이너선으로부터 양륙되는 컨테이너에 필요한 장소를 준비하는 곳이다.

4) 컨테이너 야드(container yard : CY)

컨테이너의 인수나 인도 및 보관을 하는 야적장으로, 컨테이너 한 개에 만재되는 만재화물(full container load : FCL)의 인도와 인수는 이곳에서 이루어지고 해상운송인으로서의 책임은 여기에서 시종된다. 실무적으로는 컨테이너 터미널을 CY라고 부르는 경우가 많으나 CY는 컨테이너 터미널의 일부이다.

5) 컨테이너 프레이트 스테이션(container freight station : CFS)

컨테이너 1개를 채울 수 없는 소량화물의 인수, 인도, 보관 또는 LCL화물을 컨테이너 안에 적입(stuffing, vanning)하거나 끄집어내는(unstuffing, devanning) 장치작업을 하는 장소를 CFS라고 한다. 일반적으로 컨테이너운송에서 가장 바람직한 것은 화물의 출하지에서 최종목적지까지 소위 문전에서 문전까지(door to door) 직접 운송되는 것이지만 소량의 LCL화물의 경우에는 이 CFS에 우선적으로 집화하여 목적지나 수화인별로 분류한 다음 컨테이너에 적입하거나 또는 LCL화물을 컨테이너에서 끄집어내어 수화인에게 인도하게 된다.

6) 컨트롤 타워(control tower)

컨트롤 센터라고도 부르고 컨테이너 야드 전체를 내려다 볼 수 있는 위치에 설치되어 CY 전체의 작업을 총괄하는 지령실로서 본선하역 작업은 물론 CY 내의 작업계획, 컨테이너배치계획 등을 지시감독하는 곳이다.

7) 메인트넌스 숍(maintenance shop)

메인트넌스 숍은 CY에 있는 컨테이너 자체의 검사, 보수, 사용 전후의 청소 등을 포함하여 컨테이너 터미널 내에서 사용하는 모든 기기의 정비공장이다.

세계 각지를 항상 이동하고 있는 컨테이너를 완전한 상태로 유지하기 위해서는 컨테이너 집적지 중심에 있는 컨테이너 터미널에서 철저히 점검하여 신속한 수리를 할 필요가 있다. 정비공장 내에서는 냉동컨테이너용 전원, 용접기 및 충전에 필요한 여러 기계류가 설치되는 것이 보통이다.

8) CY Gate

컨테이너 및 컨테이너화물의 인수, 인도를 하는 장소이다. 이 게이트(gate)통과 시의 컨테이너 이상유무 등의 현상확인, 통관봉인(seal)의 유무, 컨테이너중량의 측정, 컨테이너화물의 인수에 필요한 서류의 확인 등이 행하여지고 해 · 륙 일관운송책임체계의 접점으로서 가장 중요한 기능을 가지고 있다.

9) Administration Office

컨테이너 야드 운영요원이 야드경영을 위한 행정사무를 수행하는 곳이다.

그림 5-3 컨테이너 터미널 구조

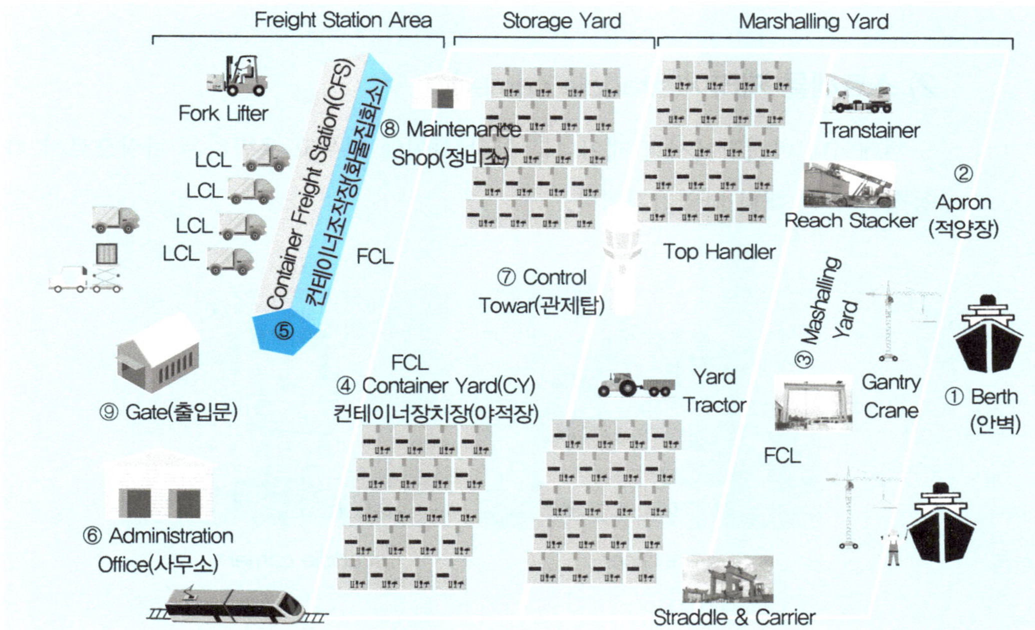

자료 : 이제홍, 수출입기초입문, 도서출판 청람, 2017. p.158.

4. 컨테이너 터미널의 기기

1) 갠트리 크레인(gantry crane, wharf crane)

컨테이너 터미널에서 컨테이너선에 컨테이너를 선적하거나 양륙하기 위한 전용크레인으로 에이프런에 부설된 철도 위를 이동하여 컨테이너를 선적 및 양화하는 데 사용하는 대형 기중기이다.

gantry crane(container crance)

2) 스트래들 캐리어(straddle carrier)

컨테이너 야적장에서 컨테이너를 양각 사이에 끼우고 운반하는 차량으로서 기동성이 좋은 대형 하역기계이다.

transtainer

straddle carrier

3) 샤시(chassis)

컨테이너 샤시라고 부르고, 컨테이너를 탑재하는 차대를 말하고 트랙터에 연결되어 이동한다. 즉 육상을 운행하는 밴 트레일러(van trailer)에서 컨테이너를 탑재하는 부분을 말한다.

yard chassis

4) 야드 트랙터(yard tractor)

컨테이너 야적장에서 샤시를 끄는 트럭을 트랙터라 한다.

yard tractor

5) 윈치크레인(winch crane)

컨테이너를 샤시 또는 트럭에 적재 또는 양화할 때 사용하는 기중기로서 좌우로 회전도 가능하고 작업장까지 자력으로 이동하는 기중기이다.

winch crane

6) 지게차(fork lifter)

Fork Lifter는 컨테이너 터미널에서 컨테이너화물을 트럭에 적재하거나 또는 트럭에서 양화할 때 사용하는 기중기로서 대형과 소형 두 가지가 있다. 즉 Fork Lifter는 차체의 뒤에 화물적재용 fork 또는 하역취급용 attachment를 갖추고 이것을 승강시키는 유압장치로 화물을 운반하는 대형하역기계이다.

fork lifter(CFS)

5. 하역방식

1) 샤시방식(chassis method)

컨테이너를 육상의 갠트리 크레인이나 선상의 크레인으로 컨테이너선에서 직접 샤시상에 적재하므로 보조하역기기가 필요 없는 하역방식이다.

2) 스트래들 캐리어방식(Matson사의 방식)

컨테이너를 컨테이너선에서 크레인으로 에이프런에 직접 내리고 스트래들 캐리어로 운반하는 하역방식이다.

3) 트랜스테이너(transtainer)방식

컨테이너선에서 야드 샤시에 탑재한 컨테이너를 마샬링 야드에 이동시켜 트랜스퍼 크레인(transfer crane)에 의해 장치하는 방식이다.

6. 컨테이너화물의 운송 형태

1) CY/CY(FCL/FCL : door to door)

컨테이너의 장점을 최대한도로 이용한 운송방법으로서, 수출업자의 공장 또는 창고에서부터 수입업자의 창고까지 육 · 해 · 공을 연결하는 컨테이너에 의한 일관수송형태로 수송되는 방법으로 운송 도중 컨테이너의 개폐 없이 수송된다는 장점이 있다.

그림 5-4 CY/CY(FCL/FCL : door to door)

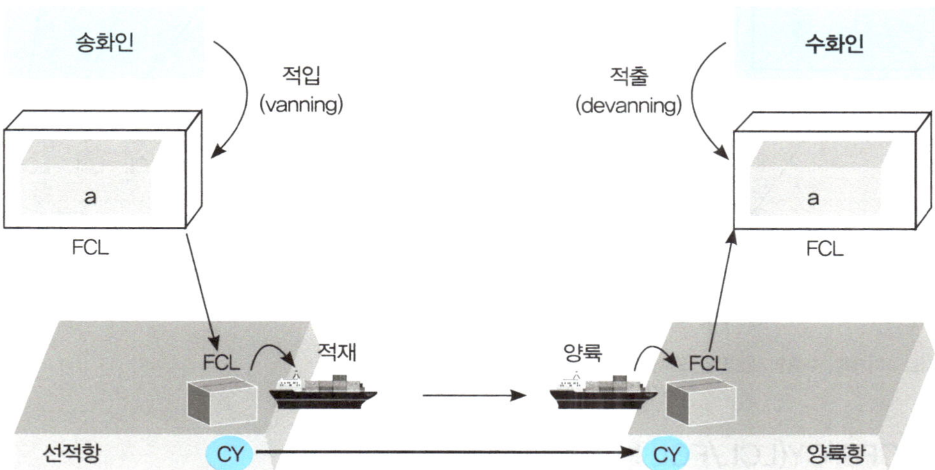

자료 : 이제홍, 수출입기초입문, 도서출판 청람, 2017. p.153.

2) CY/ CFS(FCL/LCL : door to pier)

선적지의 운송인이 지정한 CY로부터 목적항의 지정 CFS까지 컨테이너에 의한 화물운송방식으로 한 사람의 송화인과 여러 사람의 수화인으로 구성된 경우, 즉 선적지에서 수출업자가 FCL화물로서 컨테이너에 운송하여 수입항의 CFS에서 화물을 내려 수화인들에게 인수하도록 하는 운송방법(단일의 송화인-다수인 수화인 관계의 운송방법)이다.

그림 5-5 CY/CFS(FCL/LCL : door to pier)

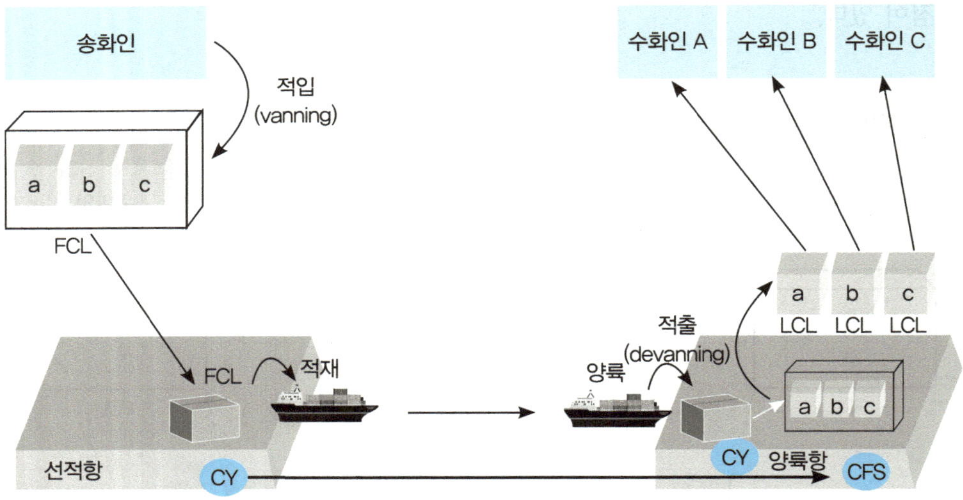

자료 : 이제홍, 수출입기초입문, 도서출판 청람, 2017. p.156.

3) CFS/CY(LCL/FCL : pier to door)

선적항에 있는 선박회사의 지정 CFS에서 다수의 송화인의 화물을 혼재하여 목적지의 단일의 수화인의 창고, 즉 문전까지 운송하는 형태(다수의 송화인–단일

그림 5-6 CFS/CY(LCL/FCL : pier to door)

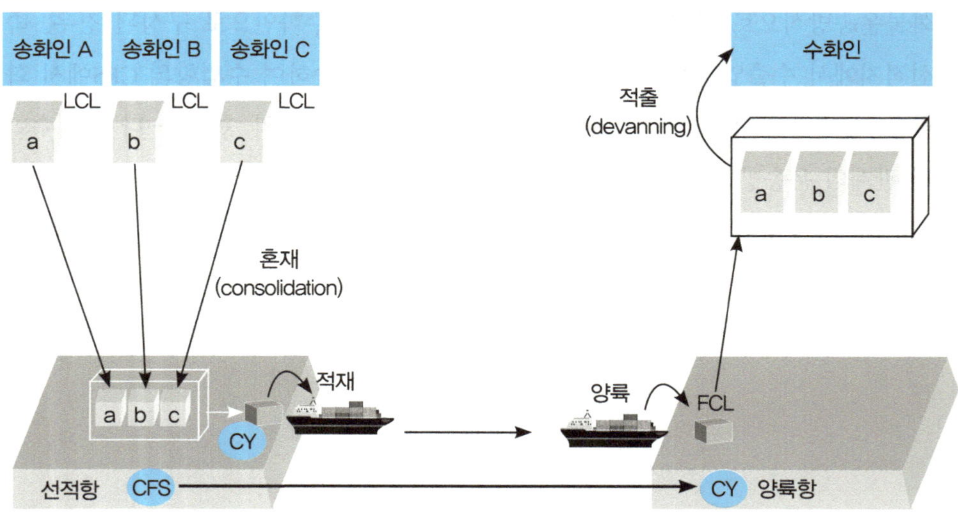

자료 : 이제홍, 수출입기초입문, 도서출판 청람, 2017. p.155.

의 수화인관계의 운송방법)로 동일 수화인이 다수의 매도인에게 물건을 사는 경우에 흔히 사용된다.

4) CFS/CFS(LCL/LCL : pier to pier)

선적항 CFS에서 다수의 송화인의 화물, 즉 컨테이너 1대에 미달되는 소량화물(LCL)을 혼재하여 목적항에서 다수의 수화인에게 분류하기 위하여 CFS에서 화물을 해체하여 인도하는 형태이다.

그림 5-7 CFS/CFS(LCL/LCL : pier to pier)

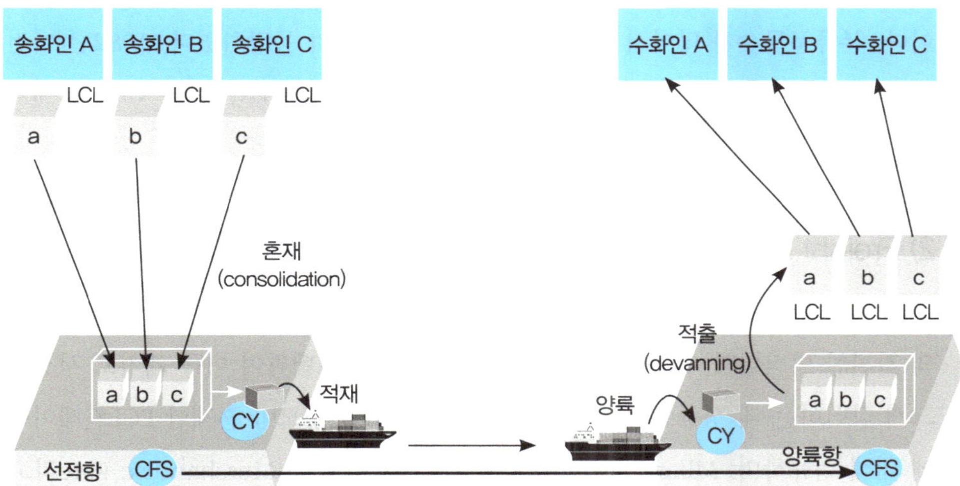

자료 : 이제홍, 수출입기초입문, 도서출판 청람, 2017, p.154.

제 3 절 컨테이너운임

1. 컨테이너운임의 의의

재래선운임은 Liner Term(=berth term)으로 선사의 책임구간이 Tackle to

Tackle로 이루어져 왔지만, 컨테이너화물은 그 구간이 육상의 CY to CY 또는 CFS to CFS까지 연장되었다. 따라서 컨네이너선운임은 기본적으로 앞서의 정기선운임 형태를 기초로, 컨테이너처리비용 등의 부대비용이 추가되어 독특한 운임체계를 갖는다.

2. 컨테이너선의 운임체계

1) Commodity Rate

화물의 가액, 성질, 운임부담력 등을 고려하여 품목별로 차등을 두는 운임률이다. 분류품목수가 많아서 복잡하여 3)의 Box Rate가 등장하였다. 1982년 이전의 정기선운임체계로 현재는 거의 모든 항로에서 아래의 FAK 또는 CBR를 채택하고 있다.

2) Freight All Kinds Rate(FAK rate, per container rate)

컨테이너에 적입된 화물의 가액, 성질 등에 관계없이 컨테이너당 얼마라는 식의 간편한 방식이다. 이는 1982년 에버그린이 처음 채택하여 이를 계기로 시장을 크게 잠식하는 데 성공했다. 주로 포워더가 LCL화물을 모아 혼재한 FCL컨테이너에 대해 적용하며, Mixed Commodity Rate or General Merchandise Rate라고도 한다.

3) Commodity Box Rate(CBR rate, box rate, 품목별 박스운임률)

간단한 무차별운임과 복잡한 품목별 운임의 절충방식이다. 품목별 운임이 너무 세분화되어 선주 · 화주 모두에게 복잡하므로 품목을 그룹화(classify), 단순화(simplify)한 것이다. 에버그린이 FAK Rate로 시장을 잠식하자 FEFC가 1982년 본 체계를 절충형으로 제시하였다. 통상 10~30개로 분류하고 있으며, FEFC는 18개로 분류하고 있다.

만약 고가 · 저가 화물이 혼재될 경우에는 Sharing(품목별 운임률×용적 또는 중량)하여 운임을 부과한다. 고가의류(hanging garment), 타이어 등 검량이 어려운 화물에 적합하다. 컨테이너당 품목별 표준적입률(standard packing factor)이 설정되어 검량이 필요 없고, 더불어 컨테이너에의 효율적 적입을 기대할 수 있다.

4) Port Equalization System

컨테이너선은 본선 운항상의 경제성 및 터미널 문제 등으로 재래선과 달리 여러 항구의 기항이 곤란하다. 초기 컨테이너선이 재래선과 경쟁하기 위해, 이른바 Port Equalization System을 채택하여 화물을 유인한 바 있다. 예컨대 재래선은 부산, 인천을 기항하면서 서비스해 왔는데 컨테이너선이 부산만을 기항한다면, 컨테이너 선사는 경인지역의 화주를 위해, 인천을 부산과 같이 Base Port로 선언하고, 선사가 내륙운임을 부담하는 제도이다. 따라서 인천의 컨테이너는 인천의 CY에서 수도가 이루어지고, 수원의 컨테이너는 실제 부산에서 수원으로 직접 운송되었더라도 수원에서 인천까지의 내륙운임만을 부담한다. 이때 부산과 인천이 해상운임이 동일하다는 점에서 다음 Port Arbitrary와 차이가 있다.

5) Port Arbitrary System

Port Equalization과 달리, Base Port별로 운임에 차이를 두는 제도이다. 예컨대 부산과 인천을 Base Port로 지정하되, 뉴욕에서 부산까지 TEU당 2,000달러라면 인천까지 2,100달러로 하여, 화주로 하여금 택일하게 한다. 화주가 인천을 택하면 선사는 화물을 인천에서 인도한다. 이때 모선이 부산만을 기항할 경우, 수원의 화주가 비록 2,100달러의 운임을 지불했더라도, 선사는 화주의 동의하에 수원-인천 간의 내륙운임만을 받고 화물을 직접 부산에서 수원까지 내륙운송하여 인도할 수도 있다.

6) Total Grid System

Port Equalization or Port Arbitrary를 구역단위(grid or zone)로 적용하는 제도이다. 예컨대 인천으로부터 반경 100km 구간을 Grid(zone)로 한다면, 100km 이내인 서울, 수원, 의정부 등의 화물은 동일한 운임을 부담한다. 7)의 Zone Rate와 같은 개념이다. 여기에서의 Base Port는 B/L에 기재되어 화물의 인수도가 이루어지는 지점을 의미한다.

7) Zone Rate(구역운임률)

선사가 직접 또는 하청을 통해 내륙운송하여 문전서비스를 제공하는 경우가 있다. 이때 내륙지역을 몇 개의 구역(zone)으로 나눠 각 구역과 선사의 CY 또는 CFS 간에 내륙운임(zone rate)을 설정해 두고, 동일구역에 대해서는 같은 운임을 부과한다. Zone Rate를 설정하여 행하는 내륙운송을 Zone Haulage라 하고, 각 Zone 간의 운임표를 Zone Tariff라 한다.

8) Container Minimum Utilization(최소이용운임)

컨테이너당 운임부과 최소기준을 중량 또는 용적의 몇 %로 규정해 두고 미달하면 그 차이에 대해 운임을 징수한다. 선사마다 기준이 다르다.

(1) Shortfall Freight

예컨대 20톤을 적입할 수 있는 컨테이너의 운임부과 최소중량이 15톤일 때 13톤만을 적입했다면 2톤의 운임을 지불해야 한다. 이때 2톤의 운임이 Shortfall Freight이다. 운임기준은 컨테이너 적입화물 중 가장 높은 운임률이 된다.

(2) Minimum Box Rate

컨테이너당 일정액을 최소기준으로 설정하고 미달하면 할증료(surcharge) 형식으로 차액을 징수한다.

9) Container Maximum Utilization(과도이용운임)

기준 이하의 적입도 문제지만 화물을 과도하게 적입해서 적재능력(30MT)을 초과할 경우 부과되는 운임이다. 역시 적입화물이 여럿일 경우 요율이 높은 품목기준으로 내부용적에 비례하여 부과된다.

3. 컨테이너화물의 부대비용

1) Wharfage

부두사용료이다. 해운항만청 고시(항만시설 사용료)에 의해 부과되며, 부산항의 경우 출항(수출)화물은 1996년 1월 현재 톤당 192원, 입항(수입)화물은 323원을 부과하고 있다(인천 출항 : 192원, 입항 : 306원).

2) THC(terminal handling charge)

THC는 FCL이 CY(off-dock CY 포함)에 반입되는 순간부터 본선 선측까지 또는 반대로 본선 선측에서부터 CY에서 반출될 때까지의 모든 비용(receiving & delivery, car loading/unloading)을 말한다. 따라서 THC는 선적항 및 양륙항 두 곳에서 발생하게 된다.

이전에는 해상운임에 포함되어 있던 것을 1990년부터 FEFC가 분리하여 징수하면서 타항로에도 확산되어 모든 항로에서 THC가 부과되고 있다. 일본을 제외한 아시아 및 유럽에서는 THC라 하고, 일본은 아시아항로에 한해 CHC (container handling charge), 미국에서는 DDC(destination delivery charge)라 하여 그 호칭과 개념이 다르다.

THC는 현지통화로 표시되고 육상비용으로 간주되어 CAF/BAF가 적용되지 않는다. 또한 THC는 해상운임이 아닌 육상비용으로 간주되어 무역조건과 관계없이 수출화물은 B/L발행 시에 송화인이 지불해야 하고 수입화물은 수화인이 화물 수취 시 지불하게 된다. 1997년 현재 부산항의 40′ 일반컨테이너는 132,000원,

20′는 97,000원이고 40′ 냉동컨테이너는 278,000원이다.

3) Container Service Charge or LCL Service charge

선사가 CFS에서 수령 · 인도하는 LCL화물에 대해 부과하는 요금이다. 컨테이너의 적입(vanning), 인출(devanning)비용 및 CFS와 CY 간의 운송비용이다. 운임톤(W/M)당 10,165원이다.

4) Feeder Charge

컨테이너선이 직접 기항하지 않는 지역은 Feeder Service가 이뤄진다. 이때 Main Port까지의 해상운임 또는 육상운임에 상당하는 Feeder Charge가 부과된다.

5) Equipment Rental Charge(기기임대료)

선사의 컨테이너를 사용하면 해상구간에 대해서는 무료이다. 또한 내륙운송을 화주가 주선하고 컨테이너만을 대여받아 규정된 기간 내에 반환하면 무료이다. 그러나 컨테이너와 트레일러를 함께 대여할 경우에는 대여료가 부과된다.

6) Detention Charge(지체료)

화주가 컨테이너 또는 트레일러를 대여받았을 경우, 무료기간(free time) 내에 반환하지 않으면 벌과금으로 지체료를 지불해야 한다. Free Time은 동맹 또는 선사에 따라 다르다. 예컨대 북미수출운임협정(ANERA)은 전기제품, 신발, 자전거, 타이어, 튜브 등은 21일, 기타화물은 10일이고, 북미수입운임협정(TWRA)은 2일이며, 극동구주운임동맹(FEFC)은 수출, 수입 공히 4일이다.

7) Storage charge(보관료)

CFS 또는 CY로부터 화물 또는 컨테이너를 무료기간 내에 반출해 가지 않으면 보관료를 징수한다. 또한 무료기간 종료 후 일정기간이 지나도 인수해 가지 않으면 선사는 공매처리할 권리를 가지면, 창고료 및 부대비용 일체를 화주로부터 징수한다. 무료기간의 예를 보면 ANERA는 30일, TWRA는 10일이고 FEFC의 경우 냉동화물은 2일, 일반FCL화물은 5일이며, 컨테이너수가 많으면 연장된다(6~10개 : 8일, 11~20개 : 10일, 21~30개 : 12일, 31개 이상 15일).

8) FCL Allowance

FCL화물은 화주가 컨테이너에 적입하여 직접 CY에 반입하는 것이라서 선사로서는 화물적입 및 기타 작업이 생략되므로, FCL화물에 대해 운임을 할인해 주는 선사나 동맹이 있다. 극동-호주 · 뉴질랜드 동맹인 ANZESC가 그 예이다.

9) Container Tax(컨테이너세)

1992년부터 항만 배후도로를 이용하는 컨테이너 차량에 대해 부산시가 20푸터 컨테이너당(TEU) 2만 원씩 징수하는 지방세로서 일종의 교통유발 부담금이다(1,000원/CBM, 20,000원/20′, 40,000원/40′).

10) Documentation Fee(서류발급비)

선사가 선화증권(B/L)과 인도지시서(D/O) 발급 시 소요되는 사무비용을 보전하기 위한 요금으로 현재 서류발급 건당 7,500원을 징수한다. 미국에서는 1993년에 건당 40달러를 받고 있다.

제4절 컨테이너운송절차

1. FCL 수출화물 선적절차

1) 송화인(shipper) 또는 수출업자(exporter)

우선 수출제품을 자체검사, 필요하면 매수인(buyer) 검사 등을 거쳐 공인검정인(sworn measurers)의 검사를 필하고 자기 보관창고에 입고한 상태에서 선적절차를 밟는 것으로 한다. 이때 화물은 컨테이너에 만적할 수 있는 FCL(full container load) Cargo화물과 컨테이너 1개에 독자 화물로서는 만적이 안 되는 LCL(less than container load) Cargo 두 종류로 구분될 수 있다. 우선 FCL화물 선적절차를 설명하고 LCL화물 선적절차를 설명하기로 한다.

2) 선복예약신청서(shipping request : S/R)

정식 호칭은 Application for Shipping Space Request라고 한다. 이 용지는 운송인의 선사가 국제규격에 맞추어 인쇄한 용지이다.

이 용지에 해당 기재사항을 기입한 후 관련 선사에 제출한다. 이때 선박회사는 다음과 같은 서류를 제출할 것을 요구한다.

① 신용장사본(L/C copy)

② 상업송장(commercial invoice)

③ 중량 및 용적증명서(certificate of weight & measurement)

④ 포장명세서(packing list)

⑤ 기타 선적화물의 성질에 따라서 특별히 선사가 요구하는 서류 등이 있다.

상기서류는 선사가 화물을 취급하는 기초자료가 되고 화물의 손상 및 손실 등에 따른 화주 클레임(claim) 및 운임산정 등의 기본자료로 사용한다. 따라서 기입내용은 정확하고 분명하여야 한다. 선사에서 서류검토에 이상이 없으면 S/R 2매 중 1매에 날인하여 운송계약이 체결되었음을 입증해 준다. 이것을 선사에서는 예약(booking)되었다고 하며 선사 Booking List에 기입한다. 즉 운송인은 컴퓨터에 입력하여 각 해당 CY 또는 CFS의 필요에 따라 송부하여 작업진행의 예고를 알린다.

선사는 해당 CY운영자에게 예약 사실을 통보하고 컨테이너 샤시, 트랙터 등의 출장지시(despatch order)를 주어 트랙터 기사에게 지시를 받은 기기를 인도한다. 그리고 기기 인수도증(equipment interchange receipt : EIR 또는 E/R)과 컨테이너화물 내적치도(container load plan : CLP)를 송화인(shipper)에게 제기기와 서류용지를 전달하여 기재하도록 한다. 이때 부두수취증(dock receipt : D/R)은 원래 CY operator가 작성하여야 하나 서류작성의 지연을 방지하기 위해 화주가 작성하여 CY operator에게 다른 관련 서류와 동시에 제출하도록 한다.

화주는 빈 컨테이너 용기에 자기 책임하에 수출업자품을 적입(stuffing)하고 동시에 컨테이너 내적치도(CLP)를 모든 컨테이너마다 별도로 작성한다. 이때 송화인은 EIR에 서명하고 작성된 CLP과 부두수취증(D/R) 그리고 수출면장(export permit)과 함께 컨테이너화물을 CY operator에게 제출한다. 이때 송화인은 창고에서 CY까지 육상 수송비를 별도로 지불하여야 한다. 또한 컨테이너가 CY 도착까지 구간운송에 대해 화물위험에 책임을 지며 운송인은 이 구간수송에 책임을 지지 않는다. 이 구간수송 주선은 고객요청에 따른 협조사항에 불과하다. 따라서 컨테이너화물이 CY 정문을 통과할 때까지 송화인은 이 구간 도로운송에 수반할 수도 있는 위험에 대해 안전대책이 요망된다.

일단 컨테이너화물이 CY에 도착하여 CY 운영자에게 인도되면 작성된 부두수취증에 기재사항과 컨테이너의 이상 유무를 확인한 후 6매 중 1매에 CY operator가 서명한 후 송화인에게 교부된다.

CY에 반입된 컨테이너에 대한 사실을 선사에 통보하면 해당 선박에 착선 시 선적지시(shipping order)를 통보받아 본선에 선적하도록 조치한다.

CY operator는 송화인으로부터 받은 컨테이너 내적치도(CLP)를 세관에 신고하고 본선선장에게도 전달하여 양륙항에서 컨테이너운송에 관련된 기관에 제출토록 한다.

송화인은 CY운영자(container yard operator)로부터 발급받은 부두수취증

(D/R)과 운임(CFR 또는 CIF 매도 시) 및 기타 비용을 선사 또는 관련 대리점에 납부하고 부두수취증의 기재사항과 같은 선화증권(B/L)을 교부받아 운송서류를 갖추어 거래은행에 제시하여 매입을 한다.

FCL화물은 통상 송화인에 의해서 적입하여 컨테이너를 봉함으로써 운송인(carrier)은 컨테이너 적재물에 대하여 아는 바가 없다. 따라서 B/L에 'Shipper's Load and Count'라는 용어를 삽입하여 컨테이너 실링과 컨테이너 외관의 손상 또는 파손이 없으면 적입(stuffing)된 화물에 책임을 지지 않는다. 이것은 재래선 B/L의 부지약관(unknown clause)에 해당한다고 할 수 있다.

2. 컨테이너 적입요령

컨테이너 내에 화물을 적입할 때는 운송과정에서 겪을 수 있는 눈, 풍우, 얼음 등의 기상여건뿐만 아니라 육상운송구간에서의 계속적인 진동이나 동요(jerking, tossing, humping), 해상운송 구간에서의 Rolling, Pitching, Twisting 등 적·양화 시의 up & down 등의 외력을 감안하여 운송화물의 손상을 방지할 수 있도록 사전예방조치를 취하면서 적입작업을 행하되 특히 유의할 사항을 요약하면 다음과 같다.

1) 중량의 분산(weight distribution)

적입하는 화물의 중량이 컨테이너의 내부바닥에 길이, 폭, 방향 등에서 균등하게 분산되도록 함과 동시에 내부공간을 충분히 활용할 수 있도록 노력한다.

2) 일반잡화(general cargo)

일반잡화를 혼적할 때는 화물의 용적, 중량, 외장의 강도 및 내용물의 성질에 따라 분류하고 견고한 외장의 화물인 중량물은 하부에 그 반대의 것은 상단에 적재한다.

3) 규격화물(regular size boxes)

규격화물은 적재하는 방법여하에 따라 붕괴가능성이 큰 화물인바 이 점을 공간 활용이라는 측면과 함께 고려하여야 한다. 가장 안전한 방법으로는 화물을 상호 맞물리는 형태로 적재하여 전체화물이 분리 이동된다거나 중심이 위로 흔들리는 현상이 생기지 않도록 한다.

4) 충격 및 마찰방지

화물을 여러 층으로 실을 때는 포장의 강도에 따라 단수를 결정한다. 하단화물이 상적화물의 무게 때문에 눌려 파손되지 않도록 완충 또는 중량분산의 목적으로 던니지(dunnage)를 삽입하고 화물상호 간의 접촉이나 마찰로 인한 손상(파손, 오손)이 생기지 않도록 하며 철대(iron band)를 두른 화물(원면 등)은 마찰로 인한 화재가능성에 특히 유의하여야 한다.

5) 포대화물(bales and bags)

비료나 시멘트 등과 같이 포대에 들어 있는 화물을 컨테이너에 적입할 시 가장 유의해야 할 사항은 컨테이너의 측면(side wall)이나 전후벽(rear and door side)에 미치는 압력을 최소화시킴과 동시에 컨테이너 바닥면과의 표면마찰이 개개의 포대별로 미치는 것보다는 전체화물이 한 단위화되어 마찰이 작용하도록 적재하여야 한다. 그렇지 못할 시는 컨테이너 내에서 물이 쉽게 이동하여 화물뿐만 아니라 컨테이너 그 자체에까지도 손상을 초래할 가능성이 있다. 이를 위해서는 이른바 Cross-tier라고 부르는 방식을 채용하여 매 단(tier)별로 서로 맞물리도록 위치를 바꿈과 동시에 첫 단은 세로 방향으로 그 다음 단은 가로 방향으로 적재한다. 포대의 크기가 일정치 않을 경우는 중간 중간에 판자 등 손상 및 이동방지재(dunnage)를 삽입한다.

6) 화물의 적응도(compatibility)

한 개의 컨테이너에 고유성질이 다른 이질의 화물을 혼적할 경우 고유성질상의 상이로 인해서 운송 도중 상호 손상을 일으키는 예가 없도록 혼적화물의 선택에 유의하여야 한다. 예컨대 커피와 담배, 향료와 식품, 중기계류와 유리제품 등은 상호 적응도를 결하고 있으므로 혼적해서는 안 된다.

7) 위험화물(dangerous cargo)

위험화물을 수출할 때는 수출국은 물론 수입국의 위험물에 관한 취급규칙 등을 파악하여 규정에 위반됨이 없도록 한다.

8) 건습(wet/dry)

액체류와 같이 누수 시 타화물에 손상을 초래할 수 있는 습한 화물은 건화물(dry cargo) 위에 적재해서는 안 된다.

9) Door의 폐쇄

컨테이너 안쪽으로부터 적입을 계속해서 door 측까지 작업할 경우 door 측 화물상태에 유의하여 목적지에서 door를 개방할 때 화물이 붕괴되거나 인명사고가 생기지 않도록 하여야 한다.

10) seal 부착

컨테이너 내에 적입작업이 끝나면 지체 없이 Seal을 하여야 하며 Seal의 Mark는 분명하도록 하되 교환이 불가능하도록 견고히 Seal을 해야 한다. Seal를 하는 부위는 가급적 손이 미치기 힘든 것을 택하여야 하며, Seal용 금속은 쉽게 절단되지 않는 재료를 사용해야 한다.

3. LCL 수출화물 선적절차

송화인은 선사에서 S/R을 받아서 기재하고 다음 서류를 첨부하여 선사에 제출하고 운송계약을 한다.

① 신용장사본(L/C copy)

② 상업송장(commercial invoice)

③ 선적의뢰서(shipping request)

④ 포장명세(packing list)

⑤ 용적 및 중량증명서(certificate of weight and measurement)

LCL 화주는 부두수취증을 작성하여 수출면장(export permit)과 화물을 도로운송인(트럭회사)에 의뢰하여 혼재화물취급소(container freight station : CFS)에 직접 반입한다.

CFS operator는 같은 지역으로 운송되는 다른 LCL화물과 함께 컨테이너에 적입하여 컨테이너포장을 완료하면 컨테이너 내적치도(container load plan : CLP)를 작성하여 CY operator에게 CLP와 함께 전달한다.

CFS operator는 D/R을 송화인에게 교부해 주고 송화인은 운임과 D/R을 선사 또는 대리점에 제시하여 B/L을 교부받는다. 그러므로 LCL화물은 Freight Forwarder들이 주로 집화하여 송화인 대신 선사와 계약체결하고 B/L을 받는데 LCL 화주에 대해서 일일이 각 개별 B/L을 발급하지 않고 통합B/L(groupage B/L)을 발급받아 화물운송주선인(freight forwarder)이 혼재 B/L(house B/L)을 교부해 주는 수가 있는데 이 경우 House B/L은 매입 시에 은행에서 자동수리가 불가능하나 Freight가 운송인이거나 운송인의 대리인으로 행동한다는 것이 운송서류에 나타나 있을 경우에 한하여 그 수리가 가능하다. 따라서 별도로 선사의 B/L을 받도록 하는 것이 바람직하다.

부두수취증(D/R)은 해운선사가 송화인으로부터 컨테이너화물을 컨테이너 야드에서 인수하고 컨테이너 운영자가 화물수령을 입증하는 화물수취증이다. 재래선의 경우 본선에서 화물을 인수한 후 교부해 주는 본선수취증(mate's receipt :

M/R)과 동일한 성질의 서류이다.

부두수취증을 근거로 하여 선사나 그 대리점에서는 선화증권을 발행하게 됨으로 대단히 중요한 문서이다. 실무적으로는 CY운영자가 D/R, Container Load plan, Export permit 등 관련 서류를 상호대조 검토한 후 확인 서명하여 본사 B/L발급부서로 이송하여 준다. 본사에서는 이 서류를 근거로 운임 및 수수료를 징수한 후 B/L을 발급한다.

4. 컨테이너 수입화물 운송절차

선박이 선적항을 출항하여 무사히 항해를 마치고 양화항에 도착하면 관련 법규의 수속절차를 밟아 해당 화주 또는 수화인에게 화물을 인도하게 된다.

선적항에 소재하는 선사 또는 대리점은 양화항에 있는 선사 또는 대리점에 아래 서류를 송부하여 운임징수 및 화물인도를 원활하게 진행되도록 돕는다.

① 선화증권 사본(B/L copy)

② 운임목록(freight list)

③ 컨테이너 내적치도(container load plan)

④ 부두수취증(dock receipt)

⑤ 적화목록 (manifest)

⑥ 선내화물 적치도(stowage plan)

⑦ 냉동컨테이너 목록(reefer container list)

⑧ 위험화물 목록(dangerous cargo list)

⑨ 하자화물 목록(exception list)

기타 업무수행에 필요한 서류를 송부받아 화물인도 준비를 한다. 양륙항에 소재하는 선사 또는 대리점은 상기 서류를 근거로 수화인에게 화물 도착통고(cargo arrival notice)와 미불된 운임 및 제수수료에 관련된 청구서(invoice)를 송부하여 통지한다.

수화인(consignee)은 신용장 발행은행(issuing bank)에서 수입대금과 은행의 제수수료를 지불하고 도착된 운송서류를 찾아서 화물을 보관하고 있는 선사 또는 대리점에서 청구서(invoice) 및 B/L 원본과 미불된 운송 관련 부대금액을 지불하고 D/O(delivery order)를 교환받고 해당 세관에서 관세를 납부한 후에 CY operator에게 제시한다.

FCL화물인 경우는 CY에서 CY operator와 EIR를 작성하고 화물을 인수한다. LCL화물인 경우는 CFS에서 CFS operator와 인수도기록(delivery record)을 작성한 후 화물인도하여 CY gate를 통과하는 시점에서 반입된 국내화물이 된다.

5. 수입컨테이너 화물운송

1) FCL화물

BCTOC(부산 컨테이너부두운영공사)에 하역된 FCL화물은 다음의 몇 가지 경로를 통해 화주에게 인도되고 있다.

① 터미널에서 보세운송으로 부두직반출 수송(컨테이너 내장물품의 부두보세운송)

② 터미널 통관 후 부두직반출 수송(컨테이너 내장물품의 부두통관)

③ 터미널 양화 → 보세운송 및 타소장치허가 → 철도이용 보세운송 → 부산진역 경유 → 의왕 ICD 도착 → 화차하차 → (일시장치) → 트럭 → 상차 → 화주문전 도착 → 수입통관 → 컨테이너 내장물품 인출 → 빈 컨테이너 반환

④ 터미널 양화 → 게이트반출 → Off-Dock CY반입 → 장치 → 수입통관 → 화주의 화물반출 → 화주문전 수송

⑤ 터미널 양화 → 게이트 반출 → Off-Dock CY반입 → 보세운송 및 타소장치 허가 → 도로보세운송 → 화주문전 수입통관 → 컨테이너 내장물품 인출 → 빈 컨테이너 반환

그림 5-8 선적지 통관 시 운송절차

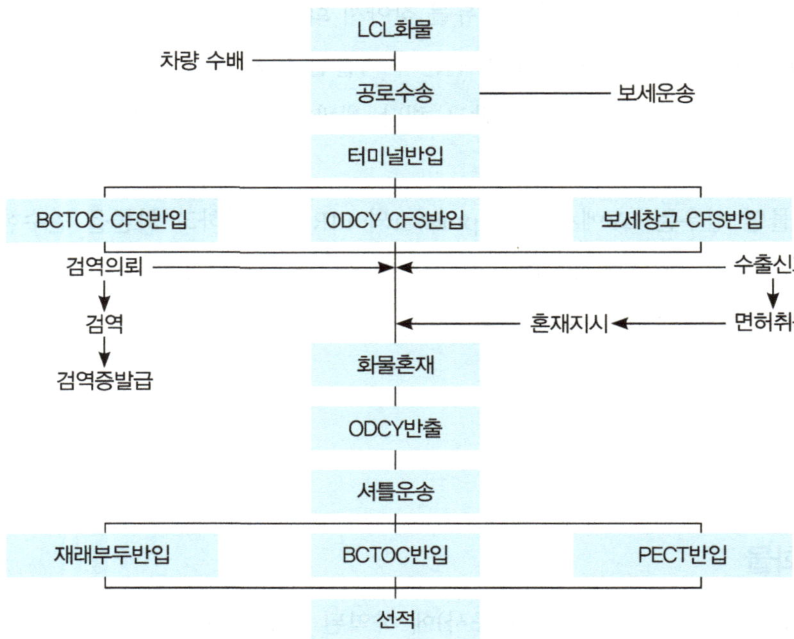

2) LCL화물

LCL화물은 일반적으로 수출국 CFS에서 복수화주의 LCL화물로 혼재되어 컨테이너화물로 집화된다. 양화지의 터미널 또는 Off-Dock CY화물의 인 · 수도조건은 CFS to CFS조건으로 B/L의 인도장소가 도착항의 CFS로 명시되어 있어 거의 모든 LCL화물은 양화지의 CFS에서 인출 및 통관되고 있다.

(1) BCTOC통관의 경우

터미널 양화 → 구내이송 → CFS입고 → 반입신고 → 수입통관 및 수입면장 발급 → 화주별 또는 B/L별 컨테이너 내장물품 인출 → 필요시 검수, 검량, 감정 → 화주의 화물반출

그림 5-9 수입 컨테이너화물 흐름도

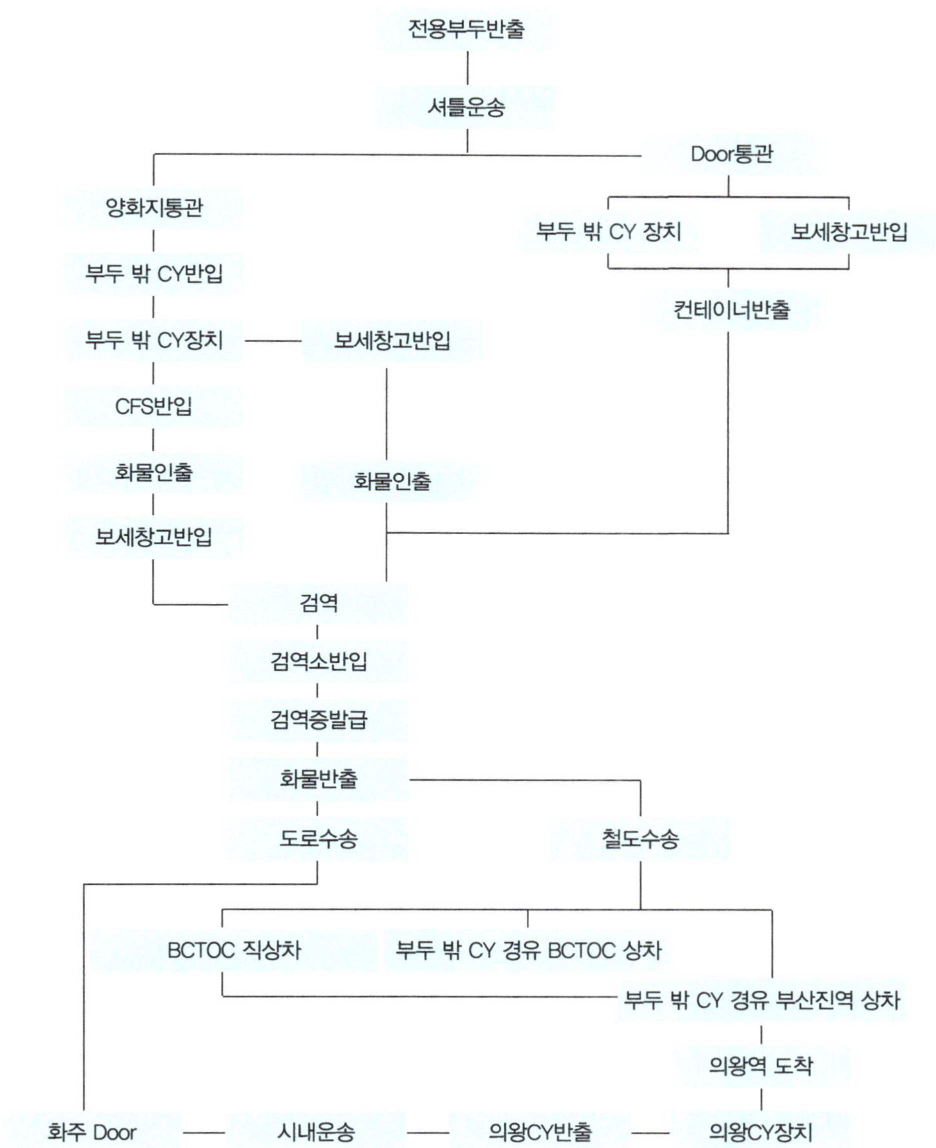

(2) Off-Dock CY CFS통관의 경우

터미널 양화 → 터미널게이트반출 → 셔틀운송 → Off-Dock CY반입 Gate Log작성 → CFS반입 → 수입통관 및 수입면장발급 → 컨테이너 내장물품 인출

→ 필요시 검수, 검량, 감정 → 화주의 화물반출

6. 수화인의 수입화물 인수절차

1) 운송선박 및 계약조건 확인

선적시기, 선화증권의 기재내용과 신용장의 기재사항이 일치하는지 검토확인이 필요하다.

2) 본선화물 도착(arrival notice)

통고를 받으면 관련 은행에 통고하여 운송서류를 입수하도록 업무연락을 하고 선화증권 등 제서류를 수령하면 즉시 관련법규에 따라 통관수속을 밟아 수입된 화물을 즉시 인수하도록 업무조치를 취한다.

3) B/L 입수 통지

B/L 입수에 관해서 수화인(consignee) 또는 수입업자(importer)는 신용장 발행은행에서 수입화물의 운송서류가 도착했다는 연락과 미불된 신용장 발행비용 및 수수료를 수납하도록 통고를 한다. 통고받은 수입업자는 제비용 지불과 동시에 운송서류(transport documents)를 입수한 후 화물통관 수속을 밟아서 화물을 찾게 된다. 그러나 경우에 따라서는 운송서류가 은행(L/C opening bank)에 도착하기 전에 화물이 미리 도착하여 선화증권이 없어서 화물을 인수받지 못하는 경우도 있다.

이런 때에는 신용장 발행은행에서 화물선취보증장(letter of guarantee : L/G)을 발급받아서 찾는 수도 있다.

4) B/L 반환과 D/O 교부

B/L 원본 또는 화물선취보증서(L/G)를 선박회사에 제출하고 화물인도지시서

(deliverly order : D/O)를 교부받는다. 이때 동화물 육상운송에 필요한 운송업자를 미리 수배하고 관세납부금도 미리 확인할 필요가 있다.

5) 화물의 검역 및 검사

동식물이나 그 가공품 및 식품을 수입하였을 때에는 통관에 앞서 관련 법규(식물방역법, 가축전염병예방법, 식품위생법 등)에 따라 관계인허가기관에 미리 행정수속을 밟고 검사 및 검역을 받고 해당 검사증을 확보하여 통관수속을 취한다.

6) 통관 및 보세운송

화물을 선박회사로부터 인수하면 지정된 보세구역에 반입시키고 관계서류를 세관에 제출하여 수입허가 수속과 통관절차를 필한다. 수입업자 자가보세창고에서 통관하고자 할 때에는 관할 세관에 보세운송 신청서를 제출하고 보세운송 승인을 득한다.

7) 빈 컨테이너 반환(empty container)

컨테이너 내 화물을 인출한 후에는 지체 없이 빈 컨테이너를 선박회사가 지정한 CY에 반환하고 인수도서류를 작성한다. 컨테이너 반환이 지연될 경우에는 지체료(detention charge)를 추가로 부담할 수도 있다.

8) 사고처리 및 구상

인수된 컨테이너의 실링(sealing) 외관 등을 살펴보고 화물이 손상 또는 멸실되었을 때는 즉시 선박회사와 보험회사에 통지하고 구상방법을 강구한다.

제5절 내륙컨테이너기지

1. 내륙컨테이너기지의 개념

내륙컨테이너기지(inland container depot : ICD)는 항만 또는 공항이 아닌 내륙시설로서 고정설비를 갖추고 내륙운송수단에 의해 미통과된 상태에서 이송된 여러 종류의 화물(컨테이너 포함)의 일시적 저장과 취급에 대한 서비스를 제공하고, 세관의 통제하에 수출 및 연계운송을 위하여 일시적 장치, 창고보관, 재수출, 일시상륙(temporary admission) 등을 담당하는 단체들이 있는 장소를 말한다.

우리나라의 한국컨테이너부두공단법 제2조 제4호에서는 컨테이너화물의 취합 분류 · 장치 또는 혼재 등을 위하여 내측에 조성된 지역으로 항만법에 의한 항만구역이 아닌 지역에 항만시설 중 하역장비 · 하역시설 · 컨테이너장치장 및 컨테이너조작장을 갖추고 관세법에 의한 보세장치장 등 통관정보제공기능을 갖춘 곳으로 정의하고 있다.

오늘날의 ICD는 항만이 아닌 내륙에 설치되어 있는 시설로서 운송기지 또는 운송거점으로서의 역할이 강조되고 있으며 컨테이너화물의 통관, 적재 및 하역, 운송, 배송, 보관, 포장, 집화 등 종합물류센터의 기능과 컨테이너의 수리, 화물

내륙컨테이너기지 (ICD) Inland Clearance/ Container Depot	내륙에 설치되어 있는 컨테이너통관기지(일명, 내륙데포 또는 Inland Dry Port라고 함)로서, 항공 혹은 공항이 아닌 공용내륙시설을 말한다. 즉, 공적기구의 지위, 공정설비를 갖추고, 여러 내륙운송 형태에 의해 미통관된 상태에서 이송된 각종 화물(컨테이너 포함)의 일시저장과 취급에 대한 서비스를 제공하고 있으며, 세관의 통제하에 통관과 수출, 그밖에 즉시 연계운송을 위한 일시적 장치, 창고 보관, 일시 상륙, 재수출 등을 담당하는 대리인이 있는 곳

기능

기능	내용
규모의 경제에 의한 운송비절감	화물의 출발지와 목적지가 다른 소량화물(LCL)을 혼재하여 만재화물(FCL)로 함으로써 규모의 경제에 의한 운송비절감 도모
화물분배의 경제성 제고	ICD의 대부분이 공업지역이나 상업지역에 인접해 있기 때문에 항만으로부터 운송된 컨테이너화물의 처리 및 통관이 화주의 인근지역에서 수행될 수 있게 함으로써 화물분배의 경제성 제고
교통량유발의 감소 및 운송경비의 절감	내륙운송거점에 일시적으로 장치되었다가 다른 수출화주의 문전으로 운송됨으로써 교통량유발의 감소와 운송경비절감을 도모

주선, 재고관리, 내륙운송 등의 기능을 행하며, 세관, 선박회사, 운송회사, 운송주선인, 은행, 정비공장, 포장회사 등이 위치하고 있다.

2. 내륙컨테이너기지의 기능

ICD는 항만에서 반드시 이루어져야 할 본선작업과 마샬링기능을 제외한 장치보관기능, 집화분류 등과 같은 전통적인 항만기능이 수행되고 있으며, 또한 항만지역에 위치한 많은 관련 서비스시설을 포함하고 있기 때문에 '내륙항만'이라고 불리기도 한다. 위치적으로는 주로 항만 터미널 및 내륙운송 수단과의 연계가 편리한 주요 산업지역 인근에 건설되고 있다.

ICD의 기능을 물류합리화 측면에서 보면 운송거점으로서 대량운송의 실현, 공차율의 감소, 운송회전율의 증가 등을 통해 운송의 합리화와 운송비 및 운송기간을 크게 감소시키고 신속한 통관을 가능하게 한다. 또한 화물유통을 위한 정보시스템 구축의 한 거점으로서 수출입화물 유통에 요구되는 복잡한 서류의 통관을 간소화시키는 데 크게 기여하고 있다.

그림 5-10 내륙컨테이너기지 내 물류시스템 흐름도

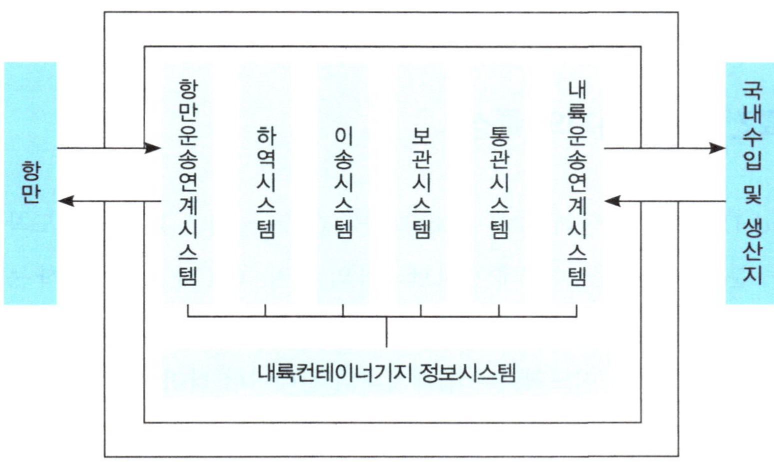

자료 : 해운산업연구원, 내륙 컨테이너기지조성 타당성 조사용역, 1981.

이밖에 ICD 내 물류시스템은 정보시스템의 구축을 기반으로 항만과 국내수입지 및 생산지를 연계시키는 시스템으로 운송 · 하역 · 보관 · 포장 · 통관 등의 기능도 수행한다.

ICD의 활용 시 장점은 다음과 같다.

첫째, 시설 면에서는 항만지역과 비교하여 창고 · 보관시설용 토지취득이 용이하고 시설비가 절감되어 창고보관료가 저렴하다.

둘째, 하역 면에서는 노동력의 안정적 확보와 하역작업의 기계화를 통한 노동생산성의 향상을 가져온다.

셋째, 운송 면에서는 화물의 대단위에 의한 운송효율의 향상과 항만지역의 교통혼잡을 줄일 수 있다.

한편, 내륙컨테이너기지의 위치 결정요인은 다음과 같다.

① 화물을 용이하게 집화하고 분배할 수 있도록 상업지역이나 공업지역과 가까운 곳이어야 한다.

② 고속도로와 철도와 인접한 교통의 요충지이어야 한다.

③ 미래의 물동량 증가에 따른 시설확대를 고려하여 충분한 부지를 확보할 수 있는 지역이어야 한다.

④ 통관업무 및 기타 업무가 원활하게 이루어질 수 있도록 세관이나 기타 관련 기관과 가까운 지역이어야 한다.

3. 내륙컨테이너기지의 특성

Inland Depot란 간단히 말해서 소량화물(LCL cargo)을 집화하여 도착지별로 화물을 분류한 다음, 컨테이너에 적입시켜 CY까지 운송하는 혼재(consolidation)작업을 행하는 내륙의 CFS(보세장치장)와 같은 장소를 의미한다. 보통 Inland Depot는 철도역이나 임해지대의 컨테이너 터미널에 가까운 곳에 입지를 정하거나 공업단지, 고속도로의 인터체인지 부근, 도시주변 등 화물집산지에 입지를 정하는 경우가 많다. 이외에도 자동차 정류장이나 각종 유통창고 및 보세창고도 똑같이 Inland Depot의 역할을 수행하는 경우도 있다.

그림 5-11 의왕ICD–부산항 일괄운송 절차도

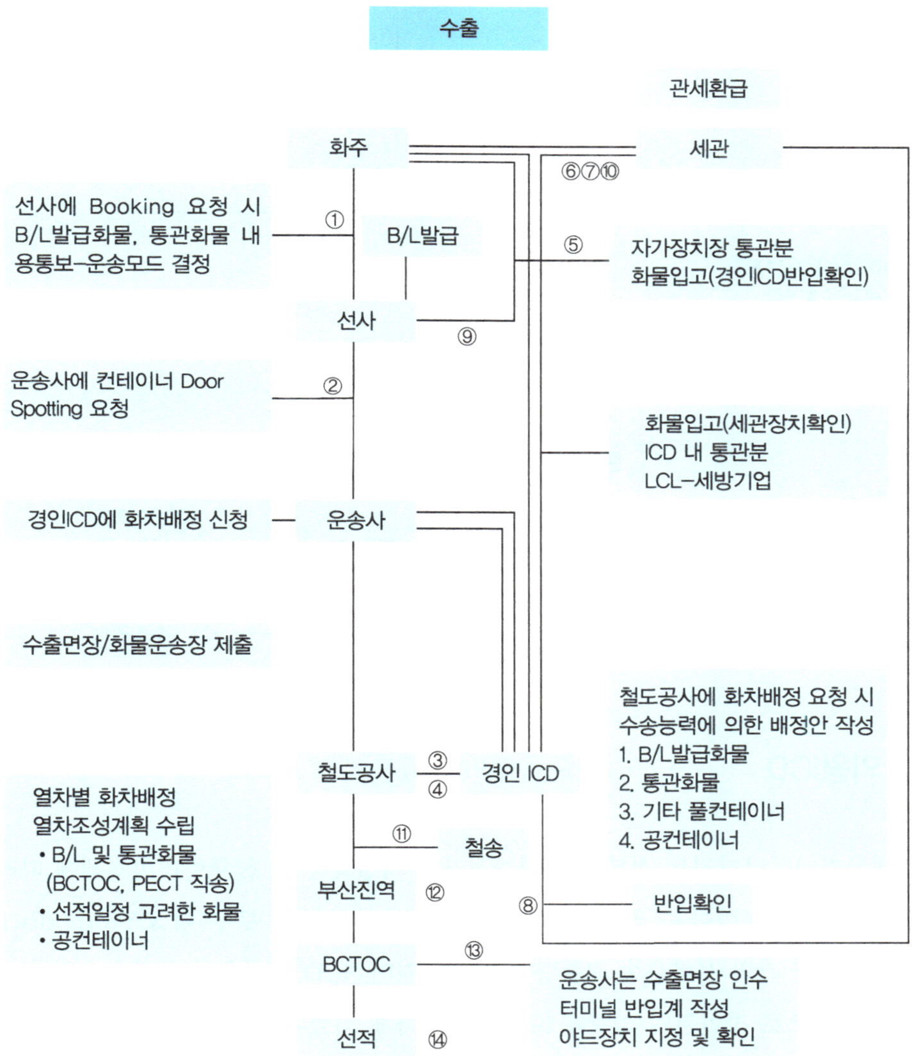

그림 5-12 부산항-의왕ICD 일괄운송 절차도

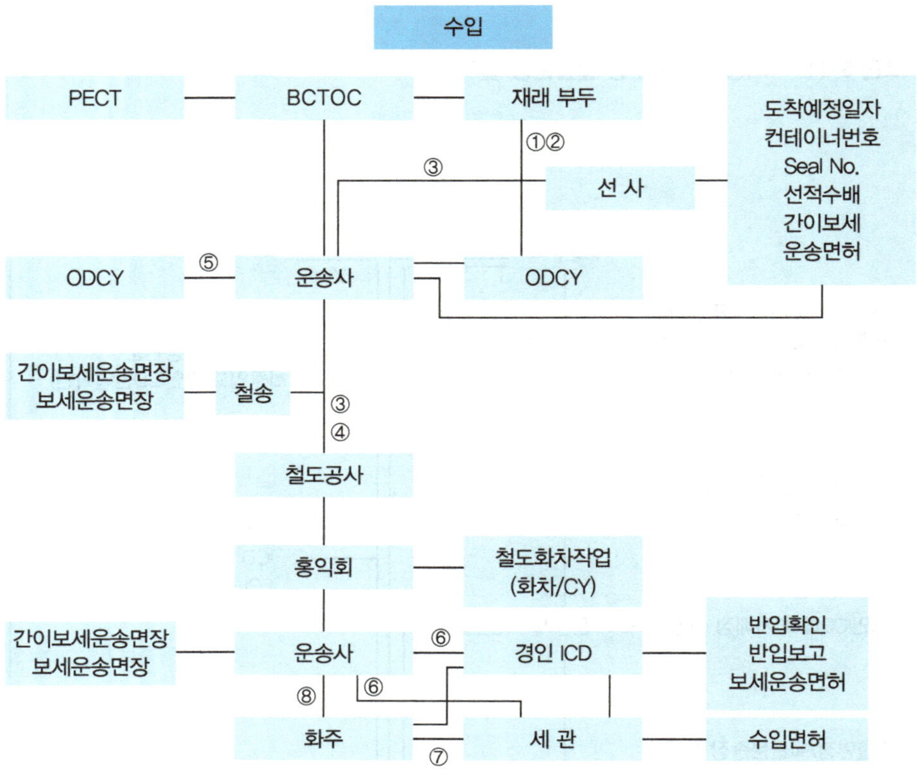

4. 의왕ICD

내륙컨테이너기지는 정부의 사회간접자본 시설확충 및 물류합리화정책에 따라 경부 간의 육로화물을 철송화물로 전환하고, 부산시내 부두 밖 CY(off-dock CY)와 항만 간의 셔틀운송 교통량을 감소시키며, ICD를 이용한 복합운송의 활성화를 목적으로 경인권의 의왕에 ICD를 건설하게 되었다. 의왕ICD는 경기도 의왕시 이동에 위치하고 서울에서 38km, 수원 10km, 안양 14km의 지점에서 위치하여 새로 개통된 신갈-안산 간 고속도로에 인접하고 있으며 현대적 시설과 하역장비를 갖추었다. 의왕ICD는 1984년 7월 남부철도화물기지로 개장하여 1992년 3월에 경인ICD(주)를 창립하고 1993년 7월 1일부로 ICD부분 운영을 개시하였으

며 시설현황은 총면적 148,590평(연간 취급능력 654,320TEU), 컨테이너 야드면적 83,254평, CFS 1,070평에 하역장비 39대, 운송장비 487대, 철도시설 3,720m(연간 수송능력 493,480TEU)를 갖춘 한국최대의 물류시설이다.

의왕ICD의 주요 기능을 보면 수출입화물 통관, 화물집화, 보관, 분류, 간이보세운송, 관세환급, 철도수송기지, 선사 B/L발급 등이다. 경부 간의 철송 및 관세환급과 B/L발행 등을 ICD 내에서 할 수 있도록, 세관, 은행, 선사, 경인ICD(주) 등이 ICD 내에 입주하여 관련된 업무를 일괄처리하며 총괄운영은 경인ICD(주)에서 맡게 되며, 17개사의 철도소운송면허업체들이 실제적인 수송을 담당한다.

의왕ICD는 기본적으로 부산항 부두를 내륙까지 연장한 것과 같은 개념으로 이해할 수 있다. 부두로부터 의왕ICD 내 안양세관 의왕사무소 관내까지의 철도운송은 간이보세운송 형식을 취하고 있으므로 부두 또는 세관 관내에서 화물이 이송되는 것과 다름없다.

표 5-3 | 전국 5대 권역 내륙컨테이너기지 추진현황

구분	터미널명칭	위치 (규모)	사업비 (억 원)	기간	주요 시설	연처리능력
수도권	군포복합 화물 터미널	군포 (11만 평)	2,477	1992~ 1998	• 화물취급장(8동) • 배송센터(8동)	• 일반화물 1,130만 톤
	의왕ICD	의왕 (23만 평)	331	1992~ 1999	• 컨테이너작업장(3동) • 컨테이너장치장(13만 평)	• 컨테이너화물 100만 TEU
부산권	양산복합 화물 터미널	양산 (10만 평)	2,608	1992~ 2003	• 화물취급장(4동) • 배송센터(6동)	• 일반화물 870만 톤
	양산ICD	양산 (29만 평)	2,841	1992~ 2003	• 컨테이너작업장(10동) • 컨테이너장치장(19만 평)	• 컨테이너화물 140만 TEU
호남권	복합 터미널 ICD	전남장성 (16만 평)	3,113	1999~ 2010	• 화물취급장(4동) • 배송센터(10동) • 컨테이너작업장(2동) • 컨테이너장치장(2.7만 평)	• 일반화물 486만 톤 • 컨테이너화물 34만 TEU
중부권	복합 터미널 ICD	충북청원 충남연기 (15만 평)	2,275	1992~ 2007	• 화물취급장(4동) • 배송센터(4동) • 컨테이너작업장(1동) • 컨테이너장치장(3만 평)	• 일반화물 277만 톤 • 컨테이너화물 39만 TEU

영남권	복합 터미널 ICD	경북칠곡 (12만 평)	2,512	1999~2008	• 화물취급장(7동) • 배송센터(6동) • 컨테이너작업장(1동) • 컨테이너장치장(2.8만 평)	• 일반화물 357만 톤 • 컨테이너화물 46만 TEU

자료 : 건설교통부
(사)한국물류협회 · (주)물류신문사, 한국물류연감 2003, 2003, p.76.

표 5-4 물류시설의 종류와 정의

시설명	정의
화물터미널	화물의 집화 · 하역 · 분류 · 포장 또는 통관 등에 필요한 기능을 갖춘 시설물 *복합화물 터미널 : 두 종류 이상의 운송수단 간의 연계수송을 할 수 있는 규모 및 시설을 갖춘 화물 터미널
ICD	내륙컨테이너기지(inland container depot)의 약칭. 항만 및 내륙운송수단의 연계가 편리한 산업지역에 위치한 컨테이너 집화 · 혼재를 위한 하치장을 말하며 컨테이너장치 · 보관기능, 집화 · 분류기능 및 통관기능을 담당
CFS	Container Freight Station의 약칭. 컨테이너에 화물을 적재하거나 인출하고, 일반화물트럭에 상 · 하차하는 작업에 따른 환적 및 일시보관창고
창고	물건의 멸실 · 훼손을 방지하기 위한 보관시설 또는 보관장소
화물취급장	당일 집배송이 이루어지는 택배화물을 취급하는 장소
집배송센터	유통사업자 또는 제조업자의 사용에 제공하기 위하여 집배송시설 및 관련 업무시설 또는 판매시설을 갖추어 조성한 시설물
공동 집배송단지	집배송센터(판매시설을 갖춘 집배송센터는 제외)를 집단적으로 설치하여 다수의 유통사업자 또는 제조업자가 시설물의 전부 또는 일부를 공동으로 사용할 수 있도록 조성한 단지
유통단지	유통시설(화물 터미널, 집배송단지, 도소매단지, 농수산물 도소매단지)과 지원시설(가공제조시설, 정보처리시설, 금융 · 보험 · 의료 · 교육 · 연구시설 및 편의시설)을 집단적으로 설치 · 육성하기 위하여 지정개발하는 일단의 토지
농수산물 종합유통센터	농수산물의 수집 · 포장 · 가공 · 보관 · 수송 · 판매 및 그 정보처리 등 농수산물의 물류활동에 필요한 시설 및 이와 관련된 업무시설을 갖춘 사업장
농수산물 도매시장	농수산물을 도매하기 위하여 특별시장, 광역시장, 시장이 관할구역에 개설하는 시장
농수산물 공판장	농 · 임 · 축 · 수협과 중앙회 또는 공익법인이 농수산물을 판매하기 위하여 개설 · 운영하는 사업장
CY	Container Yard의 약칭. 컨테이너를 보관 · 집화 · 배송 등을 하는 장소

자료 : 신동선, 내륙화물기지 시스템에 관한 연구, 교통개발연구원, 2002, p.4.

Chapter 06

도로운송과 철도운송

제 1 절 도로운송

육상운송은 철도나 자동차에 의한 육로운송을 말한다. 철도운송은 한 번에 대량화물의 수송이 가능하며, 대량화물의 원거리운송에 운임이 경제적일 뿐 아니라 안전하지만, 고정비가 많이 들고 철도시설이 완비되어 있어야만 하는 단점이 있다.

한편 자동차운송은 운송의 시작과 도착을 마감하는 중요한 운송수단으로, 철도운송의 보조수단으로 출발하여 LCL화물의 수송에 이용되고 있다. 또 이 운송은 철도보다 신속하고 운임이 저렴하여 해상운송과의 연계에서 많이 사용되고 있다.

1. 국제도로운송의 정의

국제도로운송(international carriage by road)이란 한 나라에서 다른 나라의 특정장소로 국제도로운송조약에 따라 물품을 이동하는 운송 형태이다.

door-To-door 개념의 운송이 가능하고, 근거리운송에 적합하며, 포장이 용이한 장점이 있는 반면, 대량수송이 곤란하고, 사고의 위험성이 크고, 중량 제한의 단점을 가지고 있다.

2. 도로운송시스템의 특성

트럭에 의한 공로운송은 화물운송부문에서 시작과 끝을 이루는 운송수단으로 결국 트럭이 개입되어야만 그 활동이 완수될 수 있을 정도로 문전처리능력(door-to-door potential)이 뛰어나다고 할 수 있다. 도로운송의 장점을 철도운송과 비교하면 [표 6-1]에서 나타나는 바와 같이 도로운송은 소량에서부터 중량의 화물까지 적절히 취급할 수 있다는 화물취급의 탄력성이 높고 도로운송은 운송의 최소규모가 철도보다 작으며 최소규모의 운송에 필요한 운송기초시설과 운송수단의 비용이 적다.

표 6-1 도로운송의 장단점

구분	장점	단점
철도운송	• 대량화물의 동시 효율적인 운송 • 중 · 장거리운송일수록 운송비 저렴 • 높은 안정성 • 계획운행가능 • 전국적인 운송망 보유 • 유리한 운임의 할인제도 • 전천후 운송수단	• 근거리운송 시 상대적 운임 비율 • 환적작업 필요 • 열차편성에 장시간 소요 • 화차 소재관리 곤란 • 배차 탄력성이 적음 • 운임설정의 경직성 • 적재 중량당 용적량이 적음 • 문전에서 문전까지 운송 곤란
도로운송	• 문전에서 문전까지 일관운송가능 • 근거리운송에 적합하고 경제적임 • 포장이 비교적 간단함 • 배차용이	• 대량운송에 부적합함 • 원거리운송 시 운임이 비쌈 • 교통사고 및 공해문제 발생 • 중량의 제한

따라서 운송수요와 운송량이 모두 적은 경우 운송량 1단위당 비용은 도로운송이 더 저렴하게 된다. 즉 철도운송의 경우 최소한 1차량 이상이 필요하며, 운송기초시설의 전용적 이용에 따라 건설비용의 전부를 부담해야 하는 경쟁상의 불이익점도 있다. 또한 도로운송에서의 운송단위인 트럭은 철도운영단위보다 수명주기가 단기이므로 경기변동에도 탄력적으로 적응할 수 있다.

표 6-2 도로운송과 철도운송의 질적 요인의 비교

질적 요인 \ 운송수단	공로운송	철도운송	
		일반	전용임대
신속성(speed)	매우 높음	낮음	높음
문전처리능력(door-to-door potential)	매우 높음	낮음	매우 낮음
신뢰성(reliability)	매우 높음	높음	매우 높음
안전성(safety)	높음	매우 높음	매우 높음
편리성(availability)	매우 높음	낮음	낮음
탄력성(flexibility)	매우 높음	낮음	낮음
에너지 효율성(energy efficiency)	낮음	높음	매우 높음
환경친화성(ecological friendliness)	매우 낮음	높음	높음

이러한 장점에 비해, 최근에는 생활수준의 향상에 따른 운전직 근로자의 의식구조 변화 및 그에 따른 노동생산성 저하, 그리고 안전사고 및 도로교통의 혼잡, 대기오염규제 등으로 인해 육상컨테이너운송의 경쟁력이 약화되고 있는 실정이다.

3. 화물수탁증

화물수탁증(consignment note/road waybill)은 육로를 이용한 물품운송에 사용되는 비유통증서로서 인수 및 인도서류의 성격을 갖는다. 송화인과 운송인 사이에 3통의 화물수탁증을 작성하여 송화인과 운송인이 각각 1부씩 보관하고, 1통은 화물과 함께 수화인에게 송부된다.[01]

화물수탁증에는 다음과 같은 사항이 필수적으로 포함된다.

① 발급일자 및 장소
② 송화인의 성명과 주소
③ 운송인의 성명과 주소
④ 화물의 수탁장소 및 일자와 인도장소
⑤ 수화인의 성명과 주소
⑥ 물품의 성질에 따른 일반명칭, 하조방법, 위험물인 경우에는 일반적으로 식별가능한 품명
⑦ 물품 포장물 수, 화인 및 수량
⑧ 물품의 총중량, 수량
⑨ 운송에 관계되는 비용(운임, 추가비용, 관세 및 기타 계약체결 시로부터 인도 시까지 발생하는 모든 비용)
⑩ 통관 및 기타 행정처리상 필요한 지시사항
⑪ 운송이 본 협약의 조항에 의하여 규제된다는 문언

01 강창남 외, e-물류운송론, 도서출판 두남, 2003, pp.249-250.

4. 국제도로물품운송조약(CMR)

'국제도로물품운송조약(Convention Relative Au Contract de Transport International de Marchandise Par Route)'은 국제도로를 통한 물품운송에 있어서 운송인의 책임을 중심으로 한 국제조약이다. 주로 운송인의 책임에 관하여 규정한 조약으로, 원래의 명칭은 '국제도로물품운송계약에 관한 협약(Convention Relative au Contract de Transport International de Marchandise Par Route)' 이며 간략히 CMR이라고 약칭한다.

1) 주요 내용

1956년 5월 제네바에서 유럽 국가들이 서명하여 채택하였으며 1961년에 발효되었고 1978년에 개정되었다. 국제운송에 있어서 해상운송의 헤이그규칙(Hague rule), 철도운송의 국제철도물품운송조약(CIM), 항공운송의 바르샤바조약(Warsaw convention)과 함께 중요한 역할을 하는 조약으로, 적용범위와 운송인의 손해배상책임을 주된 내용으로 하고 있다.

2) 적용범위

적용범위는 국제육로운송으로 화물을 운송할 때 해당되는 국가 중 어느 한쪽이라도 가입되어 있으면 적용된다. 운송인의 배상책임은 엄격책임주의(strict liability)를 원칙으로 한다. 즉 면책사유 이외의 사유로 인한 화물 전체나 일부의 멸실 · 훼손 · 인도지연에 대해 책임을 진다.

3) 운송인의 손해배상책임

CMR에 의한 화물자동차운송인의 책임의 일반원칙은 이른바 엄격책임주의(strict liability)에 입각하고 있다. 즉 화물자동차운송인은 조약상의 면책사유 이외의 사유로 인한 화물의 전부 또는 일부의 멸실, 훼손 또는 인도지연에 대하여 책임을 진다. 다만 운송인의 손해배상책임은 운송인의 고의(wilful misconduct)

나 중대한 과실(gross negligence)의 경우를 제외하고는 화물 1kg당 50금 프랑으로 제한된다. 그리고 중과실의 경우의 운송인의 책임은 정상적인 책임한도액의 2배로 제한된다. 한편 인도지연의 경우 실손해에 관한 증명이 없으면 특정운송기간의 10분의 1의 지연에 대해 운임의 10분의 1을 운송인이 반환하여야 하는데, 그 한도액은 총운임의 4분의 1이며, 지연으로 인한 실손해가 증명된 때에는 그 손해액이 배상금액이며, 그것은 해당 운임의 2배를 초과하지 못한다.

5. 화물자동차구조에 의한 분류

1) 보통(평보데)트럭

트럭 중에서 가장 일반적인 자동차로서 차종은 적재량 1t 미만의 소형차로부터 12t의 대형차에 이르기까지 그 종류가 다양하다.

2) 트레일러

자동차의 동력부분(견인차 또는 트랙터)과 적화부문(피견인차)을 분할할 경우 자체의 동력을 갖추지 않은 적화부문을 지칭하며, 일반적으로 세미트레일러, 풀트레일러, 폴트레일러의 3가지가 있다.

3) 전용 특장차

자동차의 동력을 취하여 적화작업, 기타의 작업을 행하는 기계장치를 설치한 차량으로 덤프차, 믹서차, 분립체 운송차, 액체 운송차, 냉동차 등이 있다.

4) 합리화 특장차

전용 특장차에 화물을 적재하거나 하역 시 합리적으로 작업할 수 있는 기기를 차량 자체에 설치하고 있는 자동차를 말한다. 세분하면 실내하역기기 장비차, 측면 전개차, 적화 · 하역 합리화차 및 시스템 차량으로 구분된다.

6. 연결형식에 따른 분류

1) 모터 트럭(motor truck)

트랙터에 트레일러가 완전히 붙어 있는 일반화물자동차를 말한다.

2) 세미트레일러 트럭(semi–trailer truck)

자체 차량중량과 적화의 전중량 중 상당부분을 연결장치가 끼워진 세미트레일러 트랙터에 지탱시키는 하나 이상의 차축을 가진 트레일러를 갖춘 트럭을 말한다.

그림 6-1 세미트레일러 트럭

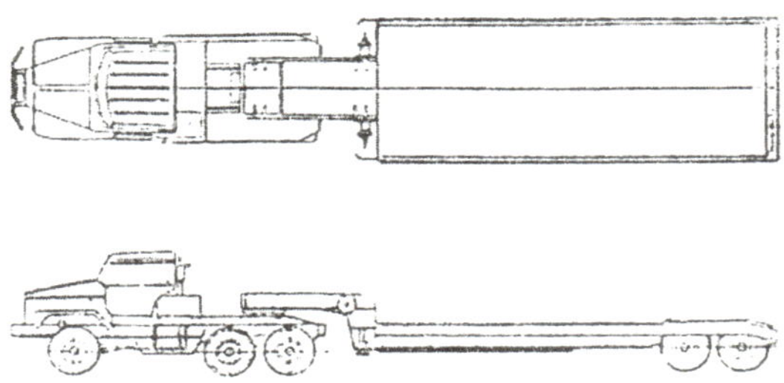

3) 풀트레일러 트럭(full–trailer truck)

자기 중량과 화물의 전중량을 자기의 전후 차축만으로 흡수할 수 있는 구조를 가진 트레일러가 붙어 있는 트럭을 말한다.

그림 6-2 풀트레일러 트럭

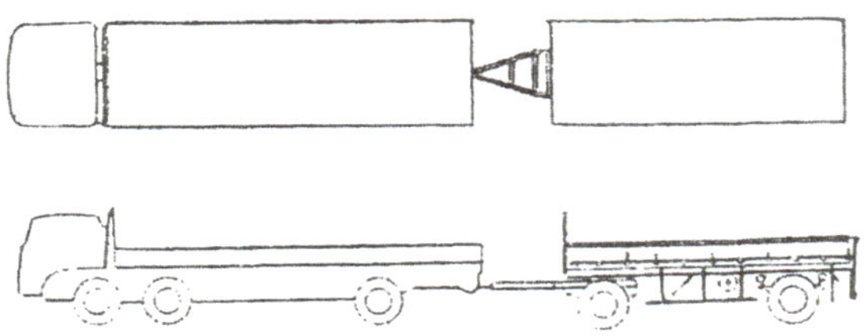

4) 폴트레일러 트럭(pole-trailer truck)

대형 파이프, 교각, 대형 목재 등 장척화물 운반용 트레일러가 부착된 트럭을 말한다.

그림 6-3 폴트레일러 트럭

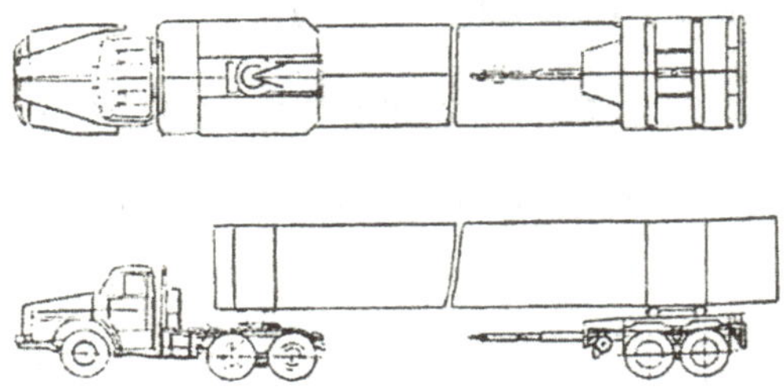

5) 더블바텀방식(double-bottom trailer combination, doubles) 트럭

컨테이너 트랙터는 트레일러 1량만을 견인하는 것이 아니라 때로는 제1세미트레일러에 제2세미트레일러를 연결하여 2량을 견인하는 경우가 있는데 이때는 더블바텀 트레일러(double-bottom trailer)라고 부른다.

그림 6-4 더블바텀 트레일러

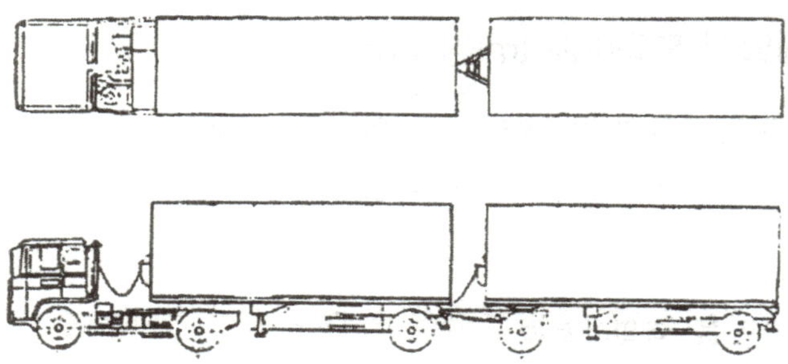

6) 연결차(motor vehicle combination)

대형 중량화물을 운송하기 위하여 여러 대의 자동차를 동원하거나 특수 제작된 차대를 끌기 위하여 견인자동차를 1대 이상 연결한 상태의 차량을 말한다.

7. 트레일러 형상에 따른 구분

1) 평상식(flat bed, platform & straight-frame trailer)

전장의 프레임 상면이 평면의 화대(貨臺)를 가진 구조로서 일반화물이나 강재 등의 수송에 적합하다.

그림 6-5 평상식 트레일러

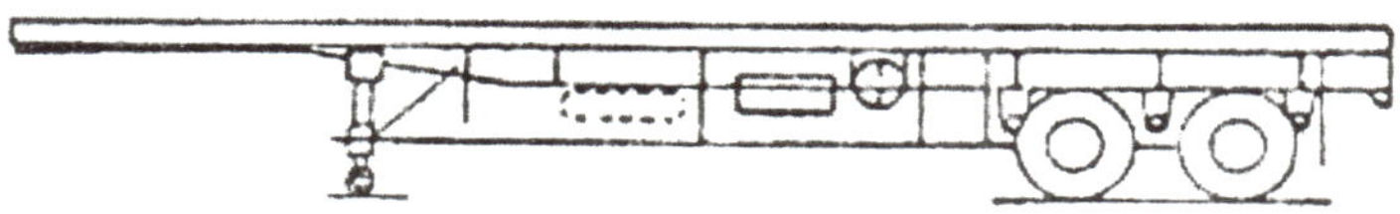

2) 저상식(low bed trailer)

적재 시 전고(全高)가 낮은 화대를 가진 트레일러로서 불도저나 기중기 등 건설 장비의 운반에 적합하다.

그림 6-6 저상식 트레일러

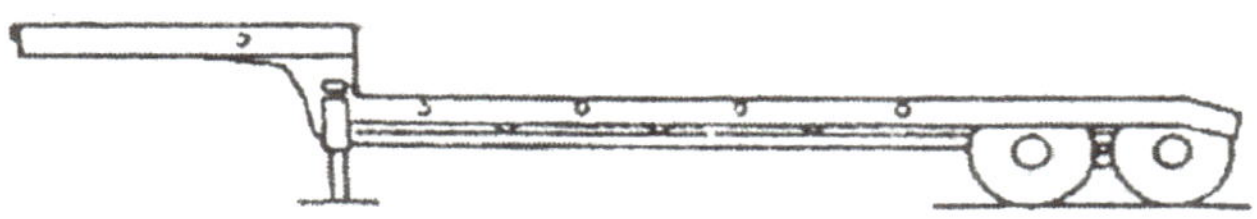

3) 중저상식(drop bed trailer)

저상식 트레일러 가운데 프레임 중앙 화대부가 오목하게 낮은 트레일러로서 대형 핫코일(hot coil)이나 중량 블록화물 등 중량화물의 운반에 편리하다.

그림 6-7 중저상식 트레일러

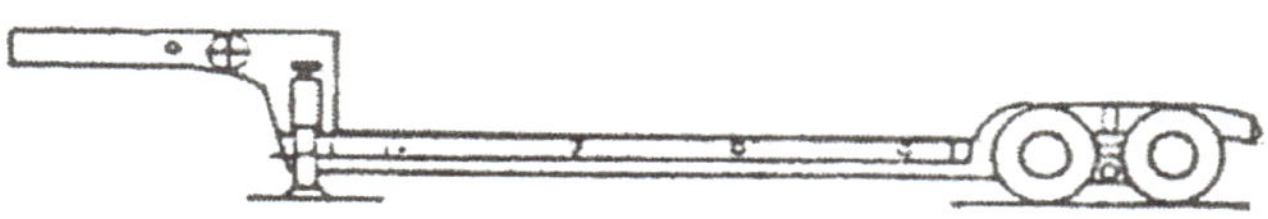

4) 스케레탈 트레일러(skeletal trailer)

컨테이너운송을 위해 제작된 트레일러로서 전후단에 컨테이너 고정장치가 부착되어 있으며, 20′용, 40′용 등 여러 종류가 있다.

그림 6-8 스케레탈 트레일러

5) 밴 트레일러(van trailer)

화대부분에 밴형의 보데가 장치된 트레일러로서 일반잡화 및 냉동화물 등의 운반용으로 사용된다.

6) 오픈탑 트레일러(open top trailer)

밴형 트레일러의 일종으로서 천정에 개구부가 있어 채광이 들어가게 만든 고척화물 운반용이다.

7) 특수용도 트레일러

여기에는 덤프 트레일러, 탱크 트레일러, 자동차 운반용 트레일러 등이 있다.

제 2 절 철도운송

1. 철도운송의 정의

철도차량에 의하여 내륙지역국에서 내륙지역국으로 또는 항만시설에서 내륙지역국으로 상품을 운송하는 체계를 의미한다.

철도운송은 대량수송이 가능하며 운송거리가 멀수록 운송비는 낮아지고(운임이 거리에 반비례) 또한 에너지 및 운전비가 저렴하고 기후에 큰 영향을 받지 않는 특징을 가지고 있다.

국제철도운송은 해상과 육상 사이에서 교량적 역할을 하는 피기백(piggy back)방식에 의해 담당하고 있으며, 운송범위를 철도노선상에 한정시키는 'rail service'로 이용된다.

표 6-3 철도운송의 장단점

장점	단점
① 교통정체 등에 영향을 안 받고 계획운송이 가능하다. ② 전국적인 네트워크 ⇒ 대량운송이 전국수준에서 가능하다. ③ 유리한 운임할인제도가 있다. ④ 대량화물의 동시 효율적 운송이 가능하다. ⑤ 높은 안정성이 있다. ⑥ 기후에 영향을 받지 않는다.	① 근거리운송 시 상대적으로 운임이 높다. ② 문전에서 문전까지 운송이 곤란(트럭의 집/배송이 필요)하다. ③ 화차의 소재관리가 어렵다(공로는 각 차량과 교신). ④ 적기에 배차가 어렵다. ⑤ 적재중량에 비해 용적이 작다(중량보다 용적이 주가 되는 화물은 비효율적). ⑥ 화차적재나 편성에 시간이 소요되므로 기동성이 떨어진다.

2. 철도운송의 특성

철도운송은 대량화물 및 장거리운송에 있어서 편리하고 비용이 저렴하며 다른 운송수단과 달리 악천후에도 거의 영향을 받지 않고 정시성을 유지할 수 있어 서비스의 신뢰성을 기할 수 있으며 자동차, 비행기에 비하여 톤-km당 에너지 소모량이 훨씬 적어 에너지 효율성이 높을 뿐만 아니라 그에 따른 저공해성으로 인해 환경친화적인 운송수단으로서 각광을 받고 있다. 그러나 최종소비자에 대한 접근성이 약하므로 도로운송수단과의 연계가 필수적이다.[02]

02 H. C. Paelinck, "Economy, Trade, Industry and Shipping – Evolution for Future", *European Transport Law*, Vol. XXIX, No. 4, 1994, p.394.

3. 철도운송의 종류

화물의 철도운송 종류에는 화차를 기준으로 한 차취급과 컨테이너를 기준으로 한 컨테이너취급으로 구분되는 대량화물용 운송과 혼재차취급과 화물취급으로 구성되어 있는 소량화물용 운송으로 구분할 수 있다.

그림 6-9 철도운송의 종류

1) 차취급

차취급이란 화물을 대절한 화차에 싣고 운송하는 것을 말하며 일반적으로 대량이고 장거리운송에 많이 이용된다. 일반적으로 철도의 화물운송은 차취급을 많이 이용하며 화차는 유개차, 무개차 또는 특수화물운송에 적합한 여러 가지 형태가 있다.

2) 컨테이너취급

컨테이너취급이란 문전에서 문전까지 일관운송함으로써 종래의 철도운송의 약점을 극복한 운송 형태를 말한다. 철도와 자동차를 결합한 운송의 형태이며 대량운송을 위한 최적 운송방법이다. 컨테이너를 전용으로 운송하는 무개화차는 다음과 같은 종류가 있다.

① Open Top Car : 곤돌라 형태로 보기가 없고 ISO 표준규격의 컨테이너를

적재하는 데 편리하게 구성되어 있다.

② Flat Car : 장척화물이나 대량화물의 운송용으로 상면이 평평하며 측주도 장비할 수 있는 ISO 표준규격의 대형 컨테이너 적재용이다.

③ Container Car : 컨테이너 전용형으로 제작된 화차로서 상면에 수개의 컨테이너를 적재할 수 있으며 고정장치가 부착되어 있는 화차이다.

④ Double Stack Car : 미국의 러드사가 1980년에 개발한 2단적재화차로서, 차체가 가볍고 플랫폼(제3세대형 화차)형 화차이며, 우리나라에서는 터널의 높이 때문에 이용이 불가능하다.

3) 혼재차취급

통운업자가 일반화주들로부터 소화물의 운송을 위탁받고 이를 행선지별로 차취급이나 컨테이너단위로 재취합하여 철도의 차취급이나 컨테이너취급으로 운송함으로써 그 운임의 차액을 취득하기 위한 운송제도이다. 통상적으로 화주는 통운업자와 계약을 체결하며 통운업자는 철도회사와 운송계약을 맺는다.

4) 화물취급

화물취급에는 소화물을 그 목적물로 하여 객차 편으로 운송하는 방식인 소화물취급과 여객이 출발역에서 운송을 위탁하는 방식인 수화물취급이 있다.

4. 주요 철도운송서비스

1) 수송기기에 의한 분류

미국의 철도에 의한 수송서비스는 수송에 사용되는 철도차량 종류에 의해 2가지로 구별된다.

(1) rail car service

각종 철도차량(rail car)을 이용하는 수송서비스로 화차 종류는 매우 많아 대표적인 것으로는 box car, covered hopper car, gondola car, hopper car, plain flat car 등이 있다.

(2) piggy-back service

철도트레일러 및 컨테이너를 특수한 철도대차에 싣고 수송하는 서비스로서 piggy-back은 돼지새끼를 등에 업는다는 의미로서 트레일러를 철도화차에 싣고 수송하는 형태가 이와 비슷하기 때문에 piggy-back service라고 불리며 2종류가 있다.

① rail trailer운송 : 화물을 적재하는 상자 밴(van)부분과 샤시부분이 붙어 있으며, 길이 40′ 내지 40′6″ 이내의 대형 밴 트레일러를 수송하는 서비스로 여기에 동력장치부인 trailer head를 부착시키면 그대로 도로운송을 할 수 있다.

② 컨테이너운송 : 보통 해상운송에 사용되는 길이 20′ 내지 40′ 컨테이너를 수송하는 서비스로 컨테이너를 샤시 내지 보기(bogie)에 실은 채 철도화차로 수송하는 방식, 즉 TOFC방식과 컨테이너를 직접 철도화차에 싣고 수송하는 방식, 곧 COFC방식이 있다.

2) 철도운송서비스 스테이션의 형태

(1) 철도운송서비스 스테이션

rail car에 의한 철도운송의 경우에는 각 화물역(cargo station)에 있는 공공견인선(public siding) 또는 그 주위에 있는 사설견인선(private siding)으로 화물의 적양화가 실시된다. 철도역(rail station)의 경우 rail car service가 가능한 역을 말하는데, 철도트레일러와 컨테이너취급이 가능한 역에만 한정되지 않는다.

(2) 철도트레일러와 컨테이너운송

piggy-back수송이 가능한 역은 ramp point 및 crane point로 한정되어 있다. ramp point는 컨테이너운송을 포함한 piggy-back수송에 필요한 설비를 갖춘 역을 가리키며, 각 지역에서 ramp point는 각 철도회사의 태리프에 명기되어 있다. ramp point 이외의 역에 트레일러와 컨테이너를 수송할 때는 특별한 기기를 수배해야 한다. ramp point에는 크래인 설비가 있는 곳(with crane)과 없는 곳(without crane)이 있다.

일반적으로 최종목적지에서 컨테이너를 인도할 때 필요한 샤시는 사용범위가 delivery zone이라면 철도는 샤시 또는 bogie를 임대하고 있는가를 매번 철도회사에 문의하여 확인할 필요가 있으며, 전미국의 ramp point 유무에 대해서도 매번 철도회사에 확인하는 것이 가장 좋다.

3) 철도운송서비스의 분류

(1) rail car service

화주는 우선 철도화차(box car, flat car 등)를 수배한 후 화차의 수송방법을 결정해야 한다. 보통의 경우 철도회사에 화차 수배를 의뢰하고 송화인의 문전에서 수화인의 문전까지 직접 철도로 수송된다. 단, 수송범위는 철도 노선상에 한정된다.

(2) piggy-back service

피기 백(piggy-back)운송은 경제성, 적양화의 용이성, 기동성, 안전성, 주차장에서 취급시간 단축성 등의 이유로 급속히 증가해 왔다. 운송화물은 송화인의 문전에서 트레일러와 컨테이너에 적재되어 가까운 역인 ramp point까지 trailer head로 도로 운송되어 거기서 철도화차에 싣고 목적지에서 가장 가까운 ramp point까지 철도로 수송된다. 이 ramp point에서 수화인의 문전까지 도로로 수송된다. 이같이 효율이 좋은 piggy-back운송은 하이웨이 트럭운송에 비해 운임이

그림 6-10 철도운송서비스의 분류

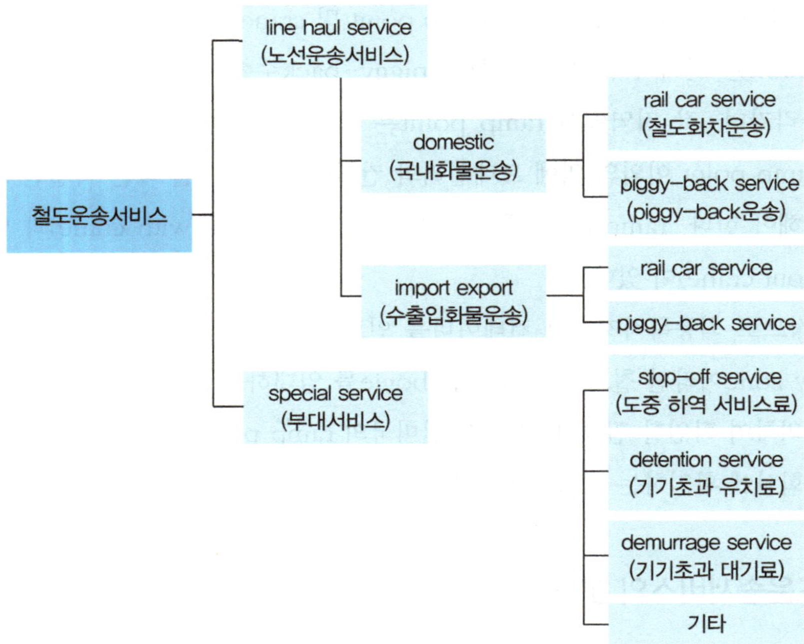

자료 : 옥선종, 국제운송론, 법문사, 1992, p.506.

약 10~30% 저렴하다.

piggy-back운송의 경우 flat car 수배는 철도회사가 하는데, 화물을 적재한 트레일러 또는 컨테이너는 화주 자신이 소유하고 있는 경우와 화주가 철도회사에 의뢰하는 경우가 있다. 또한 수송범위는 철도노선상뿐만 아니라 트럭운송범위까지 확대된다. 곧, piggy-back운송의 경우, 철도와 트럭 양쪽 수송수단이 제휴하고 있기 때문에 이 양자가 수송 분담을 결정해야 한다. 철도운송은 철도회사 이외는 불가능한 데 비해, 트럭운송의 경우 일반적으로 트럭회사에 의한 수송, 철도트럭회사에 의한 수송, 또한 화주 소유 트럭에 의한 수송이 가능함으로써 수송수단이 다양해지고 있다.

이 수송수단의 다양화는 piggy-back운송을 희망하는 화주에 대해 수송수단의 선택을 가능케 하고 있다.

5. 철도화물운송의 종류

철도화물운송의 종류에는 화차 1량기준으로 한 차급화물(일반화물)과 컨테이너 규격별 1개단위로 계산하는 컨테이너화물운송으로 구분된다.

그림 6-11 철도화물 운송절차

화 주	한국철도공사 처리절차	
운송신청 • 화물운송장 접수(구두, 전화, FAX, EDI 접수가능) • 운송내역 신고(품명, 수량, 수송조건)	**운송가능 여부 결정** • 운송화물 적합성 • 차량공급능력 • 수송조건 수락	**화차수배** • 배차계획 수립 • 화차회송
화물의 적재 • 6시간 이내(단, 화약 3시간, 컨테이너 5시간) • 경과 시 화차 유치료 수수	**수탁검사 및 수취** • 화물운송장 신고사항과 현품확인 • 포장 · 적재방법 등	
화물운임 지불 • 운송거리 · 중량 · 운송조건에 따른 운임 • 화물운송통지서 교부	**수송(발역 → 착역)** • 직결 · 직통수송 • 기간 : 200km마다 1일 소요	**하화준비** • 하화선 차입 • 운송 중 이상 여부 확인
화물의 하화(수령) • 6시간(화약 3시간, 컨테이너 5시간) 내 하화하고 당일 중 반출(단, 18시 이후 하화 시 익일 중 반출)	**인도** • 화물인도명세서에 수령인(서명) 날인	
인도완료 화물 유치가능 • 화물 유치료 납부 • 장기유치 월단위 계산 • 일시유치 월단위 계산		

1) 차급화물

양회, 석탄, 광석, 비료, 팰릿화물, 유류, 냉연코일 등을 철도화차 1량을 전용하여 발송역에서 도착역인 목적지까지 직통 수송하는 방법이며 운임계산은 화차 1량단위로 계산된다.

2) 컨테이너화물

컨테이너에 화물을 적재하여 컨테이너화차에 의하여 발송역에서 목적지역까지 직통수송하는 방법이며, 운임계산은 20ft, 40ft, 45ft 컨테이너 규격별로 1개당 계산된다.

6. 화물운송용 차량[03]

1) 유개차(box car)

포대화물(양회, 비료 등), 제지류 등을 수송하기 위한 차량으로 양측에 슬라이딩 도어를 구비하여 화물의 적화가 용이하도록 되어 있다.

2) 전개형 유개차(full door box car)

표준 팰릿을 이용한 화물 상 · 하차 작업의 기계화로 물류의 일관수송에 적합하도록 측문 전개형(량당 12개)과 자동록킹장치가 설치되어 있다.

3) 곡물차(grain hopper car)

양곡, 사료 등 비포장 분말화물을 수송하기 위한 차

03 http://www.korail.go.kr/

량으로 상부 해치를 통하여 적재하고 하부 호퍼를 통하여 하화하도록 되어 있다.

4) 일반무개차(gondola car)

지붕이 없어 쇄정보호의 필요가 없고 유개차에 적재할 수 없는 석탄, 자갈, 대화물 등 다종의 화물을 수송할 수 있는 차량으로 최근에는 Car Dumping System에 의한 무연탄수송에 주로 사용된다.

5) 일반호퍼차(general service hopper car)

무연탄 수송용 차량으로 차체 단면은 경사를 준 호퍼가 양측으로 설치되어 개폐장치에 의한 측문 개폐로 하화하도록 되어 있다.

6) 자갈차(ballast hopper car)

선로노반에 사용할 자갈을 수송하기 위한 차량으로 좌 · 우측 경사진 호퍼를 통하여 선로 내측 및 외방으로 자갈을 하화할 수 있도록 되어 있다.

7) 일반유조차(general service tank car)

유류수송용 차량으로 원통형 탱크를 새들(saddle)과 밴드(band)로 고정시키며 탱크의 중앙 상부 돔(dome)에는 적재구 및 맨홀을 겸한 구조로 되어 있고, 하부는 토출구를 통하여 양측에서 하화하도록 되어 있다.

8) 벌크시멘트차(bulk cement tank car)

시멘트수송 전용 차량으로 상부 해치를 통하여 적재하고 공기압력이나 중력작용에 의해 하부 토출구를 통하여 하화가 가능하도록 되어 있다.

9) 아스팔트조차(asphalt tank car)

탱크내부에 가열관을 설치하여 적재된 아스팔트의 유동성을 좋게 함으로써 하화가 용이하도록 되어 있다.

10) 황산조차(sulfuric acid tank car)

진한 황산을 수송하기 위한 차량으로 돔(dome) 상부에서 적재하고 상부의 파이프를 통하여 하화하도록 되어 있으며 탱크 외면에 식별이 쉽도록 유독물 표시가 되어 있다.

11) 컨테이너차(container carrier car)

수출입 컨테이너화물수송 차량으로 컨테이너 규격(20ft, 40ft)에 따라 능률적으로 적화할 수 있도록 되어 있다.

12) 냉동 컨테이너차(refrigerated container carrier car)

원공급용 Power Pack(연속출력 400kw×2)을 연결하여 냉동 컨테이너를 수송하기 적합하도록 제작한 차량으로 단부에 전원연결 전·수가 설치되어 있으며 전원용 리셉터클은 3Φ 440V 32A의 규격이다.

13) 코일강판 수송차(steel coil carrier car)

원통 코일강판을 쉽게 운송할 수 있도록 제작한 차량으로 적재용 블록 및 가이드를 코일강판 크기에 따라 조절하여 적재하도록 되어 있다.

14) 곡형 평판차(depressed center flat car)

특대형 화물수송용 차량으로 중앙부 저상(低床)구조로 대형 변압기, 군장비 등을 적재하며, 일반평판차로는 수송이 불가능한 대형, 대중량 화물수송에 적합하도록 제작되어 있다.

15) 자동차수송차(car carrier)

승용차를 전용으로 운송하기 위한 차량으로 2층 적재가 가능하며 1량에 8~14대의 승용차를 적재할 수 있다.

16) 일반평판차(flat car)

기계, 장비 등을 운송할 수 있도록 한 상판이 평평하게 되어 있는 화차로 하중은 50톤이다.

7. 철도운임 및 수송방식

1) 철도운임

(1) 철도운임의 체제

미국의 철도회사는 모든 영업활동을 주제통상위원회(Interstate Commerce

Commisson : ICC)의 IC Act Part 1에 의해 규제받고 있다.

이에 철도운임 요율과 비용, 그리고 운송규칙(rules)을 명기한 운임표(tariff)를 ICC에 신고(file)해야 한다. 현재 신고되어 있는 철도운임과 운송규칙을 정한 철도 태리프는 극히 막대한 양으로 일설로는 전부 약 12,000권이라 전해진다. 이에 각 철도회사는 태리프전문가를 두고 있는데, 여기서도 태리프를 완전히 습득하기란 매우 어려워 곤란을 당하는 경우가 많다.

미국의 철도는 서부, 동부, 남부철도 등 세 그룹으로 크게 구분되는데, 지역 내 철도 통일을 기하거나 지역 간에 철도서비스의 협조를 기하기 위해 5가지 운임기구(tariff bureau or tariff territory)가 설치되어 있다.

(2) 철도운임의 분류

미국 철도의 화차운임은 많은 요인과 복잡하게 연관되어 있어 복잡하지만 이를 정리하면 다음과 같다.

가. 상품별운임(class rate)

미국의 철도운임은 상품별로 설정되어 있고 그 분류는 매우 세밀하며, 상품분류 및 시장가치는 전미국의 공통적인 통일화물분류 태리프 Uniform Freight Classification(U.F.C.)에서 구해진다.

class tariff의 운임은 단순히 거리와 상품의 시장가치와의 관련에서 추구되는 가장 비싼 운임이라 할 수 있다. class rate는 원자재수송 등에는 적용되지 않는데 특수공업제품에는 자주 적용된다.

나. 예외운임(exception rate)

exception rate는 운임 비율을 개개의 rate tariff에서 구한다. class rate와 같은 식으로 수송거리(rate base)와 관련하여 운임을 산출한다.

다. 특정상품운임(general commodity rate)

이 운임은 특정상품에 대해 특정한 지점, 지역에서 특정한 지점, 지역수송에 한정되어 설정되기 때문에 늘 빈번하게 수송되는 상품과 수송구간을 대상으로 하고 있으며, class rate보다 싸게 설정되어 있다. 또한 기존 설정운임 변경에 대해서는 철도규제완화법 발효 이후 완화되어 운임이 인상될 경우는 사전 예고기간이 30일에서 20일로, 운임인하의 경우 10일로 단축된다.

그림 6-12 미국의 철도운임의 분류

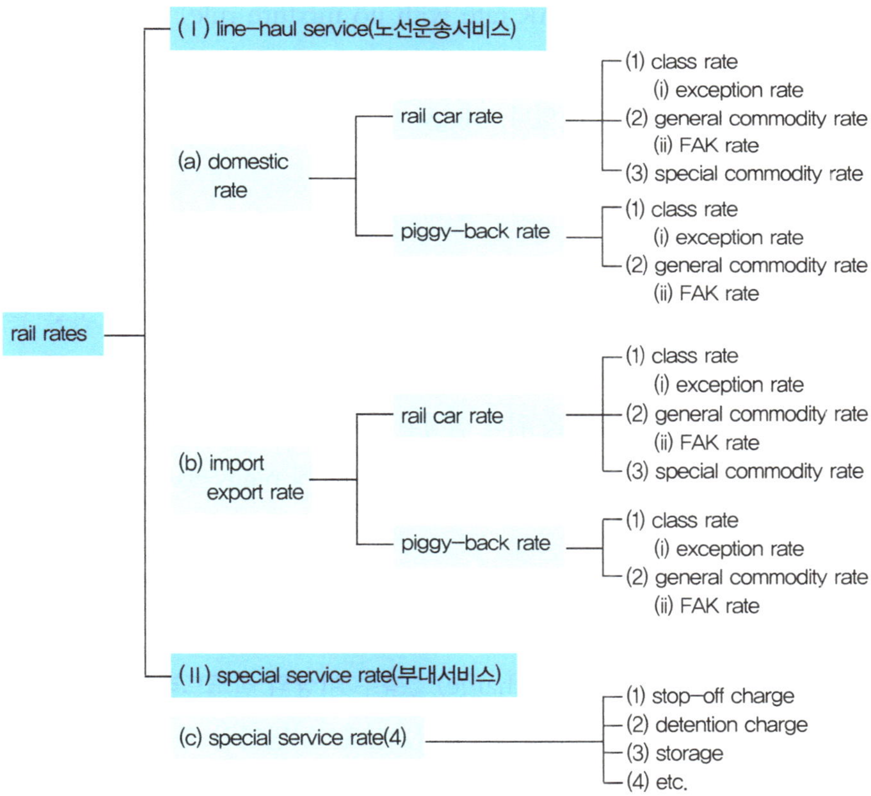

라. 전상품단일운임(freight all kind(FAK) rate)

일반적으로 전술한 General Commodity rate는 어느 특정한 상품에 대해 설정되어 있는데 예외로서 Freight All Kind rate가 있다.

FAK rate는 특정한 상품(일반적으로 위험품, 생선품, 살화품 등)을 제외한 모든 상품에 대해 적용가능하도록 설정되고 있고, 그 적용지점, 지역도 넓게 전미국의 주요 도시를 커버하고 있다. FAK rate는 piggy-back서비스인 plan Ⅱ, Ⅱ1/4, Ⅱ1/2, Ⅲ, Ⅳ에서 잘 볼 수 있다.

FAK rate는 혼재의무 유무에 대해 다음 2가지로 분류된다.

① 혼재의무 FAK rate(FAK rate with mixture rule) : 혼재규칙(mixture rule)에는 2개 품목 이상의 혼재의무화와 1개 품목의 중량제한 등의 조건이 있다. piggy-back서비스인 plan Ⅱ, Ⅱ1/4, Ⅳ에서 잘 볼 수 있는 운임이다.

② 혼재의무 내지 FAK rate(FAK rate with no mixture rule) : 제외된 품목 이외의 모든 품목에 대해 단일이든 혼재이든 모두에게 적용되는 운임으로 오늘날 가장 널리 사용되고 있다. piggy-back서비스인 plan Ⅱ1/4, Ⅱ1/2, Ⅲ에서 흔히 볼 수 있다.

마. 특정상품특정운임(specific commodity rate)

특정품목 또는 그 그룹의 특정지점 간 및 지역 간 운임으로 목재, 철, 곡물 등 원자재 외에 자동차, 화학제품, 등 철도화차로 수송되는 것을 중심으로 특정한 지점 간을 대량으로 유통되는 품목을 위해 설정된 tariff이다.

이 운임은 다른 운임에 비해 싸나 화물량 성질 때문에 piggy-back서비스에서의 예는 거의 없다.

바. 부대서비스운임(special service rate)

① 도중 하역 서비스료(stop-off charge) : 복수 이상의 철도트레일러, 컨테이너수송에서 화물의 일부 또는 트레일러, 컨테이너단위의 화물을 적화하는 역과 최종목적지역 간의 도중역에서 하역할 수 있는 서비스이다. 서비스료는 개개 철도회사의 트레일러에 규정되어 있다. 철도운임은 도중역에서 실시되는 하역량에 관계없이 적화역에서 최종목적지까지의 운임금액을 지불해야 한다.

② 기기초과 유치료(detention charge) : 철도수송을 위해 철도회사에서 철도

트레일러, 컨테이너의 기기를 빌려 이들 화물을 적화역까지 반환할 때까지의 시간 또는 화물의 최종목적지에서 철도트레일러, 컨테이너를 인수, 화물을 꺼내어 이들을 반환할 때까지의 기간에 대해 결정된 시간이 지나면 초과시간에 대한 요금이 과징된다.

배달 인수업무를 철도회사 또는 그 대리인이 실시할 경우에는 무료기간은 24시간인데 배달 인수업무를 화주 또는 그 대리인이 실시할 경우에는 무료기간이 48시간이다.

free time을 초과하면 초과 유치료를 지불해야 한다. 이것이 detention charge이다. free time 계산은 기기의 배달, 인수일의 오후 11시 59분부터 시작되며, 토 · 일요일, 축제일은 제외된다. free time이 지나면 토 · 일요일, 축제일도 요금 대상시간에 포함된다.

③ 기기 보관료(storage) : 컨테이너를 적재지시(billing instruction) 없이 철도부지 내에 놓을 경우 그날 오후 11시 59분부터 free time(토 · 일요일, 축제일은 제외) 후 billing instruction이 실시될 때까지 보관료를 지불해야 한다. 통관유무에 따라 또한 철도트레일러, 컨테이너가 꽉 찼을 때와 비어 있을 경우의 취급이 다르기 때문에 철도회사에 매번 확인할 필요가 있다.

사. 기타 철도운송에 관련된 서비스와 요금

① 즉시 수송신고(immediate transportation entry : I.T.E) : 이것은 보세화물을 즉시 최종목적지로 운송하기 위한 신고제도로 요금은 각 주의 세관에 따라 틀리는데 보통은 태평양안 각 항에서는 B/L당 US$30~40으로 되어 있다.

② overlenght : 길이가 철도트레일러의 전 길이를 초과할 경우(40′6″ 이상)는 철도회사의 양해를 얻고, 운임의 5배를 지불해야 한다.

③ overwidth : 넓이가 9′(2.7m)를 초과할 경우 승인이 필요해 운임의 2.5배가 과징된다.

④ overlength and overwidth : 길이도 넓이도 함께 초과할 경우에는 물론 철도회사의 사전승인을 받아 운임의 5배를 지불해야 한다.

⑤ overhight : 철도트레일러의 높이제한은 13′16″(4.05m)로 결정되어 궤도 표면에서 철도화차 표면까지는 약 4′(1.2m)이며 전체 17′6″ 정도가 된다. 오픈탑 컨테이너이기 때문에 전부 8′6″ 높이인 화물이라도 수송할 수 있는데 실제로는 터널, 안전운송 등에서 약 9′(2.7m)로 제한되어 있다.

(3) 철도운임계약

미국철도운임은 1981년 3월 23일 발표된 'Stagger's Rail Act 1980(철도규제완화법, 1980년 10월 성립)'에 의해 기존운임체제를 유지하면서도 운임설정과 운임적용방법이 크게 변모되어 왔다. 곧, 각 철도회사는 일정한 조건을 소유하면서 개개의 화주(선사, NVOCC)와 자유로이 아무때나 특정한 화물에 대해 특정한 운임계약을 맺을 수 있게 되었다.

종래에는 주제통상위원회(ICC) 내지 각 철도운임국의 규제를 받아 왔다. 예로서 서부철도그룹 TCFB(Trans Continental Freight Bureau) 운임국에서는 태평양 연안 각항에서 로키산맥 동쪽 내륙부로 컨테이너를 수송할 경우, 이용하는 항에 관계없이 내륙지점까지의 철도운임은 실제로 내륙부에서 태평양 연안 각 항까지의 철도운임과 동일하게 적용된다. 따라서 1981년 3월 23일 이후 철도운임은 완전히 자유화되어 운임국을 통해 관계철도가 공통적으로 일률적인 운임을 설정하는 것은 반트러스트법에 위반되기 때문에 금지되어 운임은 채산베이스에 입각하여 각 철도마다 자유로 결정하게 되었다.

일반적인 운임에 대해서는 가변코스트 비율로 ICC가 운임의 한계를 결정하고 있으며, 컨테이너운송(TOFC와 COFC)에 대해서는 완전히 개개 철도회사의 채산베이스로 마음대로 결정할 수 있다. 지금까지 철도운임은 일반평판차(flat car)를 기준으로 했지만, 새로이 컨테이너운임을 결정할 때에는 운임계산이 매우 간단해진 것을 간과할 수 없다. 앞으로 미국과의 협동일관운송은 미국의 철도운임을 얼마나 싸게 유효하게 이용하느냐 하는 것이 중요한 요소이다.

2) 철도운임 유형

철도운임은 레일운임을 기본으로 통운요금을 합하는 화차취급운임과 시간경과에 따라 요금이 부과되는 화차 유치료, 행정상 사용되는 화물 유치료 등이 있다. 구체적인 산정방법은 다음과 같다.

(1) 화차취급 : 철도운임(레일운임을 기본) + 통운요금

① 철도운임 = 거리대별 톤당운임×운임계산톤수 + 통운요금

② 통운운임 = 발송료 + 도착료 + 특별사항요금(화차 유치료, 인지대, 수수료)

③ 일반차급운임(1톤 50km단위 1,462원)

④ 사유화차 특정운임(일반운임의 25% 절감)

⑤ 군화물운임(1,405원)

⑥ 컨테이너운임(컨테이너 기본운임×수송거리구간×개당 중량)

⑦ 차급에 따라 최저운임 책정

⑧ 할증 : 작업종별, 품목종별, 국경일, 야간, 우천 시

(2) 화차 유치료 : 시간 경과 시 요금 늘어남

가. 수수하는 경우

① 적화시간의 경과(화약류 3시간, 기타 6시간)

② 인도불능화물의 처리

③ 탁송 취소한 차급화물의 화차 유치료

나. 적화시간의 연장 : 위험물, 화약류는 안 됨

① 천재지변, 악천후 등에 따라 작업이 곤란할 경우

② 화주의 책임 없는 사유로 인한 도착통지 지연

③ 화물의 성질, 형태에 따라 소정의 시간 내에 작업완료가 곤란할 경우

④ 하역인원, 장비동원에 최선을 다했으나 역의 작업능력 초과로 작업불능일 경우

⑤ 18시 이후에 도착 또는 적화 통지한 화차

(3) 화물 유치료

화물도착 후 수화인이 반출하지 않고 유치, 탁송취소 후 유치시킬 때 징수, 국가기관에서 직접 수령하는 화물로서 행정상 부득이한 사정인 경우에만 해당하며, 철도청장의 승인 후 면제할 수 있다.

3) 철도수송의 방식

(1) 하역장비

철도역이나 화물기지에서 이용되는 하역설비는 항구의 컨테이너 터미널이나 내륙데포와 같이 주로 transfer crane(transtainer), straddle carrier, fork lift, winch crane, flexivan[04] 등으로 하역되고 있다.

(2) 하역방식

철도역이나 화물기지에 ramp point가 있다면 ramp point에 crane설비가 없는 곳에서의 하역방식과 ramp point에 crane설비가 있는 곳에서 하역하는 방식으로 구분할 수 있다.

가. ramp point without crane의 하역방식(TOFC[05] point방식)

이 방식은 철도에서 트레일러(chassis 및 bogie)에 실은 컨테이너를 취급할 수밖에 없는 역에서의 하역방식으로서 하역설비가 없기 때문에 동력장치가 부착된 트레일러 헤드로 밴 트레일러를 견인하거나 트랙터에 의해 컨테이너 샤시를 적양화하게 된다. 적양화방법은 철로 끝에 위치한 경사 홈 또는 경사대를 통해 트랙터

---

04 flexivan이란 strick사가 개발한 컨테이너 하역을 위한 특수장치로서 철도운송에서 도로운송으로 이전시킬 때 크레인을 사용하지 않고 옆(橫)으로 돌려 싣는 특수장비이다.

05 TOFC는 Trailer on Flat Car의 약자로서 flat car 위에 콘테이너를 실은 트레일러를 적재하는 것을 의미한다.

가 트레일러를 견인하여 적양화하게 된다. 따라서 컨테이너를 ramp point without crane지점으로 수송할 경우에는 반드시 샤시와 보기(bogie)가 필요하다.

그림 6-13 경사대를 이용한 적양과정(TOFC point방식의 하역)

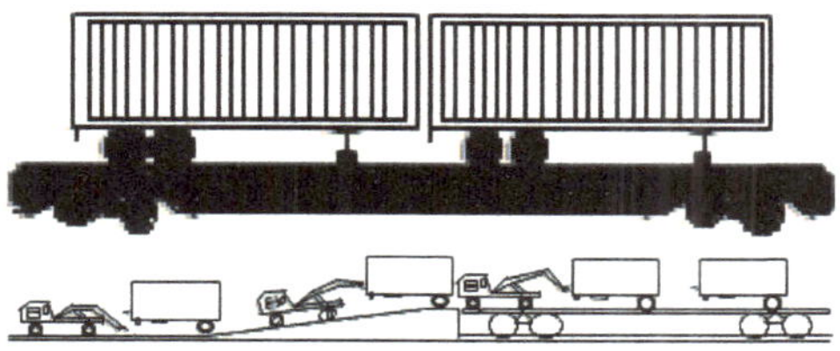

나) ramp point with crane의 하역방식(COFC[06] point방식)

이 방식은 각종 크레인, piggy-backer, 트레일러 등이 장비되어 있는 역이나 화물기지에서 TOFC운송이나 COFC운송도 인수가 가능한 하역방식으로서 목적지가 ramp point with crane이라면 철도운송 중 구태여 샤시를 필요로 하지 않고 컨테이너만 크레인으로 화차에 적양화하면 된다. 이때는 각종 크레인으로 화차의 좌우 측면이나 전후방에서 컨테이너를 하역하게 된다. 그런데 최종목적지의

그림 6-14 하역장비를 이용한 적양과정(COFC point방식의 하역)

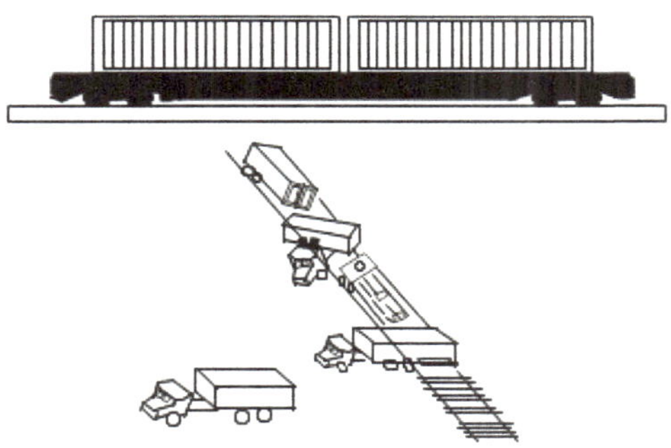

06 COFC는 Container On Flat Car의 약자로서 flat car 위에 컨테이너만 적재하고 트레일러는 싣지 않은 상태를 의미한다.

철도역에서 샤시나 보기를 임대할 수 있거나 항구의 컨테이너 터미널(CT)이라면 COFC수송방식으로 컨테이너만 적재하여 수송하면 되지만, 그렇지 못한 경우에는 TOFC운송방식으로 트레일러까지 같이 적재해야 한다.

4) 철도화물증서

(1) 철도화물운송장(railway bill of lading)

철도화물 운송인이 화주로부터 화물을 인수하고 발행하는 증명서를 말한다. 항공화물에 대하여 송화인과 운송인 사이에 화물의 운송계약이 체결되었음을 증명하는 항공화물운송장(航空貨物運送狀, airway bill)에 상대되는 개념으로, 미국[07]에서는 'Railroad B/L'이라고 하며 영국에서는 '웨이빌(way bill)'이라고도 한다.

단순히 철도화물을 수취한 증명서로 사용되는 철도화물수령증(railway consignment note)과는 달리 유가증권으로 사용되는 특징이 있다. 따라서 매매나 금융에 이용할 뿐만 아니라 운송의 중지나 반환 및 기타의 처분을 청구할 수 있으며, 선화증권과 법률적 성질이나 경제적 기능이 동일하다. 운송계약의 체결에 대한 증거서류이자 운송물품의 영수증으로 사용되고, 운임요금의 청구서, 보험증명서, 세관신고 서류 등으로도 활용된다.

(2) 웨이빌(way bill)

화물운송장 또는 화물탁송장이라고도 한다. 송화인이 운송화물의 명세와 운송경로 · 도착지 · 수화인 · 작성지 · 작성기일 등을 기재하여 서명한 후 운송인에게 제출하는 서류이다. 육상운송에서 사용되는 컨사인먼트 노트(consignment note)에서 유래한다. 도착지에 보내져 운송계약 · 운송품 및 그 인도에 관한 증거의 하나로 취급되지만 송화인과 운송인 사이에 주고받는 일종의 운송화물 영수증일 뿐 유가증권은 아니다.

---

07 미국의 The Pomerene Bills Of Lading Act(1916)에 의거하여 철도회사 간에 사용하기 위하여 ICC(주제통상위원회)가 작성한 기명식(straight)의 운송증권으로서 구별을 쉽게 하기 위하여 백색의 용지가 사용되고 있다.

Chapter 07

항공운송

제 1 절 항공운송의 개요

1. 항공운송의 정의

국제항공화물(air cargo)이란 항공기에 의하여 수송되는 화물로서 일반적으로 항공화물운송장(air waybill)에 의해 수송되는 화물만을 지칭하며 승객의 수화물(passenger's baggages)과 우편물(mail)은 제외한다.

또한 항공운송(air transportation)이란 항공기의 항복(plane's space)에 승객, 우편물 및 화물을 탑재하고 국내외 공항(air port)에서 공로(air route)로 다른 공항까지 운송하는 운송시스템을 의미한다.

경제의 질적인 발전과 함께 반도체, 전자제품, 시계 등 고부가가치의 소형경량 화물에 대해서는 비싼 운임을 지급하여도 채산성이 있는 데다 신속한 운송의 장점 등으로 항공운송을 선호하게 되었다.

2. 국제항공화물운송의 특성

1) 적시성

적시성은 항공운송이 가지는 최대의 장점인 신속성을 바탕으로 정시서비스(on-time operation service)가 가능하고 야간의 운행으로 화물인도(over night delivery)가 가능하다는 것이다. 즉 화물을 저녁 때까지 집화하여 탑재한 다음, 다음날 아침에 수화인에게 인도할 수 있어 긴급화물이나 부패성화물의 운송에 가장 적합한 운송수단이 된다.

2) 야행성

항공화물은 여객수송과는 달리 그날의 발송분을 모아 다음날 새벽까지 수송하는 것이 관례화되어 있기 때문에 화물의 대부분이 야간에 집중되는 특성이 있다.

3) 편도성

항공화물은 해상운송과는 달리 왕복항이 적고 대부분 왕항이나 복항 등 편도성이 강하기 때문에 최근에는 도착지에 전용화물 터미널을 설치하고 공적 운항이 없도록 운항 스케줄을 짜고 있다.

4) 비계절성

항공화물은 여객에 비해 계절적인 영향을 적게 받는다. 물론 꽃, 패션제품, 크리스마스 상품 등 계절적 유행상품은 예외이다.

5) 서비스의 완벽성

화주는 집화(pick-up), 인도(delivery), 화물추적(tracing)의 용이성, 특수취급을 요하는 위험물품과 귀중품 등의 안전성, 기타 보험이나 클레임 업무의 편리성 등을 요구하고 있는데 항공화물은 이에 대한 서비스가 타운송보다 월등히 우수하다.

3. 항공화물운송의 장점

항공화물운송의 가장 큰 특성은 운송시간이 상대적으로 짧다는 것이며, 시간가치라는 개념에서 볼 때 극히 중요한 의미를 가지고 있다.

1) 직접원가 면에서의 장점

① 항공화물은 최소의 포장만을 함으로써 포장비(재료비, 인건비)가 절감된다.

② 포장을 경량화함으로써 운임도 그만큼 절약된다.

③ 신속, 안전, 확실하므로 보험료가 싸다.

④ 운송 중인 상품에 대한 자본비용(투입자본의 이자)이 절감된다.

⑤ 수요에 응해 적시에, 적량을 신속 · 빈번하게 발송할 수 있어 발착지 및 중

계지 등에서 보관비가 절감된다.

⑥ 운송기간이 짧아 화물취급(handling)이 줄어 도난, 훼손 등이 적다.

2) 간접원가 면에서의 장점

① 신속운송으로 효율적인 자본회전을 도모할 수 있다.

② 재고품의 진부화, 변질 등에 의한 손실을 줄일 수 있다.

③ 발착지에서의 보관기간이 짧아 보관시설에 대한 투자, 임차료, 관리비 등이 절감된다.

3) 기타의 장점

① 선도를 생명으로 하는 상품의 시장을 확대할 수 있다.

② 원격지시장에 대한 유행품, 계절품의 판매경쟁력이 높아진다.

③ 급격한 수요변화에 대응할 수 있다.

④ 생산설비의 부품을 신속히 조달하여 가동률을 높인다.

⑤ 정시발착에 화물의 소재파악이 용이하며 신뢰도가 높다.

4) 항공운송의 이점

(1) 이용 측면의 이점

고객이 항공화물을 이용하는 이유는 ① 기회비용(opportunity cost)이 중요시되는 상품에 대한 수송기간의 단축(lower transit time), ② 재고상태로 있는 동안 발생하는 손실, 훼손, 분실 등 위험의 최소화(lower cost of holding goods in inventory), ③ 상품의 운반상태의 양호성에 따른 파손, 분실, 훼손 등 위험의 최소화(an improvement in the conditions of carriage) 등이다.

화주의 입장에서 항공화물을 이용함으로써 얻는 장점은 항공운송을 통하여 ① 매상고의 증대와 대고객서비스 향상, ② 생산설비의 가동률 증대, ③ 긴박한 수요에의 대처, ④ 재고투자 및 보관료 절감, ⑤ 고가의 기자재에 대한 급속한 이용도

증대, ⑥ 변질하기 쉬운 상품의 시장 확대, ⑦ 계절상품의 경쟁력 제고, ⑧ 포장비 절감, ⑨ 종량세나 운임의 절감(포장 중량의 감소), ⑩ 보험료 절감, ⑪ 도난 및 파손의 위험성 감소, ⑫ 수송 중의 화물소재 파악의 용이 등에 따라 투하자본액을 절약할 수 있고 이익을 증대시킬 수 있다는 점이다.

(2) 물적 유통 측면의 이점

항공화물은 첫째, 서비스 측면에서 ① 서비스의 즉시성, ② 서비스의 완벽성 등이 장점이 되고 있다. 둘째, 코스트 면에서 해상화물에 비해 코스트가 높다 하더라도 선적 시의 ① 직접적 선적비용, ② 간접적 선적비용, ③ 항공화물 수송에서 보이지 않는 비용 발생요인의 감소로 인하여 얻는 이익을 합친다면 전체적인 종합비용 개념(total cost concept)에서 볼 때 항공운송의 메리트는 증가하게 된다.

4. 항공화물의 주요 품목

현재 항공화물로 운송되고 있는 품목은 일반적으로 다음과 같이 분류할 수 있다.

1) 급송을 요하는 품목

① 긴급수요가 발생한 것 : 선박, 항공기, 공장 등 기계의 공장부품 대체품, 혈청 등 의학상 급송을 요하는 것, 상용견품, 납기지연 상품, 계절유행상품, 투기상품, 재해지에 대한 긴급구호물자 등

② 물품의 성질상 단기간의 운송을 필요로 하는 것 : 생선식료품(선어, 활어), 산동물, 생화, 방사성 물질 등

③ 판매시기를 놓치면 상품가치가 없어지는 것 : 뉴스필름, 신문, 잡지, 정기간행물 등

④ 여객의 별송품 등 급송을 요하는 것

2) 중량에 비해 고액이고 중요한 품목으로서 운임 부담력이 있는 것

귀금속, 미술품, 시계, 전자제품, 광학제품, 약품, 각종 부품, IC 관련기기, 컴퓨터, 통신기기 등이 있다.

3) 항공운송수단이 다른 운송수단보다 싸거나 동일한 정도인 것

항공운송의 발달과 합리화 및 육상운송의 쇠퇴에 따라, 품목에 따라, 중량에 따라, 동일구간에서도 항공운송에 의하는 쪽이 다른 운송수단에 의하는 것보다 오히려 직접경비가 싸거나 또는 동일한 정도의 경우가 있다. 이러한 경우 당연히 화물은 항공에 의해 운송된다.

4) 물적 유통관리나 마케팅전략의 요청에 의한 것

현지 판매업자에 의한 과잉재고로부터 오는 가격하락의 방지 또는 경쟁상품보다 신속하게 공급하여 고객에 대한 서비스체제를 강화하고 자사제품의 시장경쟁력을 높일 목적으로 항공운송을 이용한다. 또한 최근에는 물적 유통관리의 실천에 의한 상품 스탁 포인트(stock point)의 집중화나 재고투자의 절감에 의한 물적유통체제 합리화의 요청에 응하기 위하여 항공화물의 대상이 되는 상품 종류가 확대되어 가고 있다.

5. 항공기

1) 항공기의 종류

(1) 구조에 의한 구분

항공기는 구조에 따라 경항공기(輕航空機, lighter-than-air aircraft)와 중항공기(重航空機, heavier-than-air aircraft)로 구분된다.

경항공기는 기구나 비행선과 같은 공기보다 비중이 가벼운 수소나 헬륨 등과 같은 기체의 정부력(靜浮力)을 이용하는 것이고, 중항공기는 날개에 작용하는 양력(揚力)을 이용한다.

(2) 동력장치 유무에 의한 구분

경항공기와 중항공기 모두 동력장치의 유무를 기준으로 나눌 수 있다. 동력장치가 없는 중항공기는 글라이더 또는 활공기(滑空機)이다. 동력장치가 달린 중항공기는 고정날개 중항공기(일반비행기)와 회전날개 중항공기(예를 들면, 헬리콥터)로 나눌 수 있다.

(3) 용도에 의한 구분

용도에 의해 분류하면 크게 군용기(軍用機)와 민간기(民間機)로 분류되는데, 군용기는 다시 용도에 따라서 전투기 · 공격기 · 폭격기 · 정찰기 · 초계기(哨戒機) · 연락기 · 수송기 · 연습기 등으로 나누어지고, 민간기도 용도에 따라 수송기 · 자가용기 · 작업기 · 연습기 등으로 나누어진다. 작업기는 농업용 · 어업용 · 감시용 · 항공사진용으로 분류되며, 자가용기는 사업용 · 통근용으로 나누어진다.

2) 민간기

항공기 가운데 경항공기가 가장 먼저 민간용으로 사용되었다. 세계 최대의 비행정인 독일의 도르니에 DO-X는 100명의 승객을 태운 민간항공기의 한 예이다. 그후 1930년대 미국의 근대적인 여객기인 보잉 247과 더글러스 DC-3 등이 등장하면서 고정날개 중항공기가 본격적으로 민간용으로 사용되기 시작했다.

(1) 상용수송기

상용수송기란 영리를 목적으로 여객이나 화물 또는 둘 다를 수송하는 비행기를 말한다. 이것은 속도 · 효율 · 신뢰성 등의 모두가 우수해야만 한다. 화물기는 여객기와 같은 쾌적함과 편리함이 없고 일반적으로 조종실만이 여객기의 경우와 똑같이 설계되어 있다. 그리고 동체의 내부장비는 최소한의 시설만 갖추어져 있고 여객기에 필요한 소음장치도 없으며, 여객기보다 훨씬 더 큰 개폐구를 갖추고 있다. 대형수송기의 경우 동체 뒷부분에 대형 문이 달려 있다.

(2) 자가용기

사업 · 통근의 용도나 개인적인 여행이나 레저 등을 위한 항공기 소유가 점차 증가하고 있다. 자가용기에 속하는 비행기에는 스포츠용의 소형 단좌(單座) 단발 비행기에서부터 8~10명의 정원이 탑승할 수 있는 전천후 쌍발기에 이르기까지 각양각색이다. 보통 자가용기는 구조가 단순한 반면, 고급 자가용기는 항공사의 소형수송기와 유사할 정도이며 복잡한 구조를 가지고 있다.

(3) 연습기

연습기의 기본적인 필요조건은 교관과 학생이 각각 조종할 수 있도록 2개의 조종장치가 부착되어 있다는 점이다. 또한 조종사나 학생에게 넓은 시야를 제공해야 하고 조종이 용이하고 착륙장치가 견고해야 한다.

6. 항공화물 하역방식

1) 살화물 탑재(bulk loading)

살화물(bulk cargo)의 탑재방식은 화물을 한 곤포씩 화물칸에 쌓게 되는데 직접 인력에 의해 좁은 화물실(belly compartment)에서 작업하기 때문에 불편이 많고 많은 화물을 적재할 수 없으며, 화물손상의 위험이 많았다. 현재도 이 방식은 여객용 항공기의 하부 화물실 전후방에 화물을 탑재할 때 많이 이용하고 있다.

2) 팰릿 및 이글루 탑재

팰릿 및 이글루 탑재방식은 1962년경부터 시작되었는데, 이 방식은 팰릿(pallet)이나 이글루(igloo)에 화물을 쌓거나 집어넣고 네트(net)를 씌운 다음 탑재하고 있다. 보통 화물전용기의 탑재실을 보면 상부에 main cargo compartment가 있고, 하부에 belly compartment가 전후방에 두 개 있는데, 하부의 모형을 단면으로 절단해 보면 낮고 원통과 같은 터널형이기 때문에 이글루가 개발되어 이용되고 있다. aircraft ULD의 모형을 보면 pallet net형, non-structual igloo net형, structual igloo형이[01] 있다.

3) 컨테이너 탑재

컨테이너의 main deck용은 사각이지만 lower belly용은 화물실(원통형)에 맞추어 belly container를 개발하여 이용하고 있다. 컨테이너에는 ① main deck container형, ② lower belly certified container, ③ non-certified aircraft container 등이 있다.

항공화물의 탑재방법

- 낱개화물 탑재 (bulk loading): 개별화물을 인력에 의해서 릴레이식으로 화물실 안에 집어넣는 방식(가장 원시적)

- 팰릿 탑재 (pallet loading): 팰릿 위에 화물을 올려놓고 그물(net)로 고정시킨 뒤 항공기에 탑재할 때는 리프트로우더(lift loader)와 항공기 화물실의 바닥 면에 장치되어 있는 굴림대(roller bed) 위를 굴려 이동시켜 기내의 정위치에 고정시키는 방식

- 컨테이너 탑재 (container loading): 컨테이너에 화물을 적입한 후, 적입된 컨테이너를 탑재하는 방식

01 이글루형이란 에스키모인의 집과 비슷하게 생겼다는 뜻에서 나온 용어인데, 여기에는 팰릿처럼 이글루에다 그물(net)로 잡아매는 형과 이글루 자체를 통으로 만들어 컨테이너처럼 이용하는 형의 두 가지가 있다.

그림 7-1 각종 항공기의 모형과 탑재화물

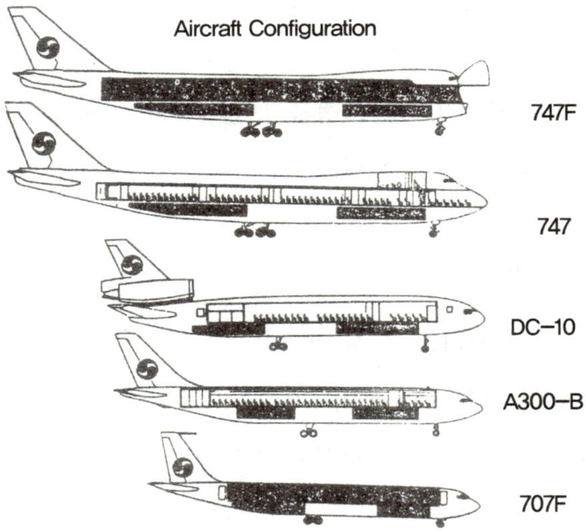

cargo compartment	quality					size-inches					total volume cubic feet			
aircraft	B747F	B747	DC–10–30	A–300	707–F	B747–F	B747	DC–10–30	A300	707F	B747–F B747	DC–10–30	A–300	707F
number 1–all pallets														
main deck	29				12	96″ ×125″ 96″				96″ ×125″ 88″	2,1010			5,812
lower deck	9 2	4 18	05 10	04 08		96″ ×125″ ×64″	88″ ×125″ ×64″	88″ ×125″ ×64″	88″ ×125″ ×88″		f1,965 a1,870	1,965 1,490	1,572 1,192	840 880
bulk											963	510	656	
number 2–all containers														
main deck	29				12	10ft								
lower deck	30	30	26	20		ld–3	ld–3	ld–3	ld–3		4,470	3,874	2,980	1,700
bulk											963	510	565	

Floor bearing limit for DC–10–30 : 150LB/SQ FT B747M/D : 400LB/SQ FT
A–300 : 150LB/SQ FT B747L/D : 200LB/SQ FT
Please note pallet and container mixing is also possible uld program

그림 7-2 aircraft ULD의 형태

description base dims.	prefix	approx. value us$	code and illustration
pallet/net			P AIRCRAFT PALLET AND NET (number is engraved in rim) 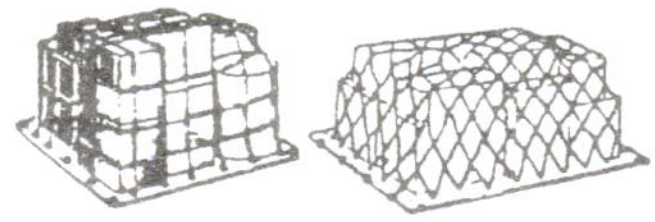
88″×125″ 88″×108″ 96″×125″ 96″×235½	P1 P2 P6 P7	625,— 625,— 750,— 3000,—	
igloo/net			U NON-STRUCTURAL IGLOO (numbers shown on side of shell/do not insert pallet No. 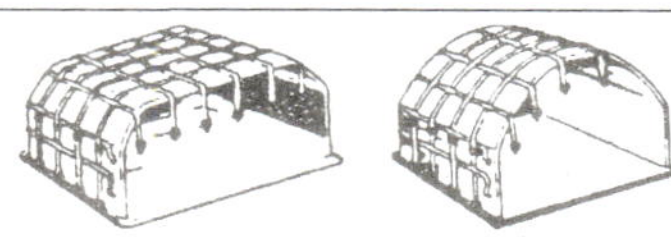
88″×125″ 88″×108″ 96″×125″	UA UD UQ	1000,— 1000,— 1000,—	
structural igloo			A or S or T STRUCTURAL IGLOO(number is shown on side) 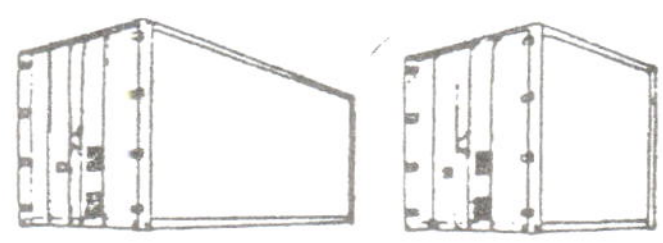
88″×125″ 88″×108″	AA SA TA AD	1500,— 1500,— 1500,— 1500,—	
8″×8″ maindeck container			A or MAIN B DECK CONTAINERT (number is shown on side) 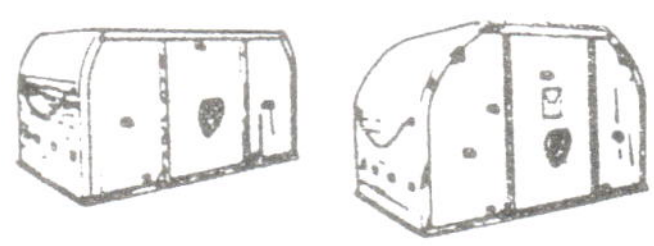
96″×117¾″ 96″×125″ 96″×238½″	AR BR AQ BQ AS BS9	5000,— 5000,— 5000,—	
lower deck certified container			A LOWER DECK CONTAINER (number is shown on side) 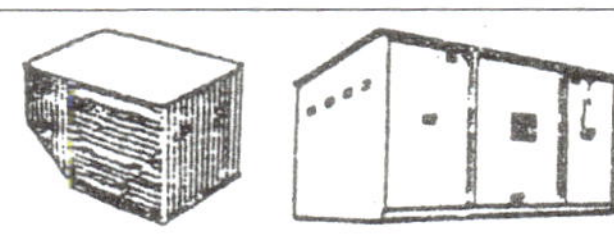
60.4″×61.5″ 60.4″×125″	AV AW	1000,— 1000,—	
non certified aircraft container			D NON-CERTIFIED CONTAINER (may be made from material other than meta) 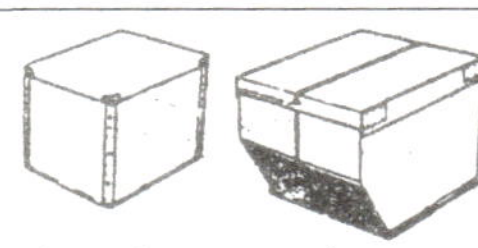
60.4″×61.5″ 60.4″×125″	DV DW	750,— 750,—	

이 가운데 ②, ③은 하부 화물실의 단면에 맞도록 컨테이너 하부의 1각이나 2각이 짤려서 각을 이루고 있으며, 사이즈가 일반 컨테이너보다 적다.

항공수송용 팰릿, 이글루, 컨테이너는 IATA의 소정기준에 일치되어야 한다. 그리고 이 같은 ULD는 IATA회원 항공사나 pooling system 및 임대차계약에 의해 화주나 forwarder가 공동으로 소유하게 되므로 aircraft ULD의 교환을 통해 unit load나 intermodal transportation system을 가능케 해주고 있다.

4) 하역 설비

하역설비로서는 ① 살화물 탑재용 기기, ② 팰릿용 기기(pallet rack, contour gauge, pallet trailer, transporter, pallet truck, lift loader), ③ 컨테이너용 기기(yard horse & roller bed trailer, 컨테이너 lift loader, 인프래트 흠), ④ 터미널 내 설비(스탁카, door cart, sorter, order picker) 등이 있다.

제 2 절 항공화물대리점

1. 대리점의 종류

항공화물대리점은 업종에 따라 일반대리점(항공화물 운송대리점, air cargo agent), 혼재업자(consolidator) 및 상업서류송달업(courier)으로 분류된다. 혼재업자는 항공화물주선인(air freight forwarder)이라고 부른다. 항공법 제2조 제25항에는 항공화물운송대리점은 항공사 또는 총대리점을 위하여 유상으로 항공기에 의한 화물운송계약체결을 대리하는 사업이고, 항공화물운송주선업(혼재업자)이란 타인의 수요에 응하여 자기의 명의로 항공사의 항공기를 이용하여 화물을 혼재(consolidate)하여 운송하여 주는 사업이라고 규정되어 있다.

상업서류송달업(courier)은 외국의 상업서류송달업체(DHL, Federal Express Corporation, United Parcel Service)와 계약을 체결하여 상업서류 등을 신속하

게 발송 또는 배달하는 업으로 우편법에 제한 적용을 받지 않는 상업서류와 서적, 잡지, 견본품, 신문 등 정기 간행물을 자체 tariff 및 운송약관에 따라 door to door서비스로 신속하게 운송되는 사업을 말한다.

2. 항공화물운송대리점

항공화물운송대리점(air cargo agent)은 항공사 또는 총대리점을 대리하여 항공회사의 운송약관 및 tariff에 따라 항공화물을 수집하는 것은 물론 항공화물운송장(air waybill)의 발행 및 이에 부수되는 업무를 수행하고 항공회사로부터 그 대가로서의 항공운임의 5%를 받고 있다.

1) 수출입화물의 판매 및 유치(selling transportation)

항공화물운송대리점의 주요 역할은 항공사를 대신하여 세계 각국으로 수출, 수입되는 화물의 운송수요를 개발하고 유치하고 체결하는 것이다.

2) 운송을 위한 준비(ready for carriage)

항공화물의 중량, 크기, 품목 등을 사전에 미리 확인하고 항공화물운송장을 작성한다.

(1) 화주의 지시서(shipper's letter of instruction)

이 서류는 화물운송에 있어서 송화인이 발행하는 화물취급 지시서를 말하며, 이 양식에 따라 화물서류 준비 및 포워딩을 하게 된다. 이 서류는 통상 인쇄된 양식으로 송화인(화주)에게 제공되며 운송할 화물에 대한 아래의 모든 세부사항이 송화인에 의하여 기록되어 화물운송대리점에 인도된다.

(2) 상업송장(commercial invoice)

출발지, 도착지 세관이 요구하는 각종 통관서류, 화물의 성질에 따라 작성되는 서류, 운송될 화물의 위험물, 산동물 등 특별한 취급을 요하는 화물의 경우에는 IATA Regulation에 의한 Shipper's Declaration for Dangerous Goods, Shipper's Certification for Live Animals와 같은 서류가 송화인에 의하여 준비되고 서명되어 항공회사에 인도된다.

(3) Marking of Package

항공화물운송장의 화주성명, 주소와 일치되게 각 package단위로 정확히 marking되어야 한다.

(4) 포장(packing)

화물의 내용에 적합하게 정상적인 항공운송이 가능하도록 포장되어야 하고 특히, 위험물, 산동물은 관련 규정에 따라 포장되어야 한다.

3. 수출입 통관절차 대행

송화인의 요청에 의해 수출화물에 대한 통관절차를 대행하고 또한 수화인의 요청에 따라 수입화물의 통관절차도 대행한다.

4. Trucking

화물의 항공운송 이전, 이후의 pick-up 및 delivery를 위해서 대리점은 지상 trucking을 주선한다.

5. 기타 서비스활동

1) Consultant

고객들에게 수출입 규정, 항공화물 관련 전문지식을 제공한다.

2) Insurance

고객에게 항공화물보험의 부보서비스를 제공한다.

3) Tracing

항공화물이 정해진 루트에 따라 움직이고 있는가를 점검한다.

6. 혼재업자

1) 혼재업자(consolidator : air freight forwarder)의 역할

혼재업은 항공업에서 항공화물운송주선업이라 부르고 항공화물운송주선업은 타인의 수요에 응하여 유상으로 자기의 명의로서 항공운송사업자(항공회사)의 항공기를 이용하여 화물을 운송하는 사업이라고 규정하고 있다. 즉 항공화물 혼재업자는 개개의 송화인과 운송계약을 체결하고 운송책임을 부담하지만 항공기를 스스로 운항하지 않고 수탁한 화물을 하나의 화물(one lot)로 모아서 스스로 송화인이 되어 항공회사에 운송을 위탁한다.

혼재업자는 항공기를 갖고 있지는 않지만 자체 설정 화물요율 및 자체 운송약관을 적용하고 자체 운송장인 house air waybill을 발행한다. 즉 혼재업자는 송화인과 운송계약을 체결하기 위하여 혼재업자운송장(house air waybill)을 발행한다.

(1) 수출항공화물

화물을 혼재하여 항공회사와 운송계약을 체결하고 화물의 출발, 환적(transit), 도착 등 일련의 화물이동을 following-up한다. 산적화물(break bulk cargo)을 비컨테이너 단위화물(UCD)이라 한다.

(2) 수입항공화물

수입통관 및 door to door delivery를 위한 조치를 취한다. 수화인(수입업자)을 위한 수입관세 지급을 주선한다. 재수출업자품을 re-documention화 한다. 수입항공화물의 보세운송을 주선한다.

그림 7-3 항공화물 혼재업자 업무절차 도해

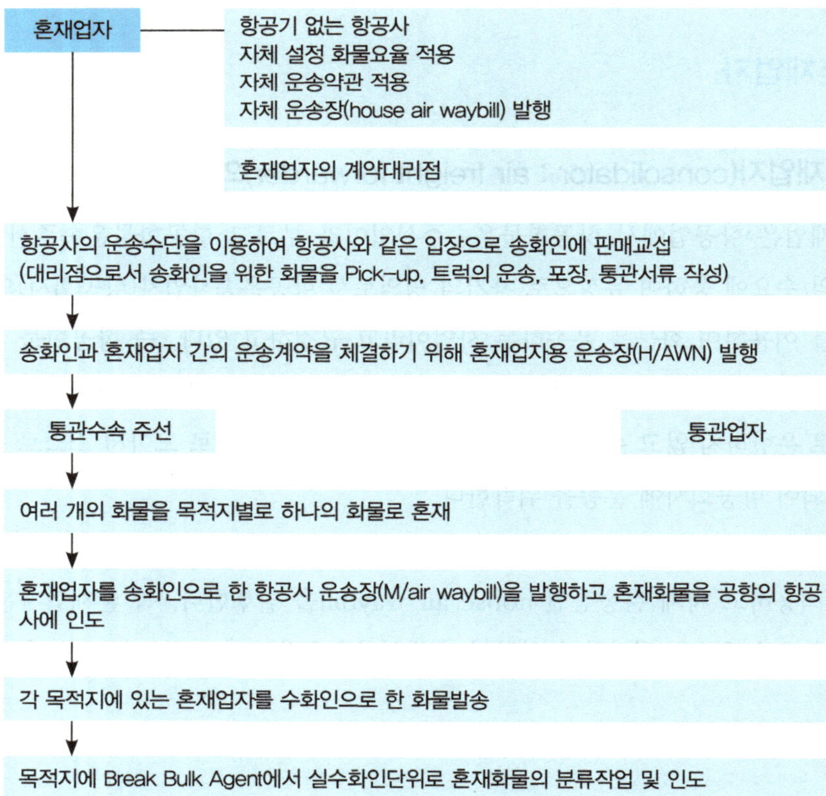

2) 혼재화물 인수대리점(break bulk agent)

혼재업자가 각 목적지에 지정한 대리점으로서 혼재화물을 수화인단위로 분류(해체)한다. 혼재화물 인수대리점의 업무는 혼재업자들이 취급하는 가장 중요한 업무이며, 각 지역의 혼재화물 인수대리점들이 서로 업무제휴관계를 맺고 혼재화물이 목적지에 도착하며 항공회사로부터 항공화물운송장을 받아 house air waybill별, 즉 수화인별로 화물을 분류하여 수화인에게 항공화물의 도착을 통고하고 통관절차를 대행(주선)해 준다.

표 7-1 항공화물대리점 및 혼재업자의 비교

내용	대리점	혼재업자
자체 Tariff	없음	있음
	항공사 Tariff 사용	자체 Tariff 사용
운송약관	없음	있음
	항공사 약관에 준함	자체 약관 사용
수화인	매 건당 수화인 (Master AWB)	혼재화물 인수대리점이 수화인(Break Bulk 및 Reforwarding)
이익	IATA 5% 수수료, 기타	IATA 5% 수수료 외에 항공운임 중량체감에 의한 화물 수령금 및 항공사 지불운임의 차이가 이익 · 혼재에 의한 Volume Weight의 감소
항공화물 운송장(AWB)	One AWB 사용 (항공사의 Master AWB)	TWO AWB 사용 · 항공 사용 Master AWB · M/AWB에 부착하여 고객단위 AWB 사용

제 3 절 항공화물운송절차

1. 항공화물운송절차의 개요

항공회사는 화주로부터 직접 화물을 집화하지 않고 대리점, 혼재업자를 통하는 간접 집화방식을 이용하고 있다.

송화인이 화물의 품목, 수량, 중량 및 출하 예정일, 비행편 등을 예약하면 항공화물대리점은 항공사와 Space booking을 한다. 이후 화물과 상업송장, 송장명세서, 수출승인서 등의 서류를 인수하여 세관까지 운송한 뒤 통관회사와 협조하여 통관수속을 거쳐 수출면허가 되면 수출면장(E/P)을 송화인에게 교부하고 항공화물운송장(air waybill : AWB)을 발급해 주며, 화물은 보세구역에서 일시 장치된 후 기내에 선적된다.

2. 포워더의 취급내용과 절차

1) 취급내용

화주가 포워더에게 운송을 의뢰하면 포워더는 화주를 대신해서 화물을 Pick-up하여 공항창고에 장치시킨 후 통관에 필요한 제반서류를 구비하여 통관사에게 통관를 의뢰하고 운송업자인 항공사를 대신해서 항공화물운송장을 작성한다.

항공사에 화주 입장으로 화주를 대신해서 상품운송을 위해 예약 및 발송에 필요한 모든 준비작업 곧 발송서류 작성을 완료한다. 통관이 완료되고 모든 발송서류가 완료된 후 화물은 항공사에 접수된다.

2) 절차

(1) 운송의뢰(shipping reguest/shipping order/shipper's letter of instruction)

화주와 포워더(또는 항공사) 간에는 구두로 운송의뢰되고 있으며 운송조건(혹은 L/C상의 필수 구비조건)의 정확을 기하기 위해 전화상으로만 운송주선이 이루어졌더라도 사후에 의뢰서를 보완하면 재확인의 의미에서 도움이 된다.

운송의뢰서에는 운송상의 어떤 가능한 사고를 방지하기 위해서 가능한 한 모든 내용이 정확하게 기재될 필요가 있는데 그 중 ① 운송요금이 선불(prepaid), 후불(collect)이냐의 선택, ② 목적지(수화주의 주소지와 달리 도착공항이 별개의 도시인 경우가 있기 때문), ③ 환급기간 및 세관, ④ 첨부서류(invoice, packing list 등)가 있으며, 반드시 화주의 손에 의해 기재됨이 바람직하다.

(2) Pick-up서비스

서면이든 구두에 의한 것이든 운송의뢰가 오면 포워더는 화주가 지시하는 장소에서 서류와 화물을 픽업한다.

현재 항공화물주선업에서는 모든 Pick-up서비스는 무료로 수행되고 있으나 경우에 따라서는 트럭운송비를 부담시키고 있다.

(3) 통관

통관업무는 사실상 포워더의 기능에 속하나 현재 별개의 통관업자의 손에 의해 수행되고 있다.

포워더는 통관에 필요한 제반 구비서류를 확인한 후 통관업자에게 넘겨준다.

(4) 운송서류 작성

포워더가 발행하는 운송서류는 House Air waybill이며 항공사(또는 포워더가 작성)가 발행하는 운송서류는 항공사 Air waybill(master air waybill)이다. House Air waybill은 화주와 포워더 간의 계약기능을 의미하며 반드시 항공사 Air waybill에 부속되어 운송된다.

3. 공항에서의 화물취급절차

1) 수출화물 취급절차

수출 항공화물은 수입화물에 비해 그 절차가 간소하고, 인천국제공항 개항 이후 변경되거나 새롭게 고려된 수출화물처리절차를 살펴보면 다음과 같다.

(1) 항공화물운송 의뢰

수출화주는 항공사 또는 포워더에게 수출물품에 대한 항공운송을 의뢰하고, ULD작업 전까지 수출신고필 내역을 반드시 포워더에게 제공하여야 한다. 이와 함께 포워더는 항공사에 기적을 예약하여야 한다.

(2) 단위탑재용구(ULD) 작업

포워더는 ULD 작업 전에 수출신고필 여부를 서류(원본 및 사본) 또는 전산에 의하여 확인하고, 수출신고가 수리된 물품에 대하여 항공운송용 컨테이너 작업 및 팰릿 작업을 실시한다.

ULD 작업은 수출화주공장이나 보세구역에서 수행하고, 보세구역 운영자는 컨테이너 적 · 출입에 대한 내용을 화물반출 · 입대장(전산설비에 기록하는 것을 포함)에 작업내용을 기록관리하여야 한다.

(3) 공항(김포 · 인천)세관 수출통관

수출화주는 수출물품을 인천 및 김포국제공항 화물 터미널까지 운송하여 계약된 보세구역에 반입하고, 공항 소재 관세사에게 수출신고를 의뢰한다. 관세사는 세관에 수출신고를 하고 세관으로부터 발급받은 수출신고필증을 수출화주에게 전달한다. 수출신고 시 보세공장 및 자유무역지역에 제조 · 가공하여 외국으로 반출하는 경우에는 수출신고서에 경유지 보세구역명을 반드시 기재하여야 한다. 보세구역 운영자는 인수받은 수출물품에 대한 내역을 화물관리대장에 기록(전산에 의한 기록가능)한다. 반송신고수리물품은 수출신고서식을 사용할지라도 수출물품이 아니고 외국에서 도착한 외국물품이므로 보세운송절차에 의하여 운송되어야 하고, 보세공장 및 자유무역지역에서 제조 · 가공하여 외국으로 반출하는 물품도 외국물품이므로 보세운송절차에 따라야 한다.

(4) 김포와 인천 항공화물 터미널 간 ULD운송

김포(경인ICD 등 포함)에서 ULD 작업 후 인천국제공항으로 운송하여 인천국제공항 내 보세구역에 ULD가 반입된 경우에는 보세구역 운영자는 컨테이너에 적입된 화물내역을 화물관리대장에 기록하고 유지하여야 한다.

(5) 적화목록 작성 및 제출(변경)

항공사는 MAWB simple 화물, 포워더는 MAWB console 화물에 대하여 B/L 내역과 수출신고번호 및 화물관리번호를 기재하여 적화목록취합시스템(manifest consolidation system : MFCS)으로 전송하고, 항공사는 항공기 출항 익일 세관 근무시간까지 MFCS에서 적화목록을 취합하여 세관에 전송하여야 한다. 포워더가 항공사의 MAWB를 발행하는 경우에는 항공사를 대리하여 MAWB 내역을 MFCS에 전송하는 것이 가능하다.

그림 7-4 수출항공화물의 흐름

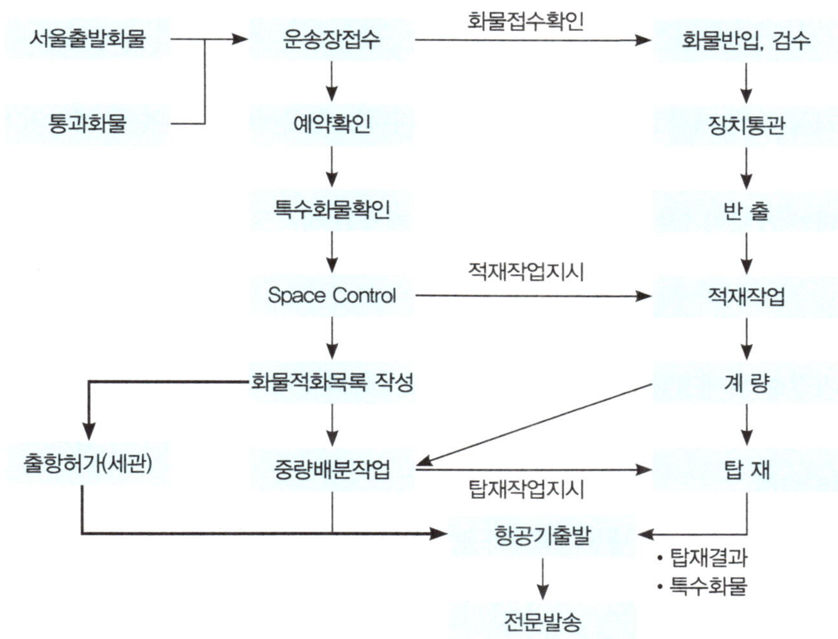

2) 수입화물 취급절차

수입항공화물은 우선 당해 물품이 수입요건이 가능한지를 요건확인기관(검사, 검역 등)에 확인을 거쳐 필요한 구비서류를 갖추어야 한다. 모든 수입물품은 세관에 수입신고를 하여야 하고, 수입신고 후 국내에 반입할 수 있다.

수입신고는 우리나라에 물품이 도착하기 전이나 보세구역에 장치한 후 어떠한 시점에도 가능하다. 세관에서는 편의상 출항 전 신고, 입항 전 신고, 보세구역 도착 전 신고, 보세구역 도착 후 신고로 구분하고 있고, 입·출항 전 신고는 항공기 도착 1일 전까지 가능하며, 입항 전 신고는 인천국제공항에서만 가능하다.

(1) 적화목록 작성

항공사는 MAWB simple화물, 포워더는 MAWB console화물에 대하여 하기장소와 배정장소를 기재하여 세관에 MFCS로 전송하여야 한다.

① 하기장소는 인천국제공항 및 김포국제공항 터미널 내 보세구역
② 배정장소는 MFCS상의 배정 D/B에 있는 보세구역
③ MFCS의 하기장소 및 배정장소 D/B 이용은 KT-NET와 협의

하기장소 및 배정장소가 미기재된 화물처리는 항공사와 포워더 간 계약이 있는 경우에는 MFCS상 하기장소 또는 배정장소 D/B를 참고하여 기재하고, 항공사와 포워더가 계약이 없는 경우에는 항공사와 계약된 장소로 기재한다.

(2) 하기장소 및 배정장소 결정

하기장소와 배정장소 결정은 MAWB simple화물의 경우, 항공사가 화주와 협의하여 결정하고, MAWB console화물의 경우에는 포워더가 화주와 협의하여 결정하면 된다.

특수화물(환적화물, 냉동, 냉장화물, 위험물 등)이 있는 경우, 항공사는 포워더와 협의하여 하기장소를 기재하고, 컨테이너 작업을 하기 위한 환적화물은 김포국제공항으로도 하기가 가능하다.

(3) 적화목록 제출

항공사는 항공기입항과 동시에 MFCS에서 적화목록을 마감하여 세관으로 1차 전송하고, 포워더가 1차 전송 시까지 제출하지 못한 AWB를 선별하여 입력대행 사무소를 통해 2차 전송을 실시토록 한다.

(4) 하기

기장은 항공기입항과 동시에 구두로 신고하고, 조업사는 항공화물을 하기운송하여 실물분류장으로 운반한다. 적화목록 제출 시 MAWB단위로 하기장소를 기재한 것으로 하기신고에 갈음할 수 있다.

(5) 실물분류

조업사는 항공사의 MFCS로부터 받은 MAWB 하기장소 또는 HAWB 배정장소코드가 기재된 실물분류 작업지시서를 바탕으로 실물분류작업을 실시한다. 항공사는 실물분류팀으로부터 전달받은 MAWB별 하기결과 이상내역을 세관에 신고하여야 한다.

포워더가 MAWB단위로 인천국제공항 현도장치장에서 수입화물을 인도받은 경우에는 인천 또는 김포국제공항 보세구역 운영인에게 HAWB별로 반입을 의뢰한다. 인천국제공항에서 보세운송하고자 하는 물품이 있는 경우 포워더는 계약된 보세구역 운영인에게 반입을 의뢰하고, 반입신고 후 보세운송 신고절차를 수행하면 된다. 하기장소 보세구역 운영인은 HAWB별로 세관에 반입신고를 하여야 한다.

(6) 인천국제공항 내 복합운송업체의 창고운영

인천국제공항 복합운송업체의 창고는 하기장소 보세구역으로 지정되어 있고, 동 지역은 특송화물창고와 수출 · 입항공화물창고로 분리되어 운영되고 있다.

항공화물을 복합운송업체의 창고로 하기하는 경우에는 항공화물 터미널 보세구역 운영인은 세관에서 지정한 하역통로를 통해 하기운송업체에게 물품을 인도하면 된다.

① 하기운송업체 : 조업사 또는 간이보세운송업자
간이보세운송업자가 하기하는 경우, 보세구역 또는 포워더와 운송계약을 체결한 내역을 세관에 신고(신고서류: 운송계약서, 불법유출행위 방지서약서)

② 하기운송업체는 보세구역 운영인에게 적화목록 사본을 제시

(7) 김포국제공항으로 운송

MAWB상 하기장소가 김포국제공항인 경우에는 보세운송절차 없이 하기운송이 가능하고, 하기운송 시에는 세관에서 지정한 하역통로를 이용하여야 한다. 운송업체는 간이보세운송업자도 가능하며, 하기운송을 하는 경우에는 유개차로 하기운송하여야 한다. 다만, ULD 단위화물 등 유개차에 적재할 수 없는 경우에는 세관신고를 통해 예외로 인정받을 수 있다.

그림 7-5 수출 · 입항공화물 처리절차

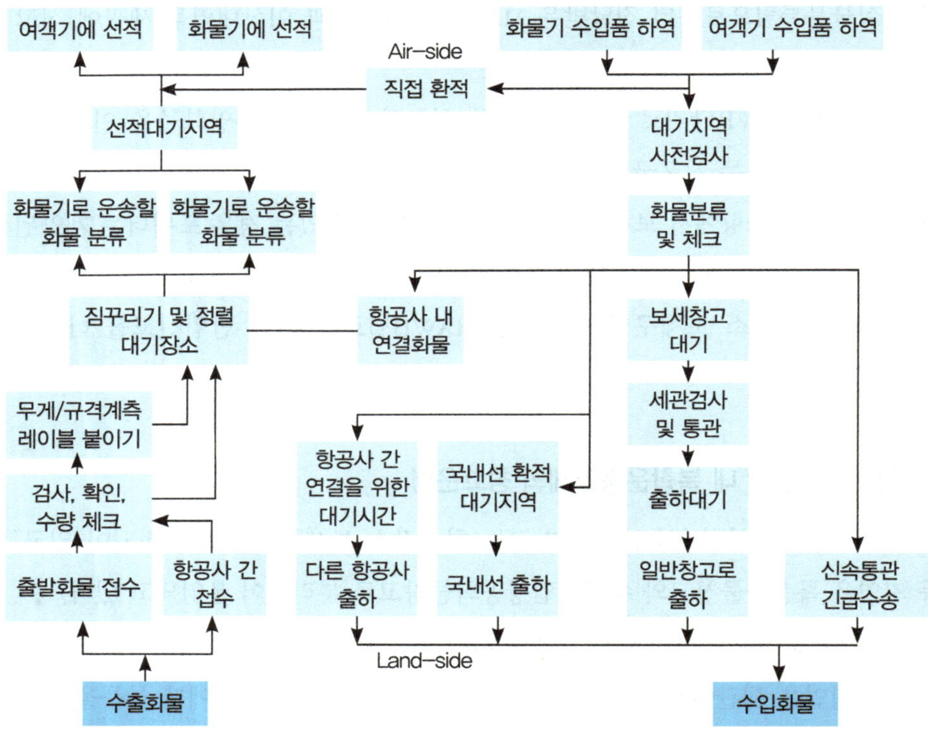

자료 : 양승신, 공항계획과 운영, 이지북스, 2001.

보세구역에 반입신고한 화물을 타 보세구역으로 운송하려면 '보세운송절차'에 따라 운송되어야 하며, 다만, 인천국제공항 및 김포국제공항 내 보세구역 간 이동은 '반 · 출입절차'에 따라 이동되어야 한다.

제 4 절 항공화물운송장

1. 항공화물운송장의 의의

해상운송의 선화증권에 해당하는 항공운송의 기본서류가 항공화물운송장(air waybill : AWB) 또는 항공화물수탁서(air consignment note)이다. Air Waybill과 유사한 것으로 Air Bill이 있는데 후자는 혼재업자가 발행하는 것이다. Air Waybill과 Air Bill을 구분하기 위하여 전자를 Master Air Waybill이라고 부르며, Air Bill을 House Waybill이라고 부른다. 이들 운송장은 송화인과 운송인 사이에 운송계약이 체결되었다는 증거서류이며 동시에 송화인에게서 화물을 수령하였다는 증빙서류가 된다.

2. 항공화물운송장의 기능과 성격

1) 운송계약서

항공화물운송장은 송화인과 항공운송인 간의 항공화물운송계약의 성립을 입증하는 운송계약서이다. 그러나 운송장은 12매(3매의 원본과 9매의 부본)로 구성되어 있어 그 전부가 모두 운송계약서는 아니며 송화인용 원본 No.1이 이에 해당한다.

2) 화물수취증

항공화물운송장은 항공운송인이 송화인으로부터 화물을 수취한 것을 증명하는 화물수령증의 성격을 가지고 있다. 항공화물운송장에서는 그 원본 No. 3가 이에 해당된다.

3) 송장

여기에서 말하는 송장은 운송계약서가 아니고 화물과 함께 목적지에 보내져 수화인이 도착화물 및 운임, 요금을 대조하고 검증하는 데 사용되는 송화인으로부터의 통지장의 성격을 가지고 있다. 항공화물운송장에서는 그 원본 No. 2가 이에 해당된다.

4) 보험계약증서

송화인이 항공화물운송장에 보험금액 및 보험료를 기재한 화주보험(항공화물운송장보험)을 부보한 경우에는 항공화물운송장 원본 No. 3가 보험계약증서가 된다.

5) 청구서

선불의 운임요금의 송화인에 대한 청구서자료(항공화물운송장의 원본 No. 3) 및 후불의 운임요금의 수화인에 대한 청구서자료(항공화물운송장의 원본 No. 2)로서 사용된다.

6) 수출입신고서 및 수입통관자료

항공화물운송장에 의한 수출신고가 가능한 화물에 대하여는 수출신고서로서 사용될 수 있다. 또한 수입신고서로서도 항공화물운송장을 사용할 수 있다. 과세가격이 되는 CIF가격 중의 항공운임, 보험료의 증명자료로서 항공화물운송장을 수입신고서에 첨부할 수 있다.

7) 운송인에 대한 송화인의 지시서

항공화물운송장에 송화인이 화물의 운송, 취급, 인도에 관한 지시를 기재할 수 있다. 이러한 경우 항공화물운송장은 화물과 함께 보내져 화물의 출발지, 경유지, 목적지 등의 각 지점에서 화물이 적절 원활하게 취급, 인도, 정산되도록 필요한 모든 사항이 기재되어 있다.

8) 수화인에의 화물인도증서

도착지에서 화물이 수화인에게 인도되었을 때의 증명자료가 된다. 수화인의 화물수령서명 또는 날인을 받는다. 항공화물운송장의 부본 No. 4가 이에 해당한다.

3. 항공화물운송장의 법적 성질

1) 유통성

항공화물운송장은 선화증권과 달리 양도성이나 유통성을 갖고 있지 않다. 항공화물운송장에는 'Non Negotiable'라고 표시되어 있으며 유통이 금지된 '비유통증권'으로 발행된다.

운송장의 원본 1은 항공사용으로서 항공사가 운송계약의 증거로 보관하는 것일 뿐, 유통을 목적으로 하는 유가증권이 아니다. 운송장의 원본 2는 수화인용으로서 화물과 함께 도착지에 보내져서 항공사가 수화인에게 교부하는 것으로서 역시 유통을 목적으로 하는 것이 아니다. 운송장의 원본 3은 송화인용으로서 도착지에서 수화인이 항공사에게 화물의 인도를 청구할 때 원본의 제시를 필요로 하지 않는다.

항공사는 도착지에서 운송장에 기재된 수화인에게 화물과 함께 수화인용 원본 2를 인도하면 되고, 수화인이 출발지에서 송화인에게 교부된 송화인용 원본 3을 소지하고 있는지의 여부는 묻지 않는다. 다만, 송화인이 소지하는 운송장 원본 3은 송화인의 화물처분권에만 효력이 미친다.

2) 지시증권 및 처분권

지시증권이란 어음 · 수표법에서 말하는 증권에 기재되어 있는 특정인 또는 그가 지시하는 자에게 일정액의 지급을 지시하는 Order Paper의 의미가 아니고,

송화인이 운송인에게 운송계약의 이행에 필요한 세부사항을 항공화물운송장을 통하여 지시한다는 뜻이다.

지시의 내용은 수화인 지정, 부보 여부, 통지처 지정 등을 말한다. 운송인은 그 지시의 내용을 좇아 충실히 운송을 이행해야 하며, 타당한 이유 없이 송화인의 지시를 따르지 않아 화주에게 손해를 입힌 경우에는 무한책임을 져야 한다.

항공화물운송장은 비유통증권이므로 수화인에게 완전한 처분권이 인정되지 않는다. 즉 송화인에게는 처분권이 인정되나 수화인에게는 극히 제한된 처분권만이 인정되므로 항공화물운송장은 완전한 처분증권이 못된다.

송화인이 ① 출발지 공항 또는 도착지 공항에서 화물을 회수하거나 ② 운송 도중의 공항에서 화물을 유치하거나 ③ 운송장에 기재된 수화인 이외의 자에게 화물을 인도하거나 ④ 출발지 공항으로 화물의 반송을 요구하는 등의 화물처분권을 가진다. 다만, 그 권리의 행사에 의해 운송인 또는 타인의 이익을 해하여서는 아니되며 또 그 행사로 인해 생긴 비용을 부담해야 한다.

3) 증거증권

항공화물운송장은 재산권을 대표하지도 유통성도 없으므로 유가증권이 아니며 단순한 증거증권 내지는 화물수령증에 지나지 않는다. 증거증권이란 항공화물운송장이 ① 항공운송계약이 존재한다는 사실, ② 운송인이 운송을 위해 화물을 인수하였다는 사실, ③ 화물운송조건에 관한 증거가 된다는 뜻이다. 이처럼 운송장이 화물을 수령하였다는 증거가 되기 때문에 일단 운송장에 서명이 된 후에는 화물을 수령하지 않았음에 대한 거증책임은 운송인에게 있게 된다.

4) 면책증권

항공화물운송장은 또한 면책증권이다. 따라서 항공사는 정당한 증권소지자에게 화물을 인도하면 그 책임을 면한다. 즉 화물을 직접 인도하는 세관이나 운송인은 수화인용 운송장을 제시하는 자에게 화물을 인도하면 면책이 된다.

5) 요식증권

운송계약은 불요식의 낙성계약이므로 운송장의 작성이 항공화물운송계약의 성립요건은 아니다. 따라서 항공화물운송장에 기재해야 할 사항이 조약에 규정되어 있기는 하지만, 그 기재에 결함이 있더라도 운송장 자체가 무효가 되는 것이 아니라, 오직 기재의 책임 있는 당사자가 그에 따른 불이익을 받는 것에 그칠 뿐이다. 실무적으로는 대부분의 항공사가 IATA 표준항공화물운송장을 이용하고 있지만, 반드시 표준운송장을 사용해야 하는 것도 아니며, 표준운송장에 수정, 변경을 가하여 사용하더라도 항공화물운송장의 법적 성질을 변하지 않는다.

4. 항공화물운송장과 선화증권의 차이점

항공화물운송장은 해상운송에 있어서 선화증권과 같은 기능을 가지고 있지만, 그 법적 성질은 크게 다르다. AWB는 B/L과 달리 유가증권이 아니다. 또한 수취식이고 원칙적으로 기명식이며 비유통성이다. B/L과 AWB를 비교하면 다음과 같다.

표 7-2 항공화물운송장과 선화증권의 비교

항공화물운송장(air waybill)	선화증권(bill of lading)
유가증권이 아닌 단순한 화물운송장	유가증권
비유통성(non-negotiable)	유통성(negotiable)
기명식	지시식(무기명식)
수취식(항공화물을 창고에서 수취하고 AWB 발행)	선적식(화물을 본선에 선적한 후 B/L 발행)
상환증권이 아님	상환증권(수려증권)
송화인이 작성	선박회사가 작성

제5절 항공화물운임

1. 일반규정

1) 항공화물요율(tariff)의 정의

각 항공사에 의해 공시된 구간별 항공화물요율과 이에 관련된 규정을 포함하는 개념으로 Tariffs의 요율이 실제 판매가와 차이가 있을 수 있으나 할인율의 기준으로서 항공화물운송장(AWB)상 기입금액이 된다.

2) 항공화물요율 및 운임 원칙

(1) 항공화물요율(tariff) 적용 원칙

① 운송장(air waybill) 발행일에 유효한 것을 적용한다.

② 항공화물의 요율은 공항에서 공항까지의 운송만을 위하여 설정된다.

③ 출발지국의 현지 통화로 설정되는 것이 원칙이다.

(예외) 많은 국가에서 USD로 요율을 설정한다.

④ 모든 화물 요율은 kg당 요율로 설정되어 있다.

(예외) USA 출발 화물요율은 LB당 요율로 설정되어 있다.

⑤ 해당 정부의 승인을 득한 후에야 유효한 것으로 이용될 수 있다.

⑥ 별도의 통보 없이 변경할 수 있다.

(2) 항공화물운임 적용 원칙

① 중량(chargeable weight)×kg/LB당 적용 요율로 산출한다.

② 종가요금(valuation charge)과 함께 선불(prepaid) 혹은 도착지불(charges collect)이다.

③ 화물의 실제 운송경로와 운임산출 시 근거로 한 경로는 무관하다.

2. 운임체계안내

항공화물운임은 IATA(International Air Transport Association, 국제항공사협회)가 제정한 운임요율표를 국제적으로 사용하고 있는데, 한국도 동 운임요율에 의거 정부의 승인을 받아 사용하고 있다.

표 7-3 운임분류표

<table>
<tr><td rowspan="6">Transportation Charge</td><td rowspan="4">Weight charge</td><td>GCR(General Cargo Rate)</td></tr>
<tr><td>SCR(Specific Commodity Rate)</td></tr>
<tr><td>CCR(Class Rate)</td></tr>
<tr><td>BUC(Bulk Unitization Charge)</td></tr>
<tr><td colspan="2">Unpublished Rate – Construction, Combination</td></tr>
<tr><td colspan="2">Valuation Charge(VC)</td></tr>
<tr><td>Other Charges</td><td colspan="2">위험품 취급수수료, 운송장 작성수수료, 입체지불금수수료, 착지불수수료, 보험료, Trucking Charge 등</td></tr>
</table>

1) 일반화물요율

일반화물요율(general cargo rate : GCR)은 특정품목할인요율(specific commodity rate) 또는 품목분류요율(class rate)이 적용되지 않는 모든 화물에 적용되는 가장 기본적인 요율이다. 일반화물요율에는 최저운임(minimum charge)인 45kg 미만 요율, 45kg 이상 요율, 100kg 이상 요율, 300kg 이상 요율 등으로 설정되어 있으며 대체로 중량이 많으면 많을수록 더 싼 요율이 적용된다.

2) 특정품목할인요율

특정품목할인요율(specific commodity rate : SCR)은 특정구간에서 동일품목이 계속적으로 반복 운송되는 품목에 대하여 일반품목보다 요율을 낮춤으로써 항공운송이용을 촉진 · 확대시키는 데 그 목적이 있다.

3) 품목분류요율

품목분류요율(commodity classification rate : CCR)은 화물의 특성, 가격 등을 고려하여 몇 가지 특정품목, 특정지역 간에만 적용하는 요율이다.

(1) 신문, 잡지, 정기간행물, 책, 카탈로그, 점자책 및 그 용구(R)

상기 품목에 대한 요율은 해당 구간 일반화물요율(GCR) 중 Normal Rate의 50%에 해당하는 요율이 적용되며 최저요금은 해당 구간 일반화물 최저요금과 할인율에 5kg을 적용한 금액 중 큰 금액을 최저요금으로 한다.

(2) 비동반 수화물(baggage shipped as cargo)(R)

비동반 수화물(단, 기계류, 보석, 카메라, 상품, 세일즈 샘플 등은 제외)을 항공화물로 운송할 경우에는 해당 구간 일반화물요율(GCR) 중 Normal Rate 50%에 해당하는 할인요율이 적용되며 최저요금은 10kg에 해당하는 금액이다. 이 요율은 여객이 한국을 출발하여 IATA 제2지역과 제3지역으로 여행할 경우에만 적용된다. 수화물은 여객의 출발 이전에 운송인에게 인도되어야 하고 모든 통관절차를 끝내야 한다.

(3) 산동물 요율(S)

표 7-4 산동물 요율

	IATA 제3지역 내 수송	IATA 1, 2지역 간 수송		IATA 2, 3지역 간 수송	IATA 1, 3지역 간 수송	
		지역 2, 미국 간 수송	지역 2, 미국 외 수송		한국, 미국 간 수송	한국, 미국 간 수송 제외
a. 아래 b항을 제외한 산동물	Normal GCR의 150%	Applicable GCR의 110%	Normal GCR의 150%	Normal GCR의 175%	Applicable GCR의 140%	Applicable GCR의 110%
b. 생후 72시간 이내의 가금류	Normal GCR	Normal GCR	Normal GCR	Normal GCR	Normal GCR	Normal GCR
c. 냉혈동물	Normal GCR의 150%	Applicable GCR	Normal GCR의 175%	Normal GCR의 150%	Applicable GCR	Applicable GCR

(4) 기타 품목분류요율(S)

화폐, 여행자수표, 주권, 채권, 금, 백금, 다이아몬드(공업용 다이아몬드 포함), 기타 보석류 등 귀중화물과 시체 및 유골 등에 대한 별도의 할증요율이 있다.

4) 종가운임

종가운임(valuation charge : VC)은 신고가격(declared value)이 화물 1kg당 U$20을 초과하면 종가운임을 부과한다. 귀금속, 예술작품 등 고가품은 신고하여 할증된 종가운임을 지급한다.

5) 팰릿 · 컨테이너운임

팰릿 · 컨테이너운임(bulk unitization charge : BUC)은 팰릿 또는 컨테이너에 적입된 상태로 송화인이 항공사에 반입, 그대로 수화인에게 인도되는 화물에 적용하는 운임이다.

6) 단위적재용기요금

항공사가 송화인 또는 대리점에게 컨테이너 또는 팰릿단위로 판매 시 적용되는 요금으로 해당 운송구간의 각 용기 형태별로 설정된 최저요금(pivot charge)과 최저중량을 초과하는 경우 그 초과된 중량에 부과하는 최저중량 초과요금(over pivot charge)을 더한 금액으로 산출된다.

단위적재용기의 화물의 요금부과 중량은 화물이 적화된 단위적재용기 총중량에서 ① 운송인 소유 단위적재용기의 경우에는 당해용기의 중량을 공제하고, ② 송화인 소유 단위적재용기의 경우에는 당해용기의 설정된 허용공제 중량과 실제용기 중량 중 더 적은 중량을 공제한 중량을 요금부과 중량으로 한다. ③ BUC 사용제한 품목은 위험품, 산동물, 귀중화물, 유해 등이다.

7) 위험품취급수수료

대한민국 출발의 경우에는 위험품 포장 한 개당 11,400원을 위험품취급수수료로 하며 최저 위험품취급수수료는 51,800원이다. 단, 여하한 경우에도 위험품취급수수료는 258,800원을 초과할 수 없다(한국지역기준).

8) 운송장작성수수료

대한민국을 출발지로 하는 화물에 대해 항공사(또는 대리점)가 화주를 대신하여 운송장(AWB)을 작성할 경우 항공사(또는 대리점)는 운송장당 3,100원의 운송장작성수수료를 징수한다.

9) 입체지불금수수료

입체지불금이란 항공운송 개시 이전에 송화인 또는 그 대리인의 비용으로 이미 지불한 수화인이 부담하여야 할 육상운송료, 보관료, 통관수수료 등을 일컬으며 송화인의 요구에 따라 운송장에 입체지불금을 명시하는 경우 운송인은 이를 수화인으로부터 징수한다. 또한 이 서비스의 수수료는 입체지불금의 10%, 최저요금은 25,800원이며 운송인이 송화인 또는 수화인으로부터 징수한다. 또한 입체지불금은 운송장에 명시된 운임을 초과할 수 없다. 단, 운임이 129,000원 미만인 경우에는 입체지불금은 129,000원까지 가능하다.

10) 착지불수수료

대한민국 도착화물에 대한 착지불수수료는 운임과 종가요금을 합한 금액의 5%에 상당하는 금액이며 최저요금은 12,900원에 상당하는 금액이다(한국지역기준).

Chapter 08

복합운송

제 1 절 복합운송의 개요

1. 복합운송의 개념

1) 복합운송의 정의

복합운송이라는 용어는 1929년 바르샤바조약(국제항공운송통일규칙에 관한 조약)에서 출발하여, 1956년 4월 해륙(sea/land) 복합운송용 컨테이너가 개발되면서, 실질적인 개념으로 발전되기까지는 통운송(through transport)이나 승계운송(successive transport)으로 이해되고, 그러한 개념 위에서 운송계약이 체결되어 왔다.

복합운송은 하나의 계약에 의해 운송의 시작으로부터 종료에 이르기까지 전과정에 걸쳐 운송물이 적어도 두 가지 이상의 서로 다른 운송수단에 의해 운송되는 것을 말한다. 따라서 비록 특정화물의 운송을 위해 여러 운송수단이 이용되더라도 수 개의 운송계약이 체결되고 또 그에 따라 운송증권이 발행된 경우에는 이를 부분운송 또는 구간별 운송이라 하여 복합운송과는 구별된다.

2) 복합운송의 요건

복합운송은 하청운송으로서 복합운송에 관여하는 여러 운송인 가운데 1인의 운송인이 전구간의 운송을 인수하고 전부 또는 일부 구간을 다른 운송인으로 하여금 운송하게 하는 경우이다. 이때는 송화인과 계약을 체결한 운송인만이 전구간에 대하여 책임을 부담하고 실제로 운송을 담당한 운송인은 하청운송인의 지위에 있어 이들과 송화인 사이에는 직접적인 법률관계가 발생하지 아니한다.

(1) 하나의 운송계약

운송에 대한 전책임이 복합운송인에게 집중되기 때문에 송화인은 복합운송인을 상대로 계약을 체결하면 되고 복합운송인이 운송의무를 이행하기 위하여 각

구간운송인과 체결하는 하청운송계약은 복합운송계약과는 무관하기 때문에 송화인과는 아무런 관계가 없다.

(2) 하나의 책임주체

복합운송인이 전책임을 진다는 것은 반드시 복합운송인에 의해 전체운송이 실행되어야 하는 것은 아니다. 오히려 운송의 어느 한 구간도 복합운송인 자신에 의해 이행되지 않는 경우가 많다. 따라서 누가 운송을 실행하느냐에 관계없이 복합운송인이 전체운송에 대한 책임을 지는 것이 복합운송의 중요한 특징이다.

(3) 단일의 운임

복합운송은 운송의 대가로 각 구간별로 분할된 운임이 아닌 전운송구간에 대한 단일운임을 특징으로 한다.

(4) 운송수단의 다양성

복합운송은 서로 다른 여러 운송수단에 의해 이행되어야 한다. 여기에서는 운송인의 수가 문제가 아니라 운송수단의 종류가 문제가 되며, 이러한 운송수단은 각각 다른 법적인 규제를 받는 것이어야 한다.

(5) 복합운송증권의 발행

복합운송 자체의 필요조건은 아니지만 복합운송계약의 성립요건으로 복합운송증권의 발행이 필수적인가가 문제된다. 대부분의 학자들은 복합운송인의 운송의무가 증권화되어야 한다는 견해를 취하고 있고, 그것도 유통성이 있는 증권을 발행해야 한다고 본다.

이에 대해 복합운송계약은 낙성계약으로 체결할 수 있다는 반론이 있다. 즉 운송계약의 효력발생이 증권의 발행과는 무관한 것이 운송법의 지배적인 원리이므로 복합운송에서도 이를 부인할 이유가 없다고 보는 것이다.

2. 복합운송인의 개념

1) 복합운송인의 정의

복합운송인은 이종 및 동종 수송수단을 조합하여 수송하는 운송인으로서 TCM 조약안에서는 CTO(combined transport operator), 유엔조약에서는 MTO(multimodal transport operator), 미국에서는 ITO(intermodal transport operator)라고 부른다.

TCM조약안에서는 복합운송인을 ① 복합운송증권을 발행하며, ② 화물의 수령으로부터 인도까지 전구간에 걸쳐 자기의 이름으로 운송을 이행하고, ③ 그 운송에 대하여 조약에 규정된 책임을 부담하며, ④ 복합운송증권에 기명된 자 또는 정당하게 배서된 증권의 소지인에게 화물의 인도를 확실히 하기 위하여 필요한 모든 조치를 다하는 자로 규정하고 있다.

2) 복합운송인의 범위 및 자격요건

(1) 복합운송인의 범위

복합운송인이 전구간에 대해서 운송인으로서의 지위를 갖고, 동시에 복합운송증권의 발행자가 된다는 점에는 의문의 여지가 없다. 그런데 유엔복합운송조약은 복합운송인에게 전구간의 책임을 집중시키고, 전체운송의 실행에 관여하는 실제운송인 등 기타의 자를 복합운송인의 이행보조자로 본다.

복합운송조약은 단일의 계약주체, 즉 복합운송인에게 전운송에 대한 원청운송인으로서 운송의무를 부여하고 있고, 나아가 화물의 수령에서 인도 시까지 도중에 생긴 멸실이나 손상은 물론, 지연으로 인한 손해에 대해서도 손해발생장소가 어디인가를 묻지 아니하고 책임을 지도록 되어 있다(제16조).

(2) 복합운송인의 당사자

여기에 복합운송의 주체, 즉 복합운송인이 될 수 있는 당사자는 다음과 같다.

가. 실제운송인(actual carrier)형 복합운송인

UNCTAD/ICC복합운송증권 규칙에서, 운송인은 복합운송인과 동일인 여부에 관계없이 실제로 운송의 전부 또는 일부를 이행하거나 또는 이행을 약속하는 자로 정의한 바와 같이, 실제운송인형 복합운송인이란 자신이 직접 운송수단(선박, 트럭, 항공기 등)을 보유하면서 복합운송인의 역할을 수행하는 자를 말한다.

곧 실제운송인은 선박회사, 철도회사, 트럭회사 및 항공회사 등이다. 컨테이너의 등장으로 선사의 운송책임은 종래의 선측에서 선측까지(tackle to tackle)로부터 터미널에서 터미널까지(terminal to terminal)로 확대하고, 다시 해상운송에 그치지 않고 문전에서 문전까지 운송을 일괄하여 인수하는 복합운송의 주체가 되고 있다.

나. 계약운송인(contracting carrier)형 복합운송인

계약운송인은 선박, 트럭, 항공기 등의 운송수단을 직접 보유하지 않으면서도, 운송주체자로서의 역할과 책임을 다하는 운송인을 말한다. 즉 계약운송인은 실제운송인에게는 화주의 입장에서, 화주에게는 운송인의 입장에서 책임과 의무를 수행한다. 이러한 유형의 복합운송인으로 해상운송주선인(ocean freight forwarder) 및 항공운송주선인(air freight forwarder) 등이 있다. 따라서 통상 계약운송인형 복합운송인을 프레이트 포워더형 복합운송인이라 한다.

제 2 절 복합운송인의 책임원칙

1. 복합운송인에 대한 책임원칙

1) 과실책임원칙

과실책임(liability for negligence)은 선량한 관리자로서의 적절한 주의의무(resonable diligence)를 전제로 성립되는 책임원칙이다. 따라서 운송인이 주의

의무를 다하지 못해 발생한 손해에 대해서는 책임을 져야 한다. 이 화물의 멸실이나 손상이 운송인의 과실에 의한 것임을 화주가 입증하면 운송인은 책임을 면할 수 없는 제도이다.

2) 무과실책임원칙

무과실책임원칙(liability without negligence)은 운송인의 과실유무를 불문하고 배상책임을 지는 것이다. 다만 불가항력, 포장의 불비, 화물고유의 성질, 통상의 소모 또는 누손 등으로 발생한 손해에 대해서는 면책을 인정하고 있다.

3) 절대(결과)책임원칙

절대책임(liability objective, absolute liability)은 손해의 결과에 대해서 절대적으로 책임을 지는, 즉 면책의 항변이 일체 용인되지 않는 제도이다.

2. 복합운송인에 대한 책임체계

1) 통합책임체계(uniform liability system)

운송물의 멸실, 훼손, 지연 손해가 복합운송의 어느 구간에서 발생하였느냐를 묻지 않고 복합운송인은 동일한 기준에 따라 책임을 지는 체계이다. 이는 비록 복합운송이 많은 구간운송으로 구성되지만 화주의 입장에서 볼 때는 하나의 운송이고, 만일 복합운송인이 운송구간마다 서로 다른 내용의 책임을 부담한다고 하면 사고가 어디에서 발생하였느냐에 의해 그 배상액이 달라지는 불합리한 점이 생기기 때문에 하나의 기준에 의하여 책임지도록 하고 있다.

복합운송인은 면책사유로서 멸실, 손상, 지연이 피할 수 없을 뿐 아니라 그 결과를 방지할 수 없었던 사정으로 일어난 것이라는 것을 증명한 경우에는 책임을 지지 않는다.

2) 분할책임체계(network liability system)

손해발생구간이 확인된 경우와 그렇지 않은 경우를 나누어서 각각 다른 책임체계를 적용하는 방법이다. 손해발생구간이 밝혀지지 않은 경우에는, 즉 손해발생구간 불명손해(concealed damage)에 대해서는 그 손해가 해상구간에서 발생한 것으로 추정하여 헤이그규칙을 적용하든가 또는 별도로 정하여진 기본책임(basic liability)을 적용한다.

손해발생구간이 확인된 경우에는 손해발생구간에 적용될 국내법이나 국제조약을 적용한다. 만일 손해가 항공구간에서 발생했으면 바르샤바조약을, 해상구간에서 발생했으면 헤이그규칙을 각각 적용하게 된다.

3) 변형통합책임체계(modified uniform liability system)

이는 분할책임체계(network system)와 통합책임체계(uniform system)의 절충방식으로 유엔조약이 채택하고 있는 책임체계이다. 유엔조약은 손해발생구간의 확인 여부에 관계없이 동일한 책임규정을 적용한다는 점에서 보면 Uniform System을 채택한 것으로 보이나, 손해발생구간이 확인되고, 그 구간에 적용될 법에 규정된 책임한도액이 유엔조약의 책임한도액보다 높은 경우에는 그것의 적용을 인정하여 Network System을 가미하고 있다. 따라서 Modified Uniform System은 Modified Network System이라고도 하고 Flexible System이라 하기도 한다.

4) 복합운송인의 책임

(1) 책임의 기초

복합운송인은 물품을 인수한 시점에서 이것을 인도할 때까지의 기간에 발생한 물품의 멸실, 손상, 인도지연이 자기 자신 또는 그 사용인 또는 대리인의 과실 또는 태만으로 발생한 것이 아님을 증명하지 않는 한 그 멸실, 손상 및 인도지연에 대하여 책임을 진다. 그러나 복합운송인은 송화인이 물품의 적기 인도에 대한 이익을 선언하고 복합운송인이 이를 수락한 경우가 아니면 인도의 지연으로 인한 손해에 대한 책임을 지지 아니한다.

(2) 복합운송인의 면책(해상운송 또는 내수운송의 경우의 항변)

UNCTAD/ICC규칙은 책임의 기초를 헤이그-비스비규칙(Hague-Visby Rules)과 일치시키기 위하여 "해상 또는 내수로에 의한 물품운송에 관한 항변(면책)"이라는 표제 아래 책임이 면제되는 경우가 규정되어 있다.

여기에는 항해과실 및 화재에 대한 두 가지의 근본적인 면책이 규정되어 있다. 이들 면책사유는 헤이그-비스비규칙과 마찬가지로, 선박이 감항능력을 갖추지 못하였기 때문에 멸실이나 손해가 발생한 경우에는 복합운송인은 그 선박이 항해를 개시할 때에 감항능력을 확보하기 위하여 상당한 주의를 다하였다는 것을 증명할 수 있어야 한다는 우선적인 요건을 충족시켜야만 그것이 인정된다.

5) 복합운송인의 책임한도 및 책임제한권의 상실

(1) 복합운송인의 책임제도

컨테이너 속의 운송물의 단위의 개수가 운송증권에 기재된 경우 청구권자는 그 단위의 개수를 책임제한의 기준으로 주장할 수 있다는 취지의 이른바 '컨테이너 방식'을 포함한 헤이그-비스비규칙상의 책임제한의 규정을 토대로 하고 있다.

유의할 필요가 있는 이 규칙은 물품의 멸실뿐 아니라 간접적인 손해에 대한 책임의 제한에 관해서도 규정을 하고 있다는 점이다. 물리적인 멸실이나 손상의 결과로 여러 가지 간접적인 손실이 발생하기 쉬운데, 그러한 손실은 여러 나라의 법정에서 책임이 있는 당사자의 책임을 제한하는 원칙이 제외되지 않을 수도 있기 때문에, 그런 종류의 책임에 대해서는 금전적인 한도를 두는 것이 적절할 것이다.

(2) 복합운송인의 책임제한권의 상실

복합운송인의 멸실, 손상 또는 인도의 지연이 그 멸실, 손상 또는 지연을 일으킬 의도로써 무모하게 또한 그러한 멸실, 손상 또는 지연이 발생할 것이라는 것을 알면서 행한 복합운송인의 개인적인 작위 또는 부작위로 일어났다는 것이 증명된 때에는 복합운송인은 책임제한의 이익을 주장하지 못한다.

6) 송화인의 책임

송화인이 물품에 관하여 제공한 모든 정보, 특히 물품의 위험성에 관한 정보가 정확하다는 것을 복합운송인에게 보증한 것으로 본다는 원칙하에 송화인의 책임을 규정하고 있다. 이때 송화인이 그릇된 정보를 제공함으로써 복합운송인에게 입힌 손실을 보상하여야 할 의무가 있는데, 이는 정보를 부정확하게 제공한 경우에만 적용되는 것이 아니라, 정보가 부적절한 경우에도 적용된다. 송화인이 운송증권을 이전함으로써 타인에게 복합운송계약상의 자기의 권리를 양도한 경우에는 송화인의 책임은 그대로 남는다.

7) 물품의 멸실 및 손상의 통지

물품의 멸실이나 손상에 대한 통지에 관해서는, 겉으로 드러난 멸실이나 손상의 경우와 겉으로 드러나지 않은 멸실이나 손상 간에 차이를 두고 있다. 겉으로 드러난 멸실이나 손상의 경우에는 수화인이 물품을 인도받을 때에 복합운송인에게 그 사실을 서면으로 통지해야 한다. 겉으로 드러나지 않은 손상의 경우에는 물품이 수화인에게 인수한 날로부터 6일 이내에 그 사실을 통지하여야 한다.

8) 소송제기기간

소송제기기간에 대하여 다음과 같이 규정하고 있다. 복합운송인은 별도의 명시적인 합의가 없는 한, 물품의 인도일 또는 물품을 인도하여야 할 날, 또는 물품의 인도의 해태에 대하여 수화인이 전손으로 취급할 권리가 있는 날로부터 9개월 내에 소송이 제기되지 않으면 본규칙에 따른 모든 책임을 면한다.

책임소송에 관한 소송제기기간은 9개월로 정해져 있다. 헤이그-비스비규칙은 1년, 그리고 복합운송협약은 2년의 소송제기기간을 두고 있다.

제3절 복합운송증권

1. 복합운송증권의 개념 및 성격

복합운송증권이란 선박, 철도, 항공기, 자동차 등 종류가 다른 운송수단 중 두 가지 이상의 조합에 의해 이루어지는 운송에 대해 복합운송인이 발행하는 증권으로, 발행자인 운송인이 운송품의 수령을 증명하고, 나아가 운송계약의 증거가 되는 외에 권리증권(document of title), 즉 유가증권으로서의 성격을 갖는다. 즉 복합운송증권은 선화증권과 똑같이 유통증권으로서의 기능, 구체적으로는 화환의 담보기능과 그 편익을 화주에게 주기 위해 발행되는 것이다.

복합운송증권이 유통증권으로 발행된 경우에는 증권이 ① 지시식(order) 또는 무기명식으로 되어야 하며, ② 지시식으로 된 때에는 배서에 의해 양도할 수 있고, ③ 무기명식으로 된 때에는 배서 없이 양도할 수 있다

비유통증권으로 발행된 경우에는 ① 지명된 수화인을 기재하여야 하며, ② 복합운송인은 증권에 지정된 수화인 또는 수화인으로부터 정당하게 지시받은 당사자가 아닌 그밖의 사람에게는 화물을 인도할 의무가 없다라는 등의 조항을 두어 발행방법 및 그 효력에 대해서도 구체적으로 규정하고 있다.

2. 복합운송증권의 종류

복합운송증권은 여러 가지 기준에 의하여 분류할 수 있다. 복합운송인이 부담하는 책임내용에 따라 분할책임형증권(network system), 통합책임형증권(uniform system)으로 분류할 수 있다. 또한 증권의 발행인이 누군가에 따라서

해상운송인이 발행하는 증권, 육상운송인이 발행하는 증권, 항공운송인이 발행하는 증권, 또 운송주선인이 발행하는 증권으로 나눌 수 있다. 그러나 보다 중요한 분류는 복합운송증권이 선화증권의 형식을 취하는가 아닌가, 또 유통성인가 비유통성인가, 유통성이 있는 경우에는 기명식인가 지시식인가 하는 것이다.

1) 복합운송증권통일규칙에 준거하는 증권

복합운송증권통일규칙에 준거하는 증권을 신용장에 명시하여 요구한다면 "Negotiable (or Non-negotiable) Multimodal Transport Document subject to ICC Publication No.481"과 같은 문언이 쓰여지게 된다. 이 경우 제시된 증권이 복합운송증권이 아닌 다른 표제(title)의 증권이더라도 신용장에서 요구하고 있는 서류로서 국제상업회의소의 복합운송증권통일규칙에 준거한다는 취지가 명시되어 있으면 수리가 가능하다.

신용장통일규칙은 복합운송증권을 요구하고 있거나, 복합운송을 할 수 있다는 취지를 밝히고 있다면 그 증권이 어떠한 형식이든, 또 어떤 사람에 의해 발행되든 그 증권은 담보성을 획득하여 은행에 의해 취결(negotiate)된다.

2) 선화증권 형식의 복합운송증권

현재 사용되고 있는 운송서류 가운데 분명히 복합운송증권으로 인정할 수 있는 것의 대부분은 선화증권의 형식으로 된 것이다.

이러한 증권의 대부분은 아래에 예시한 바와 같이 복합운송을 의미하는 말을 그 명칭에 포함하고 있고, 운송계약도 하청운송의 형태를 취하고 있다.

① Combined Transport Bill of Lading

② Multimodal Transport Bill of Lading

③ Intermodal Transport Bill of Lading

④ Through Bill of Lading

3) 기타의 복합운송증권

신용장통일규칙에는 상품의 발송, 수탁 또는 선적이 명시되어 있고 운송인 또는 그 대리인이 발행한 운송서류에 대해 은행은 신용장에 별도의 명시가 없는 한 수리하여야 한다고 규정하고 있다. 여기에서 상품의 발송, 수송, 선적을 명시하는 서류로는 선화증권, 복합운송증권 외에도 케이스별로 다양한 운송서류가 있을 수 있고 표제에 복합운송을 나타내 주는 용어가 없는 모든 운송증권을 의미한다. 그러므로 신용장이 선화증권 및 복합운송증권 이외의 증권을 요구하고 있는 경우에, 그 증권에 대해 구체적으로 명시하고 있지 않을 때에는 운송인이나 그 대리인이 발행한 운송서류만을 지칭한다고 보아야 한다.

3. 통선화증권과 복합운송증권의 비교

표 8-1 통선화증권과 복합운송증권 비교

구분	통선화증권(TBL)	복합운송증권(MTO)
운송계약의 형태	최종목적지까지 전반운송증명으로만 가능	복합운송계약
운송수단의 조합	• 동종운송수단과의 조합 • 이종운송수단과의 조합	이종운송수단과의 조합
운송인의 책임 형태	각 운송인의 분할책임	전구간 단일책임
1차 운송인과 2차 운송인의 관계	2차 운송인에 대한 1차 운송인의 지위는 화주의 단순한 운송대리인에 불과	• 1차 운송인 : 원청운송인 • 2차 운송인 : 하청운송인
증권의 발행인	운송인, 선장 및 이들의 대리인	운송인, 복합운송인, 선장 및 이들의 대리인
증권의 형식	B/L 형식	B/L 이외의 형식도 존재
적재표시	Shipped B/L로써 적재증명	Taking in charge로써 물품수탁증명
UCP500	23조	26조
준거법	Hague/Hague-Visby/Hamburg Rules	UNCTAD/ICC Rules for Multinational Transport Documents

4. 복합운송증권의 법적 성질

전술한 바와 같이 국제상업회의소에서 선화증권과는 다른 새로운 유형의 운송증권인 복합운송증권의 발행가능성을 열어 놓았다. 그런데 복합운송이 해 · 륙 · 공을 연결하는 새로운 운송 형태라고는 하지만, 사실상 복합운송구간 중에서 해상운송이 차지하는 비중이 크기 때문에, 자연히 해상운송인이 복합운송인으로서 전운송구간에 대한 책임을 지고, 그가 발행하는 증권은 해상운송증권의 형태를 취하기 마련이다.

1) 유가증권

선화증권이 유가증권이듯이 복합운송증권도 유가증권의 특성을 갖는다. 즉 복합운송증권은 권리의 이전이나 행사에 증권의 점유가 필수적이며, 증권상의 권리자에게 화물을 인도하면 운송인은 면책이 되며(면책성), 증권의 이전(transfer)으로 증권상의 권리를 양도할 수 있고(양도성), 증권의 제시 또는 상환으로 화물의 인도를 청구할 수 있으며(제시성, 상환성), 증권상의 권리내용이 증권의 문언만으로 정해지고(문언성), 증권의 취득자가 알 수 없는 사유로는 그 권리를 침해받지 않는다(항변절단)는 것 등이다.

2) 권리증권

복합운송증권은 유가증권 중에서도 특히 인도증권으로서, 증권의 인도가 곧 화물의 인도와 동일한 효력을 갖게 한다. 영미법에서는 이것을 권리증권이라 한다.

3) 지시증권

증권에 권리자로 기명되어 있는 특정인 또는 그가 지정하는 자에게 권리의 행사를 인정하는 증권을 의미한다. 이는 기명증권과 소지증권을 절충한 증권으로 배서에 의해 계속적인 양도가 가능하다. 지시증권에도 통상 지시문언(order)이 있지만, 지시문언 없이 특정인으로 지정된 경우에도 배서금지만 없으면 배서에 의해 양도할 수 있다.

지시증권에 의해 권리를 행사하려면 증권의 소지만으로는 불충분하고 연속된 배서에 의해 증권상 권리자로서 정당한 자격을 갖추고 있어야 한다. 지시증권은 증권상의 최초의 권리자가 백지배서를 하면, 이후 소지증권과 같이 유통될 수 있다.

대부분의 복합운송증권은 지시식으로 발행된다. 지시증권에도 'Order of ××× Bank'와 같이 수화인을 지정하여, 수화인 또는 그가 지정하는 사람에게 화물을 인도하도록 발행한 경우와, 수화인을 지정하지 않고 수화인란에 단순히 'Order'로 표시하는 두 가지 방식이 있다.

4) 무기명증권

무기명식 복합운송증권은 배서 없이 양도할 수 있다. 무기명증권에 대해서는 모든 소지인은 정당한 소지인이 되다. 따라서 이를 분실하였을 경우 누구든지 정당한 소지인이 되기 쉽기 때문에 실무상 무기명증권은 거의 사용되지 않는다.

5) 기명증권

기명증권은 증권상에 특정인이 권리자로 명기되어 있고, 원칙적으로 배서금지된 운송증권으로 비유통증권(non-negotiable instrument)이다. 따라서 운송인은 증권에 기재된 특정인에게만 화물을 인도해야 한다. 기명증권의 권리행사를 위해서는 증권을 제시해야 하고, 다른 방법으로 권리를 증명하여 권리를 행사할 수 없는 점이 단순한 자격증권과 다르다.

기명식 복합운송증권도 유가증권의 일종으로 보는 것이 일반적인 견해이다. 이 경우에는 증권상에 기명된 자만 정당한 소지인이 되기 때문에 배서에 의한 양도는 불가능하지만 지명채권양도방법에 의해 양도할 수 있다. 이 기명증권이 비유통복합운송증권과 다른 점은 기명증권은 유가증권이기 때문에 증권과 상환으로만 화물의 인도를 청구할 수 있다는 점이다.

6) 유통증권

유가증권은 수많은 사람 사이에 유통되는 것을 전제로 하고 있으므로 복합운송증권 역시 증권의 배서 · 양도를 통해 화물에 대한 권리가 이전되는 유통증권이다.

우리 상법에서는 선화증권이나 화물상환증은 당연한 유가증권이기 때문에 유통성이 없는 것(배서가 금지된 증권)은 있을 수 있다 하더라도 유가증권이 아닌 것은 없다. 다만 실무적으로 선화증권은 원본 3통이 발행되고 비유통성의 사본이 여러 가지 목적상 발행될 뿐이다.

5. 복합운송서류의 수리 적격성

1) 자동수리요건

복합운송서류가 자동수리되기 위해서는 다음 요건을 갖추어야 한다.

① 운송인 또는 운송인을 대행하는 명칭을 표시하고 있는 그 대리인이 서명하였거나 선장 또는 선장을 대행하는 자가 선화증권상의 그 성명을 기재하고 서명하여야 한다.

② 상품의 발송, 수탁 또는 본선적재 내용을 명기하여야 한다.

③ 선적항, 선적공항 또는 선적지와 다른 신용장의 명시된 수탁지를 표시하고 있고 양륙항, 양륙공항 또는 양륙지와 다른 신용장의 명시된 최종목적지를 표시하고 있더라도 수리할 수 있으며, 선박, 선적항 또는 양륙항과 관련하여 '예정된'이라는 표시 또는 이와 유사한 제한조건이 표시되어 있어도 수리 가능하다.

④ 발급된 원본 모두가 제시되어야 한다.

⑤ 약식운송서류도 수리할 수 있다.

⑥ 용선계약 또는 범선에 선적하였다는 표시가 있어서는 안 된다.

⑦ 신용장의 기타 조건을 충족하여야 한다.

⑧ 신용장상에 환적금지조항이 있어도 동일한 단일 운송서류가 전체 항로를 커

버하면 수리가 가능하다.

2) 수리할 수 없는 복합운송서류

다음 복합운송서류는 신용장상에 특별히 명시하고 있지 않으면 수리할 수 없다.

① 용선계약 복합운송서류

② 범선선적 복합운송서류

6. 복합운송서류와 신용장통일규칙

1) 신용장 기재된 복합운송증권

선화증권 형식의 복합운송서류를 나타내고 있는 명칭으로는 Combined Transport Bill of Lading, Multimodal Transport Bill of Lading, Intermodal Transport Bill of Lading 등이 있다. 이 중 대부분의 복합운송서류는 선화증권 형식인 'Combined Transport Bill of Lading'이 주로 사용되고 있다.

신용장에 기재되어 있는 서류로서 이러한 명칭 중 하나가 사용된 경우 특정의 표제가 있는 서류로서가 아니라 선화증권 형식의 복합운송서류를 지칭하는 것으로 해석해도 지장이 없을 것이다.

운송서류상 복합운송을 나타내는 명칭은 없고 단지 B/L의 명칭으로서 해상운송계약 외에 'Place of receipt' 및 'Place of delivery'란에 기재함으로써 복합운송계약에 사용되는 경우에는 신용장에서 지정수령지로부터 지정도착지까지의 운송에 대한 복합운송을 정하고 있는 한 국제상업회의소에서는 이중목적의 운송서류도 복합운송서류로 간주한다고 확대 해석하고 있다.

① 컨테이너 적재, 트레일러 등 Unitized Cargo의 운송을 증명하는 운송서류는 수리가능한 것으로 한다.

② '송화인의 적재 및 수량확인(shipper's load and count)' 및 '송화인의 신고내용에 따름(said by shipper to contain)'과 같은 조항을 기재하고 있는 운

송서류는 수리될 수 있다. (UCP 600 제26조 b항)

③ Short Form/Blank back transport document(약식 양식/후면공백 선화증권)를 수리가능한 것으로 한다. (UCP 600 제20조 a항 v)

④ 운송서류상에 free in/out charge 등의 사실을 표시하는 문언이 삽입되어 있는 경우 말썽이 자주 발생한다는 점에서 운임 이외의 부가요금이 기재되어 있는 운송서류를 수리가능한 것으로 한다.

⑤ 운송서류는 물품이 갑판에 적재되었거나 또는 될 것이라고 표시해서는 아니 된다. 물품이 갑판에 적재될 수 있다고 명기하고 있는 운송서류상의 조항은 수리될 수 있다. (UCP 600 제26조 a항)

⑥ 복합운송서류에 관하여 별도의 규정을 하였다. (UCP 600 제19조)

2) 복합운송서류의 수리요건

신용장(L/C)에서 운송서류로 복합운송서류를 요구했을 때는 L/C에 별도의 명시가 없을 경우 명칭에 관계없이(운송서류의 실제 성질을 중요시함) Multimodal Transport B/L을 요구했더라도 Combined Transport B/L이라는 표제의 서류가 제시되어도 수리한다.

복합운송서류의 수리요건은 다음과 같다.

첫째, 서류에 운송인 또는 복합운송인의 명칭이 표시되어 있어야 한다. 이는 운송인, 복합운송인 또는 선장을 대리해서 서명하거나 확인하는 대리인도 그가 대행한 당사자 곧 운송인, 복합운송인 또는 선장의 성명과 자격을 복합운송서류에 표시하여야 한다.

둘째, 상품이 발송, 수탁 또는 본선적재되었다는 것을 표시하여야 한다. 이는 L/C에 별도의 명시가 없다면 요구되는 운송서류의 성질에 따라서 또는 신용장에 별도의 명시가 있다면 그 명시에 따라서 발송, 수탁, 본선적재 중 어느 하나를 표시하고 있어야 한다는 것을 의미한다.

셋째, ① 선적항, 선적공항 또는 선적지와 다른 L/C에 명시된 수탁지를 표시하고, 양륙항, 양륙공항 또는 양륙지와 다른 L/C에 명시된 최종도착지를 표시하며,

② 선박, 선적항 또는 양륙항과 관련하여 예정된(intended)이라는 표시가 있는 복합운송서류를 수리할 수 있다.

제 4 절 복합운송경로

복합운송의 주요 경로는 해륙복합운송(해상운송과 육상운송이 결합된 복합운송)과 해공복합운송(해상운송과 항공운송이 결합된 복합운송)으로 구분될 수 있다.

그림 8-1 복합운송 주요 경로

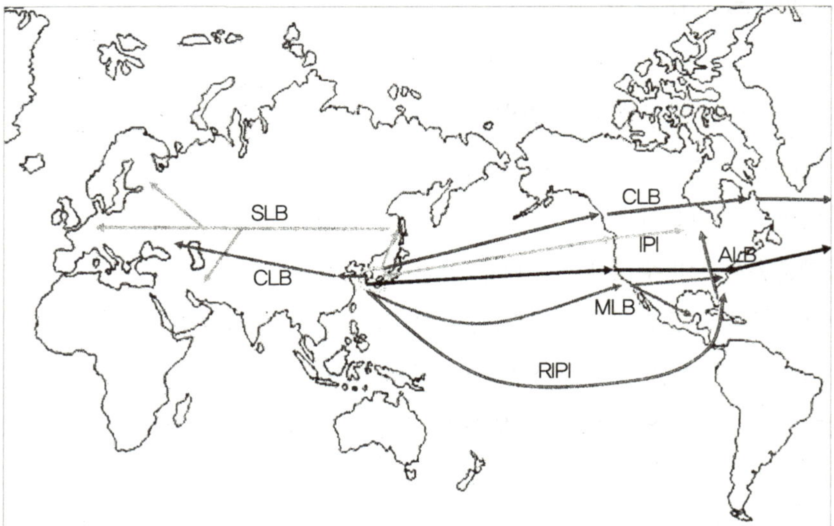

자료 : 전순환, 국제운송물류론, 한올출판사, 2016, p.512.

1. 북미대륙의 국제복합운송경로

북미항로의 운송서비스에는 운송기간을 미국의 항만까지(port to port)로 한정하는 해상운송서비스(water service/open transportation) 및 북미태평양 항만,

Seattle, San Francisco, Los Angeles, Long Beach, Tacoma 등을 경유하여 철도 및 트럭 등의 운송수단으로 내륙까지 운송하는 내륙복합운송서비스(multimodal/intermodal service) 등 두 가지가 있다. 이밖에도 우리나라를 비롯하여 극동에서 북미서해안 항만까지는 해상운송하고 북미대륙의 동해안까지는 철도운송, 동해안에서 다시 해상운송으로 유럽의 항만까지 운송하는 American Land Bridge Service가 있다.

그림 8-2 해륙복합운송방식

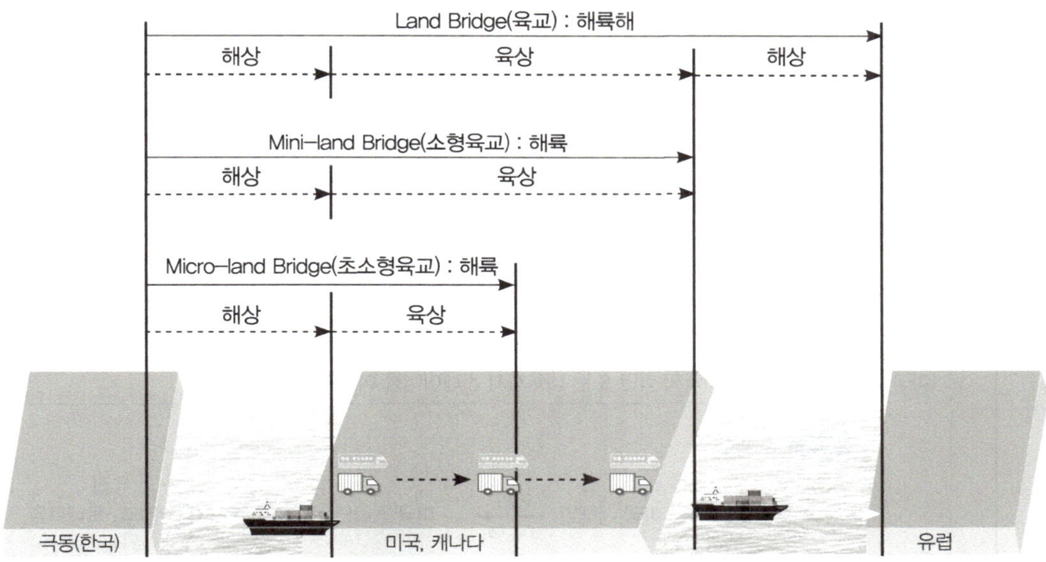

자료 : 이제홍, 수출입기초입문, 도서출판 청람, 2017, p.171.

1) All Water Service

현재 All Water Service를 하는 선박회사는 우리 나라의 한진해운, 외국의 BBS, Evergreen, Maersk, NYK 등이고 극동–파나마–북미동해안 및 걸프해안 항구의 서비스를 하고 있다. All Water Service 공동운항선박회사에는 K–Line, NOL, NYK 등이 있다.

2) American Land Bridge Service(ALB)

미국대륙의 동서 거리는 시차가 세 시간이나 되는 긴 거리이다. 이 긴 미국대륙이 태평양과 대서양을 이어주는 다리(bridge) 역할을 할 때 이것을 Land Bridge라고 한다. 극동에서 시베리아를 거쳐 유럽이나 중동을 이어주는 Siberian Land Bridge(SLB) System에서 시베리아를 하나의 다리(land bridge)로 보는 것

그림 8-3 **북미대륙 복합운송 1(ALB)**

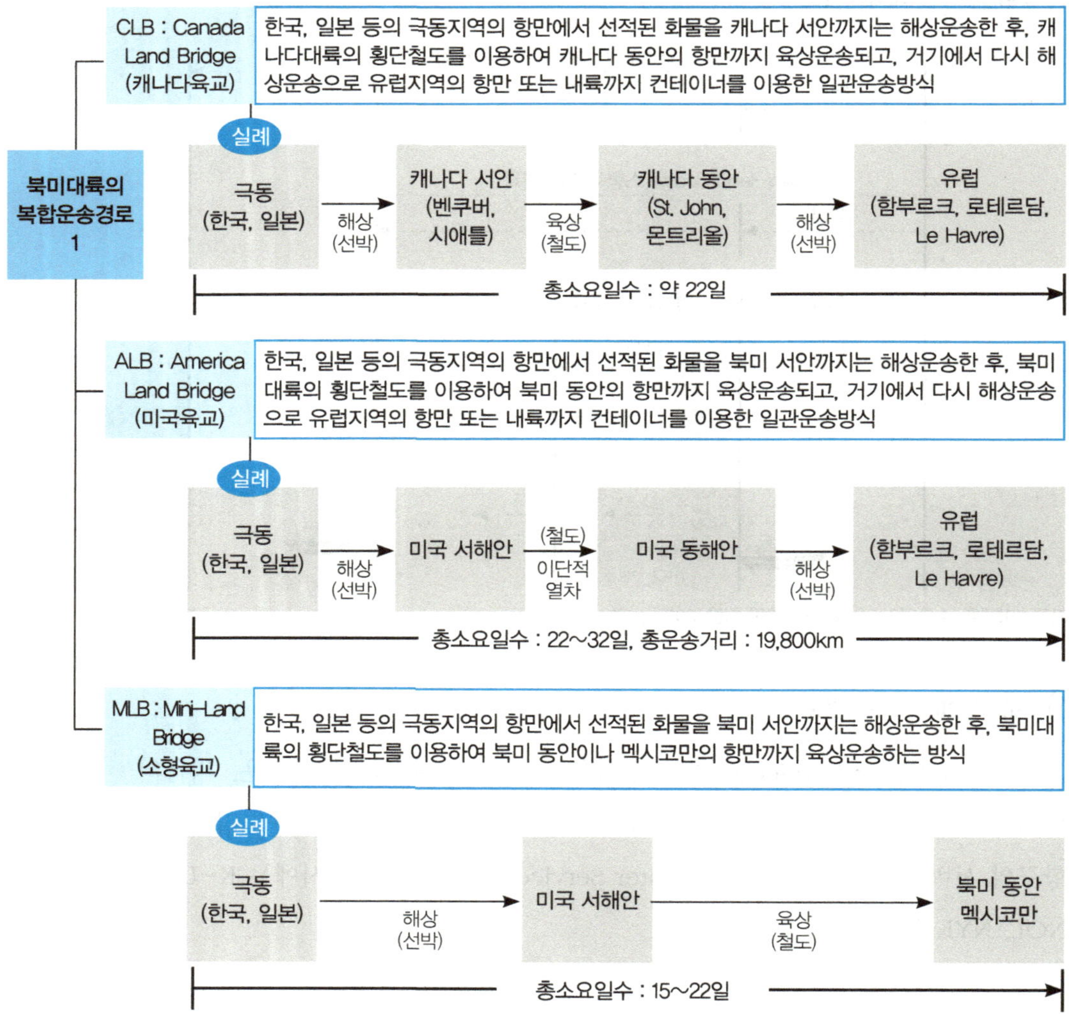

자료 : 이제홍, 수출입기초입문, 도서출판 청람, 2017, p.172.

그림 8-4 북미대륙 복합운송 2(ALB)

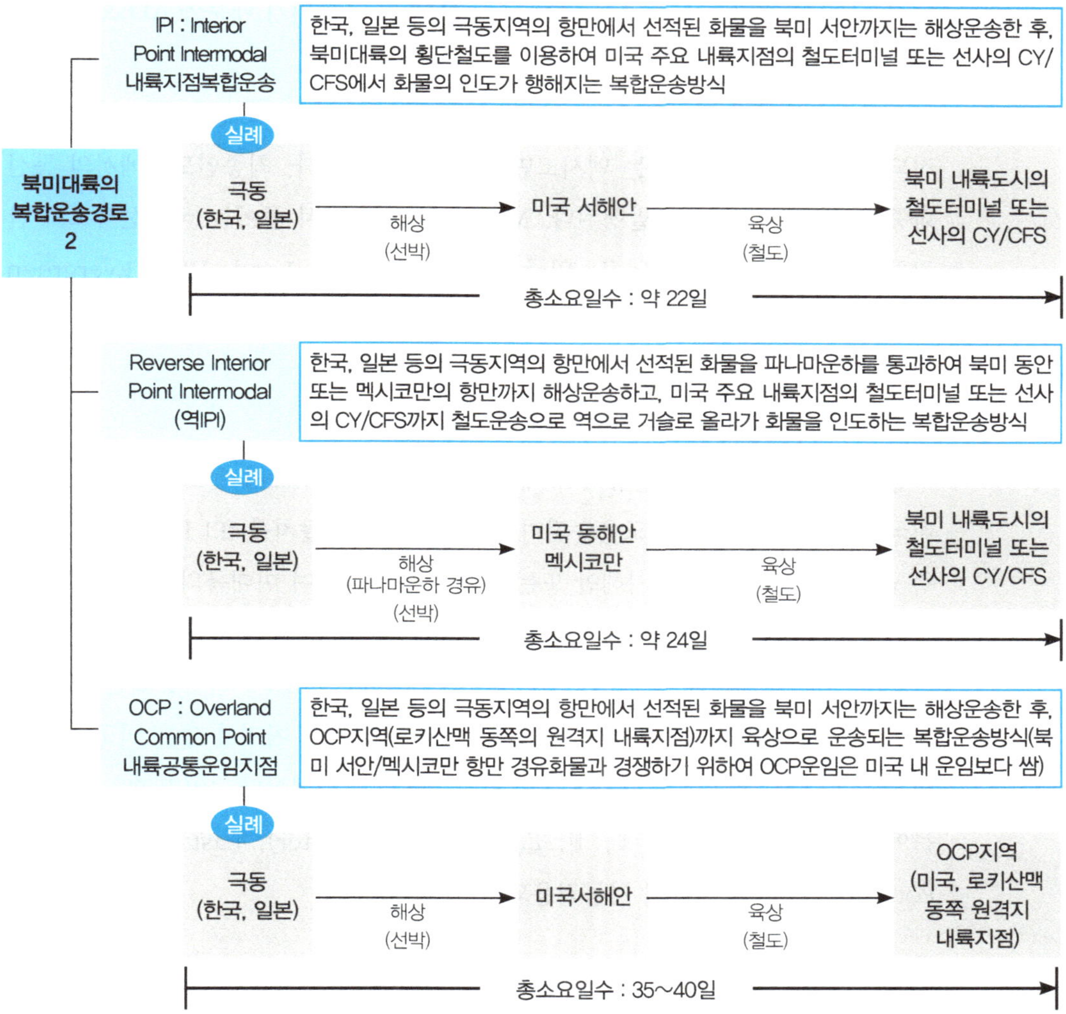

자료 : 이제홍, 수출입기초입문, 도서출판 청람, 2017, p.173.

과 같은 것이다. 미국대륙이 극동과 유럽을 이어주는 운송시스템에서 다리 역할을 한다는 개념에서 American Land Bridge라고 부른다.

3) Mini Land Bridge(MLB)

MLB의 운송경로는 극동에서 미국서해안 항구까지는 선박으로 해상운송하고 거기에서 철도로 미국동해안 항만(NY, Baltimore, Charleston 등)까지 또는 미국걸프해안만(Galveston, New Orleans 등)까지 운송되기 때문에 ALB보다 운송거리가 짧다.

한국으로부터의 경로는 북미서해안까지 해상운송되고 그 항구에서 철도에 환적되어 북미의 동해안 또는 멕시코만까지 일관운송된다. 최종인도지에서의 통선화증권(through B/L)이 발행된다. MLB서비스선박회사 중에는 국내선사로서 한진해운, 현대해운 등이 있고, 외국선사는 APL, Sea-Land, BBS, Evergreen Line, Maersk 등이 있다.

4) Interior Point International(IPI)

한국에서 북미의 서해안항까지 해상운송되고 그 항구에서 철도에 환적된 다음 미국의 주요 도시까지 철도운송되며, 주요 도시의 배달처를 IPI Point라고 한다. 즉 극동으로부터 미국의 서해안 또는 동해안을 경유하여 미대륙의 주요 도시까지 선사가 일관운송해 주는 서비스이다.

IPI는 Micro Bridge Service(MBS)라고도 부른다. MLB가 미국동해안 및 걸프만 항만까지 운송서비스를 하는 데 비하여 IPI는 이보다 거리가 짧은 미국의 동부 및 중서부내륙 주요 공업지역까지만 서비스하는 시스템이다. IPI지역은 넓기 때문에 해운동맹은 IPI Ⅰ, Ⅱ, Ⅲ, East Coast(All Water), East Coast & Gulf Port(MLB) 등으로 나누어 차등적용되고 있다.

5) Reverse IPI

IPI는 극동으로부터 북미서해안 항구까지 선박으로 해상운송하고 거기에서 철도에 환적하여 IPI지역까지 운송되고 있는 것이 일반적인 서비스 형태인 데 비해 Reverse IPI는 극동에서 북미동해안 항구까지 All Water Service를 제공하고 있는 선사들이 극동에서 파나마운하를 경유하여 북미동해안 또는 걸프해안(멕시코만) 항구까지 해상운송하고 거기에서 철도에 환적하여 IPI 운송경로를 역으로 올라가는 내륙운송서비스를 제공하는 방식이다. 기타의 조건은 앞에서 설명한 IPI와 같다.

예컨대, 우리나라 수출업자가 애틀랜타에 있는 수입업자에게 수출업자품을 발송하는 경우 애틀랜타와 가까이에 있는 미대서양 남해안의 항구인 사바나까지 All Water Service경로로 해상운송하고 거기에서 철도에 환적하여 역방향으로 거슬러 올라가 애틀랜타에 있는 수입업자에게 인도하면 운송시일은 IPI Service보다 더 걸리지만 운임 면에서는 크게 절약된다. 애틀랜타행 화물은 IPI로 운송하면 약 20일이 소요되고, 사바나를 경유 Reverse IPI로 운송하면 약 26일이 걸린다.

6) Overland Common Point(OCP)

미국대륙에서 공동운임을 과징하는 지역을 말한다. 로키산맥 동쪽의 멀리 떨어진 여러 지역(North Dakota, South Dakota, Nebraska, Colorado, New Mexico 등)에서 해상/철도복합운송화물의 해상운임을 대서양 및 걸프지역 경유 화물의 운임과 경쟁할 수 있도록 인하해 주는 특별할인운임이다. 이 지역은 OCP Area(territory)라고 부른다.

우리나라 수출업자들이 OCP지역에 대하여 관심을 갖고 있는 것은 이 지역으로 가는 OCP화물(cargo)이 OCP Rate라는 할인운임의 혜택을 받고 있기 때문이다. OCP Area는 지리적으로 미국 태평양해안을 경유할 수 있고 미국 대서양 걸프만을 경유하는 운송경로를 이용할 수 있는 위치에 있다. 따라서 태평양해안 서비스를 제공하는 선사들이 화물을 유치하기 위하여 할인운임과 OCP Rate를 적용하고 있다. OCP서비스를 이용하려는 경우 B/L 이면에 OCP목적지, 운송수단(철도, 트럭, 항공), OCP운송인을 명시하여야 한다.

2. SLB에 의한 국제복합운송경로

시베리아(siberia) 땅을 다리(land bridge)로 하여 즉, 시베리아철도를 경유하여 한국, 일본, 극동, 동남아, 호주 등과 유럽대륙, 스칸디나비아반도를 복합운송 형태로 연결하는 해륙 또는 해륙해의 복합운송 형태를 Siberian Land Bridge(SLB)라고 부른다.

한국, 일본, 대만, 홍콩, 호주 등은 그 나라의 수출업자품을 SLB서비스를 이용하여 유럽 및 중동으로 운송하고 있다. SLB복합운송구간 중 가장 긴 운송구간은 철도(rail)이므로 이것을 Trans Siberian Railway(TRS) Service라고 부르고 컨테이너에 의한 복합운송의 정식명칭으로는 Trans Siberian Container Service(TSCS)라고 한다.

그림 8-5 시베리아 랜드브리지(SLB)

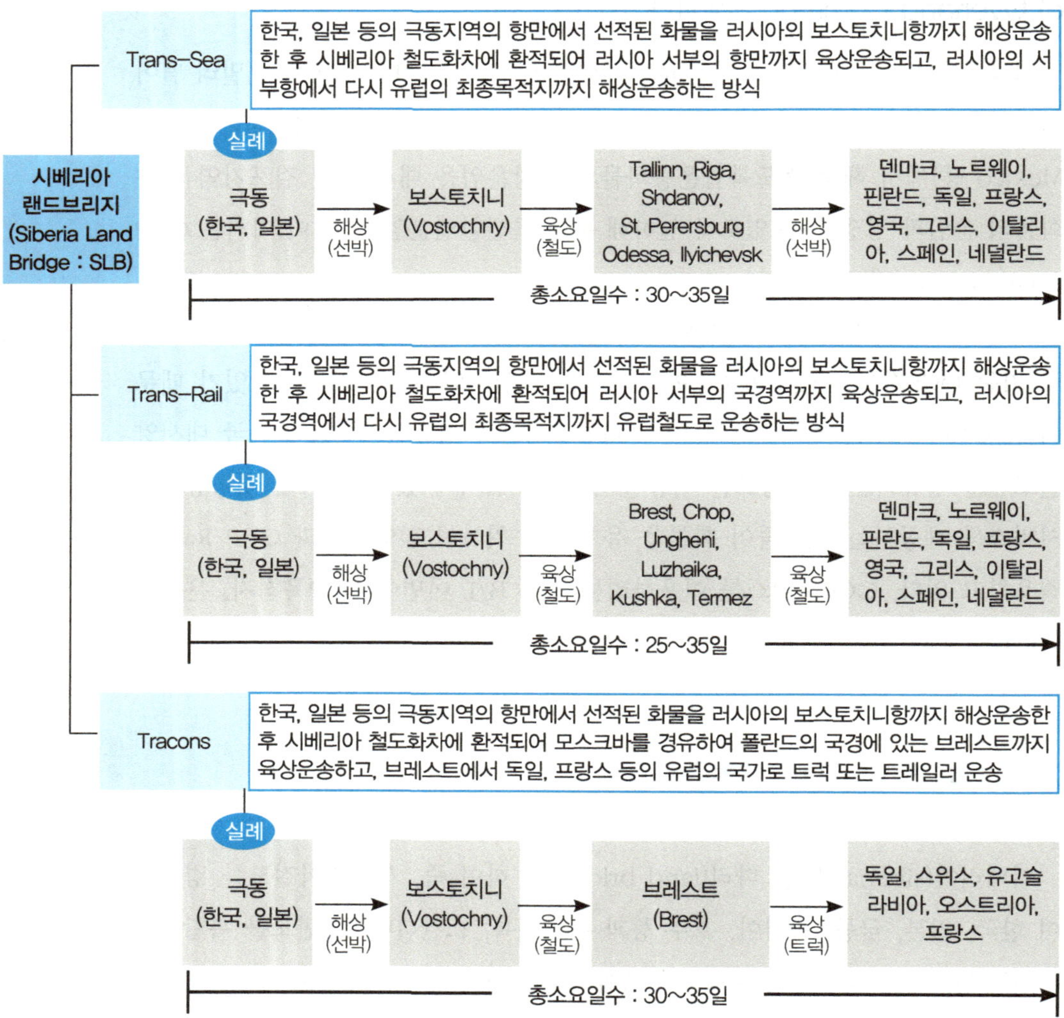

자료 : 이제홍, 수출입기초입문, 도서출판 청람, 2017, p.174.

TSCS서비스는 각 운송수단의 운송수단에 따라 시베리아철도를 이용하는 Trans-Rail, Trans-Sea방식, Tracons방식과 철도 대신 항공기로 시베리아를 횡단하는 Sea & Air 복합운송방식 등 네 가지가 있다.

3. 중국대륙의 국제복합운송경로

중국대륙을 다리(land bridge)로 하여, 즉 중국대륙을 횡단하여 유럽까지 화물을 운송할 수 있는 중국횡단철도(trans chinese rail : TCR)가 1992년 12월 1일부터 개통되었다. TCR은 러시아의 Vostochny를 통하여 북유럽으로 가는 시베리아횡단철도(TSR)보다 2,000㎞, 해상운송로보다는 9,000㎞가량 거리가 짧아지고 운송기간도 1주일 정도 줄일 수 있다. 이 TCR을 이용하여 유럽행 화물을 운송하는 경우 운송비를 15~20% 정도 절감시킬 수 있다.

부산에서 로테르담까지 해상운송거리가 10,370㎞인데 이 TCR을 이용하면 해상운송거리보다 9,420㎞ 정도로 짧아지게 된다. 운송경로를 보면 인천 또는 부산에서 중국의 연운까지 해상운송하고 거기에서 중국횡단철도(TCR)에 환적되어 북유럽과 중동지역으로 해륙복합운송된다.

그림 8-6 중국랜드브리지(CLB)

China Land Bridge (중국육교)	한국, 일본 등의 극동지역의 항만에서 선적된 화물을 중국 동해안까지는 컨테이너선으로 해상운송하고, 중국대륙철도와 실크로드(silk road)를 이용하여 유럽대륙까지 육상운송되는 컨테이너를 이용한 일관운송방식

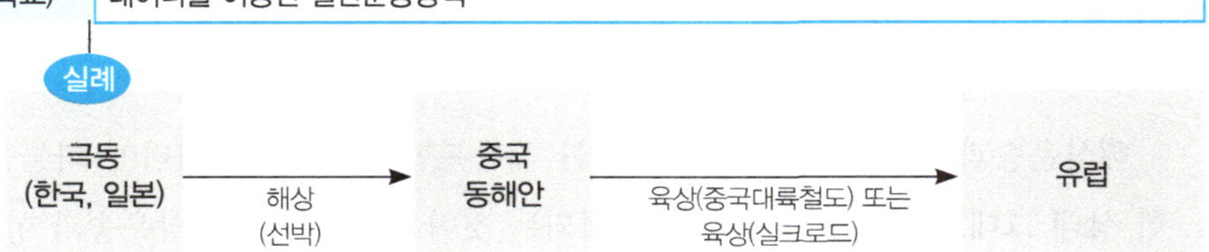

자료 : 이제홍, 수출입기초입문, 도서출판 청람, 2017, p.175.

제5절 Sea & Air 복합운송

1. Sea & Air 복합운송의 발전

Sea & Air 복합운송이란 해상운송의 저렴성과 항공운송의 신속성이라는 장점을 결합한 방식으로 해상운송에 항공운송을 결합한 복합운송방식이다. 일반적으로 항공운송보다는 급하지 않고 해상운송보다는 급한 운송에 이용되는 운송 형태이다.

Sea & Air 복합운송은 출발지로부터 중계지까지는 해상운송되고 거기에서 최종목적지까지는 항공기로 운송되는 복합운송 형태로서 국제시장에서 수출경쟁이 차별화되어 수출업자 수출제품의 국제경쟁력 강화를 위하여 Sea & Air 복합운송이 발전되었다.

미국대륙 OCP Area행 화물에 대하여 선사들이 제공한 OCP Sea & Air 복합운송서비스가 최초의 Sea & Air 복합운송 형태였다. 최초에는 한국, 일본을 비롯한 극동지역으로부터 OCP화물이 북미서해안 항구에 도착한 후 북미내륙 OCP Area로 항공운송되는 형태를 취하였으나 최근에는 최종목적지가 OCP지역 이외에 미국과 캐나다 내륙지역 그리고 더 멀리 유럽지역까지 확대 발전되고 있다.

2. Sea & Air 복합운송의 적격화물 및 그 유용성

1) Sea & Air 복합운송의 적격화물

해상운송과 육상운송의 결합에 의한 해륙복합운송은 컨테이너에 화물을 적입한 상태 그대로 다른 운송기관에 환적되는 것이 원칙이지만 해상운송과 항공운송을 조합한 Sea & Air 복합운송은 해상운송 중에는 무거운 해상운송컨테이너를 사용하고 항공운송 중에는 가벼운 항공운송용 컨테이너 및 팰릿을 사용한다. 따라서 Sea & Air 복합운송 중에는 중계지에서 해상운송컨테이너에서 화물을 끄집어내어 항공운송용 컨테이너에 환적되어 운송된다. 따라서 해상운송용 컨테이너에 적입될 수 있는 화물이 Sea & Air 복합운송의 적격화물이 된다.

해상운송컨테이너의 최적상품은 값이 비싸고 또한 해상운임이 비싼 공산품, 즉 전자제품, 피복류, 시계, 의약품 등이다. 종래에는 고가품이 Sea & Air 복합운송서비스를 이용하였으나, 최근에는 컴퓨터, 전기 · 전자제품, 기계부품, 섬유제품, OA기기, 과학기기, 의료기기 등이 Sea & Air 복합운송서비스를 이용하고 있다.

2) Sea & Air 복합운송의 유용성

(1) 적정재고의 조절

유럽 현지에서 해상운송, Sea & Air 복합운송 및 항공운송의 운송기간 차이를 상품의 그때그때의 매출상황에 따라 적정재고량을 조절하는 데 이용하고 있다. 재고관리상 이 세 가지의 운송 형태별, 운송일수의 기준을 해상운송은 42일, Sea & Air 복합운송은 14일, 항공운송은 7일로 정하고 있다.

우리나라 수출업자들은 신제품을 유럽지역으로 수출하는 경우 처음 2~3회 정도는 항공편으로 운송하고 판매상황을 보면서 그 다음에 Sea & Air 복합운송서비스를 이용한다. 유럽지역에서는 판매가 잘되어 재고량이 빨라 감소할 때에는 Sea & Air 복합운송이나 항공운송으로 재고량을 조절하고 판매가 부진하여 재고량이 증가할 때에는 운송기간이 긴 해상운송서비스를 이용하고 있다.

(2) 적기선적의 운송수단

화물이 컨테이너화물로 적합하느냐에 관계없이 생산계획의 차질 등 여러 가지의 이유로 계약서에 명시된 선적기한에서 선적할 수 없는 화물이나 외국수입업자가 요구하는 도착예정일을 지키기 어려운 화물은 항공운송보다 운임이 싸고 해상운송보다 빠른 Sea & Air 복합운송을 이용할 수밖에 없다. 따라서 무역회사의 물적 유통관리에 있어서 JIT(just in time)의 융통성이 증가되었다.

(3) 운송기회 및 시설부족지역의 운송수단

해상운송서비스의 빈도가 적고 해상운송을 통하여 화물을 보내는 것이 불안한 지역 또는 국가(West Indies, Africa, Latin America 등)의 화물 등은 Sea & Air 복합운송서비스를 이용한다. 항만시설이 빈약하거나 Port Congestion(항구정체화물)이 심한 베네수엘라, 아이슬란드, 아프리카 항구 등과 같은 지역으로 운송하는 경우 Sea & Air 형태가 유리하다.

(4) 내륙국가로의 운송수단

4면이 육지로 둘러싸여 있는 내륙국가로서 이웃 나라의 항구를 이용하여 화물을 수입하는 잠비아, 나이지리아, 볼리비아나 오스트리아 등으로 화물을 이용하는 경우 Sea & Air서비스가 유리하다.

(5) 기타의 유용성

해상운송과정에서 운송화물의 파손이나 도난의 위험성이 많은 중남미 제국 및 아프리카지역으로의 해상운송의 대체운송으로써 Sea & Air 복합운송서비스가 이용된다.

수출금융의 융자를 받은 고가의 수출품은 운송기간을 단축시킴으로써 화주인 수출업자는 은행이자의 부담을 감소시킬 수 있다.

해외시장에서 소비자의 기호 또는 디자인 등이 자주 바뀌는 유행성 화물은 신속하게 운송하는 Sea & Air 복합운송서비스가 이용된다.

3. Sea & Air 복합운송업자

1) Carrier형

항공회사가 자기 회사소속 항공기가 취항하는 노선을 기초로 하여 경로(route)를 설정하고, 해상운송구간은 선박회사들과 일정한 해상운송계약을 체결하고 중계지(환적지점, transfer point)로부터 최종목적지인 주요 내륙도시까지는 자기회사소속 항공기를 이용하는 Sea & Air 복합서비스를 Carrier형 서비스라 한다.

Carrier형 서비스를 제공하는 항공회사는 자기회사의 항공운임에 해상운임을 가산한 전구간 일관운송운임을 정한다. Sea & Air 복합운송용 화물은 항공회사가 대리점을 통하여 집화한다. 대리점에는 IATA대리점과 Non-IATA대리점이 있다.

송화인(화주)에 대한 운송증권의 예약(booking) 등은 항공회사의 특정대리점이 행한다. Carrier형 항공회사는 항공운송구간만을 커버하는 항공화물운송장(air waybill)을 발행하는데 해상운송에 대해서는 Air Waybill(A or B) 면에 'Conjunction Clause'(해상 · 항공연계조항)을 삽입함으로써 해상운송과 항공운송을 일관하여 인수하였음을 증명하고 계약과 책임을 명확하게 한다. 운임은 항공부분과 해상부분으로 나누어서 기재하는 것이 일반적이다.

Carrier형 복합운송은 중계지점으로부터 최종목적지까지를 자기 회사소속 항공기만 이용하는 서비스 형태이기 때문에 복합운송서비스지역이 자기 회사노선이 있는 지역으로 한정되는 것이 단점이다.

2) Forwarder형

복합운송인으로서 자기의 운송수단(선박, 항공기)을 보유하고 있지 않은 포워더(forwarder)가 해상운송인(선사) 및 항공운송인(항공회사)과의 일정한 운송계약에 따라 일관운송의 책임을 인수하는 서비스를 Forwarder형 서비스라 한다.

포워더는 Sea & Air 복합운송경로(route)를 설정하고 이 경로를 통하여 화물을 운송하려는 화주를 모집한다. 송화인(화주)은 운송하려는 화물이 발생한 경우 운송비용, 긴급도 및 그 화물의 용도, 운송목적, 화물의 성질, 가격, 수량 등에 의하여 그 운송방법을 결정한다. 먼저 해상운송, 항공운송, Sea & Air 복합운송 중 어느 것으로 할 것인가를 결정하고 Sea & Air 복합운송을 최적운송으로 결정하면 그 화물의 최종목적지까지 가장 싸게 그리고 빠르게 운송하는 Sea & Air 복합운송경로를 취급하는 포워더와 운송계약을 체결한다.

Forwarder형은 확실한 화물의 취급, 정확한 운송소요일수, 운송정보 등을 화주에게 제공하고 있다는 점에서 Sea & Air 복합운송의 발전에 크게 기여하고 있다.

3) Space Broker형

Space Broker는 선사와 항공사의 일정한 스페이스를 연간계약으로 확보하고 양쪽의 운임에 자기의 서비스비용을 가산하여 통운임(through freight)을 정한다. Forwarder형과는 그 서비스 내용이 같지만 판매방법, 즉 고객(화물)의 유치방법에 있어서는 크게 다르다. Space Broker형은 Forwarder형처럼 직접 화주에 판매하지 않고 주로 포워더에게 도매를 하는 점이 특징이다. 따라서 브로커(broker)가 운송증권(combined transport document, through B/L)을 발행하지 않고 브로커로부터 Sea & Air 복합운송서비스를 매입한 포워더가 발행한다.

4. Sea & Air 복합운송경로[01]

1) 유럽행 Sea & Air 복합운송경로

유럽행 Sea & Air 복합운송의 경로를 중계지(경유지)별로 분류하면 다음 네 가지가 있다. 유럽행 Sea & Air 복합운송경로 중에서 가장 많이 이용되고 있다. 중계지점으로 밴쿠버, 시애틀, 로스앤젤레스 등을 이용하고 있으나 그 중 상당부분이 토론토, 몬트리올 또는 시카고까지 트럭이나 철도화차 편으로 재운송되어 그곳에서 유럽 각지로 항공운송되고 있다.[02]

01 전창원, 무역운송실무, 일신사, 1993, pp.719-721.

02 차중곤, 신운송물류론, 보명BOOKS, 2008.

그림 8-7 해 · 공복합운송

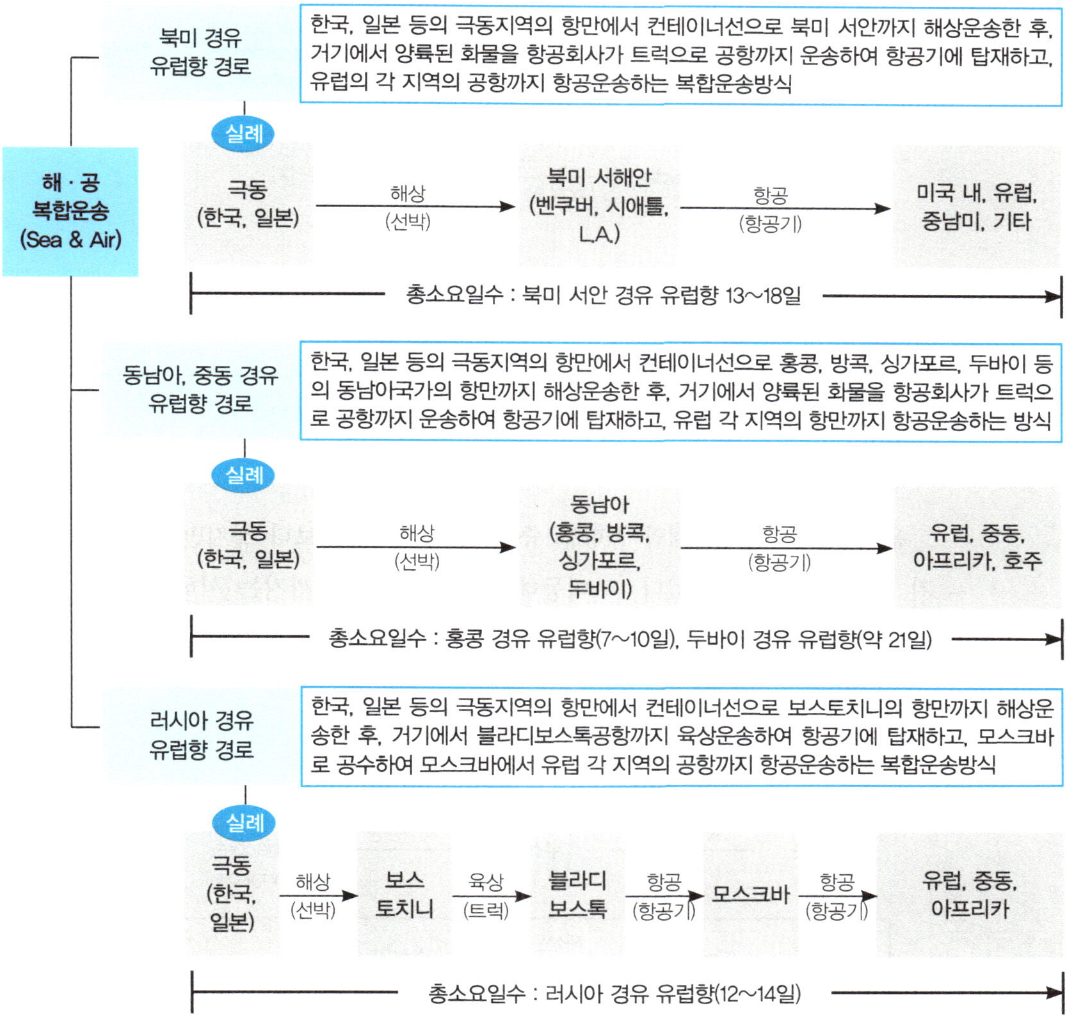

자료 : 이제홍, 수출입기초입문, 도서출판 청람, 2017, p.176.

(1) 북미서해안 공항중계지

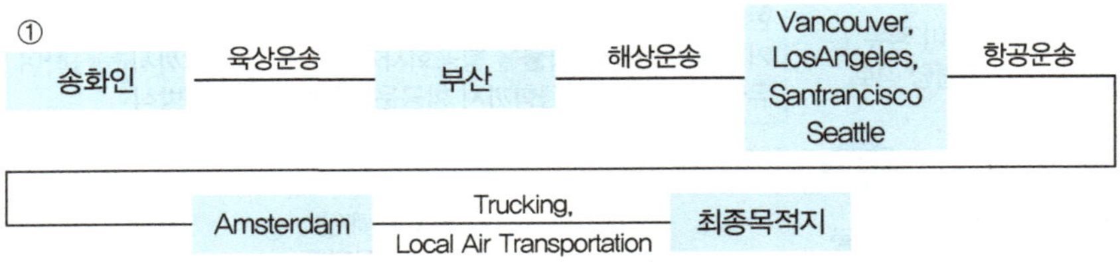

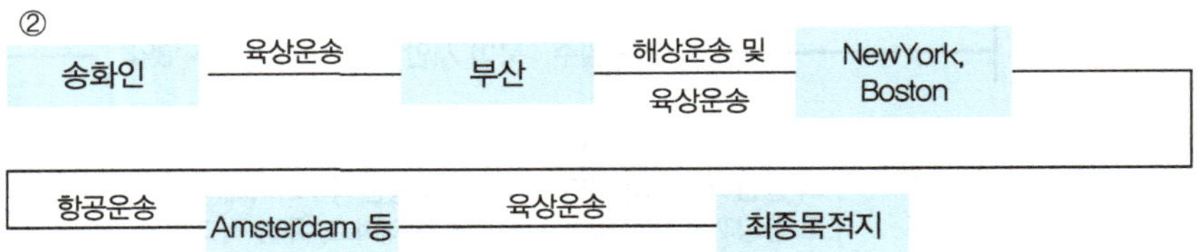

운송일수는 북미서해안 공항을 중계지로 하는 경우보다 길지만 항공운임이 싸기 때문에 이용되고 있다. 북미동해안, 중서부, 남부까지는 서해안에서 양륙된 화물을 트럭이나 철도화차로 운송한다.

(2) 동남아 공항중계지

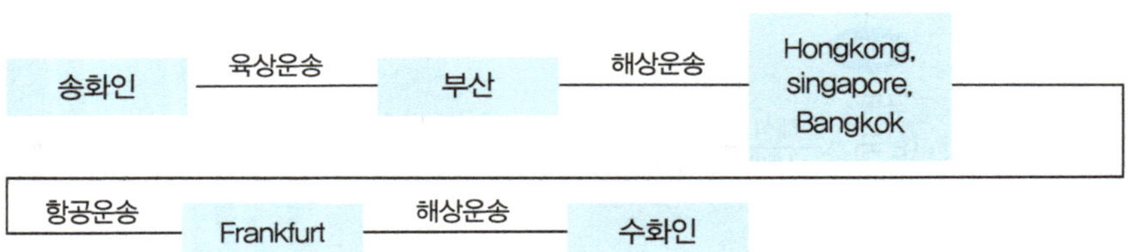

Sea & Air운송 중에서 비교적 새롭게 1980년대에 개발된 운송루트로써 북미경유와 시베리아 경유의 Sea & Air가 항공사 주도로 개발된 것에 반해 Air freight Forwarder와 Space Broker에 의해서 발전해 온 것이 특징이다. 홍콩, 방콕, 싱가포르 등의 공항을 중계지로 하여 유럽 각 지역으로 운송된다. 홍콩 경유는 7~10일 정도로 짧다. 네덜란드의 Martinair항공사에 의한 일관운송서비스가 활발하다.

(3) 중동 중계지

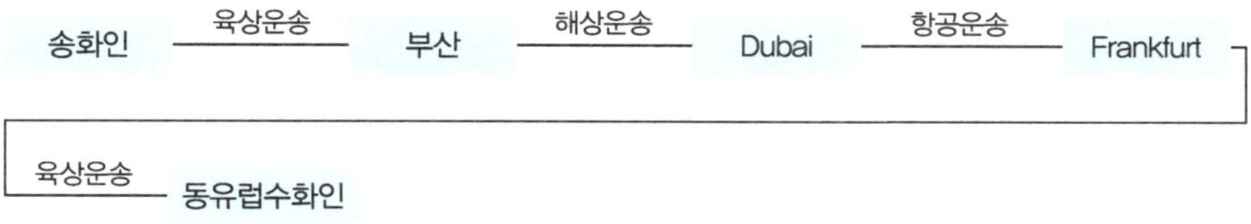

아랍에미리트공화국의 Dubai를 중계지로 하는 유럽형 복합운송경로이고, Sea & Air 복합운송경로 중 운송기간이 가장 길지만 운임이 가장 저렴하다. 한국과 일본에서는 운송일수(12~21일)가 너무 길어 이용도가 낮지만, 홍콩, 대만에서는 많이 이용하고 있다.

(4) 러시아 중계지

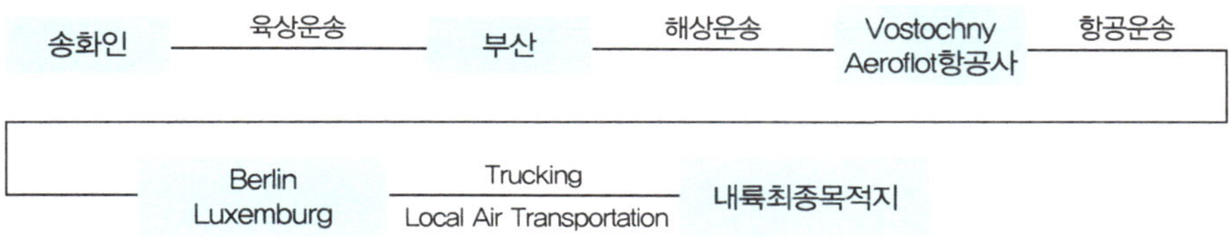

러시아 극동의 보스로치니까지는 해상운송하고 거기에서부터 블라디보스톡까지는 트럭으로 운송된 다음 유럽의 베를린 또는 룩셈부르크까지 항공운송되는데 운송주체는 러시아의 Aeroflot항공회사이다. 기타 러시아를 중계지로 하는 경로는 TSR수송방식별 수송수단과 루트에서 설명한 바와 같다.

2) 중남미행 Sea & Air 복합운송경로

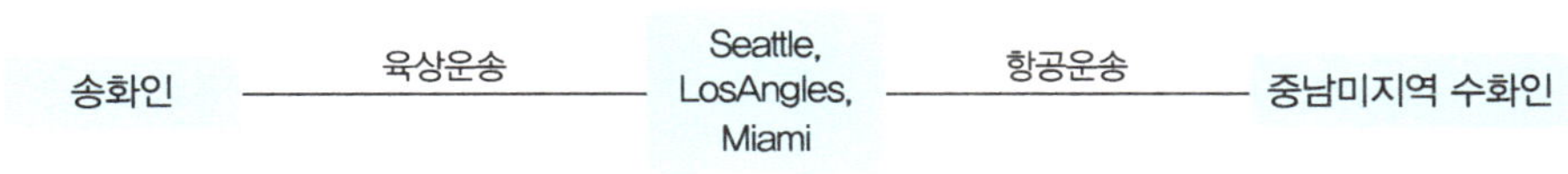

북미서해안 시애틀, 로스앤젤레스 및 마이애미를 중계지점으로 중남미제국으로 가는 경로이다.

3) 아프리카행 Sea & Air 복합운송경로

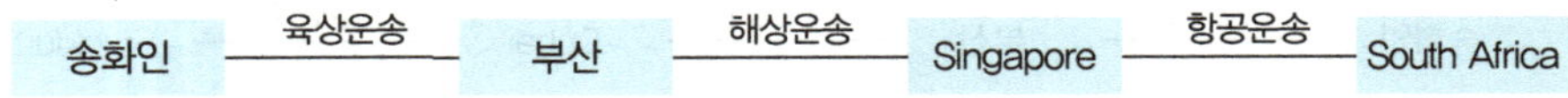

4) 중근동행 Sea & Air 복합운송경로

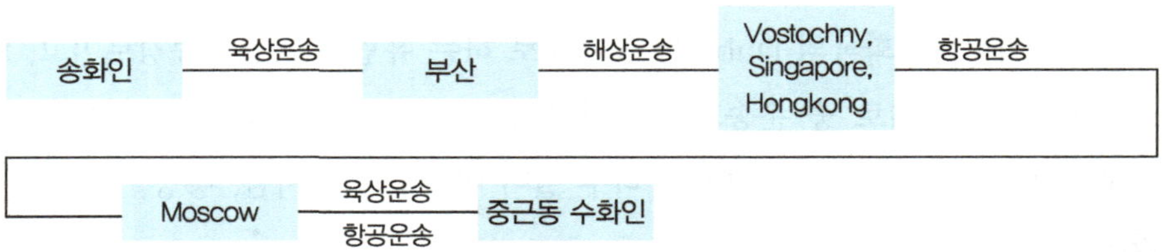

5) 동남아, 오세아니아행 Sea & Air 복합운송경로

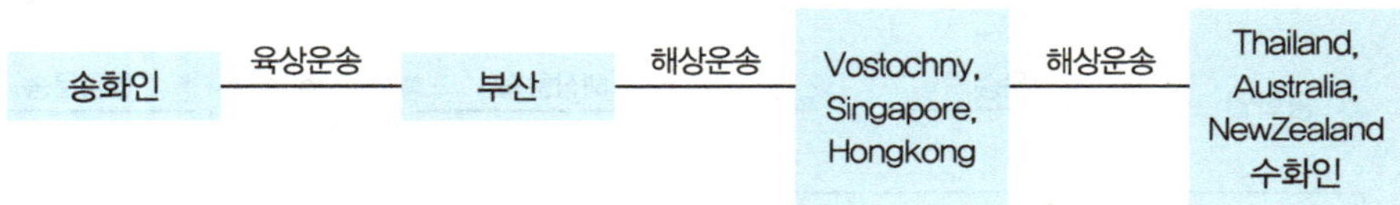

Chapter 09

국제택배

제 1 절 국제택배운송

1. 택배운송의 정의

택배는 "소형 · 소량의 운송물을 고객의 주택, 사무실 또는 기타의 장소에서 수탁하여 수화인의 주택, 사무실, 또는 기타의 장소까지 운송하여 인도하는 것[01]"으로, 일본에서는 택배편(宅配便), 미국에서는 Small Parcel Service, Small Package Door to Door Service로 불리며, 우리나라에서는 소화물수송업, 특송업, 문전배달업, 퀵서비스 등 다양하게 불리고 있다. 여기서 퀵서비스란 명칭은 현재 이륜차를 이용한 택배회사들의 상호로 쓰이는 경우가 많으므로 택배 전반을 지칭하는 말로 쓰기엔 문제가 있다고 판단된다.

택배의 사전적 의미로는 "개인이나 기업으로부터 짐 · 서류 따위의 운송을 의뢰받아 지정된 장소까지 직접 배달하는 일[02]"로 정의하고 있다.

2. 택배의 범위

화물자동차운수사업법에서는 "30kg 이하, 1.5cm 이내(가로+세로+높이의 합이 160cm 이내, 단 최장변의 길이가 100cm 이내)의 소형화물을 송화인의 문전에서 인수하여 수화인의 문전까지 운송업자의 일관된 책임하에 배달해 주는 운송서비스[03]"라고 정의하였다. 그 후 자동차운송사업법이 여객과 화물로 분리되어, 화물부분이 화물자동차운수사업법으로 개정되었고, 이 과정에서 택배업에 관한 규정이 삭제되면서, 소화물에 관한 규제가 완화되었다.

일반적으로 30kg이라고 인식되는 중량제한은 1인이 취급가능한 중량을 택배업체 임의로 정하는 기준이며, 일본의 야마토나 일본통운 등은 20kg으로 제한하

01 공정거래위원회, 택배표준약관 제1장 총칙 제2조 1항
02 naver 국어사전, krdic.naver.com
03 이우승, 서울시 택배제도 개선방안 연구, 서울시정개발연구원, 2001.

고 있으나 미국의 UPS나 FEDEX는 70kg까지 허용하고 있다. 또한 규격을 초과하는 품목에 대해서는 업체별로 새로운 시스템을 개발하여 서비스하고 있는 실정이다. 이로 볼 때, 중량이나 크기로 택배를 정의함은 사실상 크게 의미가 없다.

현행법에는 화물자동차운송사업의 종류를 크게 세 가지로 구분하고 있는데, 택배업은 용달화물자동차운수사업에 포함되어 "소형의 화물자동차를 사용하여 화물을 운송하는 사업"[04]으로 정의되고 있다. 이와 같은 규제완화로 택배회사들은 도보에서 차량에 이르는 다양한 운송수단으로, 서류부터 가전제품까지 여러 규격의 화물을 취급하고 있다.

제2절 택배서비스 특징

1. 택배서비스의 특징

택배서비스는 소비자 측면과 운영 면에서 여타 다른 운송서비스와는 다른 특징을 가지고 있다.

1) 소비자 측면

소비자 측면에서의 택배서비스의 특징은 다음과 같다.

첫째, 일반적으로 화물 하나의 중량이 30kg, 가로+세로+높이의 합이 160cm 이내의 소형 · 소량화물을 위한 수송체계이다.

둘째, 기존의 화물수송은 집화에서 배달까지 복잡한 운송과정을 거치지만 택배의 경우는 운송장 하나에 의거하여 문전에서 문전까지의 포괄적인 서비스를 제공한다. 또한 직접 송화인에게서 받아서 수화인에게 직접 전달하므로, 물건의 분실 및 잘못 전달하는 가능성을 줄일 수 있다.

셋째, 전화나 인터넷을 통하여 언제 어디서나 서비스를 받을 수 있다는 고도의

04 건설교통부, '화물자동차운수사업법시행령', 제3조 3항, 2003.

편리성을 가지고 있다.

넷째, 24시간 전국 어디에나 배달이 가능하고, 전자상거래의 성장에 맞추어 당일배송, 수 시간 내 배달이 가능하여 타운송서비스와 비교해 볼 때 배달의 신속성이 탁월하다.

다섯째, 생산자에서 소비자까지 상품을 직접 배달함으로써 전체 물류비를 줄일 수 있고, 이에 따라 서비스요금이 저렴하다.

2) 운영서비스 측면

운영 면에서의 특징은 다음 두 가지로 크게 구분된다.

첫째, 화물추적시스템의 도입으로 송화인이 실시간으로 접수받은 시간과 장소로부터, 배달을 완료하고 배달등록을 하는 시간과 장소까지 모든 취급과정을 확인할 수 있게 하여 고객이 신뢰할 수 있는 정확한 서비스를 제공한다.

둘째, 간선수송과 지선수송을 연계시키는 소화물 일관수송을 소형차량을 이용하여 도시 내 권역별로 공동 집 · 배송에 적합한 수송체계이다. 이로 인하여 공동

표 9-1 기존운송체제와 택배서비스의 비교

기존의 운송체제	택배서비스의 운송체제
① 집화체제의 미비 : 원거리 집화지까지 송화인이 직접 운송 ② 포장체제의 미비 : 송화인이 직접 포장 ③ 운송수단 간 연계성이 없이 독자운송 : 비효율적 운행 ④ 적기운송체제의 미비 ⑤ 일관책임운송체제의 미확립 : 분실, 파손 등의 손해배상제도의 미흡 ⑥ 운송장 및 운임체제의 미확립 : 공식운송장이 없으며 공인된 운임체제가 적용되지 않고 있음 ⑦ 보관서비스의 미비 : 보관의 미비에 따른 책임보상이 없음 ⑧ 문전배달서비스체제의 미비 : 수화인이 개별적으로 인수배달서비스의 부가 시 별도운임 과중	① 집화체제의 확립 취급소의 설치 : 송화인이 직접 접수, 전화의뢰에 의한 영업소의 출장 접수 ② 취급소에서 규격화된 포장서비스, 계약서비스 수행 ③ 영업소와 터미널 간 집화는 운송인의 집화차량에 의함 : 소형차에 의한 운송 ④ 운송인의 대형트럭, 항공기 등으로 대량간선 운송 : 적기운송체제의 확립, 원가의 저렴 ⑤ 공식운송장 및 균일요금체제의 확립 ⑥ 전운송구간 일관운송책임 부담 : 운송약관의 적용 ⑦ 영업소별 분류 ⑧ 배송차량 적재 : 소형차량에 의한 운송 ⑨ 문전배달서비스 제공

물류의 기능에 의한 경제성을 확보할 수 있고, 도시 내 교통혼잡과 환경오염, 교통사고 등의 부작용을 최소화할 수 있다. 현재의 택배서비스와 기존의 운송체제와의 차이점은 [표 9-1][05]과 같다.

2. 택배의 유형

택배의 유형은 화물 화주의 주체에 따라 기업택배와 개인택배로 구분되고, 서비스지역에 따라 국내택배와 국제택배로 나뉜다. 또한 운송수단에 따라 화물차량택배, 노선화물운송, 고속버스탁송, 우편 및 철도 소화물운송 그리고 이륜차택배로 구분할 수 있다. 각 유형 간 운송수단별 장단점은 [표 9-2]와 같다.

표 9-2 유형 간 운송수단별 특징

서비스의 종류	장점	단점
고속버스탁송	① 신속하다. ② 안전수송이 가능하다. ③ 시간선택의 폭이 넓다.	① 직접 터미널에서 접수한다. ② 물품발송 후 전화로 통보해야 한다. ③ 탁송료가 비싸다. ④ 서비스지역이 비교적 좁다.
일반화물차량 (구역화물)	① 신속하다. ② 정확하다. ③ 서비스지역에 제한이 없다.	① 소량화물 경우 대단히 요금이 비싸다. ② 책임소재 및 업무 및 사후연락이 어렵다. ③ 단순운송만 가능하다.
우편소포	① 신뢰도가 높다. ② 소형인 경우 요금이 저렴하다. ③ 전국 어느 지역이든 이용이 가능하다.	① 배달 속도가 느리다. ② 포장, 주소기록 등 절차가 복잡하다. ③ 내용물 제한이 심하다. ④ 무게 제한이 크다.
철도소화물	① 요금이 저렴하다. ② 날씨, 계절, 명절 등의 연향이 가장 적다.	① 1일 1회 발송체제이다. ② 송화 · 수화인 모두가 역까지 가야 한다. ③ 타수단에 비해 친절성이 낮다. ④ 비교적 서비스지역이 좁다. ⑤ 화물 적재 용적이 적어 오후 접수 시 익일 출발되는 경우가 많다.

05 로지스틱스21, 화물운송론 2003, 한국물류정보서비스, 2003.

이륜차택배	① 신속하다. ② 편리하다 ③ 언제 어디서나 송수화가 가능하다. ④ 요금이 저렴하다.	① 무게 크기의 제한이 있다. ② 서비스지역이 수도권으로 한정되어 있다. ③ 위험률이 높아 보험회사에서도 보험 인수를 하지 않아 화물사고 시 보상에 어려움이 있다.

3. 택배물류시설

1) 택배물류시설의 정의

택배는 노드(node), 모드(mode), 링크(link), 정보(information)로 구성된다. 택배의 기본적인 요소로서 화물의 집화, 하역, 분류, 보관 등 통관 등에 필요한 시설을 갖춘 화물 유통의 중심이 되는 장소인 노드를 하드웨어 요소라고 보며, 노드 간 이동화물에 대한 수배송기능을 담당하는 링크체계를 소프트웨어 요소로 본다. 소프트웨어 요소인 링크는 터미널 간을 이어주는 운송체계로 중계 터미널 간을 연결하는 간선링크와 중계 터미널과 집배송 터미널 사이 혹은 집배송 터미널들 사이를 연결하는 지선링크로 구분할 수 있다.

물류시설인 하드웨어가 효율적으로 운영되기 위해서는 노드와 링크를 상호 유기적으로 작용하도록 하는 것이 중요하다. 이러한 노드와 링크를 하나의 통합시스템으로 접근하는 것이 물류 네트워크이다. 노드(node)는 소화물의 집배송이 이루어지는 물류시설로 포장, 보관, 하역, 정보처리, 유통가공, 수송수단의 알선 및 대기 등의 물류활동이 이루어진다.

2) 택배서비스시설

택배업의 물류시설은 크게 터미널, 집배송 터미널, 영업소, 취급소의 네 가지 시설로 구분할 수 있다. 택배업체마다 시설에 대한 명칭이 조금씩 다르지만 대기업의 경우 각 시설의 기능이 명확히 구분된다.

(1) 취급소

취급소는 분류나 집배송의 기능은 하지 않고 소비자로부터 직접 소화물을 접수받아 보관하는 물류시설이다. 택배화물 집화를 위한 최하위의 물류시설이라고 할 수 있다. 고객이 직접 접수를 하거나 택배업체 직원이 화물을 수거해 가는 형태로 운영되며 기존의 주유소, 슈퍼마켓, 편의점, 약국 등이 취급소로 이용되고 있다. 소비자로부터 정해진 택배료를 받고 화물에 대한 운행장을 발급하여 보관한 후에 해당 지역 담당 집화 사원이 방문하면 택배료와 화물을 인계하고 일정수수료를 받는 조직으로 대부분 위탁조직으로 운영된다.

(2) 영업소

영업소는 취급점의 기능 수행과 더불어 수화주에게 화물을 배달하는 거점으로 집배송 터미널이나 터미널로 화물을 이동시키기 전에 취급점이나 각 가정에서 소화물을 집화하는 시설로 업체에 따라 집배송센터라고 하기도 한다. 좁은 구역(일반적으로 구 또는 시, 군단위)의 집화와 배달을 담당하며 취급하는 화물이 소량이므로 집화한 화물을 상위의 물류시설로 발송하고 배달할 화물도 상위 물류시설로부터 인수받아 배달한다. 영업소는 취급점과는 달리 전용차량과 인원, 통신장비 및 시스템을 갖춰야 하므로 직영 혹은 대리점 형태로 운영된다.

(3) 집배송 터미널

집배송 터미널은 터미널보다는 작은 규모로서 영업소나 취급소에서 집화된 소화물을 집화 · 분류하여 목적지 집배송 터미널이나 터미널로 배송하는 기능을 하며, 보통 집배송 권역 내에 3~5개의 영업소가 포함된다. 업체에 따라 용어의 사용이 다양하며 지점, 영업소 혹은 권역 터미널이라고 칭한다. 몇 개의 시, 군, 구 집배센터를 관장하며 집배센터나 영업소에서 직접 집화한 화물을 집합시켜 배달할 지역별로 분류한 후 해당지역 터미널이나 허브 터미널로 발송하며, 타지역에서 집화하여 영업소가 관할하는 지역으로 배달할 화물을 도착시켜 각 집배센터로 발송시켜 주거나 직접 배달하는 역할을 한다. 이 시설은 화물을 집화, 분류하기 위한 화물취급장, 주차장 등의 시설투자가 필요하므로 주로 직영조직으로 운영된다.

(4) 터미널

터미널은 전국적인 소화물 유통을 그 대상으로 하며 영업소에서 집화된 소화물을 분류하여 목적지 터미널로 이동시키는 기능을 한다. 취급소 및 영업소로부터 집화된 화물을 일시적으로 보관 및 분류하여 지역 간 이송시키기 위한 집화 터미널 및 이송되어 온 화물을 각 영업소로 분배하기 위한 배송 터미널과 중간 거점에서 화물을 지역별로 분류하여 각 지역 거점 터미널로 보내기 위한 중앙 허브 터미널이 있다.

허브 터미널은 장거리 운행의 효율성을 제고하고 목적지에 신속하게 화물을 도착시키기 위해서 집화한 화물을 도착지 구분 없이 대규모의 터미널에 집중시켜 이를 다시 배달지별로 분류 후 목적지로 수송하는 중계역할을 담당한다. 이 시설에서는 대부분의 작업이 야간에 이루어지며, 신속한 중계작업을 위해 자동분류기 등 화물의 행선지를 신속하게 분류하기 위한 시설이 필요하다.

3) 택배업 터미널의 입지

택배서비스는 전국을 대상으로 택배화물 운송과정이 신속하게 이루어져야 한다는 특성을 가진다. 이러한 시간적 제약은 택배업의 영업소와 집배송 터미널, 터미널 등 물류시설의 공간적 분포에 영향을 미친다(富田和煥 · 間一江, 1990). 비용 면에서 효율을 극대화하고 신속한 서비스를 제공하기 위해서는 터미널, 영업소, 취급소 사이의 연계가 잘 이루어지도록 입지를 선정하는 작업이 중요하며 물류시설의 네트워크시스템도 전국적인 규모로 조직화되어야 한다.

제3절 택배업 물류시설의 네트워크

택배물류시설의 네트워크는 각각의 노드에 해당하는 터미널에 화물을 집합시키고 이를 행선지별로 분류하여 배달지역까지 운행하는 방식을 말하는 것이다. 터미널과 터미널 간의 운행시스템을 간선(또는 구간)운행시스템이라고 하고, 취급점이나 집배센터 또는 소규모 터미널로부터 대형 터미널까지 집합시키거나 일정한 지역 내에 있는 터미널 간을 연결하는 운행시스템을 지선 또는 셔틀운행시스템이라고 한다. 이러한 물류시설 간의 네트워크시스템은 화물의 도착시간, 영업활동시간, 터미널에 대한 투자규모, 운행비용 등에 막대한 영향을 주기 때문에 물량의 규모, 지역별 O/D 등에 따라 신중하게 검토하여 채택해야 한다. 네트워크에는 Point to Point방식과 Hub and Spoke방식 및 이 둘을 절충한 방식이 있으며, 이는 수송량, 주변환경에 따라서 다르게 이용된다.

1. Point to Point방식

Point to Point방식은 각 지역 거점에서 타지역 거점으로 직접 이동하는 수송형태로 거점의 수가 n개이면 n(n−1)/2개의 노선이 요구된다(Taaffee, Gauthier and O'Kelly, 1996, 374). 이러한 형태의 운행방식은 터미널에 집화되는 화물의 양이 각각의 터미널로 대형차량을 이용하여 운행할 수 있을 정도로 충분할 경우에는 효과적이지만 그렇지 못할 경우에는 2~3개의 터미널을 연결해야 하는 문제점이 있다. 목적지 터미널별 간선운송시간의 단축으로 인해 배송이 신속하며, 대규모 중심 터미널이 필요하지 않으므로 이에 따른 투자비 부담이 경감된다는 것이 이 시스템의 장점이다. 그러나 차량운행비용이 과다 지출되고, 운행구간의 증가에 따라 운전원의 확보와 관리문제가 어려우며, 각 지역 거점 터미널 확보가 쉽지 않다는 단점이 있다.

2. Hub and Spoke방식

각 터미널에서 집화한 화물을 하나의 대형 터미널(hub)에 집결시킨 후 배달지역별로 분류하여 이를 배달지 터미널로 간선운행하는 시스템이다. n개의 지역거점이 있을 경우 필요한 노선의 수는 (n−1)개가 된다(Taaffee, Gauthier and O'Kelly, 1996, 374). Hub and Spoke시스템은 허브 터미널에서 중계, 분류하는 시간이 소요되므로 이 시간을 감안하고도 익일 아침 일찍 화물을 목적지 터미널에 도착시킬 수 있는 운행수단(항공기)을 이용하거나 터미널 간 거리가 비교적 단거리일 때 가능하다. 순회하며 차례로 운송하기 때문에 셔틀운행시스템이라고 한다.

3. 절충형 방식

Point to Point방식과 Hub and Spoke방식의 장점을 살려 운행물량이 많은 터미널 간에는 직접 운행을 하고 물량이 소규모이거나 터미널 간 발생 · 도착 화물량에 불균형이 발생할 경우, 불균형 물량을 허브 터미널로 운행하여 중계하는 시스템이다. 즉 절충형 시스템은 Hub and Spoke방식을 이용하면서 지역 거점에 어느 정도 물량이 확보되면 Point to Point시스템이 함께 이용되는 방식이다. A터미널에서 B터미널로 발송할 화물이 한 대의 트럭이 될 경우에는 직접 발송하지만 그렇지 못할 경우에는 권역 내의 지정된 터미널로 이송시키고 권역 내 다른 지역 터미널로부터 이송된 화물과 함께 모아 대형화한 후 타지역 터미널로 운송한다.

Chapter 10

무역실무와 운송

- **제1절** | 무역계약과 선적조건
- **제2절** | 포장 및 화인
- **제3절** | 정형무역거래조건(INCOTERMS) 운송 관련 조건
- **제4절** | 신용장통일규칙과 운송과 선적서류
- **제5절** | 선적서류에 관한 사항

[수출입절차도해]

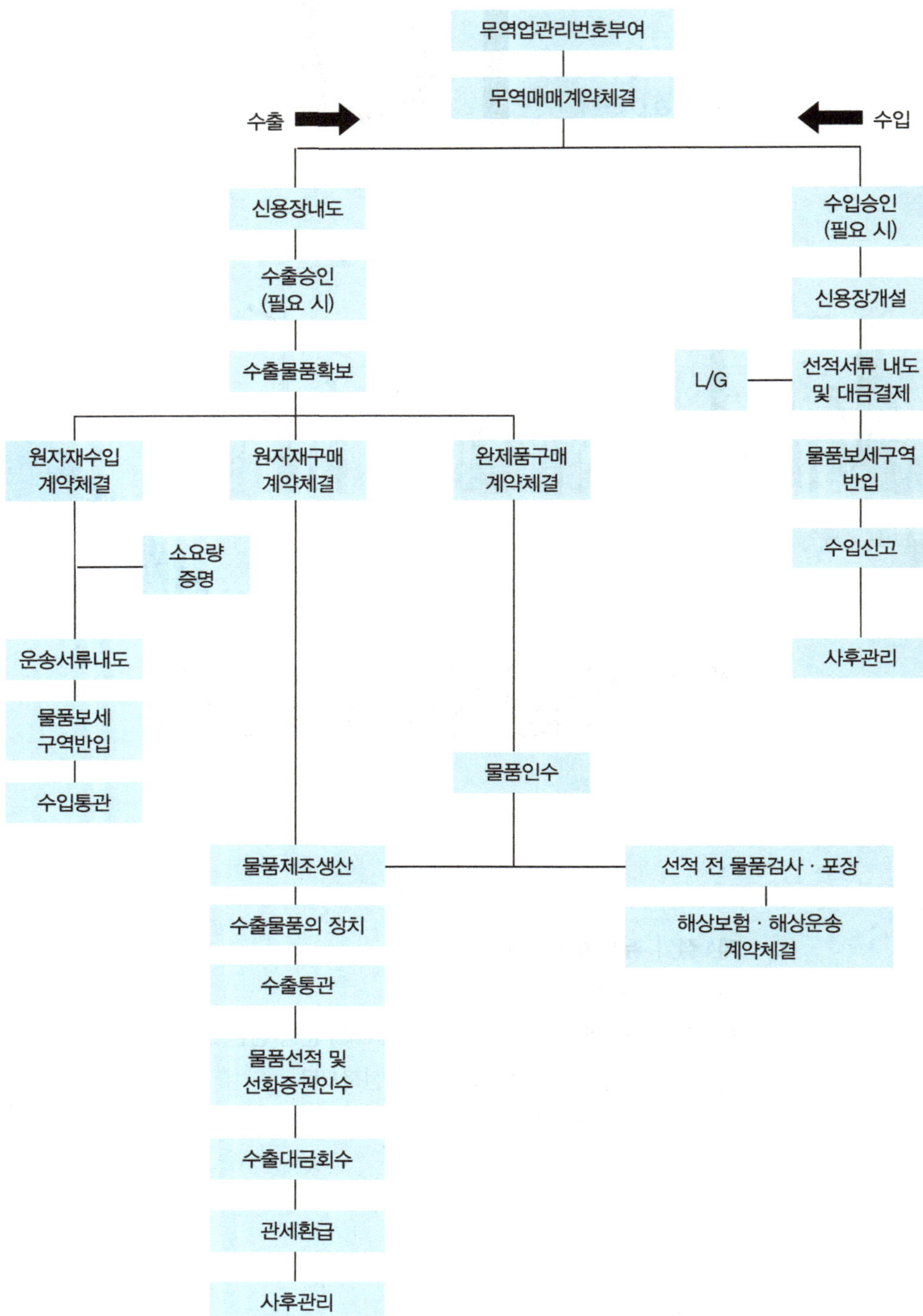
무역업관리번호부여
무역매매계약체결
수출
수입
신용장내도
수출승인
(필요 시)
수출물품확보
원자재수입
계약체결
원자재구매
계약체결
완제품구매
계약체결
소요량
증명
운송서류내도
물품보세
구역반입
수입통관
물품인수
물품제조생산
수출물품의 장치
수출통관
물품선적 및
선화증권인수
수출대금회수
관세환급
사후관리
선적 전 물품검사 · 포장
해상보험 · 해상운송
계약체결
수입승인
(필요 시)
신용장개설
L/G
선적서류 내도
및 대금결제
물품보세구역
반입
수입신고
사후관리

제1절 무역계약과 선적조건

무역거래계약에서는 보통 화물선적 월을 결정한다. 예를 들면, 10월 선적(shipment in october)인 경우에는 매도인은 10월 1일부터 10월 말일까지의 사이에 선적하면 된다. 10/11월 선적(shipment in october/november)인 경우에는 매도인은 10월 1일부터 11월 말일까지의 사이에 선적하면 된다.

1. 선적시기(shipping data : S/D)의 약정

수입상은 구매한 물품이 언제 도착하느냐에 이익과 손실이 변한다. 수입승인기관과 신용장 개설을 위한 담보, 현금예치기관의 관점에서 가능한 빠른 도착을 원한다.

① 단월조건(單月條件) : 'March shipment', 'During March' 등

② 연월조건(延月條件) : 'Shipment to be made from March to May, 1994' 등

③ 특정일자조건 : 'Shipment to be made within 45 days after receipt of L/C' 'Shipment to be effected within 3 months after(from) data of this contract' 등

④ 신용장상의 일자와 관련된 용어

- to, from, till(until) : 해당일 포함
- After : 해당일 제외(다음날)
- 특정달의 first half(1~15), second half(16~말일)
- 특정달의 beginning(1~10일), middle(11~20일), end(21~말일)
- on or about ×××일 : ×××일 전후 5일씩

실무상 유의할 선적일에 대한 해석기준으로는 '즉시' 선적조건(shipment terms)에 대하여 확실하게 약정할 필요가 있다. 즉 'prompt shipment', 'immediate shipment', 'as soon as shipment'등은 막연하고 그 해석기준이 국가마다 상이하므로 이러한 표현은 매매 당사자 사이에 분쟁이 야기되기 쉽기 때문에 이러한 표현은 선적일로 절대 사용되어서는 안 된다.

2. 분할선적(partial shipment)

이는 할부선적(shipment by instalments, instalment shipment)이라고도 하는데 엄밀한 의미에서는 할부선적은 분할횟수, 수량, 각 분할분의 선적시기 등을 구체적으로 정한 경우를 말한다. 무역계약 약정 시 분할선적을 허용하는 표현은 'partial shipments are allowed' 그 반대는 'prohibited'라고 약정하면 된다. 이러한 표현이 없을 경우에는 분할선적을 허용하는 것으로 본다. 분할선적 시 유의사항으로는 다음과 같다.

① 신용장거래인 경우 어느 분할분의 선적이 약정대로 이루어지지 않았다면, 당해분에 대한 unpaid와 잔여계약분에 대한 취소권을 개설은행 측이 가지게 된다.

② 계약이나 신용장상에 분할선적에 관한 약정이 없을 경우 분할선적을 금지하는 조항만 없다면 분할선적은 허용하는 것으로 해석한다.

우편이나 택배에 의한 선적은 우편소포수취증, 우송증명서, 택배수취증 또는 발송장이 신용장에 규정된 물품의 발송장소 및 동일한 일자에 스탬프되거나 서명되거나 또는 인증된 것으로 표시된 경우에는 이를 분할선적으로 간주하지 않는다고 규정하고 있다(UCP 40조 C항).

3. 환적(transhipment)

이적이라고도 하며, 복합운송(combined transport, multimodal transport)에서는 환적이 일반적이다. 직항선적 약정 시에는(direct shipment by customary route 등) 환적이 금지된다고 보나, 직항선적의 약정이 있더라도 해난에 조우하여 피난항(port of refuge)에 기항하거나, 선용품 조달을 위한 일시적인 기항은 인정된다.

단일 운송증권에 의한 복합운송이나 신용장상에 환적금지에 대한 명시가 없는 한 운송인이 환적할 권리를 갖는 것으로 규정되어 있다. 그러나 실무상 환적금지의 명시가 없어도 수출상 자신의 안전과 환적으로 인한 분쟁의 소지를 예방하기 위해서 약정품의 특성을 고려하여 환적이 금지된다고 보는 직항선(direct vessel by customary route)으로 약정하는 것이 바람직하다.

4. 선적일의 입증

(1) 선적선화증권(shipped B/L)

B/L 발급일이 신용장상의 선적일보다 빠르면 된다.

(2) 수취선화증권(received for shipment B/L)

B/L상의 본선적재일(on board notation)이 신용장의 선적일보다 빨라야 한다.

(3) 신용장의 유효기간(expiry date)과 선적기일(shipping date)

① L/C상 유효기간은 정해져 있으나 선적기일이 정해져 있지 않으면 E/D를 Latest Shipping Date(S/D)로 본다.

② E/D가 국경일, 일요일, 은행의 휴무일일 때 E/D는 다음 영업일까지 자동연장되나, Latest Shipping Date(S/D)는 연장되지 아니한다. 따라서 수출상은 S/D가 공휴일인 경우 당일 또는 전일까지 선적을 완료해야 한다.

제2절 포장 및 화인

1. 포장조건

포장(packing)은 내용물을 보호하는 견고성과 포장비용 자체의 절감 그리고 운임절감을 고려한 경제성을 감안하여 포장조건을 결정하는데, 그에 적합한 포장을 해야 할 의무를 수출상이 부담하여야 한다. 만일 운송 도중 물품에 사고가 발생했을 경우 그 사고의 원인이 포장불량 때문인 것으로 판명되면 이에 대한 책임은 전적으로 수출상에게 돌아가므로 보험회사나 선박회사에게 책임을 물을 수 없는 경우가 발생하게 된다.

또한 포장은 제품의 보호나 판매촉진의 의미를 갖는다. 포장은 내용물을 보호하는 견고성과 포장비용 자체의 절감, 그리고 운임절감을 고려한 경제성을 감안하여 포장조건을 약정한다. 한편 포장의 불완전으로 인한 약정품의 손상은 적화보험약관상 보험자의 면책조항에 적용되므로 세심하게 포장을 수행하여야 하며, 화인에 있어서도 기호와 번호가 불완전하게 표시된 포장으로 인한 사고는 수출상이 책임을 져야 됨에 유의해야 한다. 다음은 포장의 종류이다.

1) 개장(unitary packing)

개장은 소매의 단위가 되는 최소의 묶음을 개별적으로 하나씩 행하는 포장방법이다. 개장에는 상표나 또는 제조업체의 이름이 기재되고 보기 좋게 디자인된 포장지가 사용된다.

2) 내장(interior packing)

내장은 개장물품을 수송 또는 취급하기에 편리하도록 보통 몇몇의 개장을 합하여 행하는 포장방법이고 내장은 외장보다 튼튼한 포장재가 사용되어 그 내용물이 수분이나 습기 또는 광선이나 진동 등에 의해 손상되지 않도록 포장재료를 쓴다.

3) 외장(outer packing)

물품의 성질, 운송수단 및 거리 등을 고려하여 골판지, 송판, 철강재, 방수재, 충격방지재 등 적합한 포장재가 사용되어야 하므로 어떠한 소재를 선택할 것인가를 계약 시에 정해 두어야 한다. 물품의 성질, 운송수단과 거리, 환적 여부, 포장비와 운임, 기후조건, 당사국의 포장규정이나 상관습 등을 감안하여 포장재와 포장단위를 약정하되, 과대포장(over packing)되지 않도록 유의하여야 한다.

2. 화인

1) 화인의 개요

화인(shipping mark)은 화물의 분류를 원활히 수행하고 화물의 운송 및 보관 시 필요한 화물 취급상의 지시, 주의를 포장에 표시하기 위하여 매수인이 매도인에게 요구하는 경우가 많다.

① 주화인(main mark) : 특정한 기호(symbol)를 표시하고 그 안에 수입자의 상호 등의 약자를 표시한다.

② 부화인(counter mark) : 주화인(main mark)만으로 다른 화물과의 구별이 어려울 때, 주화인 아래에 생산자 또는 공급자의 약자를 표시한다.

③ 상자번호(case number) : 송장(invoice), 적화목록(manifest : MF), 기타 운송서류와 대조하여 식별, 확인하기 위하여 상자 겉면에 표시하는 일련번호 등을 기재한다.

④ 도착항표시(port mark) : 화물이 다른 곳으로 잘못 운송되는 것을 막기 위한 필수적인 화인으로서 복수항로의 경우 New York via Seattle 등으로 표시한다.

⑤ 중량표시(weight mark) : 운임계산, 통관, 하역작업 등을 용이하게 할 수 있도록 순중량(net weight)과 총중량(gross weight)을 표시한다.

⑥ 원산지표시(origin mark) : 생산국을 외장의 맨 아래에 표시한다.

⑦ 주의표시(care mark, side mark, caution mark) : 화물취급상 특히 주의할

점(this side up, fragile, keep dry 등)을 통상 외장의 측면에 표시한다.

⑧ 기타의 표시 : 수입자의 요청에 따라 주문표시(order no.), 지시표시(attention mark), 물품의 등급(grade) 또는 품질표시(quality mark) 등이 기재되어야 한다.

2) 반드시 표시해야 하는 화인

① 위에서 열거한 화인을 모두 표시해야 하는 것은 아니지만, 주화인(main mark), 도착항 표시(port mark), 상자번호(case number), 원산지표시(origin mark) 등은 필수적으로 표시해야 한다.

② 특히, 도착항표시(port mark)와 상자번호(case number)가 없는 화물을 무화인화물(no mark cargo : NM)이라 하는데, 무화인화물의 경우 Non Delivery 등으로 화주에게 커다란 손해를 주는 경우가 허다하다.

③ 화인의 내용이나 형태는 통상 Sales Note나 Purchase Order(note)에 표시되어 있다.

제3절 정형무역거래조건(INCOTERMS) 운송 관련 조건

1. 인코텀스 2010의 구성

Incoterms 2010은 11가지 정형거래조건의 분류기준을 변경하여, '어떠한 단일 또는 복수의 운송방식에 사용가능한 규칙(Rules for Any Mode or Modes of Transport)'과 '해상운송과 내수로 운송에 사용가능한 규칙(Rules for Sea and Inland Waterway Transport)'으로 대별하여 양분한다.

Rules for Any Mode or Modes of Transport (어떠한 단일 또는 복수의 운송방식에 사용가능한 규칙)	Rules for Sea and Inland Waterway Transport (해상운송과 내수로운송에 사용가능한 규칙)
EXW(Ex Works, 공장인도) FCA(Free Carrier, 운송인인도) CPT(Carriage Paid To, 운송비지급인도) CIP(Carriage and Insurance Paid to, 운송비 · 보험료지급인도) DAT(Delivered At Terminal, 도착터미널인도) DAP(Delivered At Place, 도착장소인도) DDP(Delivered Duty Paid, 관세지급인도)	FAS(Free Alongside Ship, 선측인도) FOB(Free On Board, 본선인도) CFR(Cost and Freight, 운임포함인도) CIF(Cost Insurance and Freight, 운임 · 보험료포함인도)

전자는 해상운송이나 항공운송, 육상운송 등의 모든 운송방식에 사용가능하며, 특히 복합운송에도 사용가능할 뿐 아니라 여러 운송방식이 순차적으로 함께 사용되나 복합운송이 아닌 경우에도 사용가능하다. 후자는 물품이 단일한 해상운송이나 내수로운송에 의하여 운송되는 경우에만 사용가능하다.

2. 인코텀스 요약

구분 / 거래조건	위험이전	비용이전	비고
EXW(Ex Works) 지정장소(공장인도조건)	매도인이 작업장 구내에서 매수인이 임의처분할 수 있도록 물품을 인도하였을 때	매도인이 위험이전까지의 제비용 부담	수출입허가 매수인 의무
FCA(Free Carrier) 지정장소(운송인인도조건)	매도인은 매수인이 지정한 운송인에게 수출통관된 물품을 인도하였을 때	상동	수출허가 매도인의무, 수입허가 매수인의무
FAS(Free Alongside ship) 지정선적항(선측인도조건)	물품이 지정선적항의 부두에 혹은 부선으로 선측에 인도되었을 때	상동	수출입허가 매도인의무
FOB(Free On Board) 지정선적항(본선인도조건)	'본선에 적재(on board the vessel)'	상동	수출허가 매도인의무, 수입허가 매수인의무

CFR(Cost and Freight) 지정목적항(운임포함 인도조건)	'본선에 적재(on board the vessel)'	매도인은 적재 시까지의 제비용+목적항까지의 운임+정기선의 경우 양화비 부담	상동
CIF(Cost, Insurance and Freight) 지정목적항(운임보험료포함인도조건)	'본선에 적재(on board the vessel)'	매도인은 적재 시까지의 제비용+목적항까지의 운임 및 보험료+정기선의 경우 양화비 부담	상동
CPT(Carriage Paid To) 지정최종장소(운임지급인도조건)	물품이 약정된 일자 또는 기간 내에 지정목적지까지 운송할 운송인의 보관하에 또는 후속운송인이 있을 경우 최초의 운송인에게 물품인도 시	매도인은 CFR조건+지정된 목적지까지의 물품운송비(복합운송 개념에서 운송비)	상동
CIP(Carriage and Insurance Paid to) 지정최종장소(운임보험료지급인도조건)	상동	매도인은 CPT조건+지정된 목적지까지의 적화보험료 부담	상동
DAP(Delivered at Place, 도착장소인도)	지정목적지에서 물품을 '도착운송수단에 실어둔 채 양륙준비된 상태로(on the arriving means of transport ready for unloading)' 매수인의 처분하에 두어야 한다.	매도인은 위험이전까지의 제비용 부담	상동
DAT(Delivered at Terminal, 도착터미널인도)	매도인은 물품을 그 목적지인 도착터미널[01]에서 도착차량으로부터 양화(unload)된 상태로 매수인의 처분하에 두어야 한다.	상동	수출허가 매도인의무, 수입허가 매도인 의무
DDP(Delivered Duty Paid) 지정최종장소(관세지급반입인도조건)	상동	상동 (단, 관세 포함)	수출입허가 매도인 의무

01 여기서의 '터미널(terminal)'은 부두, 창고, 컨테이너장치장(CY) 또는 도로 · 철도 · 항공화물의 터

1) FCA(free carrier) : 운송인인도조건

'운송인인도조건'이란 매도인이 지정된 장소에서 매수인이 지정한 운송인에게 수출통관된 물품을 인도하는 것을 의미한다. 선택된 인도장소가 그러한 장소에서 물품의 적재 및 양륙의무에 영향을 미친다는 사실에 유의하여야 한다. 인도가 매도인의 영업소에서 행해지는 경우에는 매도인은 적재에 대한 책임을 진다. 인도가 기타의 장소에서 행해지는 경우에는 매도인은 양륙에 대한 책임은 없다. 이 조건은 복합운송을 포함하여 운송수단에 관계없이 사용될 수 있다.

그림 10-1 운송인인도조건

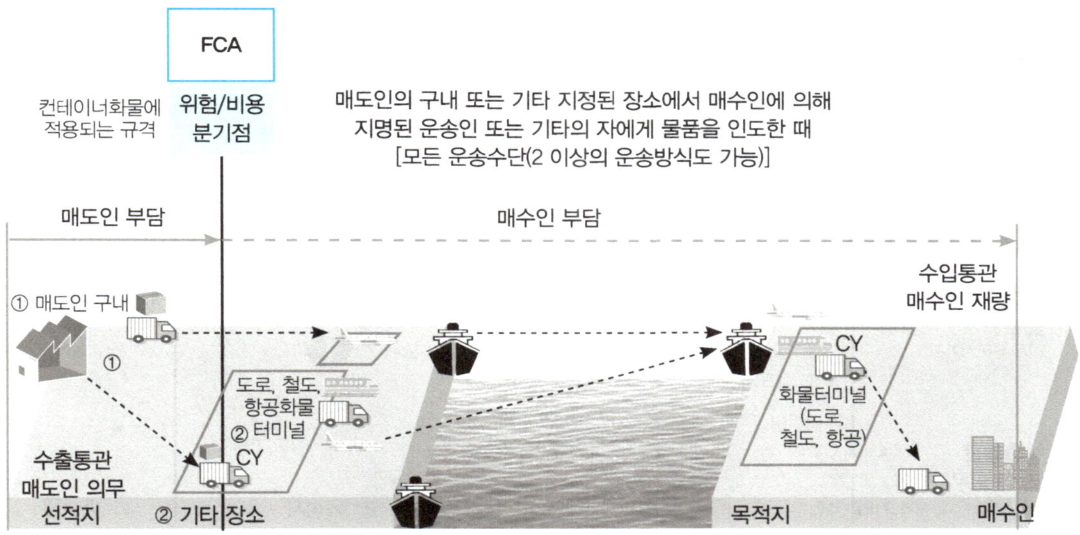

자료 : 이제홍, 수출입기초입문, 도서출판 청람, 2017. p.68.

미널과 같은 장소를 포함하며, 지붕의 유무를 불문한다(DAT Guidance Note).

2) CPT(carriage paid to) : 운송비지급인도조건

'운송비지급인도조건'이란 매도인이 자신이 지명한 운송인에게 물품을 인도하는 것을 의미하고, 또한 매도인은 지정된 목적지까지 물품을 운송하는 데 필요한 운송비를 지불해야 하는 것을 의미한다. 이것은 물품이 인도된 후에 발생하는 모든 위험과 기타 비용을 매수인이 부담하는 것을 의미한다.

'운송인'이란 운송계약에서 철도, 도로, 항공, 해상, 내륙수로 또는 이러한 운송수단을 결합한 운송을 이행하거나 수배하는 것을 인수하는 자를 의미한다.

그림 10-2 운송비지급인도조건

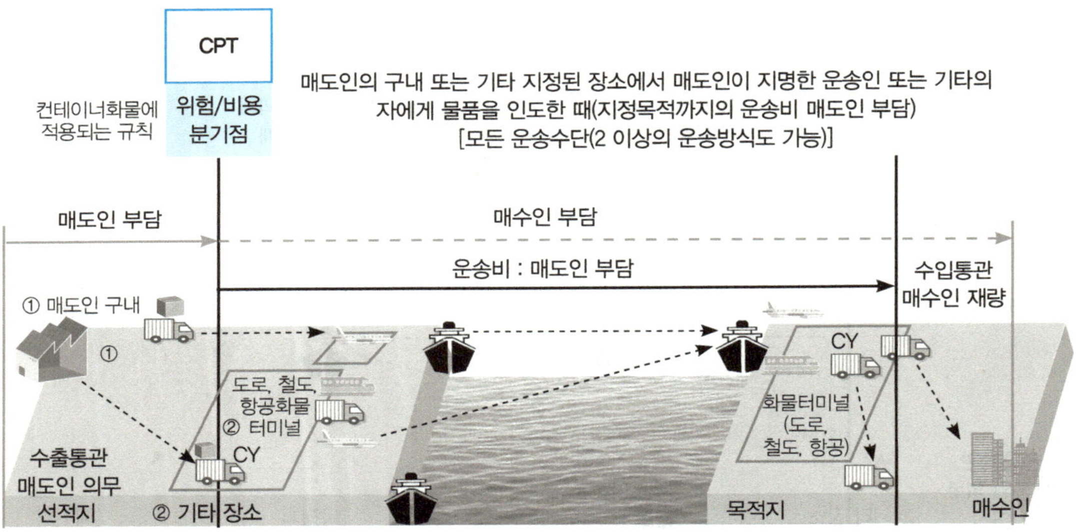

자료 : 이제홍, 수출입기초입문, 도서출판 청람, 2017. p.73.

3) CIP(carriage and insurance paid tO) : 운송비 · 보험료지급인도조건

'운송비 · 보험료지급인도조건'이란 매도인이 자신이 지명한 운송인에게 물품을 인도하는 것을 의미하고, 또한 매도인은 지정된 목적지까지 물품을 운송하는 데 필요한 운송비를 지불해야 하는 것을 의미한다. 이것은 물품이 인도된 후에 발생하는 모든 위험과 추가비용을 매수인이 부담하는 것을 의미한다. 그러나 CIP조건에서는 또한 매도인은 매수인이 부담하는 운송 중의 물품의 멸실 또는 손상의 위험에 대해서 보험을 수배하여야 한다. 결과적으로 매도인은 보험계약을 체결하고 보험료를 지불한다.

그림 10-3 운송비 · 보험료지급인도조건

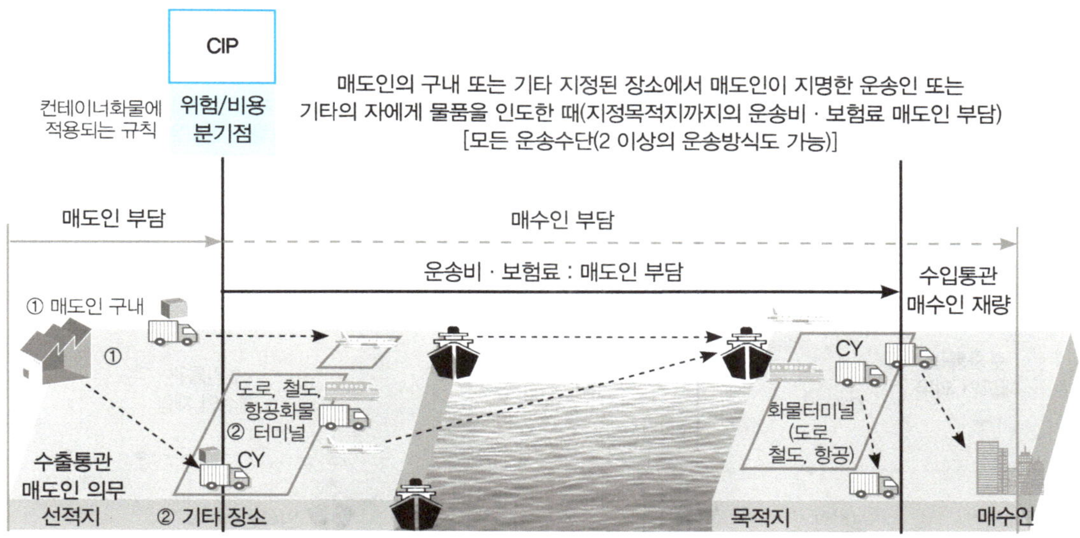

자료 : 이제홍, 수출입기초입문, 도서출판 청람, 2017. p.74.

4) FOB(free on board) : 본선인도조건

'본선인도조건'은 물품이 지정된 선적항에서 '본선에 적재(on board the vessel)'된 때 매도인이 인도하는 것을 의미한다. 이것은 매수인이 그 지점으로부터 물품의 멸실 또는 손상의 모든 비용과 위험을 부담하여야 한다는 것을 의미한다. FOB조건은 매도인에게 수출을 위하여 물품을 통관할 것을 요구하고 있다. 이 조건은 해상운송 또는 내륙수로운송에만 사용될 수 있다. 만일 당사자가 본선의 난간을 횡단하여 물품을 인도할 의도가 없는 경우에는 FCA(운송인인도)조건을 사용하여야 한다.

그림 10-4 본선인도조건

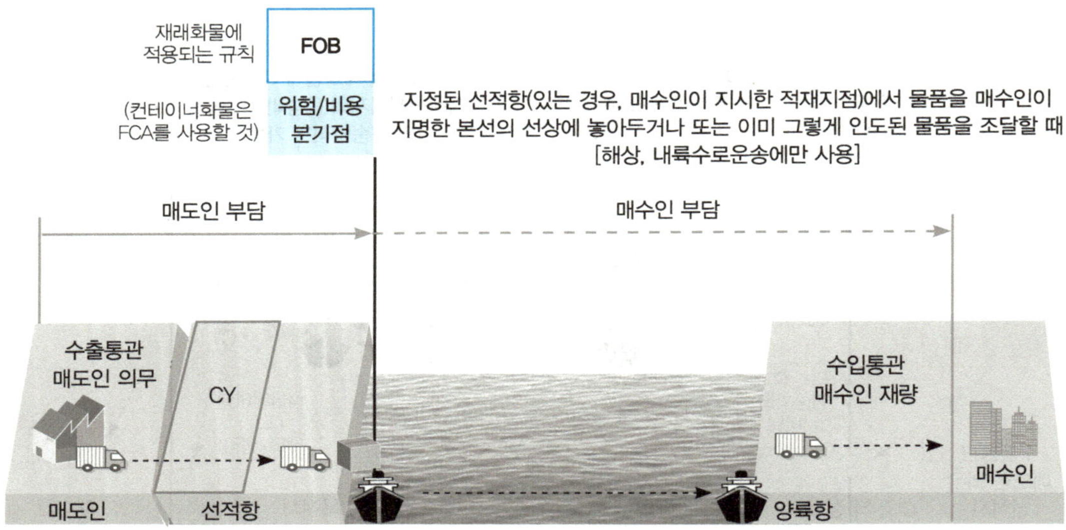

자료 : 이제홍, 수출입기초입문, 도서출판 청람, 2017. p.70.

5) CFR(cost and freight) : 운임포함인도조건

'운임포함인도조건'이란 물품이 선적항에서 '본선에 적재(on board the vessel)' 된 때 매도인이 인도하는 것을 의미한다. 매도인은 지정된 목적항까지 물품을 운송하는 데 필요한 비용 및 운임을 지불하여야 한다. 그러나 물품의 멸실 또는 손상의 위험 및 인도 이후에 발생하는 사건에 기인하는 모든 추가비용은 매도인으로부터 매수인에게 이전된다.

그림 10-5 운임포함인도조건

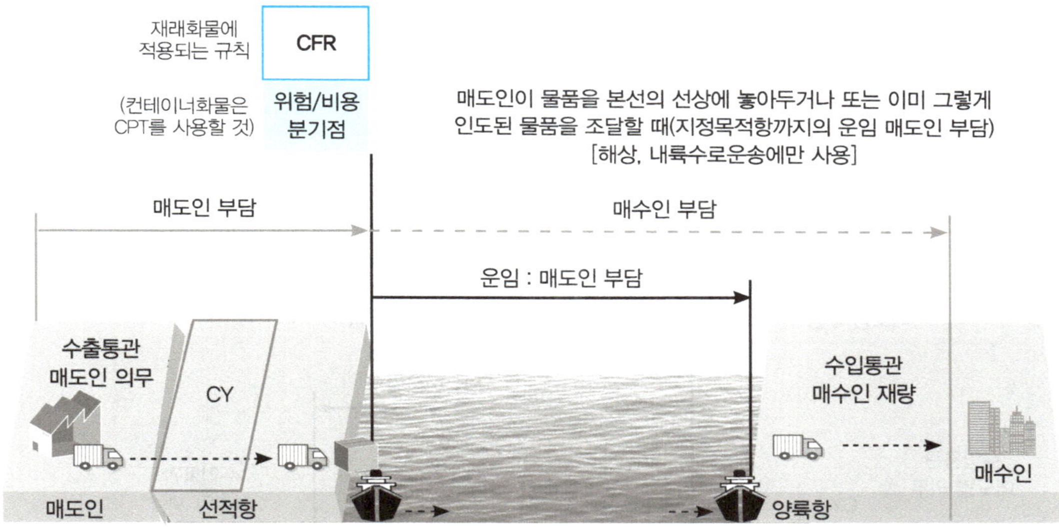

자료 : 이제홍, 수출입기초입문, 도서출판 청람, 2017, p.71.

6) CIF(cost, insurance and freight) : 운임 · 보험료포함인도조건

'운임 · 보험료포함인도조건'이란 물품이 선적항에서 '본선에 적재(on board the vessel)'된 때 매도인이 인도하는 것을 의미한다.

매도인이 지정된 목적항까지 물품을 운송하는 데 필요한 비용 및 운임을 지불하여야 하지만, 물품의 멸실 또는 손상의 위험 및 인도 이후에 발생하는 사건에 기인하는 모든 추가비용은 매도인으로부터 매수인에게 이전된다. 그러나 또한 CIF조건에서 매도인은 매수인이 부담하는 운송 중의 물품의 멸실 또는 손상의 위험에 대해서 해상보험을 수배하여야 한다.

그림 10-6 운임 · 보험료포함인도조건

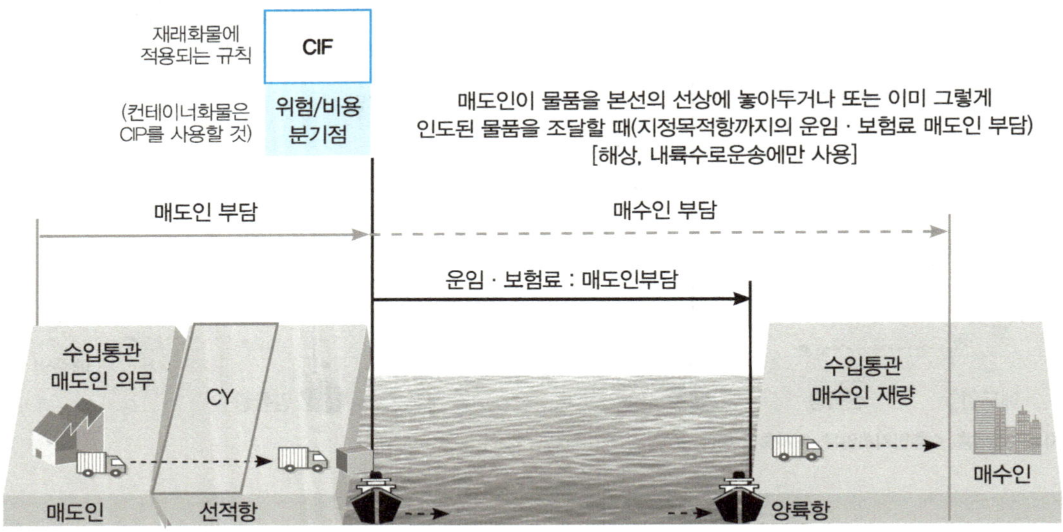

자료 : 이제홍, 수출입기초입문, 도서출판 청람, 2017, p.72.

제4절 신용장통일규칙과 운송과 선적서류

1. 과부족의 허용제한

광석, 곡물, 원유 등 상품의 성질상 정확한 수량을 공급하기 어려운 살화물(bulk cargo)은 more or less term이 적용되므로 아무런 표시가 없더라도 ±5%의 과부족이 허용되는 것으로 해석한다. 만약 about, circa 등의 표현이 있으면, ±10%까지 편차가 허용된다.

1) 서류의 제시기간

(1) 사실상의 기간 만료일 계산

신용장상에 확정된 선적일, 유효기일의 표시와는 별도로 "선적 후 며칠 이내로 운송서류가 제시되어야 한다"는 문구가 표시되어 있을 경우(예 : …presented within 10 days after…)에는 그 신용장상의 종료일은 유효기일의 범위 내에서 실제로 선적한 날로부터 그 서류제시기간(10일)이 끝나는 날이 된다.

분할선적이 허용되는 신용장에서 제시기일을 특약으로 처리하지 않으면 수출상의 Nego 지연으로 인하여 수입상에게 여러 가지 불리한 사건이 발생할 가능성이 있기 때문에 분할선적 허용조건의 신용장에는 거의 예외 없이 제시기일의 특약이 존재하게 된다.

(2) 선적서류 제시기간이 명시되지 않았을 때

신용장상에 서류제시기간이 명시되지 않았을 때는 실제 선적일로부터 21일이 경과하여 매입은행에 서류가 접수되면 Stale B/L로 간주되어 지급거절의 사유가 된다.

- not later than 또는 on or before 앞에 this office가 표시되어 있으면 서류의 제시장소가 매입은행이 아니고 개설은행이 되므로 수익자는 유효기일 이

전에 선적서류가 개설은행에 도착될 수 있도록 우송기간을 감안해서 그만큼 빨리 개설은행 앞으로 서류를 발송해야 한다.

2) 운송서류의 발행일자 계산

신용장통일규칙에 의거 ICC가 정한 신용장 표준양식에는 선적표시란에 Loading on board(본석적재), Dispatch(발송), Taking in charge(인수, 수탁) 등의 세 가지 용어를 동시에 사용하고 있다.

이는 해상운송, 항공 및 우편운송, 복합운송을 모두 수용하겠다는 의미로 해석되나 각 운송방법에 따라 선적일자의 계산방법은 각각 상이하다.

(1) 해상운송

일반화물선에 의한 해상운송의 경우, 유효한 운송일자는 실제로 화물을 본선에 적재한 일자가 되며, 이는 B/L 발급일자와 동일한 뜻으로 사용된다(shipped B/L), 이러한 경우, 만일 수출상이 수취선화증권(receive B/L)을 선사로부터 교부받았다면, 추후 선장이 확인한 On Board Notation을 별도로 받아야 하고, 이 Notation 표기일이 유효한 선적일이 된다(통일규칙 제23조 a의 ii).

그러나 컨테이너에 의하여 해상운송을 하는 경우 화물이 컨테이너에 적재된 후 컨테이너 야드(CY)의 선적대기장소로 이동되는 때 컨테이너 운영인(operator)이 Dock Receipt를 발행하게 되며, 이 D/R 발행일이 유효한 선적일이 된다.

(2) 항공 및 우편운송

항공 및 우편운송에 있어서는 운송의 성질상 수출상이 화물적재 여부를 확인할 수 없다. 따라서 이러한 운송에서는 수출상이 화물을 운송기관(항공회사, 우체국 민간배달업자)에 맡긴 날 Air Waybill 또는 Mail Receipt를 발급받게 되고 이때 운송서류에 표시된 일자가 실제 선적일로 간주된다(통일규칙 27조, 29조). 만일 Air waybill상에 화물적재일과 항공기 운항일이 동시에 기재되었다면, 후자를 선적일로 인정하게 된다(통일규칙 27조 a의 iii).

우편운송에는 소포단위별로 영수증이 발급되므로 동시에 여러 뭉치의 소포를 우체국에 접수시켰으나 이 소포가 각각 다른 비행기에 실려 수입지에 각각 다른 날 도착되었다 할지라도 도착일에 관계없이 서류의 발송일(dispatch date)로 선적기일의 준수 여부를 판단하게 되므로 Mail Receipt상에 표시된 수령일자(스탬프 표시일자)가 유효한 선적일로 취급된다(통일규칙 27조 a의 iii 및 29조).

(3) 복합운송

화물의 최종도착지가 항구가 아닌 내륙지인 경우 해륙 및 또는 육해공을 경유해야 최종목적지에 도착하게 되며, 이 경우에는 불가피하게 환적이 일어나게 된다. 그리고 환적에 따른 위험제거를 위하여 운송수단은 불가피하게 컨테이너를 이용하게 된다. 컨테이너에 의한 운송은 화물을 컨테이너에 적입한 날(full container load) 또는 Container Freight Station 등에 화물을 수취한 날(less than container load) B/L이 발급되며 이 발급일자가 유효한 운송일자로 취급된다. 따라서 복합운송에는 선화증권의 형태가 수취증권(received B/L)식이며, 신용장에서 명문으로 On Board를 요구하지 않는 한 Received B/L이 유효하다.

2. 선박회사의 휴업일

신용장상의 최종선적일자가 수출국의 공휴일에 해당하는 경우 은행의 경우처럼 자동연장이 가능한가의 문제가 제기되나 이때는 자동연장이 허용되지 않는다(통일규칙 44조 b항).

왜냐하면 선박회사 등 운송기관은 휴일에도 적화업무를 보고 있기 때문에 송화인이 업무상의 차질을 빚을 염려가 없기 때문이다.

또한 신용장에 유효기일(expiry date)이 표시되지 않고 선적기일표시만 있으면 유효기일과 선적일이 동일자로 간주되고, 선적기일이 없이 유효기일만 표시되면 그 날짜가 선적일로 간주된다.

3. 선적(분할선적 및 환적)

선적방법에 대한 약정 시 분할선적(partial shipment), 환적(transhipment)은 금지표시가 없으면 허용된 것으로 간주되며, 선적지와 선적일이 상이해도 동일선박에 의해 운송되는 경우에는 분할선적으로 간주하지 않는다.

1) 신용장상에 아무런 표시가 없을 때의 해석

신용장상에 아무런 표시가 없을 때는 이를 어떻게 해석하느냐의 문제가 대두하는데 분할선적의 경우는 통일규칙 제40조에 이를 "허용하는 것으로 본다."

그러나 환적의 경우에는 명시규정이 없기 때문에 해석상 이론이 생긴다. 국내학자들 간의 통설은 UCP 400 제29조의 정신으로 보아 '허용하는 것'으로 기울어져 있지만 실무상 수출상의 Nego 시 위험부담제거 및 수입상보호라는 측면에서 보면 이 경우 '불허'로 해석하는 것이 안전하다. 특히 운송선박이 일반화물선(general cargo ship)이나 살화물선(bulky cargo ship)인 경우 '허용'으로 해석하면 여러 가지 불합리한 점이 생긴다.

2) 동일선박, 동일항해인 경우 분할선적 해당 여부

분할선적이 금지되어 있는 경우, 만일 A회사가 제조일자 지연으로 화물의 일부만을 인천에서 지정선박에 선적하고 3일 후 이 선박의 다음 기항지인 부산항으로 미선적화물을 운송하여 선적을 완료하였다면 A회사는 분할선적 금지규정을 위반한 것인가라는 문제가 대두된다.

상기 예에서 A회사는 2장의 B/L을 끊었고, 선적항 및 선적일자도 각각 상이함으로써 분명히 분할선적금지규정을 어긴 것이 된다.

그러나 신용장통일규칙 제40조 b항은 이러한 경우는 "동일항해, 동일선박에 의해 이루어진 수회의 선적"이므로 비록 선적일자와 선적항이 다르더라도 분할선적으로 보지 않는다고 명문으로 규정하고 있다. 만일 이때 신용장상에 선적항을 명문으로 정해놓고 있다면(상기 예에서 선적항을 인천 또는 부산으로 정한 경우)

분할선적금지 문제는 해결되지만 지정선적항에서의 출항이라는 의무규정에 위반하여 수입상이 클레임을 제기할 수 있게 됨을 유념해야 한다.

이와 관련하여 우편운송인의 경우 여러 개의 소포꾸러미를 같은 날에 우체국에 탁송위탁하고 각 포장단위별로 영수증을 받았다면 비록 그 소포들이 각각 다른 비행기에 탑재되어 도착지에서 동시에 화물을 받지 못했다 하더라도 수출상이 Nego 시에 제출한 영수증에 동일한 우체국의 소인이 동일한 날짜로 표시되어 있다면 이는 분할선적으로 간주되지 않는다(통일규칙 29조 a).

3) 복합운송, 컨테이너 등에 대한 특례

환적(transhipment)이란 화물을 선적지에서 목적지까지 운송하는 도중 동일한 운송장비가 아닌 다른 운송장비에 옮겨 신는 것을 의미하며 환적 중에 화물의 파손이나 분실사고가 자주 일어나고 비용도 추가되므로 수입상의 입장에서는 매우 바람직하지 않은 운송방법이다.

따라서 신용장통일규칙에도 환적에 대한 명시규정이 없을 때 이의 허용 여부에 대한 처리방법을 명백히 밝히지 않고 있다.

그러나 수출입 당사국 간에 직항선이 없는 경우 환적이 불가피하고, 운송수단이 컨테이너, 트레일러, 라쉬선 등인 경우에는 환적 시에 위험부담이 별로 문제될 것이 없기 때문에 신용장통일규칙은 이에 대한 특례조항을 두어 환적을 허용하고 있다(통일규칙 23조 및 24조 d).

4. 적재사항

1) 갑판적의 허용 여부에 대한 해석

(1) 갑판선적(on deck shipment)의 원칙적 금지

화물이 갑판 위에 적재되면 바닷물에 의한 침수, 선박위기 시 제일 먼저 바닷속으로 투하(jettion)될 대상이 되는 등 여러 가지 위험요소가 있기 때문에 갑판적재를 기재한 선화증권은 원칙적으로 은행이 수리를 거절(통일규칙 31조 i)한다.

만일 산동물, 원목 등과 같이 갑판선적이 불가피한 것인 경우에는 갑판적 허용 조항을 신용장상에 넣어야 한다.

(2) 갑판선적 유보문언의 허용

화물이 컨테이너 전용선으로 운반되는 컨테이너 내장물품인 경우 갑판적이 될 가능성이 많으므로 이러한 경우에는 선박회사는 "갑판에 선적될지도 모른다"는 의사표시를 인쇄약관으로 선화증권에 기재하고 이와 같은 유보문언이 있는 B/L은 은행이 수리한다(통일규칙 제31조 i).

2) 운임지급에 관한 표시

① 가격조건이 FCA, FAS, FOB일 때 신용장상의 FOB는 용어 다음에 출발항 표시가 있어야 하며 B/L상의 Freight란에는 Collect라는 표시가 있어야 한다.

② 가격조건이 CFR, CIF, CPT, CIP일 경우에는 CIF 또는 CIP 등의 용어 다음에는 도착항표시가 있어야 하며 Freight란에는 Paid 또는 Prepaid라는 표시가 있어야 한다. 그러나 이러한 표현 대신 to be paid 또는 payable이라는 표시가 있으면 은행에서 수리거절하게 된다(통일규칙 33조 c항).

③ 적화비용의 추가 : B/L상의 운임란에 본래의 운임 외에 적화 또는 양륙비용을 추가한다는 취지가 기재되었더라도 신용장상에 명문으로 이를 금지하지 않았으면 은행은 이를 수리한다(통일규칙 33조 d항).

5. 선적에 관한 사항

1) 선적지(point of shipment)

복합운송 도입으로 선박에 의한 운송만이 전부가 아니기 때문에 'loading on

board(선적)/dispatch(발송)/taking in charge(수탁장소)' 등과 같은 보다 포괄적인 의미를 갖는 표현을 사용하고 있다.

from/at 다음에 화물이 운송을 위해 출발하는 장소가 기재되며, 해상운송의 경우 선적항(Busan, Korea 또는 Korean Port)이 된다.

선적항(shipping port, port of loading)은 'shipment from'이라는 문언 다음에 항구의 명칭이 표시된다. 그런데 내륙운송을 포함하는 복합운송증권(combined transport document) 등의 경우에는 발송지(place of dispatch), 수탁지(place of taking in charge) 등이 되는 수도 있다.

2) 도착지(point of destination)

To 다음에 화물의 최종목적지(도착항), 즉 도착지가 기재된다. 최종목적지(place of final destination)는 'shipment to' 다음에 표시되는데, 복합운송에서는 양륙항(port of discharge)과 구별되어 표시된다.

3) 분할선적(partial shipment)

분할선적이 허용될 경우에는 'allowed', 'permit', 'authorized' 등에 ×표시를 하며, 분할선적금지인 경우에는 'prohibited', 'not allowed', 'not permitted' 등에 ×표시를 한다. 분할선적에 대해 신용장상에 아무런 표시가 없으면 분할선적허용(UCP 제40조 a항)된 것으로 본다.

일정기간의 할부선적(shipment by instalments)이 규정된 신용장인 경우 그 중 어느 한 선적분(any instalment)이 허용된 기간 내에 선적되지 않았을 경우에는 신용장에 별도의 명시가 없는 한 당해 할부선적분은 물론 그 이후의 모든 선적분에 대해서도 신용장은 무효가 된다.

4) 환적(transhipment)

(1) 환적허용

'permitted', 'allowed', 'authorized' 등으로 표시한다.

(2) 환적금지

환적금지는 'prohibited', 'not allowed', 'not permitted' 등으로 표시한다. 환적의 경우는 비록 신용장이 환적을 금지하는 조건일지라도 선화증권상에서 화물이 컨테이너 · 트레일러 · 라쉬선 등에 선적된 것으로 입증되거나, 운송인이 환적을 할 권리를 유보한다는 뜻의 조항이 인쇄되어 있는 선화증권은 수리할 수 있다.

5) 선적기한(shipping date)

선적기일은 상품의 최종선적일(latest date for shipment)을 말하며 명시된 일자를 포함하고 있다. 수회선적인 경우 선적기일의 기준은 운송서류(선화증권)의 발행일자 또는 선적이나 발송을 증명하는 수령인이 찍힌 최종일자로 한다(UCP 제43조 b항). 최종선적일이 공휴일이라도 선적기일은 자동연장이 안 된다. 선적기일은 'shipment not later than' 다음에 표시된다. 선적기일의 경우 다음과 같이 표시되기도 한다.

▸ "shipment must be effected on or before ×××", "shipment must be effected not later than xxx at the latest".

'loading an board', 'dispatch', 'taking in charge' 등으로 최종선적기일을 표시해도 선적(shipment)과 같은 뜻으로 간주하며, 선적기일을 'prompt', 'immediately', 'as soon as possible' 등을 사용할 경우 이를 무시하며, 그럼에도 불구하고 이러한 표현을 사용할 경우에는 선적기일이 명시되지 않는 것으로 간주한다. 선적해야 하는 최종일이 공휴일이라도 선적기일은 연장되지 않는다.

제5절 선적서류에 관한 사항

▸ "accompanied by the following documents."

▸ "against the surrender of following documents."

상기와 같이 표시되며 개설의뢰인이 요구하는 모든 선적서류를 그 다음에 명시하면 되는 것이다. 선적서류라는 것은 선적된 화물의 품질 · 수량 · 가격 그리고 선적된 화물의 권리를 나타내는 증권 등으로 구성되는데, 이들 필요 문서들은 정확하게 명시되어야 한다. 서류는 대개 상업송장, 운송서류, 보험서류, 기타 서류 순으로 요구한다. 물론 FOB나 CFR조건에서는 보험서류가 요구되지 않는다.

"against presentation of the documents listed below"와 연결되어 신용장에서 요구되는 운송서류의 종류와 통수 및 요구하는 서류의 조건이 명시된다.

1. 상업송장

1) 상업송장의 의의

매도인이 매수인 앞으로 작성해 보내는 상업송장(commercial invoice)은 선적화물의 계산서, 내용명세서 및 수입계산서의 역할을 하는 것으로 대금결제의 필수구비서류이다. 통상 "Signed commercial invoice in triplicate"라고 요구한다. UCP 500에서는 상업송장은 반드시 수익자에 의하여 발행되도록 하고 있으며, 별도의 지시가 없는 한 서명을 필요로 하지 않도록 하였다.

선적서류 중 다른 서류상에는 선적화물은 일반적인 용어로 기재될 수 있으나 상업송장상에는 화물의 명세(description)가 신용장의 것과 일치하여야 하며, 신용장상에 별도의 지시가 없는 한 신용장 금액을 초과한 금액으로 발행된 상업송장은 수리되지 않는다. 양도가능신용장에서는 최초의 수익자가 작성한 상업송장이 제2의 수익자의 상업송장을 대체할 수 있으며, 그 송장상의 차액은 최초의 수익자가 지급받을 수 있다.

▸ 서류의 통수를 표시하는 방법

- 1 fold : original
- 2 fold : duplicate
- 3 fold : triplicate
- 4 fold : quadruplicate
- 5 fold : quintuplicate
- 6 fold : hexaplicate
- 7 fold : septuplicate
- 8 fold : octplicate

2) 상업송장의 기능

① 국내상거래에서 사용되는 송장과는 달리 국제무역에서 상업송장은 구매서 역할을 한다. 따라서 거래물품의 주요 사항인 계약상품의 정확한 규격 및 개수, 포장상태 및 화인 등이 상세하게 표시되어야 한다.

② 상업송장은 CIF나 CFR계약의 경우 선화증권이나 보험증권이 계약과 일치되었음을 증명하는 등 특정 거래계약의 존재 및 이행의 사실을 입증하는 유력한 증거자료가 된다.

③ 상업송장은 계약상품의 순단가, 부대비용, 할인료, 지불방식, 지불시기 등을 명기한 매매계산서 및 대금청구서로서의 역할을 한다. 따라서 상업송장상의 발행금액은 환어음의 발행금액과 일치하여야 한다.

④ 상업송장은 모든 무역거래의 필수서류이다. 무역결제는 대부분 환어음으로 이루어지며 수출지 은행에서 환어음을 매입할 때나 수입지 은행에서 대도(T/R)로 수입물품을 수입업자에게 인도할 때 화환어음의 담보물권이 되는 서류에는 이들 담보물의 명세서나 계산서의 역할을 하는 상업송장이 포함되어야 한다.

⑤ 상업송장은 수입지에서 화물수취안내서와 수입물품의 진실성 및 정확성을 입증하기 위한 세관신고의 증명자료가 된다. 따라서 모든 상업송장은 과세표준산정에 가장 중요한 자료가 되므로 수입통관 시 수입업자에게 불이익이 없도록 정확히 작성되어야 한다.

3) 상업송장의 종류

(1) 선적송장(shipping invoice)

이것은 실제 선적된 화물의 내용과 가격을 명시한 서류로 다음과 같이 구분된다.

가. 수출송장(export invoice)

수출상이 자기의 위험과 비용으로 해외의 수입상에게 상품을 송부하여 판매하는 경우 사용되는 송장이다. 무역거래조건에 따라 FOB Invoice, CIF Invoice라고 한다.

나. 위탁판매송장(consignment invoice)

수탁자인 수출업자가 해외의 수입업자에게 위탁판매할 경우에 수입업자 앞으로 작성되며, 자기의 위험과 책임 및 비용으로 송부함은 물론 판매수수료도 지급해야 하는 서류이다.

다. 위탁매입송장(indent invoice)

수입업자가 수출업자에게 상품매매를 위탁하는 경우에 수출업자가 수입업자의 매입대리인으로서 선적 시 작성하는 서류이다.

(2) 견적송장

견적송장은 수출상이 거래를 유발하기 위한 수단으로 또는 수입허가나 외환배정 등을 받기 위한 수입상의 요청에 의해 수입상에게 장차 그가 매입할 물품에 대해서 시산적으로 작성하여 발송하는 송장이다.

이러한 견적송장은 외환사정이 좋지 않은 국가에서 주로 사용하고 있는데, 수입상은 이러한 견적송장을 근거로 정부에서 외환배정을 받아 그 범위 내에서 수입이 가능하다. 이는 일종의 free offer로 송장에 표시된 물품가격 등에 대해 법적 구속력이 없으며, 단지 수입업자의 신용장발행을 위해 편의상 형식을 갖추어 주는 것에 불과하다. 또한 이 송장은 선적물품에 대한 증거가 될 수 없고 다만 사전 정보제공이나 선적물품에 대한 자료가 된다. 따라서 계약체결 후 실제 매매되는 상품에 대해 발행하는 Shipping Invoice의 가격과는 차이가 날 수 있다.

(3) 공용송장(official invoice)

공용송장은 상업송장에 대응하는 개념으로 영사송장이나 세관송장 등과 같이 상업송장상의 진실성을 증명할 수 있도록 그 내용에 대해 관계관청의 증명을 받게 한 송장이다.

가. 관세송장(customs invoice)

관세송장이란 수입지 세관이 수입화물에 대한 ① 관세가격의 기준을 결정할 목적, ② 덤핑유무를 확인하기 위한 목적, ③ 쿼터품목의 통상기준량의 계산목적, ④ 수입통계의 목적 등으로 사용되는 송장으로 국가별 세관에서 요구하는 양식이 상이하므로 소정의 양식에 따라 작성하여야 한다.

나. 영사송장(consular invoice)

영사송장은 수입상품가격을 높게 책정함에 따라 외화도피나 낮게 책정함에 따른 관세포탈을 규제하기 위하여 수출국에 주재하고 있는 수입국 영사의 확인을 받아야 하는 송장이다. 즉 매매가격보다 높게 송장에 기재하여 차액을 외국에 남겨놓아 외화를 도피하는 경우는 통상 'Over-Invoicing'의 경우이고, 실제 계약금보다 낮게 기재하는 'Under-Invoicing'의 경우는 수입업자가 관세포탈을 하는 경우이다.

2. 선화증권

선화증권(bill of lading)은 화주와 선박회사 간의 해상운송계약에 의해 선박회사가 발행하는 유가증권이며 선박회사가 화주로부터 위탁받은 화물을 목적지의 양륙항까지 운송하여 이 증권의 소지자에게 증권과 상환으로 운송화물을 인도할 것을 약속한 화물의 수취증권이다.

선화증권은 보통 3통을 1조로 발행되며, Freight 다음에는 운임지급의 여부가 표시되는데 가격조건이 CFR, CIF 등인 경우에 Prepaid로 표시되고, FOB, FAS 등의 조건인 경우는 Collect 또는 이와 유사한 문언이 기재된다.

착화통지처(notify party)는 대개 신용장에 Notify Accountee라 기재되어 신용장개설의뢰인, 즉 수입업자 또는 수입업자가 지정한 대리인이 기재된다.

선화증권에 대하여는 건전한 수입거래를 위하여 그리고 신용장통일규칙에 따라 특별한 경우를 제외하고 일반적으로 아래와 같은 문언을 사용하고 있다.

▸ "Full set of clean on board bill(s) of lading, made out to the order of… marked freight… and notify accountee."

선화증권에 관하여 통상적인 신용장조건에는 "Full set of clean on board ocean bill of lading made out to the order of shipper and endorsed in blank marked "Freight Prepaid(or Collect)" and notify (buyer ; accountee)" 로 표시되어 있는데 이에 대해 설명하면 다음과 같다.

1) Full set

발행된 B/L의 전체(전통)를 의미한다. 일반적으로 3통(부)을 1조로 발행되며 이 중 어느 1통(부)만 있어도 선박회사는 화물을 인도하게 되므로 은행으로서는 전통(부)을 대개 요구하고 있으며 취급은행이 원본(original) 한 통에 배서, 수화인에게 인도하면 나머지는 무효가 된다.

2) clean on board ocean B/L

① 화물이 외관상 완전한 형태로 적재되었음을 나타내는 것으로 화물이나 포장이 결함이 없는 상태의 clean B/L

② shipped B/L 또는 on board notation(선적표시)이 있는 on board B/L

③ 해상운송에서 발행되는 선화증권으로써 범선에 의한 국내항구 간 또는 내륙운송 시에 발행되는 B/L이 아닌 대양을 항해하는 선박이 발행하는 ocean B/L을 말한다.

3) 'made out to the order of'

수화인(consignee)란에 'To the Order of'로 작성된 Order B/L을 요구하는 것이다. 수화인의 표시방법에는 기명식(straight B/L)과 지시식(order B/L)이 있음은 앞에서 설명한 바와 같다.

4) 'endorsed in blank'

백지배서를 요구하는 문언이다

5) 'marked Freight Prepaid(or Collect)'

Freight Prepaid는 운임을 지급하였다는 뜻이며 Freight Collect는 운임미지급으로 본다. CIF, CFR의 경우 Freight Prepaid, FOB의 경우 Freight Collect로 B/L의 운임란에 표시된다.

6) notify(buyer) ; notify accountee

화물이 목적지에 도착하면 선박회사가 화물도착통지(arrival notice)를 보낼 상대방을 Notify Party(착화통지서)라고 하는데 수입업자(대금지급인)를 표시하며 order B/L의 경우 Notify Party가 화물의 수화인(consignee)과 일치하지 않는다. 신용장통일규칙(UCP 500)상에서는 신용장이 해상선화증권을 요구한 경우에 은행은 그 명칭에 관계없이 다음과 같은 서류를 수리하도록 규정하고 있다.

선화증권은 기타의 어느 운송서류보다 무역거래에서 가장 중요한 서류가 된다. 따라서 신용장통일규칙에서도 신용장이 해상/해양선화증권(marine/ocean bill of lading)을 요구한 경우 은행은 그 명칭에 관계없이 다음과 같이 서류를 수리하도록 하고 있다.

① 운송인의 명의와 운송인, 선장 그 대리인이 서명하거나 기타의 방법으로 인증한 운송서류

② 물품이 본선적재 또는 선적되었음을 명시한 운송서류

③ 선적항과 수탁지 또는 양륙항과 최종목적지가 다르거나 또는 지정된 선적항과 양륙항을 명시하면서 예정된(intended) 선적항이나 양륙항을 명시한 경우에도 신용장에 지정된 선적항과 양륙항을 명시한 운송서류

④ 단일의 원본이나 여러 통의 원본으로 발행된 전통으로 구성된 운송서류

⑤ 운송에 관한 배면약관이 있거나 또는 그 약관이 없는 약식의 운송서류

⑥ 용선계약 또는 범선만에 의한 운송이라는 어떠한 명시도 없는 운송서류

⑦ 기타 신용장에 있는 규정을 충족한 운송서류

3. 항공화물운송장

항공화물운송장(air waybill)은 화물을 비행기로 운송할 때 항공회사에서 화물을 인수하는 시점에서 발급하는 운송서류이다. 단순한 탁송증거로서 역할만 할 뿐 B/L과는 달리 유가증권으로서 성질을 가지지 못하기 때문에 기명식, 수취식으만 발행한다.

무역화물을 항공으로 운송하고자 하는 경우에 발급되는 운송서류가 바로 항공화물운송장이다. 항공운송장은 화물을 비행기로 운송할 때 항공회사에서 화물을 인수하는 시점에서 발급하는 운송서류임, 단순한 탁송증거로서의 역할만 할 뿐 선화증권과는 달리 유가증권으로서의 성질을 가지지 못하기 때문에 기명식, 수취인식으로만 발행된다.

최근에는 무역상품이 고급화되고 항공기가 대형화됨에 따라 항공화물이 증가하는 추세에 있다. 따라서 신용장통일규칙 제27조에는 신용장이 항공운송서류(air transport document)를 요구한 경우 은행은 그 명칭에 관계없이 다음과 같은 서류를 수리하도록 별도의 규정을 두고 있다.

① 운송인의 명의와 함께 운송인이나 그 대리인이 서명하거나 기타 방법으로 인증한 운송서류
② 물품이 운송을 위하여 인수되었음을 명시한 운송서류
③ 실제의 발송일이 요구된 경우에는 그 발행일을 별도로 명시한 운송서류
④ 지정된 출발공항과 목적공항을 명시한 운송서류
⑤ 탁송인/송화인 앞으로 발행된 원본으로 구성된 운송서류
⑥ 운송에 관한 배면약관이 있거나 또는 그 약관이 없는 약식의 운송서류
⑦ 기타 신용장에 있는 모든 규정을 충족한 운송서류

4. 도로, 철도, 내수로 운송서류의 수리요건

신용장에서 도로, 철도, 내수로 운송서류(road, rail or inland waterway transport document)를 요구한 경우, 신용장통일규칙 제28조에 따르면 은행은 각각 그 명칭에 관계없이 다음의 요건을 갖춘 운송서류는 수리한다.

① 증명서에 운송인, 운송인의 대리인 자격을 표방한 Agent의 성명 및 서명이 있는 운송서류
② 운송일시 및 운송구간(출발지, 도착지)이 스탬프 등으로 명확히 표시되어 있는 운송서류
③ 선적 또는 적재를 위하여 화물이 수취되었다는 표시가 있는 운송서류 단, On board 확인이 없어도 된다.
④ 발급된 운송서류는 원본 전통이 제시된 운송서류 단, 신용장에 운송서류의 발행부수에 관한 언급이 없을 경우 은행은 수출상이 제시하는 대로 서류를 수령하여, 운송서류에 원본표시가 없더라도 은행은 이 서류를 원본으로 인정하여 수리한다.
⑤ 신용장이 도로, 철도 또는 내수로 운송서류를 요구한 경우, 비록 환적이 금지되어 있더라도 전운송이 동일한 운송방식으로 이루어지고 또 하나의 동일한 운송서류로 커버되는 운송서류

5. 보험증권

보험서류에 관한 문언은 "Insurance policy or certificate in duplicate blank endorsed for 100% of the invoice value covering Institute Cargo Clauses(All Risks), War Clauses, S.R.C.C. and T.P.N. D. Clauses"와 같이 표시된다.

가격조건이 CIF 등인 경우에 보험증권(insurance policy ; insurance documents)이나 보험증명서(insurance certificate)를 요구한다. 보험서류는 신용장에 명시된 내용과 같아야 하며, 보험회사, 그 대리인 또는 보험 인수업자가 발행 및 서명한 것이어야 하며, 보험중개업자 발행의 cover note는 신용장에 특히 허용되어 있지 않은 이상 수리되지 않는다. 또 신용장상에 별도의 규정이 없는 한 선적일 이후에 부보된 보험서류는 수리하지 않으며, 모든 보험서류는 신용장에 표시된 통화로 표시되어야 한다.

그리고 최저보험금액은 관계 상품의 CIF 또는 CIP가격이어야 하는데, 만일 이러한 가격이 결정지어질 수 없을 때는 신용장에 의하여 발행되는 어음금액 또는 당해 상업송장금액 중 어느 쪽이든 큰 금액을 최저금액으로 간주한다. 신용장은 꼭 요구되는 보험조건을 명백히 표시하여야 한다. 그 외 특수한 위험에 대해서 추가 부보를 요구하는 경우에는 그것까지도 명백히 하여야 한다. '통상의 위험,' '관습적 위험'과 같이 불명확한 용어를 사용해서는 안 된다.

6. 포장명세서

1) 포장명세서의 의의

포장명세서(packing list)는 화물의 포장단위별로 작성되는 것으로 각 단위별의 화인, 품목 중량 등이 상세히 기재되어 있다. 상업송장과 비교하여 볼 때, 외형상으로 상당히 비슷하며, 특히 상단부분은 거의 같아 구분이 안 될 정도이다. 그러나 중간부분의 물품 명세를 기재하는 난을 살펴보면, 두 서류의 차이를 알 수 있다. 상업 송장에는 '화인과 화번, 물품 명세, 수량/단위, 단가, 금액'을 기재하게 되어 있으며, 포장명세서에는 이 중에서 '단가와 금액'은 생략된 반면 '순중량, 총중량, 용적'을 기재하게 되어 있다는 점에서 차이가 있다. 실질적으로는 계약물품 전체에 대하여 상업송장은 한 장으로 작성되는 반면, 포장명세서는 포장단위별로 작성된다는 점이 다르다. 한 가지 물품을 여러 포장용기로 나누어 포장한 경우에는 포장명세서의 중요성이 상대적으로 적지만, 여러 가지 물품들이 여러 포장용기로 나뉘어 포장된 경우에는 포장명세서가 대단히 중요해진다. 예를 들면, 운송 중에 포장된 물품 중의 일부가 파손된 경우, 상업송장만으로는 어떠한 물품이 파손되었는지를 파악하기가 어렵지만 포장명세서를 이용하면 상세한 파손 내역을 파악하기가 용이해진다.

2) 포장명세서의 기능과 용도

계약체결에 따른 선적화물의 포장 및 그 명세(품목명, 수량, 총중량, 용적, 화인, 포장번호 등)를 기재하는 포장명세서는 대금 관련사항을 명기하지 않고, 각 규격별, 단위별로 일목요연하게 기재한다는 점을 제외하고는 송장과 별다른 차이점은 없다. 포장명세서는 주로 다음과 같은 용도로 활용된다.

① 수출입통관절차에서의 심사자료로서 활용되고 양륙지에서 화물의 처리단계에서 이용된다.
② 검수 또는 검량업자가 실제화물과 대조하는 참조자료로 이용된다.
③ 개별화물의 사고발생분에 대한 확인자료로서 사용할 수 있다.
④ 중량 외에 각각의 용량이 표시되어 있으므로 선박회사가 운송계약을 체결할 때 일차적인 기준자료로 사용될 수 있다.

7. 원산지증명서

1) 의의

원산지증명서(certificate of origin)는 화환어음의 부대서류로서 제품의 원산지를 나타내는 국적증서의 성격을 가진 통관에 필요한 서류이며 수출국에 주재하는 수입국 영사 또는 수출국의 정부기관(상공회의소)이 발행한다.

또한 거래되는 물품의 국적에 대한 증명서로서 거래 대상국의 판별이나 양허 관세율의 적용 등을 위하여 사용되고 있다. 일반특혜관세, 즉 GSP(Generalized System of Preference) 용도로 사용될 때에는 GSP 원산지증명서를 이용하여야 하며, 개도국 간 특혜무역제도(Global System of Trade Preferences among developing countries : GSTP)에 의해 관세 양허를 받기 위해서는 GSTP 원산지 증명서를 이용하여야 한다.

2) 원산지증명서의 종류

(1) 일반용 원산지증명서

상공회의소가 발급하는 원산지증명서 Form No. KCCI-1 형식으로 일반적으로 원산지증명서라 하면 이 증명서를 의미한다.

(2) 일반특혜관세 원산지증명서(GSP C/O Form A)

GATT규정에 따라 선진국이 저개발국 물품을 수입할 때 관세감면의 혜택을 주고 있는데 이 제도를 일반특혜관세제도(Generalized System of Preference)라 한다. GSP 혜택을 받고자 하면 수입통관 시 그 물품이 GSP 대상국가에서 생산된 것임을 증명해야 하며 그 방법은 GSP용 원산지증명서를 제출하는 것이다. 따라서 이 서류는 1968년 UNCTAD 총회의 결과에 따라 개도국이나 후진국의 수출촉진 및 남북문제의 해결을 위해 도입된 것이다.

우리나라는 경제력 향상을 이유로 많은 국가에서 GSP 수혜대상에서 제외되고 있는 추세이나 일본 등에서는 이 혜택을 주고 있으므로 이 지역으로 수출하는 상사는 반드시 GSP용 원산지증명서를 제출해야 한다. 이 서류는 지정서식(form A) 및 기준별 사실신고를 작성하여 마산이나 이리의 수출자유지역 관리사무소와 각 시도지사가 발급한다. 그리고 원산지증명서의 발급일은 선화증권상의 선적일 이전이거나 아니면 선적일과 같아야 한다.

(3) FTA 원산지증명서

원산지증명서는 수입국 세관에 FTA 특혜세율을 주장하기 위해 제출하는 증서이다. FTA 특혜를 위해 가장 중요한 서류이며, 수출국에서 검토한 모든 내용이 요약되어 기재되어 있다. 일반적으로 발급주체에 따라 기관발급 원산지증명서와 자율발급 원산지증명서로 나눌 수 있는데 우리나라는 협정별로 상이한 기준을 적용하고 있다.

기관발급은 정부기관에서 원산지를 확인하여 원산지증명서를 발급해주는 방식이고, 자율발급은 수출자가 직접 원산지증명서를 발급하는 방식이다. 원산지증명서의 서식은 각 협정에서 구체적으로 정하고 있어, 수출자는 정해진 서식으로 원산지증명서를 발급받거나 작성해야 한다.

싱가포르, 아세안, 인도는 기관발급방식, 칠레, EFTA, EU, 미국은 자율발급방식, 페루는 두 방식을 혼용하여 운영하고 있다.

8. 복합운송증권

복합운송의 경우에 발행되는 복합운송서류(combined transport document)는 운송화물의 수취로부터 인도 시까지 적어도 두 가지 이상의 서로 다른 운송방식이 이용되고 최초의 운송인이 전구간의 운송에 대하여 단일책임을 지고 발행하는 운송증권을 말한다.

신용장통일규칙 제26조에서도 해상운송과는 별도로 신용장이 이러한 복합운송서류를 요구한 경우, 은행은 그 명칭에 관계없이 다음과 같은 서류를 수리하도록 하고 있다.

① 운송인이나 복합운송인의 명의와 함께 운송인이나 복합운송인, 선장 또는 그 대리인이 서명하거나 기타의 방법으로 인증한 운송서류

② 물품이 발송, 수탁, 또는 본선적재되었음을 명시하고 있는 운송서류

③ 선적항과 수탁지 또는 양륙항과 최종목적지가 다른 서류 또는 예정된 선박, 선적항 또는 양륙항만을 명시한 운송서류

④ 단일의 원본서류나 수통의 원본으로 발행된 전통으로 구성된 운송서류

⑤ 운송에 관한 배면약관이 있거나 또는 그 약관이 없는 약식의 운송서류

⑥ 용선계약 또는 범선만에 의한 운송의 어떠한 명시도 없는 운송서류

⑦ 기타 신용장에 있는 모든 규정을 충족한 운송서류

9. 우편수취증, 우편발송증명서 또는 특급배달증명서

특사 및 우편수취증은 견본 등 소액의 물품에 대하여 신용장을 발행했을 경우 또는 신용장 관련서류를 매입은행에서 발행으로 송부할 경우, 수출상이 이것을 수입상에게 소포로 부치고 배달기관으로부터 운송증명으로 받은 영수증을 말한다.

신용장이 우편수령증이나 우편발송증명서(certificate of posting)를 요구한 경우 신용장통일규칙에 따르면 은행은 ① 스탬프 등으로 접수일자나 장소를 명확하게 표시하고 있는 서류, ② 선적을 위하여 화물이 수취되었다는 사실을 문자로 표시하고 있는 서류, ③ 기타 신용장이 요구하고 있는 사항을 충족하고 있는 서류를 수리한다.

그리고 신용장 특사나 속달업자가 발행한 물품의 수령증을 요구한 경우, 은행은 그 명칭에 관계없이 다음과 같은 서류를 수리하여야 한다. ① 지정된 특사 또는 속달업자가 타인, 서명 또는 기타의 방법으로 인증한 운송서류, ② 접수일이나 수령일을 명시한 운송서류, ③ 기타 신용장에 있는 모든 규정을 충족한 운송서류 등이다. 다만 만약 특사나 속달업자가 지정되지 아니한 때에는 은행은 어떤 특사가 발행한 서류도 제시된 대로 이를 수리하여야 한다.

1) 우편수취증(post receipt)

신용장에서 정한 지점의 우체국 소인이 우편영수증에 찍혀 있는 것으로서 우편영수증에 찍힌 날자는 발송일자로 간주된다.

2) 민간특급배달증명(courier receipt)

배달증명서에 서비스업체의 명칭이 스탬프로 표시되어 있는 것으로서 영수증에 화물수취일자가 찍혀 있어야 하며, 일부인은 발송일로 간주한다.

10. 검사증명서

검사증명서(inspection certificate)는 수입업자가 확실한 품질의 상품을 수입하고자 할 때 요구하는 서류이며, 검사의 공정성을 확립하기 위하여 수입업자가 지정한 수출검사인이나 전문검사기관의 검사증을 첨부하도록 한다.

이 서류의 발행은 곧 수출품의 품질조건상에 하자가 없음을 증명하는 것이기 때문에 특히 신용장에 이를 요구하고 있는 경우에는 위와 같은 자에 의한 수출품의 검사증명서의 첨부 없이 수출이 불가능하다. 한편, 신용장에서 검사증명서를 요구하면서도 사전에 특정검사기관이 합의되지 않았다면 수입상의 대리인이 발행한 합격증이 있어야 은행이 수리한다.

이러한 증명서의 종류로는 농산물이나 수산물의 경우에 필요로 하는 농산물검사소의 검사증명서나 수산물검사소의 검사증명서와 내용증명서(certificate of measurement), 수량증명서(certificate of quantity) 등이 있다.

11. 중량 · 용적증명서

중량 · 용적증명서(weight and measurement certificate)는 상업송장상의 기재내용을 확인할 목적으로 요구하는 보충서류이다. 따라서 이 서류는 수출화물이 선적업자의 집화장소에서 세관보세구역에 반입되면 등록검량업자에 의하여 화물의 용적과 중량에 대한 검사를 받아 발급하는 증명서로서 선적지시서, 선화증권 등에 그 수량이 기재되어 운임과 기타 제비용의 산출근거가 되는 서류가 된다. 중량증명의 경우 신용장에서 검사기관을 별도로 정하지 않고 단순히 중량증명만을 요구하는 때에는 운송인에 의한 서류상의 중량표시 스탬프 또는 문자표기를 그 증명으로 갈음할 수 있다.

12. 위생증명서와 검역증

미국에서는 식료품, 약품류, 육류 등 동물의 부산물에는 무해함을 입증하는 위생증명서(certificate of health)를 세관송장에 첨부할 것을 요구하고 있다. 즉 위생증명서는 식료품, 약품류, 육류, 화장품 등을 미국 등에 수출할 경우 FDA(Food and Drug Administration)가 정한 기준에 합치된다는 증명서이며, 육류의 수출에는 도살 당시 균이 없었다는 증명서인 이 위생증명서가 있어야 수출이 가능하다.

특히 브라질이나 미국, 파나마 등으로 동식물을 수출하는 경우에는 위생증명서의 일종인 검역증(certificate of quarantine)을 필요로 한다. 이 서류는 동식물의 수출에 혹시 전염성 균이 묻어 들어가는 것을 예방하기 위하여 물품을 고립된 일정한 장송에 일정기간 동안 방치하여 두어 검역을 한 후 발급해 주는 서류이다.

13. 서류의 제시기일

신용장에는 신용장에 유효기일 이외에 운송서류발행일 이후의 일정기간을 정하여 지급 · 인수 또는 매입을 위하여 서류를 제시해야 할 서류의 제시기일(presentation date, time limit for presentation)을 명시하며, 신용장에 특별히 서류의 제시기간이 명시되어 있지 않은 경우에는 선적일 이후 21일이 경과한 서류에 대해서는 은행이 거절하도록 하고 있다.

"Documents to be presented for negotiation within l0 days after the date of issuance of the transport document(s) but within the validity of the credit"와 같이 요구한다.

만일 아무런 표시가 없으면 선적일(서류발행일이 아님) 후 21일 내에 제시되어야 하므로 그 후 제시되는 서류도 수리할 의향이라면 "Documents presented later than 21 days after the date of issuance of the transport document(s) acceptable"로 표시한다.

:: 참고문헌

강원진, 국제상무론, 도서출판 두남, 2013.

강원진, 신용장분쟁사례, 도서출판 두남, 2013.

강창남 외, e-물류운송론, 도서출판 두남, 2003.

곽현, 국제물류운송론, 도서출판 두남, 2008.

구종순, FTA 무역실무, 도서출판 청람, 2014.

구종순, 무역실무, 박영사, 2015.

김영무, "편의치적제도와 해운산업", 해양한국, 한국해사문제연구소, 2001. 2.

김웅진 · 추창엽, 국제운송물류론, 도서출판 두남, 2003.

남풍우, 무역실무, 도서출판 두남, 2013.

도중권 · 라공우, 해상보험론, 도서출판 청람, 2012.

도중권 · 왕세협, 무역실무, 도서출판 청람, 2014.

라공우 · 임재욱 · 김호진, 무역서류/작성실무, 탑북스, 2011.

로지스틱스21, 화물운송론 2003, 한국물류정보서비스, 2003.

무역실무연구회, 무역실무, 도서출판 두남, 2013.

박문서 · 한수범 · 곽수영 · 유승균, 무역개론, 학현사, 2015.

박형래 · 오대혁, 무역개론, 도서출판 청람, 2016.

방희석, 국제운송론, 박영사, 2003.

방희석 · 이규훈 · 이충배 · 김승철, 물류관리론, 도서출판 청람, 2012.

배정한, 무역대금결제실무, 삼영사, 2014.

백남진, 항공물류운송업무론, 도서출판 두남, 2016.

신동선, 내륙화물기지 시스템에 관한 연구, 교통개발연구원, 2002.

양승신, 공항계획과 운영, 이지북스, 2001.

여희정, 무역거래론, 도서출판 청람, 2016.

염홍기, 글로벌 무역, 학현사, 2013.

오원석, 국제운송론, 박영사, 2004.

윤광운, 무역실무입무, 삼영사, 2009.

이성민 · 김장호, 국제운송물류론, 삼영사, 2013.

이수철, "편의치적제도 활용방안 검토", 해운산업연구, 해운산업연구원.

이시환 · 김정희, 국제운송론, 대왕사, 2013.
이용근, 무역실무, 삼영사, 2013.
이우승, 서울시 택배제도 개선방안 연구, 서울시정개발연구원, 2001.
이원동, 물류관리, 도서출판 청람, 2013.
이제홍, 글로벌 무역학원론, 청람, 2016.
이제홍, 수출입기초입문, 도서출판 청람, 2017.
이충배 · 김종칠 · 김성원, 국제물류론, 박영사, 2009.
이태열 · 이제홍 · 박도준, 무역실무, 비앤엠북스, 2012.
임석민, 국제운송론, 삼영사, 2014.
임석민, 국제운송론, 유천서원, 1991.
임석민, 물류학원론, 도서출판 두남, 2011.
임성훈, 표준무역학원론, 학현사, 2015.
전순환, 국제운송물류론, 한올출판사, 2016.
전순환, 무역실무, 한올출판사, 2016.
전창원, 도해수입실무, 무역연구원, 2000.
전창원, 무역운송실무, 일신사, 1993.
전창원, 신고무역실무, 일신사, 1993.
전창원, 표준무역실무, 무역연구원, 2000.
정연봉, 포워딩실무, 도서출판 두남, 2016.
차중곤, 신운송물류론, 보명BOOKS, 2008.
채진익, 무역계약론, 청목출판사, 2012.
최창열, 국제물류론, 보명BOOKS, 2008.
한국국제복합운송업협회, 복합운송실무총서, 1995.
(사)한국물류협회 · (주)물류신문사, 한국물류연감 2003, 2003.
Ellinger, Peter and Neo, Dora, *The Law and Practice of Documentary Letter of Credit*, Hart, 2010.
John Capela, *Import/Export Kit*, John Wily and Sons, Inc., 2015.
http://100.empas.com/dicsearch/pentry.html/?i=205760
http://iccollege.com/
http://iccollege.com/lecture/transport
http://www.korail.go.kr/
www.logistics21.com

:: 찾아보기

영문

| 저자소개 |

이제홍

[약력]

- 조선대학교 경상대학 무역학과 교수
- 동국대학교 대학원 무역학과(경영학박사)
- 동국대학교 대학원 무역학과(상학석사)
- 조선대학교 무역학과 졸업(경영학사)
- University of North Texas, Visiting scholar(2015~2016)
- 동국대학교 해외개발연구소 연구원 역임
- 동국대, 인천대(인천전문대), 단국대, 동덕여대, 경기대, 대진대 등 강의
- 행정안전부 9급공무원 출제 및 선정위원
- 현) 조선대학교 무역학과 학과장 겸 대학원 무역학과 주임교수
  국제e-비즈니스학회 수석부회장 겸 편집위원
  한국통상정보학회 부회장 겸 편집위원
  한국관세학회 부회장 겸 편집위원
  한국무역보험학회 이사 겸 편집위원
  한국산업경제학회 · 한국국제상학회 상임이사
  한국연구재단 평가위원(2014~2017)

[주요 저서]

- 수출입기초입문, 도서출판 청람, 2017.
- 최신관세법총론, 도서출판 청람, 2016.
- 최신대외무역관계법, 도서출판 청람, 2016.
- 글로벌 무역학원론, 도서출판 청람, 2014.
- 무역실무(공저), 비앤엠북스, 2012.

[연구논문]

지난 10년간 "한국기업의 해외진입에 따른 이문화 리스크 결정요인에 관한 연구(2017), 무역보험연구" 외 110여 편의 논문을 발표

국제운송물류론

2017년 12월 25일 1판 1쇄 인쇄
2017년 12월 30일 1판 1쇄 발행

저 자 | 이제홍
발행인 | 이수영
발행처 | 도서출판 청람
서울시 마포구 독막로 288(대흥동, 세양상가 109호)
전 화 | 02)3272-2601(대)
팩 스 | 02)3272~2603
이메일 | crbooks@daum.net
홈페이지 | http://www.crbooks.co.kr
등 록 | 2000년 8월 26일 제6-0509호

ISBN 978-89-5972-610-3 93320 [정가 25,000원]

"이 저(역)서는 2017년도 조선대학교 특별과제(단독 저역서 출판) 연구비의 지원을 받아 연구되었음"(This study was supported by research fund from Chosun University, 2017)